著 关河五十州

君臣共天下

一本书读懂
东晋门阀

团结出版社
UNITY PRESS

© 团结出版社，2025 年

图书在版编目（ＣＩＰ）数据

君臣共天下：一本书读懂东晋门阀 / 关河五十州著 .
北京：团结出版社，2025. 8.
  ISBN 978-7-5234-1671-6

Ⅰ . K237.209

中国国家版本馆 CIP 数据核字第 2025WB3256 号

责任编辑：郭　强
封面设计：谭　浩

出　　版：团结出版社
　　　　　（北京市东城区东皇城根南街 84 号 邮编：100006）
电　　话：（010）65228880 65244790（出版社）
　　　　　（010）65238766 85113874 65133603（发行部）
　　　　　（010）65133603（邮购）
网　　址：http://www.tjpress.com
电子邮箱：zb65244790@vip.163.com
经　　销：全国新华书店
印　　装：天津盛辉印刷有限公司

开　　本：170mm×240mm　16 开
印　　张：29.25　　　　　　字　　数：442 千字
版　　次：2025 年 8 月 第 1 版　　印　　次：2025 年 8 月 第 1 次印刷

书　　号：978-7-5234-1671-6
定　　价：87.00 元

目　录

第一章　崭新道路

汉代，在今天山东省临沂市的地域范围内，曾有一个名为琅邪（也称琅琊，今山东省临沂市）的封国。琅邪国有一个王姓人家，自西汉起，王氏子孙便代代为官，传至第八代，又出了一个名扬后世的大孝子——王祥。

王祥的生母早逝，继母朱氏疼爱亲子王览，对王祥则百般虐待，但王祥不以为意，仍以至孝侍奉朱氏。有一天朱氏生病，想吃鲜鱼，王祥不顾天寒地冻，脱下衣服，准备砸冰捕鱼。正好他砸冰的地方冰块融化，两条鲤鱼可能因为缺氧，从冰窟窿里跳了出来，遂成全了王祥的孝母鱼汤。古代劝孝书籍《二十四孝》将此事迹收入，并加以夸张附会，这就是著名的"卧冰求鲤"。

后来王祥的父亲去世了，王祥的孝行也渐为四邻所知，慢慢地在当地有了声誉。朱氏对此颇为嫉恨，竟然暗地里弄来鸩酒，想找机会毒死王祥。王祥不幸有这样的继母，幸运的是，他还有一个非常敬爱他的同父异母弟弟——王览。王览看不惯朱氏的做法，时时暗中保护王祥，发现鸩酒的秘密后，便在吃饭前抢先把酒壶拿在了手上。朱氏见状，害怕自己儿子中毒，便趁王览不备，赶紧将酒壶夺了过去。

自此，王览多了个心眼，每次母亲留给王祥的饭菜，他都要先尝一下，最终迫使朱氏断了下毒的念头，并有所悔悟，开始正确对待王祥。民国时有人仿照《二十四孝》，将古人敬爱兄长的故事汇集起来，编成"二十四悌"，王览的事迹亦被选入其中，谓之"王览争鸩"。

必须指出的是，琅邪王氏出现"卧冰求鲤""王览争鸩"这种情况，并非偶然。这一家族世居于琅邪，深受本土鲁文化的影响，极为崇儒守礼，他们中的每一代人也都会以儒家经典教育下一代子孙，要求学习前贤，并在生活中身体力行，王祥、王览身上的孝悌品质正是其家族传统的完美体现。

三公宝刀

东汉末年，中原战乱，王祥扶持着继母朱氏，带着弟弟王览，举家逃往庐江（今安徽省庐江县）避难。汉代以"察举制"任官，"举孝廉"是其核心，平民只要对父母足够孝顺，就有机会被举为孝廉，踏上仕途，更何况王祥还出自世家大族，故而庐江当地州郡多次征召王祥，但他为了照顾继母和家庭，始终不肯出来做官。

王祥在庐江隐居了二十余年。这一年，继母朱氏辞世，王祥因为过分悲痛，生了一场大病，病愈之初拄着拐杖方能站起。徐州刺史吕虔闻讯，特地下公文召他担任州别驾。

别驾乃州牧佐官，地位很高，王祥起先仍坚辞不就，最后经不住王览劝说，又为之准备了赴任的牛车，这才以年近六十的高龄应召出山。

王祥到任后，吕虔将州里的民政事务全都委托给他处理。其时徐州境内盗寇横行，治安非常混乱，确非能人高士不能治理。王祥不负所托，率领并激励兵卒，逐一击破盗寇，恢复了一方安宁，同时他那早已远播海内的品德及声名，又使其政令教化得以推行无阻。老百姓对王祥非常崇敬，编歌称颂道："海沂之康，实赖王祥。邦国不空，别驾之功。"

吕虔欣喜之余，将自己贴身佩带的一把宝刀赠给了王祥，宝刀上刻有文字："佩带此刀者，可官至三公。"吕虔自认没有做三公的能力和运气，所以将它送给了王祥。

接受宝刀后的王祥，果然官运亨通，他历仕魏晋两朝，直至晋武帝时官拜太保，荣登三公高位（此处"三公"指太师、太傅、太保）。王览在王祥出山后，也应琅邪地方的征召入仕，最后亦做到了拥有爵位的高官，只是没像哥哥那样官至三公而已。似乎预感到弟弟一脉中终将有人会问鼎"三公"，王祥在临终前将"三公宝刀"转赠王览，说："你的后代一定兴盛，足配此刀。"

于是宝刀又带着它那神奇的祝语，护佑起了王览一家，并最终将预示落在了王览的孙子、琅邪王氏第十代子弟——王导的身上。

王导从小就表现出了过人的禀赋，在他十四岁的时候，一位高士看到他后称奇不已，对王导的堂兄王敦说："你这个弟弟容貌气度不凡，志向高远，将来必是将相之才！"

少有重名，再加上父辈提供的资源，家族给予的荫庇，王导入仕乃是水到渠成的一件事，但他长大后，仅仅是承袭了祖父王览的爵位，对于其他等同于送到嘴边的官职，都一一予以谢绝。

这个时期，令王导醉心并忙碌其中的，是"清谈玄学"。

东汉有一种"清议"，相当于对朝廷人物进行评议的民间舆论，它甚至曾一度影响了官员的任用，当年连曹操未当权，都要想方设法找名士为他点评。到了东汉末年，发生党锢之祸，名士横遭迫害，对人物的具体评议，也逐渐变成对政治实际问题的讨论，这就是所谓"清谈"。

魏末西晋时代，清谈大行其道，朝中士大夫或是有志从政的人，若是要表明本人的政治态度，以及为自身的政治立场进行辩护，清谈是必不可少的，也因此，它与人们在仕途上的出路进退，有着至为密切的关系。

王导其实对政治很感兴趣，他没有贸然入仕，只是尚未做好准备，而清谈对于他积累人脉，观察和选择政治站队，可以说相当重要。王导自己对此也很清楚，故而直到多年之后，已身在南方的他，仍以曾参与那时的清谈为荣。

至于"玄学"，则是手执麈尾（麈在古书上指鹿一类的动物，麈尾系用麈的尾毛制成，有些类似于道家的拂尘），夸夸其谈，此为形式，内容上则是对老、庄、《周易》等道家思想的研究与解释。

参与玄学活动者，多为儒士，为什么却热衷于谈论道家的学说呢？原因是汉末以来，儒学受到巨大冲击，一些基本价值观已摇摇欲坠。当年魏主曹髦被司马氏派人杀害，群臣都不敢哀悼，唯有王祥不顾得罪司马氏，当场涕泗横流，大声嚎啕，说："这是老臣的罪过啊！"然而王祥能做的也只有这些，晋武帝司马炎上位后，他也不得不跟着捧场。

王祥临终前留下《训子令》，诫子孙后代以"五者"为立身之本，此"五者"分别是"信礼孝悌让"，里面并没有提到"忠"字。这绝非无意遗漏，可以想见，王祥终其一生，所目睹亲历的一切变故，都让他觉得已无"忠"可言——作为皇帝的司马炎首先不忠，还怎么要求别人"忠"？缺少了"忠"，儒士又怎么摆出正经面孔示人？

光是儒学已没啥好谈的了，只有援道入儒，才能增加谈资。此其一，其二，曹氏篡汉，政治道德已然站不住脚，等到司马氏学曹氏篡政，其本性之残忍，手腕之毒辣，更是令人侧目，以至于魏晋鼎革之际，名士已很少能够自全。儒士们长期处于这种肃杀氛围之中，为了保全身家性命，只能选择避开政治旋涡，玄学遂成一时风气。

公元290年，晋武帝司马炎驾崩，次年，其子司马衷即位，这就是历史上的晋惠帝。晋惠帝改年号为元康，此阶段的玄风也因此被称为"元康玄风"。

王导有三个堂兄——王戎、王衍、王敦，皆为琅邪王氏第十代子弟中的精英：魏末时有七位名士，常在竹林之下会集，纵情畅饮，世人将他们称为"竹林七贤"，王戎跻身其中；王衍被奉为当时的名士领袖；王敦因年轻英俊、才华横溢，早在晋武帝在世时，即被武帝看中，将爱女襄城公主下嫁，使其成为当朝驸马。

三人再加上王导，皆投身于"元康玄风"。其时的王导年龄尚小，只是"元康玄风"单纯的追随者，他的堂兄们于吟咏玄虚之余，都已投入到了竹林外的喧嚣竞逐之中。

贾后乱政

一群孩子在外面玩耍，看到路边有一棵李树，树上结着很多果实，把枝头都压弯了。大家争着跑过去摘李子，只有一个七岁的孩子站着不动。有人问这个孩子，你为何不去摘李子，孩子回答是李树长在路边，居然还有这么多果实，说明果实肯定是苦的，不能吃。大家把李子摘下来一尝，果不其然，全都是苦的。

　　这个被时人称为神童的孩子，就是王戎。王戎显然有着很高的智商，他小时候曾去过大臣钟会那里，在他走后，钟会的门客问幕主觉得这个小孩怎么样。钟会也是魏末的风云人物，人称"司马昭之张良"，虽然王戎只在他面前待了片刻，但他却已看出王戎做事"简练切要"，是个做大官的材料，他向门客大胆预言，二十年后，如果朝廷不漏选人才，王戎将有望当上吏部尚书。

　　事实是，钟会还是说得有些保守了。王戎长大入仕后，不断升迁，四十多岁时，他因参与主持西晋末年的伐吴战争，建立殊勋而逐渐进入高层。晋惠帝司马衷即位后，王戎被任命为太子太傅，成为王祥以后，琅邪王氏新生代中第一个荣登三公者。

　　紧随其后的是王衍。王衍未出仕时即名声在外，晋武帝司马炎听说后，特地问王戎："王夷甫（王衍字夷甫）可以和当世的哪个人相比？"王戎趁势狠狠地抬举了一下自己的这个堂弟，说当今之世，实在找不到能和王衍相提并论的人，只能到古代的贤人里面去寻觅了。

　　王衍同样前程似锦，当年被推荐登朝入仕的名士中，第一个被称道的就是王衍。

　　王衍自己屡居显要官职不算，他的妻子还是皇后贾氏的亲戚，女儿是太子妃，这使王家成了货真价实的皇亲国戚，其飞黄腾达之状，令后进之士莫不仰慕仿效。

　　晋惠帝司马衷昏愚无能，智力低下，此人不读史，不看书，不晓国事，更不懂治术，是一个只知吃喝玩乐的白痴低能儿。他广为人知的两件事，一是听到河里蛤蟆叫，好奇地问左右侍从："蛤蟆叫，是为官叫还是为私鸣？"二是见饥民遍地，人人面有菜色，居然表示疑惑："他们为什么不吃肉粥？"

　　司马衷当太子时，大家就已看出他不中用，朝臣们对此议论纷纷，太子少傅卫瓘甚至曾拍着晋武帝的龙床发出感慨，说："此座可惜！"为晋王朝的长远利益计，以卫瓘为代表的一批老臣主张干脆将司马衷废掉，另选皇储，但武帝私心自用，不愿皇位落入除亲儿子外的其他人手中，于是便装作听不懂这一提醒和建议，对此始终不予理会。

　　尽管如此，武帝对于废柴儿子到底也不是太放心，为此，他在弥留之际，给已经三十余岁的司马衷设立了辅政大臣，同时还对外宣扬皇孙、司马衷的儿子司马遹聪慧过人，"此儿当兴我家"，言下之意，只要司马衷执政时无大错，今后过渡到司马遹，王朝自然就会兴旺起来。

司马氏自司马懿开始，至司马师、司马昭兄弟，再由司马昭传位司马炎，祖孙三代都是权术玩家，所谓"司马昭之心，路人皆知"。他们的政治道德与思想体系皆不足一观，正如现代学术大家钱穆所指出的，晋王室的特点也是其致命弱点之一，系"没有光明的理想为之指导"。

道德低下，坚忍阴毒，暗黑无比，司马家这种根深蒂固的"胎里弯"问题，给晋朝蒙上了重重阴影，当时的社会风气和政治，用东晋史家干宝的话来说，就是"风俗淫邪，是非颠倒，做人以学习禽兽为荣耀，仕进以厚颜无耻为才能，当官以迎奉上司为高尚"。

作为晋朝的开国皇帝，司马炎早期尚能励精图治，可以利用自己的权威和能力，将局面控制住，但到了晚年，他本人开始思想颓废，纵情声色，疏贤臣而亲后党，在这种情况下，朝政日非，纲纪大坏自然也就一点都不奇怪了。

司马炎本来为儿子选定了两个辅政大臣，一为国丈杨骏，一为其叔父、汝南王司马亮，然而未等司马炎闭眼，杨骏便与女儿、皇后杨芷合谋，将司马炎的相关诏令藏匿起来，从而排挤了同受诏命的司马亮，自己成了唯一的顾命大臣。

武帝一死，杨骏身兼太尉、太子太傅，假节、都督中外诸军事，与两个弟弟一起，掌握了朝廷的军政大权。杨骏兄弟跋扈专横，广树私党，引起朝廷上下的普遍不满。不过，杨骏说到底只是一个不学无术的浅薄之徒，他即便手中掌握着辅政大权，也无能力稳定政局，亦无法阻止宫中其他势力的觊觎。

晋惠帝司马衷的皇后贾南风，为已去世权臣贾充之女。贾充此人很会出点馊主意，个人道德品质则无从谈起，其家风亦诡谲恶劣。在这种家庭环境中长大的贾后，就像她父亲一样，既富谋略又多权诈，同时权力欲也极强。对于杨氏外戚独揽大权，贾后很不甘心，时时欲取而代之，于是便趁杨骏失去人心，尤其与宗室诸王势如水火之机，打起了联合宗室王，共图杨氏的主意。

曹魏时代，并未分封同姓诸侯王，到了大臣曹爽执政时，有人指出，如此将造成宗室失位，藩王无权，关键时候无法藩卫皇室。曹爽尚未来得及理会此事，便已死于司马懿之手，曹魏政权也果真落入司马氏之手。这一事实令司马氏皇族引以为戒，大家认为，曹魏政权被他姓篡夺的主要原因，就是未进行分封，结果使得皇室缺乏有力的宗族保障。有鉴于此，晋武帝一登上皇帝宝座，就立即恢复了古代的分封制，大封同姓宗室为王，以郡建国。

早期分封王国虽多，然而形同虚设，宗王仅食租税，同时除一部分年长宗王外，多数宗王都滞居于京师。后来出于安定边疆、待机灭吴，以及避免在京宗王对司马衷构成威胁，窥夺其帝位等原因，晋武帝才开始大规模调徙宗王出镇封国。

出镇宗王在自己的封国内，可以置军拥有亲兵，称为"国兵"，按照规定，只要中央传有诏命，宗王入朝时便可带上一部分国兵进京。贾氏正是利用了这一政策漏洞，挟惠帝下密诏，命出镇荆州、都督荆州诸军事的楚王司马玮带兵入京。

司马玮为晋惠帝之弟，年纪轻，刚愎好杀，且颇具政治野心，贾氏在将其召入京城洛阳后，立即利用他的国兵，对京城实施了戒严。

公元291年3月，贾氏发动宫廷政变，诬杨骏谋反，指使楚王玮诛杀杨骏及其党羽数千人。皇太后杨芷也被废为庶人，不久被活活饿死。

杨氏外戚被铲除后，大臣们推举出汝南王司马亮、元老卫瓘共同辅政，但贾后的目的却是要由自己执掌大权，这样一来，司马亮、卫瓘，以及因诛杀杨氏有功而掌握朝中禁卫军权的楚王玮，便都成了她夺权路上的障碍。

司马亮能力平平，但忠厚老实，最主要的是他辈分高，在宗室中拥有一定的朝望和族望，连武帝都以其为宗师，并在辞世前把他选为托孤重臣之一。卫瓘乃武帝遗下重臣，有定蜀之功，而且为政清简，在朝野有很高声誉。楚王玮无论是资望地位，还是为政经验，都无法与他们相比，大家同处朝廷之上，彼此之间都看对方不顺眼。贾后正是利用了这一点，施展政治手腕，通过操纵惠帝，指使后者发出密诏，令楚王玮杀掉了司马亮、卫瓘，接着又以矫诏"擅杀"的罪名，杀掉了楚王玮。

好个贾后，一箭三雕，转瞬之间，就让自己的三个政治对手人头落地。至此，朝廷权力全都落入她的手中，贾后也由此开启了长达十年的专权生涯，史称"贾后乱政"。

两位宗王卷入政治旋涡并被杀，是惠帝时期的大事件，它开启了历史上八王之乱的前奏，不过此时的动乱，终究还只是局限于京师洛阳的周边区域，尚未造成全国性的影响。另外，贾后虽然用心毒辣，但毕竟久经政治风云的磨砺，无论是平衡各方势力的智慧，处理政事的能力，还是选人用人的眼光，都公认还在杨骏、司马亮之上，尤其她在专权期间，将裴頠、张华等一批有声望、有才学、有经验的大臣选入了朝廷中枢，称为"元康重臣"，这在杨骏、司马亮执政时期都是没有过的。就拿王戎来说，虽然他也在元康重臣之列，但其实应该算是其中最不出众的，一干人等，只有他居官无足称道，政绩平平，元康重臣作为整体的成色，由此可见一斑。

在贾后以及元康重臣的共同维持下，尽管上有惠帝这样的白痴皇帝，然而元康年间的政局总体而言还是平稳的，"数年之中，朝野宁静"。自武帝司马炎统一全国后，晋王朝曾出现历时十年的繁荣期，武帝年号"太康"，故而得名"太康之治"或"太康盛世"，贾后专权的十年基本延续了这一局面，后人也称之为"元康之治"。

某种程度上，没有"元康之治"，就没有"元康玄风"，只可惜这种口谈玄虚，悠游物外的条件很快就不复存在了，整个王朝即将进入一个至为黑暗的时期。

明哲保身

贾后专政后期，赵王司马伦被征入朝。司马伦是继被杀的楚王玮后，第二个暗蓄政治野心的宗王，他入朝后虽被授予车骑将军、太子太傅，但实际无法参与政事，只能闲散于家。司马伦对此极不甘心，便通过设法与后党重要成员、贾后的侄子贾谧等人深交，以及"谄事中宫"，曲意逢迎贾后等方式，获取贾后信任，进而得到了禁卫武官之任。

赵王伦接近后党和"谄事中宫"，都是出于自身利益所需，他内心对于贾后这帮人其实是愤恨的，也时时都在寻找扳倒贾后及其后党的机会。不久，机会就让他找到了，此即贾后的子嗣问题。

晋惠帝的太子同时也是其独子司马遹，为武帝生前所喜爱，武帝甚至还把他作为让惠帝继任的借口，但司马遹并非贾氏所生，而贾后入宫多年，始终都没有生子，这无疑成了她的心头大患。另外，司马氏家庭缺乏良好教育，按照钱穆的说法，司马氏"至多三四传，其子孙无不趋于愚昧庸弱"。司马遹也没能逃过这一铁律，年纪稍长，即耽于嬉戏玩乐，可是偏偏又性情刚烈，不但不肯谄媚贾后，还与贾谧结怨，如此一来，便渐为贾后及其后党所畏忌。

赵王伦与心腹幕僚孙秀筹谋，极力挑拨贾后与太子的关系。孙秀使用反间计，派人故意散布谣言，说殿中士兵想要废掉贾后，立太子为帝。贾后听闻后，极为惊惧。接着，赵王伦、孙秀又劝贾谧等人早除太子。贾谧与太子不睦，也怕将来太子继位后，对己不利，在谗言的引诱下，遂充当别人的枪手，劝说贾后废掉太子，另立更加便于控制者为皇储。

贾后深以为是，她虽然膝下无子，但曾收养妹夫的儿子，并假称这个养子是自己为武帝居丧时所生。现在贾后既然觉得太子不可靠，那就不如更立自己所养的这个孩子为嗣了。

公元 299 年，贾后设计陷害太子，以太子有逼上退位之嫌，将其废为庶人。

面对太子的含冤被废，满朝文武的态度颇可玩味。身为元康重臣的王戎来了个视若不见，没有一句匡谏之言。身为太子岳丈的王衍，表现得更是令人无语——太子给王衍和太子妃都写了亲笔信，陈述自己被诬陷被陷害的经过，言辞非常诚恳感人，然而王衍在收到信函后，却没有为之主持公道，信函也被他收藏起来秘不示人。

非但如此，因为害怕祸及己身，太子刚刚被废，王衍就上表请求让女儿与太子离婚。太子妃被逼一路号哭着回到娘家，路上行人见状，无不为之黯然落泪。

与司马氏家不同，琅邪王氏有着堪称典范的家族文化传统。王戎孝心至诚，母丧离职后，他悲痛欲绝，以致在守孝期间暴瘦甚至难以支撑着起床，只有拿着手杖才能起来走路，时人誉为"死孝"。至于王衍，则以雅量高致著称。据说他有一次在宴会上惹怒了一个族人，这位族人脾气非常暴躁，当场举起盘子，甩在了王衍脸上。一般来说，当被族人如此攻击时，很少有人能够做到淡然自若，然而王衍做到了，他一声不吭，很淡定地去洗了洗脸，然后牵着王导的胳膊，两人一道坐着车子回去了。

可能内心里多少还是觉得有些窝囊，坐在车里的王衍先揽镜自照，继而自我解嘲地对王导说："你看我的眼光乃在牛背之上。"

牛背是挨牧童鞭子的地方，王衍把自己的脸比作牛背，又称眼光在其之上，是把打人者比作无知的牧童，意即以自己的见识和雅量，根本用不着跟这样的人计较。

王戎"死孝"，王衍谦让，皆得自王祥"信礼孝悌让"的真传，从中可以看出，以此作为基础的王氏祖训，其核心乃是"孝悌"：对"孝"的最高要求是"扬名显亲"；对"悌"的最高要求是"宗族欣欣"。

"孝悌"的最终目的，是要维护和保持家族兴旺。显然，在王氏祖训中，对家族利益的维护，已经压倒了对君主和国家的忠诚，而王戎、王衍在太子被废事件中的做法，实际上也是根据这一价值观，在国与家，忠与孝之间作出了自己的选择。

朝堂之上，明哲保身的不光王氏子弟，其余晋室大臣也没好到哪儿去，大家都不约而同地躲到一边，这使事态不仅没能得到有效控制，反而呈现出加速恶化的趋势。

公元300年，贾氏矫诏杀害了太子，一时舆论哗然。见夺权时机已经成熟，赵王伦便借口为太子报仇，率禁军入宫发动政变。他完全照搬照抄了贾后的一套手法：先矫诏废贾后为庶人，继而将贾后灭族。在此过程中，从贾谧等后党成员，直至以裴𬱟、张华为首的多数元康重臣，尽皆遇害。

赵王伦的政变，标志着八王之乱第二阶段的开始，在这场突如其来的动乱中，王戎只是被免了官。王戎虽为元康重臣，但并非掌握机要的实权派，更重要的是，谨小慎微，不肯轻易得罪他人尤其是小人的处世风格，让他避免了不测之祸。

司马伦早期当过琅邪王，孙秀时为其属下的琅邪内史，身份相当卑微，但他却请求琅邪名士为其进行品评称誉，王衍本不屑于此，在王戎的劝说下，才勉强为其品题。没想到，正是这一操作，救了两兄弟的命——孙秀为人睚眦必报，他随赵王伦得志后，朝士中凡与其有宿怨的，都被他杀了，只有王戎、王衍得以幸免于难。

公元301年，赵王伦废掉晋惠帝公然篡位。此时王戎被免官也就算了，王衍是大名士，赵王伦必然要召之为官。王衍素来轻视赵王伦的为人，不愿在其政权下做官，但如果公开表明自己的这种态度，就很可能面临被灭族的噩运。万般无奈之下，王衍只得佯装癫狂，又在"癫狂"状态下误杀了一名奴婢，这才使赵王伦相信他真的疯了，没有再予以追究。

事实证明，王衍不当赵王伦的官是对的，赵王伦篡位犹如打开了潘多拉魔盒，它使得晋王朝迅速告别"太康之治"，几乎在刹那间便深陷于致命的黑色风暴之中。

身不由己

元康末年之后，随着中央权斗的不断加剧，宗王大量出镇，分据要津。不过在赵王伦篡位之前，皇权至少在形式上仍是至高无上的存在，等到赵王伦捅破最后一层窗户纸，废惠帝自立，宗王们便连起码的敬畏之心都丧失了：既然司马伦都能称帝，为什么我们不能？

出镇宗王中，齐王司马冏、河间王司马颙、成都王司马颖皆拥有强兵。齐王司马冏的老子司马攸，与晋武帝是亲兄弟，这个司马攸在世时非常能干，才出武帝之右，为众望所归，差一点就代替武帝成为嗣君。想想看，如果司马攸当初能做皇帝，接下来是不是就轮到作为儿子的齐王冏继位了？齐王冏因此觉得，晋朝皇位本来就该是他家的，有了机会未尝不可以考虑过过瘾。

赵王伦篡位后，齐王冏认为时机已到，于是首先起兵征讨赵王伦。河间王颙、成都王颖旋即响应，三王联合进兵洛阳，与赵王伦所掌握的禁军，在洛阳附近展开空前激战，宫廷政变终于升级成了一场大范围的宗藩内斗。

按说禁军是朝廷直辖军队中的精锐和骨干，其装备上乘，拥有披着铠甲的冲击骑兵，史载"精甲耀日，铁骑前驱"。然而禁卫武官互不统属，战场上各自为战，加之此时赵王伦的亲信将领王舆在洛阳倒戈，致使司马伦阵营一败涂地，赵王伦、孙秀等人也都一命呜呼了。

死了赵王伦，来了齐王冏。齐王冏迎惠帝复位，自己入京辅政。所谓一朝天子一朝臣，百官中凡是赵王伦所用之人，从此一律斥免，原先遭冷落和罢斥的，则重新得到起用，这使被免官的王戎，以及自己不肯做官的王衍，又都有了出头之日，分别被任命为尚书令、中书令。

相比于位列竹林七贤的王戎，王衍此时的表现反而还更高洁一些。齐王冏辅政后，骄恣专横，公卿见到他都得下拜，唯有王衍只作长揖。这样的王衍自然不讨齐王冏喜欢，他对此也心知肚明，于是便托病辞官了。

不久，前太子司马遹的儿子病死，惠帝直系子孙至此已全部死亡。惠帝的兄弟，成为其时司马皇家系统中血统最近的亲属，按照以往的规矩，接下来，似乎就应该按照亲疏顺序，由惠帝的弟弟、成都王颖做储君，称皇太弟。让众人大跌眼镜的是，齐王冏却将司马颖置之一边，转而将惠帝的侄子、年仅八岁的司马覃立为了皇太子。舆论由此大哗，齐王冏贪恋权位，欲取惠帝而代之的用心暴露无遗。

河间王颙在参与联合讨伦之前，也曾支持过赵王伦，齐王冏一直对此耿耿于怀。河间王颙害怕司马冏追究前失，内心颇不自安，看到司马冏失了民心众望，他便主动掺和进来，推尊成都王颖为首，起兵讨冏。

讨伐檄文传到京城，齐王冏慌了神，忙把王戎找来询问对策。王戎诚恳建议他不如舍弃权柄，以齐王身份返回宗王府第，并认为如果他能够这么做，或许还可以保留原来的爵禄，从政治旋涡中全身而退。

齐王冏自己尚未表态，他的谋臣不乐意了，怒气冲冲地说："自汉魏以来，王公失势退回府第，有能保全妻子儿女的吗？发此议论者当斩！"

齐王冏依旧沉默，但显然已经认同了谋臣的话，百官顿时为之失色，殿上气氛变得极为紧张。

魏晋名士大多会服用一种名为五石散的药物，王戎眼看不妙，便赶紧假装药性发作，匆匆忙忙跑进厕所并掉进茅坑。以此作为掩饰，他才得以又一次躲过了杀身之祸。

　　齐王冏及其谋臣死到临头，仍抱着既得权位不放，横竖听不进忠言，这正是当局者迷，旁观者清。齐王冏自己的幕府中其实也不乏清醒者。冏的属官张翰是苏州人，有一天刮起秋风，他联想起江南家乡美味的茭白菜、莼菜羹和鲈鱼脍，便大发感慨说："人的一生，贵在畅怀适意，哪能一直待在数千里之外任官，一味求取声名爵位呢？"张翰随即命人给他驾好车马，然后坐着车马返回了家乡。

　　这就是成语"莼鲈之思"的出处。张翰离开洛阳不久，还没等河间王颙的部队打到洛阳，居于洛阳城的长沙王司马乂就起兵作为内应，向齐王冏发难。

　　长沙王乂本来实力较弱，但他胜在出其不意，又先于齐王冏将晋惠帝抢到了手。司马冏猝不及防，此后便越来越被动，直至兵败被杀，步了前任的后尘。

　　到了此时，人们才认识到王戎、张翰等人的先见之明，然而对于齐王冏而言，也只能说他身处是非圈中，早已经是身不由己了。

　　讨伐司马冏的诸王中，以成都王颖的身份最高，势力最大，而且他能够听取谋臣建议，对外也表现得谦卑恭让，不贪权力。先前赵王伦篡逆，司马颖曾在诛杀赵王伦的过程中立有大勋，但他把功劳全都推给了齐王冏，因此赢得士民赞誉，连长沙王乂也对其非常推崇。

　　长沙王乂虽然近水楼台先得月，已经取得了政权，但仍谦让于成都王颖，由司马颖在其封地邺城（今河北省临漳县西南）遥执朝政。此后事无巨细，司马乂都要去邺征询司马颖的意旨。

　　宗王之中，司马乂算得上是一位贤王，史称"开朗果断，才力绝人，虚心下士，甚有名誉"，他能够比较忠诚地对待惠帝，亦能很好地代表皇室利益，然而也正因如此，却与他所推崇的成都王颖之间嫌隙渐生。

　　河间王颙原来的如意算盘，是要自己入朝当宰相。希望落空后，他认为是司马乂阻碍了自己的夺权之路，对司马乂非常不满，于是便趁机鼓动颖，联合起兵讨伐司马乂。

　　三王在洛阳大战。长沙王乂虽势力弱小，但颇得军民之心，在洛阳城中战久粮乏，陷入饥荒，将士也都很疲敝的情况下，众人仍甘愿为之效死。冏题出在同守洛阳的东海王司马越身上，东海王越深恐城池守不住，届时将牵连自己，便秘密联合禁卫武官，逮捕了乂，并将其送交河间王颙手下的第一大将张方。

司马乂的结局甚为悲惨，他被张方残忍处死。三军见之，莫不为之流涕。司马乂恐怕也是八王之乱中，唯一一个死得可惜，且得到人们广泛同情的宗王了。

王家子弟

从汝南王亮、楚王玮双双丧命开始，到赵王伦、齐王冏、河间王颙、成都王颖、长沙王乂卷入，直至东海王越突然插上一脚，共八位宗王发动或参与到这场关于国政家权的乱事之中，八王之乱由此得名。

作为八王中最后参与乱事的藩王，东海王越属于晋朝宗室的疏属，他是司马懿弟弟的孙子，距离武帝、惠帝皇统都是疏之又疏，根本没法与成都王颖那样居于惠帝兄弟地位的宗王相提并论。

因为在宗室中地位不高，东海王越起步也就较晚。那年楚王玮在贾氏指使下讨伐杨骏，司马越跟着讨杨骏并在此役中建功，这才被立为东海王。三王讨伐司马冏前后，司马越被拜为司徒领徐州都督，按照"司马、司徒、司空"的三公定义，进入了三公级别的重臣行列。颙、颖讨乂期间，司马越为了一己私利，置国家社稷于不顾，悍然出卖了司马乂，事后不但未被司马颙、司马颖追究，还实际取代了原来司马乂的位置。

东海王越不具备皇室近属的名分，他最欠缺的一直是这个。认识到光靠自己仍然难以号召各方，司马越便力求联络关东士族，利用他们来加强自身的影响力。

按照现代学者田余庆的观点，士族作为一个特定的社会阶层，系由东汉的世家大族更新而来，只不过由于社会大动乱等原因，在家族谱系上，已经很难有一族可以严格追溯到东汉了。琅邪王氏虽负盛名，在魏和西晋即居于高位，但要他们往东汉追，也就只能追到两代，也就是王祥、王览父亲那一代，再往上，虽然王家也一直都有人做官，然而门户势力与世家大族的标准都尚有距离。

田余庆将魏晋士族划分为新旧两种，像王家这样的渊源，就算是妥妥的旧族门户了。关东本是旧族门户比较集中的地方，但自八王之乱以来，关东士族同宗室王公一样，动辄被灭族，已处于星散状态。琅邪王氏是关东仅存不多的少数几个旧族门户之一，同时王家所在的琅邪国，又是越的东海国近邻，王家的社会地位，要高于东海国的任何一个家族，在这种情况下，王家子弟要想不受到司马越的关注都难。

在东海王越以朝廷名义向王家招贤后，王戎、王衍再次进入了中枢，但是曾经沧海难为水，到了此时，当事者的心境都已发生了极其微妙的变化。

自晋惠帝上台以来，每一次战争爆发，每一次权力易主，都有无数士族被卷入其中，也有大量士族甚至包括元康重臣、一流名士丢掉官位和性命。晋朝法律严苛，尤以株连和斩草除根最为残酷，所谓"今世之诛，动辄灭门"，这些士族不仅自己被杀，还屡屡被夷灭三族，结局可谓惨不忍睹。王戎在亲身经历这一切后，对晋室已完全失去信心，他所欲所求的，就是穷尽一切办法，在此乱世中活下来，为此开始随波逐流，做起了不是隐士的隐士。

在朝中，王戎负责选才任官，但他从不用心，既未擢拔过一个出身寒微的真才实学之士，也没有退黜过任何徒有虚名之人，只是做一天和尚撞一天钟，像一个平庸的俗吏一样，闭着眼睛选官调职。

不久，王戎又被拜为司徒，总"司马、司徒、司空"三司之权，但他把事务都一股脑儿地推给僚属，自己乘着小马，一个人从便门溜出去游玩。路上见到王戎的百姓，都不知道他乃堂堂三公重臣。有的曾在其手下做事，现已升为大官的僚属，明明看到了王戎，也只能视而不见，远远避开。

除了公开摆烂，王戎的兴趣似乎只剩下守财。他不但担任高官，拿着厚禄，还经营着一大批田产，本不缺钱，可他却不舍得吃穿，且为人极为悭吝自私。

王戎的女儿出嫁，向父亲借钱数万，因为有一段时间没有归还，王戎就很不高兴，连女儿回娘家都要摆臭脸，女儿见状，赶紧把钱还给他，他这才高兴起来。王戎的一个侄儿要结婚，王戎送给他一件单衣作为礼物，不料侄儿婚后，王戎竟然又把这件单衣要了回去。

在王戎的田产中，有果园一项，果园里盛产品种优良的李子。王戎出卖李子谋利，但他又怕买李者得到种子，便下令奴仆们不厌其烦地将李子的果核一个个钻破，然后再拿到市场上去卖……

王戎悭吝程度之深，简直不可思议，以至于世人都讥笑他，说他得了不治之症，是无药可治的吝啬鬼和守财奴。这样的王戎，确实已很难让人把他与竹林七贤联系起来。只有一次，当王戎乘车偶然经过当时有名的黄公酒垆（即酒店）时，才突然真情流露，变得异常激动起来。

原来黄公酒垆就是当年竹林七贤经常聚会的地方，只是此时竹林七贤早已星散，其中的嵇康、阮籍更已不在人世。想到如今旧物都还在眼前，故人却已经阴阳相隔，王戎感慨万千，悲从中来，他转过头，对后车上的门客说："在昔日竹林聚会的朋友中，我忝列末座（在竹林七贤中，王戎年纪最小，故排名最末），所以昔日曾与嵇叔夜（嵇康）、阮嗣宗（阮籍）在此酣饮。自从嵇、阮辞世后，我便为俗务所缠，再不能和朋友们一起痛快喝酒了！"

王家子弟中，既有像王戎这样戴着面具，穿着伪装，刻意与政治保持距离者，也有追随和附庸于当权者，以此为自己争得一席之地者。王衍属于后者。

王衍自青年时代起就"好谈纵横之术"，在成为名士首领后，他以长于清谈为世所宗，同时又常将"不以经国为务"放在嘴上，自称"少不预事"，然而后者只是做给别人看的，其实他对功名和官位权势始终念念不忘，一心就想居于朝廷高位。

晋惠帝登基之初，王衍就把他的女儿嫁给了太子，使之成为太子妃。及至贾后专权，王衍又把自己的另一个女儿嫁给贾后的侄子贾谧，这种既结太子，又结后党，两边观望，期于不败的策略，使得王衍在剧烈的宫廷倾轧中成了政治不倒翁。

其后因为不看好赵王伦、齐王冏，王衍也消沉过一段时间，但他并没有闲着，而是继续用政治婚姻的方式编织关系网，将自己的又一个女儿许予裴遐为妻。

裴遐何许人也？他是东海王越的主簿，司马越之妃子裴氏的堂兄。东海王越本就欲拉拢王衍，王衍不仅投怀送抱，而且还通过裴遐，加深了与东海王越的私人关系。

有东海王越作为后台，重入仕途的王衍青云直上，累官至司徒、司空、太尉，俨然已是朝中数一数二的头面人物。作为回报，王衍则利用其声望和家族资源，竭力为东海王越延揽名士，装点朝堂。

东海王越有僚佐数十人，多为王衍所引荐，王导就在其中，具体职务是参军。参军也即军事参谋，实际地位并不高，即便如此，也还需要王衍出面引荐，这是王导尚不知名于当时的一个例证。

在王氏家族内部，由于王戎做了不管事的逍遥派，王衍已实际成为家族的掌舵者，最被王衍看好的王氏子弟，有王衍的弟弟王澄，还有王导的堂兄王敦。王衍认为他们二人文武兼备，足以担当要职。王导被排于王澄、王敦之后，大概在王衍看来，王导充其量也就只能在东海王越的幕府里当个小参谋。

彼时的王衍无论如何都不会想到，王导会成为自己家族在新时代最为关键的代表人物，其所取得的成就，别说超越王澄、王敦，甚至就连他王衍本人，也将远远不及。

王导能够如此，凭借的是他自身的素质、天分以及不懈的努力，同时也跟一个人有关，这个人就是司马睿。

司马睿

司马睿的祖父司马伷系司马懿的庶出之子，晋朝开国后，封琅邪王。司马睿生于洛阳，十五岁时，父亲辞世，他依例袭琅邪王爵，但仍居住于洛阳，并没有去过封国。

王氏家族所在的琅邪国，就是司马睿的封国。作为琅邪国的大族，王家与司马睿一系建立交往，乃是再正常不过的一件事。事实上，当时的王家名士辈出，显赫一时，倒用不着巴结琅邪王，反而琅邪王因其封国与相邻的东海国都差不多弱小，为了提高自己的荣誉，却特别要与王家结交。

从司马睿的祖父司马伷开始，司马家三代琅邪王，都与王家交好联姻，前后历数十年之久。王导自幼跟随父兄出入司马睿家，与司马睿很早就相识，且双方过从甚密，关系融洽得如同一对契友，史称"契同友执"。有的书上说王导与司马睿系"布衣之交"，司马睿后来也曾亲口对王敦证实，他与王导、王敦之间乃"管鲍之交"。这些都说明，司马睿与王氏兄弟之间，当年确实有着犹如管仲、鲍叔牙那样的深厚友情。

司马睿虽是司马懿的曾孙，但其父祖也即前两任琅邪王，在政治上都未立过大功，也从未处于重要地位。就与晋朝皇室的关系而言，司马睿比东海王越要近，然而也终非晋武帝一系，仍只能算是疏族，司马睿自己又远离封国，因此在宗王中毫不起眼，向来都只被视为一般宗室成员。什么样的人生处境，通常就决定了什么样的人生态度。八王之乱开始后，为避开政争旋涡和杀身之祸，司马睿一直恭俭退让，以相对超然的政治立场示人。

司马睿的刻意低调，使得他的人际圈也极其简单，在洛阳，与其交结密切的朋友，只有王导。司马睿与王导同龄，两人都处于要资历没资历，要地位没地位，要声望没声望的尴尬阶段，但这反而使他们更加惺惺相惜。

王导对天下大势有着自己独到的见解，他这时已预见到天下即将大乱并为此忧心忡忡，但与王戎的随波逐流，王衍的弃国保家不同，王导的眼光看得更远。他认识到，家国本为一体，国家衰败，家族亦难独存。换言之，只有兴复晋室，王氏家族才能继续保存和发展下去，他们这些王氏子弟，也才有充分施展个人抱负的机会。

谁能肩负兴复晋王朝的重任？在王导看来，既不是正如日中天的成都王颖、河间王颙之流，也不是他当前效力的东海王越，而恰恰就是还不被外界当回事的司马睿。

后来有人说王导发现司马睿"奇货可居"，和战国时吕不韦在邯郸发现秦国的子楚相似。子楚是历史上的秦庄襄王，即秦始皇嬴政的父亲，吕不韦发现子楚时，他还在赵国邯郸可怜巴巴地做人质，正是吕不韦把他扶持起来，同时吕不韦自己也借机做了秦国的丞相。实际上，这种类比颇为牵强，当年的吕不韦富可敌国，有的是用于运作的财力，王导则是要啥没啥，唯一能够对照的，倒是司马睿的处境并不比当年的子楚好到哪里去。

司马睿袭爵琅邪王之际，也差不多是八王之乱开始的时候。八王之乱虽然在名称上只涉及"八王"，但参与者其实并不仅限于八个宗王，其他宗王、诸侯也大多被身不由己地卷入其中，并逐一成为战争的牺牲品。对于权轻众寡、无兵无权的司马睿而言，要想在如此动荡诡异的时局中立足生存，最明智的做法无疑就是依附于强者。

司马睿所选择的这个强者，就是东海王越。司马越系本来是比司马睿系还要疏远的皇宗，只是到了八王之乱后期，司马越才因缘际会，得以异军突起，达到了可与颖、颙相提并论的程度。当然，越与颖、颙之间，在实力上仍有差距，为了缩小差距，扩展自己的势力，司马越一方面竭力拉拢琅邪王氏等高门士族加入自己的阵营，另一方面也没忘记在宗王中物色盟友或助手，司马睿的主动靠拢，可谓正中其下怀。

司马越和司马睿在血缘关系上并不亲近，但司马越和司马睿的叔父、东安王司马繇曾一同侍讲于东宫，这一历史渊源加上各自封国毗邻，思想意识上也接近，遂使二人有了相互熟悉乃至亲近的可能。实际上，司马睿自受封琅邪王始，便已依附于东海王越，毋庸讳言，这种状况下的司马睿，别说兴复晋室，连独立发展都还做不到。

王导为司马睿筹谋，认为在战火纷飞，一片混乱的情形下，不管是为了个人生存，还是要在未来扛起复兴大旗，他都应该尽早离开洛阳这个多事的京城，前往自己的封国琅邪。王导为此曾多次劝说司马睿离京归国，司马睿也赞同王导的主张，只是苦于一直都没有找到合适的机会。

归　国

随着八王之乱逐渐进入高潮，久觅不得的机会，终于来了。

长沙王乂被杀后，成都王颖一开始曾进入洛阳，并取得了都督中外诸军事、丞相等职务，但后来他觉得住在洛阳的宗王，从楚王玮到长沙王乂，都没一个有好下场，说明洛阳并不吉利，便留部将石超守洛阳，自己重又回到邺城。

首先发起讨义之役的河间王颙，亦是王室疏宗，他自己不敢觊觎皇位，也不敢争夺皇位继承权，同时司马氏家谁做皇帝，对他亦无多大影响。这种情况下，司马颙就把心思放在干涉中央政权，从中提升自身实力上，在他的威胁和干预下，惠帝被迫下诏废掉了太子司马覃，另立司马颖为皇太弟。

成都王颖被立为皇太弟后，慢慢变得骄奢起来。他将皇帝的乘舆服御尽数劫往邺城，并继续以邺城遥制洛阳，此后既不能恭谦地对待晋惠帝，也不能与在朝宗王和睦相处，分享权力，导致与东海王越等人的关系越来越紧张。

公元304年，东海王越按捺不住，统领洛阳禁军，对颖之部将、留守洛阳的石超发起攻击，迫使石超逃奔邺城。

赶走石超后，东海王越被升为太傅，他乘机以惠帝的名义发布檄书，征召四方军队讨伐成都王颖，本人更率领朝廷禁军，携惠帝亲征邺城。两军在荡阴展开激战。已升为左将军的司马睿，也奉命参加了此次讨邺战争。战争的结果，东海王越兵败，遁回其封国东海，惠帝及随军大臣则被司马颖劫掠入邺，司马睿亦在其中。

司马睿的叔父司马繇因母亲去世，正守丧于邺城。荡阴之战前，司马繇认为皇帝亲自前来讨伐，不可阻挡，力劝成都王颖投降，也因此得罪了司马颖，不久即遭到杀害。晋朝杀人，满门抄斩乃至灭族，几乎已成为习惯性操作，这让司马睿非常害怕祸事殃及自己，担心杀红了眼的司马颖，会斩草除根，将他也一并干掉，于是决定立即冒险潜逃出邺。

根据司马睿传记，司马睿在出生时，室内曾出现奇异神光，满屋都被照得通明，垫在其身下的稿荐（用稻草、麦秸等编成的垫子）犹如刚刚割下一样。这是几乎所有帝王特别是开国帝王传记中，都少不了的"神迹"大俗套，为的不过是表明当事人确实是所谓的天选之子。相比于此类极可能是编写者凭空杜撰出来的细节描写，司马睿在出逃的那天晚上，却实实在在地得到了上天的眷顾。

当晚本来月光明亮，警戒严密，城里的人很难混出去。就在司马睿进退两难，又窘迫又恐惧的时候，突然黑云蔽空，雷雨大作，巡逻的人忙于四处躲雨，警戒也随之松懈下来。司马睿抓住这一稍纵即逝的良机，赶紧逃到城外，随即直奔洛阳。

然而直到此时，司马睿尚未真正脱险。成都王颖事先已对各关口下达命令，凡贵族通过，一律不许放行。司马睿虽已乔装改扮，但行至黄河岸边后，津吏（管理渡口的官员）见他气度不凡，便怀疑他是贵族，遂拦住不让过河，并要向上司报告。

如果司马睿这次被成都王颖抓住，他就是有一百条命也没了。千钧一发之际，司马睿的随从宋典急中生智，从后面赶上来，用马鞭抽了司马睿的马一下，然后故作轻松地笑着对司马睿说："舍长（守护客馆的负责人）！官家禁止贵族出去，你一个看房子的小吏，怎么也被拘在这儿呢？"津吏在旁边一听，以为自己看错了人，司马睿真的只是一个"舍长"，这才摆摆手，把他们放了过去。

司马睿一回到洛阳，马上按照王导让他离京归国的建议，将家眷接出，前往琅邪封国。

生平第一次，司马睿站在了自己封国的土地上，与此同时，他也开始真正地思考起了自己的出路。司马睿传记里记载，司马睿鼻梁很高，眉骨突起，目光有神，顾盼生光，特别是在他长大后，其前额左边还生出了白毛，常被人称为"天生异相"。不过当时其实还没什么人把司马睿当回事，唯有侍中嵇绍认为司马睿是奇才异人，私下里曾对人说："琅邪王毛发骨相不同于常人，我看他不会久为人臣。"

嵇绍是竹林七贤中最有名的大名士嵇康之子，荡阴兵败，他为保护惠帝，不幸被成都王颖的士兵杀害。嵇绍对司马睿的独特评鉴，或许可以说明，虽然司马睿因其持重隐忍的性格而尚为人所识，但却并不缺乏作为一个成功帝王的潜质和可能。

未来没有什么事是绝对不会发生的，只是眼下的当务之急，还是要先求自保，再谋发展。这时八王之乱已进入了下半场，舞台上的主角同时也是晋王朝最有实力的宗王，一共还剩下三人，依次是成都王颖、河间王颙、东海王越。

司马睿原本既无实力也无威望，跟着东海王越征伐，乃至参加荡阴之役，也不过是虚增声势。回到自己的封国后，司马睿在诸王中仍毫无优势可言，他要想自保及发展，所能做和必须做的，其实也就是在三王中做出合理选择。

叔父司马繇被成都王颖所杀，自己也被其追杀，如此，司马睿自然不可能再投向司马颖。剔除了司马颖，便只能在河间王颙、东海王越之间进行抉择。司马颙其时镇守关中，拥有相当的实力，但他曾经推选司马颖为皇太弟，与之关系很不一般，司马睿既已与司马颖为敌，司马颙阵营自然也就不用考虑了。

总之，东海王越可能不是最优项，却是司马睿的唯一选项。何况，他们之间还有一条紧密的联系纽带，那就是琅邪王氏。

司马睿下定决心，利用琅邪王氏搭起的桥梁，正式加入了东海王越的阵营，直接听命于越。换句话说，从这个时候开始，司马睿和王衍、王导等王氏子弟一样，都吃起了东海王越的饭。

胡 骑

在八王之乱打得不可开交之际，一些镇守北部重镇的将领也逐渐被卷入进来，都督幽州诸军事的王浚即为其中之一。

一开始，王浚采取的是骑墙自保姿态，等到东海王越与成都王颖决裂，他才最终决定倒向东海王越一方，并配合司马越，出兵对成都王颖的大本营邺城发起进攻。

王浚本身已具备一定的军事实力，同时他还采取了以异族为兵的办法来增强自身力量。这里的"异族"，指的是北方少数民族（即少数民族），古代中原习惯称除汉族外的北方少数民族为"胡人"，其部族为"胡族"。

此时北方塞外的胡族主导力量是鲜卑。王浚将自己的两个女儿都嫁给了鲜卑部族首领，他在出兵邺城时，向鲜卑借了一支骑兵，加上招募的乌桓骑兵，由此组成了一支鲜卑、乌桓和汉人兼有的出征部队，共两万人，浩浩荡荡向邺城开拔。

因为各方动员和出兵存在时间差，等王浚部队赶到邺城附近，已经是荡阴之战结束后一个月的事了。在荡阴之战中，成都王颖大败东海王越所率的朝廷禁军，将晋惠帝劫持至邺城，军事势力到达顶峰，一时志得意满，在中原已然形成无敌之势。

可是这个所谓的"无敌"却是要打折扣的，那就是在胡人骑兵出现于中原战场之前。胡人本就精于骑射，内迁后，逐渐接受中原骑兵最先采用的冲击战术，再加上马镫等技术的运用，使得胡人骑兵的战斗力早已远超中原骑兵，只是以往还未有机会展现而已。

实际上，无论是鲜卑部落借给王浚的骑兵，还是王浚自己招募的乌桓骑兵，规模都不大，但当这些胡人骑兵作为前锋进击时，却将前来迎战的司马颖军主力打了个落花流水，狼狈不堪。

经此一战，胡骑威力尽显，邺中为之大震。随后当鲜卑侦察骑兵出现在邺城近郊时，城内立刻陷入一片惊恐之中，成都王颖不敢迎战，慌乱中带着臣僚和晋惠帝仓皇逃奔洛阳。

鲜卑骑兵攻克邺城后，在王浚的纵容下，按照游牧族（即游牧民族）"得人以为奴婢"的战争习俗，将城中妇女尽掠而去。在返回幽州的途中，王浚却又觉得随军妇女会影响行军速度，便下了一个"敢挟藏妇女者斩"的命令。这批鲜卑骑兵相当于雇佣兵，不敢不遵从雇主严令，为了避免被发觉，他们居然丧心病狂地将所虏妇女投入河中，致使这八千妇女全部被淹死。

至此，胡骑也加入八王之乱的群兽狂斗之中，他们摧枯拉朽的冲击力，以及战后的烧杀抢掠，都给这场大动乱增加了诸多新的变数。

在成都王颖逃至洛阳后，河间王颙的大将、时据洛阳的张方，怕王浚部队继续追来，便又裹挟着一众人等避往关中，投奔河间王颙，晋惠帝及晋廷也因此被迫西迁长安。

看到成都王颖业已实力衰弱，名实俱损，成了一个标准的落毛凤凰，原本一直捧着他的司马颙，居然说变脸就变脸，当下就废掉了司马颖的皇太弟身份，并将他赶去封地成都。之后，司马颙另立晋惠帝的弟弟、豫章王司马炽为皇太弟，以方便自己更好地挟制晋惠帝，独掌中央政权。

在此过程中，皇帝和大臣都失去了自主权，只能任由司马颖、司马颙以及张方等人驱使摆布。王戎先随晋惠帝参加讨邺战争，荡阴溃败后，他被司马颖抓到邺城，继而又跟着惠帝四处奔波，"苟全性命于乱世"。难能可贵的是，这位年已古稀的老臣，却开始一改先前摆烂躺平、吝啬鬼、守财奴等不堪形象，不但始终不离不弃地跟着皇帝，而且危难时甘冒白刃之险，亲自与乱军交锋，其间谈笑自若，毫无惧色。

后来王戎在关中暂住下来。等到战乱间隙，他有时也召集亲戚宾友，欢娱终日，恍惚间，重又让人在他身上看到了昔日竹林七贤的风采。

公元 305 年，王戎死于陕县（今河南省三门峡市陕州区）。与同时代的许多名士一样，王戎是不幸的，为了能够活命，他甚至不得不在人前装疯卖傻。如果说还有一点幸运之处，那就是他最后总算没有在变乱中横死，而且随着生命的消失，再也不用在之后更为黑暗冷酷的岁月里遭受折磨。

失　控

在王戎辞世的同一年，逃回东海封国的司马越，又一次迎来了他的机会。其时由于惠帝和宗室近属已悉数入关，广大关东地区再无强藩能够进行控制，正所谓"山中无老虎，猴子称大王"，东海王越于是趁机填补空缺，扩充势力。

经过一年的休养生息，司马越重又招募了一支三万人的军队，实力开始恢复。在此期间，他昔日的两个最大对手——成都王颖、河间王颙，因为先后劫持晋惠帝，早已被天下所不齿，声势也大不如前，司马越一俟咸鱼翻身，便以迎回天子为号召，联络各方，从徐州起兵，大举向西进攻关中。

随着西征之役的展开，以东海王越为一方，以河间王颙为另一方，诸王和将领各结党羽，形成了互相仇杀的两大阵营。

在双方联军的厮杀中，司马颙一方的豫州刺史刘乔，出手击败了司马越一方的范阳王司马虓。司马虓情急之下，派人赴幽州向王浚求援，从其手中得到了八百鲜卑骑兵。如同王浚讨司马颖时一样，这支骑兵规模也不大，然而司马虓却凭借着他们，在短短一个多月时间里，连续击败了刘乔等人的豫州、兖州各部以及河间王颙派驻河南的军队，一举控制了河南。

司马越联军声威大震。河间王颙慌了手脚，正好他听信了关于大将张方要谋反的谗言，于是便把挟持晋惠帝的责任全都推在张方身上，杀了张方，并试图以此向东海王越求和。可是对司马越而言，西征夺取政权才是其真正目的，究竟是谁挟持了晋惠帝，他其实并不关心，司马颙的求和示好遂被弃置一旁。

张方为人极其残暴，不过就打仗而言，的确也是一把好手，河间王颙杀掉张方，可谓是自毁长城，弄巧成拙。闻听张方已死，司马越联军各部更加斗志昂扬，而司马颙手下将领则纷纷投降。

此时已经被司马颙废弃的成都王颖，因曾在河北经营数年，倒仍旧能得到河北士民之心。他的故将及河北士民都希望司马颖能重返河北，为此聚兵数万之多，打算据此抗击司马越联军。司马颙听说后，如同抓到救命稻草一般，急忙又升司马颖为镇军大将军、都督河北军事，让司马颖替他阻击司马越联军。

然而随着王浚部队正式进入司马越联军的作战序列，司马颙联军的颓势已然不可逆转。成都王颖率诸将防守洛阳北的黄河浮桥，防线居然被王浚派出的区区三百幽州鲜卑骑兵轻松击溃。胡骑对于中原步、骑兵近乎碾压式的战斗力优势，再次尽显无遗。

司马越联军突破洛阳防线后，继续向潼关进发。河间王颙派自己的主力部队进行阻击，结果还是惨败于王浚部队之手。河间王颙、成都王颖仓皇出逃，后双双被司马越联军的人所杀。

司马越联军最终荡平关中。进入长安的鲜卑等胡族骑兵，再次复制了他们攻克邺城后的行径，对长安进行屠城和抢掠，总计有士民两万余人惨遭毒手。

东海王越对此显然并不在意，他在乎的是自己当了赢家，终于将惠帝抢到了手。公元306年，司马越将惠帝迎还洛阳，随后被惠帝诏为太傅兼录尚书事。

东海王越距离完全掌握朝政控制权已经非常近了，与此同时，司马家一掌权就变坏的规律依然有效，相比于前任司马颙，司马越不仅同样有了不臣之心，而且更加专权跋扈，残暴乖戾。

为了一步到位地对朝政进行控制，司马越不顾后果，当年即迫不及待

地鸩杀了惠帝。皇太弟司马炽随后被他扶上皇位，这就是历史上所称的晋
怀帝。

随着惠帝生命的终结和东海王越独掌朝政，长达十六年之久的八王之
乱总算结束了。这场大规模战乱的持续时间之久，波及范围之广以及影响之
深，在中国历史上都可谓空前绝后。细究起来，在八王之乱的第一阶段，也
即所谓贾后乱政的十年里，晋朝政局其实还是稳定的，之后赵王伦矫诏杀贾
后及自立为帝，大混乱大动荡才真正开始，并延续了整整六年。

说来说去，该为八王之乱负责的，还是司马家自己。司马氏是靠施展暗
黑术和大肆杀戮曹魏忠臣上台的，这就决定了他们自己以及拥戴他们的人中
很少有正直忠诚者。按照干宝的观察，整个司马氏集团内部，人们相互之间
只有一种非常阴险恶毒的杀夺关系：见利必夺，以杀助夺，一直要杀到天下
大乱，不可收拾才罢休。此说可谓入木三分，在八王之乱中，除长沙王乂、
汝南王亮等可能稍有例外，其余宗王及帮助其争斗的僚佐，几乎个个都是这
样的角色，他们居庙堂之高不能忧其君，处方镇之重不能安其民，既无君臣
之义，亦乏兄弟骨肉之情，唯知为各自利益互相残杀。

八王之乱从爆发之日起，就一直处于失控状态，以至于各方但凡还有
一点军事和经济实力在手，就不肯罢休，战争亦因此无法停息。在经过一次
接着一次的残酷战争后，至东海王越掌权，全国上下已是满目疮痍，晋王朝
的元气被消耗殆尽，太康之治、元康之治期间所积累的社会财富迅速化为乌
有。与此相应，晋朝的统治威权也遭到极大削弱，地方将官们对中央政权越
来越失去信心，他们纷纷拥兵自重，朝廷的任何命令在他们那里都成了一纸
空文。

局势已经糟糕至极，但坏消息却还不仅限于此，其中对晋朝威胁最大
的，莫过于内迁胡族的起兵以及他们的虎视中原。

胡　患

胡人最初主要生活在塞外的草原之上。到了汉末魏晋时期，北方突然出
现了一次小冰期，塞外气候变得异常寒冷，草场环境趋于恶劣，很多胡族的

原居之地，开始越来越不适宜居住。相比之下，本来宜于农耕的长城以南地区，却随着长时间大范围寒冷气候的降临，转为适合游牧生活。于是，为了谋生，这些胡族开始大批南下入塞，至八王之乱前，晋王朝境内的北部、东部和西部，尤其是并州和关中一带，都居住着相当数量的胡族内迁人口。

胡人的大规模内迁，毫无疑问促进了胡汉文化的相互影响和渗透，但也带来了严重的社会问题。晋王朝在允许胡人内迁的同时，并不对之进行必要的教化，而胡人又多被视作蛮荒之徒，因此他们常常受到中原百姓的鄙夷和嘲笑，汉人贵族更是对之进行歧视与欺压，不少人在沦为汉人贵族的奴隶后，被迫服役和当兵打仗，更有甚者，还被地方官员押往他乡出卖。

随着胡汉矛盾不断加剧，有人惊呼，胡人"怨恨之气"，已"毒于骨髓"。另外，胡人在受地方郡县管辖的同时，依旧保存着其部落组织，部落组织的首领也多有野心勃勃，欲寻机割据一方，恢复故业者。

面对所谓的胡患，有识之士忧心忡忡，纷纷提出解决办法。晋武帝时，侍御史郭钦上疏建议乘天下初定，用武力将胡族重新迁回故地，并以汉人塞边。晋惠帝登基之初，山阴令江统作著名的《徙戎论》，也主张将内迁胡族重新徙于塞外，并指出此事已刻不容缓，若不加紧施行，晋室将岌岌可危。

郭钦、江统等人的徙胡之议，客观地说，并非根本解决之方。有学者认为，在形势已积重难返的情况下，即便晋朝决定徙胡，实际操作也会困难重重，甚至相关举措很可能将沦为一纸空文。然而做与不做，毕竟还是不一样，若是做了，就算不能从根子上解决问题，但亦不失为政治上的一时措置之策。遗憾的是，晋武帝及晋惠帝时的当权人物，均未能接受这些建议，致使胡患愈演愈烈，呈难以逆转之势，直至匈奴借八王之乱起兵反晋。

早在秦汉时期，匈奴一度是塞外最为强悍，对汉王朝威胁最大的胡族，连汉高祖刘邦为此也不得不将公主嫁给单于。后来，在汉军的连续打击下，匈奴元气大伤，一蹶不振，其中的呼韩邪部落向汉朝投降，从此分散居住于北部边疆各郡县。

由于内迁早于其他胡族，匈奴成为内迁胡族中规模最大的一支，至晋惠帝末年，入塞匈奴已达数十万人，分五部，共十九姓，主要聚居于并州区域。

除了汉匈和亲的因素外，一些匈奴人还曾被赐予汉朝国姓"刘"，这是刘姓匈奴人的最早起源。在陆续内迁的十九姓匈奴中，刘姓是最高贵的姓氏，其他姓的匈奴人都要听从其指挥。晋武帝朝，被汉廷任命为左部帅的刘豹，就是刘姓匈奴人。当时的部族显贵为向汉廷通好，多会遣子入侍汉朝皇帝，称为"侍子"（其实也就是人质），刘豹亦将儿子刘渊送入洛阳作侍子。刘豹死后，晋武帝任命刘渊为代理左部帅，但因为发觉他能力很强，恐其回到部落后对晋廷不利，便将刘渊留在了洛阳。

晋室对刘渊的这一戒心，一直延续至惠帝朝。在杨骏掌权的那段时间，刘渊被任命为五部大都督，使其在名义上可统率匈奴五部，只是不准他本人离开洛阳；等到成都王颖在邺遥控朝政，刘渊被司马颖带至邺城，司马颖表荐刘渊监五部军事，但仍将他牢牢地扣在邺城。刘渊屡次请求返回河东（即并州）故地，都未得到司马颖的同意。

之后王浚的讨邺一战，终于给刘渊脱身创造了条件。此战中，鲜卑、乌桓骑兵超强的冲击力以及所取得的惊人战果，均令各界震惊，包括成都王颖在内，宗王们都本能地联想到，如果他们也能像王浚那样，采取用胡策略，取得胡族的军事支持，必然能够大大增加自身在混战中取胜的机会。

内迁匈奴长期与汉人杂居，学汉语、讲汉话、改汉姓者颇多，其生活习惯也已与汉人相差无几。刘渊生于刘姓匈奴部落，又在洛阳、邺城待了多年，对于时局的观察以及中原政客们心理的把握，甚至可以说比普通的汉族官员更深入和精细。察觉到成都王颖急于摆脱军事上的被动局面，产生了仿效王浚，引入胡骑的意图，刘渊乘机劝诱司马颖让他返回河东，说自己只要一回去，就会会合五部匈奴来帮司马颖的忙。司马颖听罢大喜，遂以刘渊为北单于，参丞相军事，命其回河东发动匈奴人，用以对抗王浚的鲜卑、乌桓骑兵。

刘渊由此龙归大海。他脱离成都王颖，返回河东后做的第一件事，就是利用晋室给予的各种头衔和权力，召集匈奴部众为他效力。匈奴五部闻讯，纷纷前来归附，旬日之间，刘渊便得众五万人。

有了兵马后，刘渊却没有践诺直接去给成都王颖帮忙，实际上，在已尽知晋朝国力虚实的情况下，刘渊根本无意再去给任何一个晋朝宗王当小弟。

这位匈奴的新生代枭雄在左国城公开打出了反晋旗帜，旋又迁居平阳，建立汉国，自称为汉王。

令人颇有些啼笑皆非的是，刘渊居然还上尊汉高祖和后主刘禅。汉高祖曾为匈奴赐名，又曾派公主出塞和亲，就此而言，他与刘渊之间勉强还能扯到一点关系，刘禅就完全谈不上了。刘渊之所以要把他们两位都供起来，无非就是要以接续汉朝帝统为名，行与晋朝争夺天下之实。

建国称王后，刘渊即率领匈奴骑兵横扫河北，晋朝军队莫能当者，这使刘渊很快就得以控制了并州一带地方。

当初王浚借胡骑，还可以说兵权掌握在汉人自己手里，刘渊称王就不一样了，胡族自此开始自己掌握自己的军队，并用它来冲击中原，刘渊也就此成为胡马扰乱中原的始作俑者。

那个情急之下施出昏招，放跑刘渊的成都王颖，一直到死，都没等到一个匈奴兵前来帮他打仗，他所看到的，只是自己亲手种下的恶果已经破土而出。

狡兔三窟

东海王越、成都王颖可以说是将胡骑引入中原的直接祸首，正是他们两人在诸胡族中各结党羽为援，借其力以仇杀异己，才打开了又一个潘多拉魔盒，开始了新一轮噩梦和死循环。

一通乱打乱杀之后，摆在东海王越面前的，是一个十足的烂摊子。至晋怀帝即位，中央政府的运作机能已接近瘫痪，也基本失去了掌控地方的能力，更为可怕的是，在内迁胡族的崛起和胡马的冲击下，朝廷变得越来越束手无策。

东海王越看似是八王之乱最后的胜利者，但他赢得的，不过是业已疮痍满目的河山，八王之乱的全部恶果，都要由他一人独吞。这位西晋历史上的最后一位权臣，实际上根本就没有做好应付如此局面的心理准备，也不具备那样的能力，外界所期望他的卧薪尝胆，励精图治，团结君臣，一致对外，统统都落空了。

面对内忧外患和事实上已濒临亡国的现状，司马越除了加强内部高压外，再也想不到其他高招，他因此开始变本加厉地残害忠良，专擅威权。在朝中，有的大臣只是提了点自己的建议，便立即遭到杀害。晋怀帝贵为天子，不像他的哥哥晋惠帝那样痴傻，但却没有任何权力，司马越甚至可以堂而皇之地从他身边抓人杀人。

此时的王衍身居宰辅重位，又被东海王越视为心腹股肱，但他显然也并不把国家安危放在首位，一心盘算的，仍只是如何保全家族和自己的个人利益。

王衍有一次对东海王越说，现在天下大乱，出镇地方的将领越来越重要了，为了加强对整个局势的掌控，应该由那些文武兼备的人前去出镇。所谓文武兼备者，王衍推荐的是其弟王澄、堂弟王敦。东海王越也正在考虑要让自己的亲信出镇战略要地，于是便采纳了王衍的意见，留王衍在中央辅助，任命王澄、王敦分别担任荆州、青州刺史。

这实际上是王衍为自己家族所做的一个精心设计，他把荆、青二州以及洛阳，都变成王家今后存在与发展的寄托之地。事后，王衍不无得意地告诉王澄、王敦："荆州有长江汉水之固，青州有背海之险，你们两个在外，我留京师，这就是保证安全的三窟！"

除了狡兔三窟，王衍的政治设计还另有深意。在王澄、王敦赴任，向王衍辞行时，王衍暗地叮嘱他俩："王室将要衰败，所以我才派你们居于齐楚之地。你们两位弟弟赴任后，对外可以建立霸业，对内足以匡扶王室，这就是我寄望于你们的地方。"这说明，王衍经营"三窟"，并不仅是消极地效仿狡兔，求免于死，他同时也有乘王室衰微，寻机图谋霸业的意图。

晋室衰微，国破如此，王衍只顾门户自全，甚至还揣着追求个人霸业的小算盘，当时凡有见识者，都不齿于王衍，认为其言行很是鄙劣。以后的事实也表明，王衍所为不仅误国，同时也没能从根本上保障王氏家族以及他本人的安全，反而一度并不被王衍特别看好的王导，倒是走出了一条令世人刮目相看的崭新道路。

提到王导，当然就不能不说司马睿。东海王越西征关中时，曾在临行前给司马睿加上了辅国将军的称号，不久又加平东将军、监徐州诸军事，令其镇守下邳（今江苏省徐州市睢宁县古邳镇）。

监徐州军事、镇下邳，曾是司马睿的祖父司马伷的职守，史书上称司马伷在职期间，"镇御有方，得将士死力"。到徐州由东海王越掌握时，此处已成为其势力的根基所在，司马睿能被授命监徐州军事，意味着他在司马越阵营中已经有了自己的一席之地。

司马睿新官上任，便立即延请王导入幕。王导在司马越幕只是充当一个小小的参军，进入司马睿幕后就不一样了。司马睿给他的职务是司马，一下子升到了军事主管。

司马睿对王导极为器重和信任，他将军政要务完全委于王导，凡军谋密策皆听由其规划。王导亦投桃报李，尽心竭力地为司马睿进行筹谋。

江　东

看到政局纷乱异常，东海王越已大失众望，王导产生了一个强烈的预感，即中原地区继八王之乱后，恐怕还将有灾难性的大乱爆发。

司马睿虽然已被东海王越列为得力助手，但在司马越阵营中也只处于第二梯队，处于第一梯队的，是东海王越的三个亲弟弟，以及手中握有强兵的王浚等人。如果司马睿一直驻扎下邳，替司马越看守后方，不仅难以发展自己的力量或掌握大权以自保，还极有可能在大乱中给东海王越充当陪葬品。

此时王导早已把自己和家族的命运，与其幕主紧紧绑在一起。他认为，现在最好的办法是帮助司马睿离开中原，如此对司马睿而言，便能摆脱东海王越的直接控制，有助于实现政治上的自立，而就王家来说，则既可避难，亦能从此随司马睿大展宏图。

然而天地茫茫，能去哪儿呢？

王导把王敦等人叫到一起，关起门来开家族会议，实际就是发动大家一起想办法，看跑到哪里为好，所谓"闭户共为谋身之计"。

此时有一个人出现在门外，这个人叫王旷，是王导的堂弟，除此之外，他在历史上还有另外一个耀眼的身份，即书圣王羲之的父亲。王旷原被东海王越派往扬州（本书中的扬州、徐州、荆州，皆为魏晋时大州，与今天的同名城市不是一个概念）的丹杨郡（今江苏省南部和安徽省南部地区）任太守，结果一个叫陈敏的人在江东发动了武装叛乱。王旷不懂军事，打不过陈敏，兵败后便也弃职逃来了下邳。

王家同宗兄弟之间，关系也有亲有疏。王衍对于王敦期望甚高，王敦号为王衍"四友"之一。王衍虽未直接荐举王导，但两人也相交甚笃，这一点，从王衍尚未显赫时，曾带着王导出入各种场合，甚至当他遭到其他族人羞辱时，还当着王导的面揽镜自照，并说出自我解嘲之语，就可以看得非常清楚。然而，史料中却找不到任何关于王衍和王旷关系的记载。

王导、王敦等人与王旷之间也很疏远，要不然他们也不会在开内部秘密会议，讨论家族何去何从的紧要关头，居然把王旷一个人撇开。这一方面可能说明王旷确实不太让人待见，另一方面，也可能是大家觉得他能力过于欠缺，属于成事不足，败事有余的主，让他来开个会，法子想不出来不说，还会因为大嘴巴走漏风声。

被撇开的王旷不但不甘心，反而因此好奇心大增：你们不让我开会？那我倒要听一听，你们究竟在背地里捣鼓点啥。

王旷一边透过墙壁的缝隙往屋里瞅，一边竖着耳朵偷听，一听，原来是在商量这档子事啊！他马上把门敲开，对屋内众人说："现在天下大乱，你们想借机有何图谋？"并扬言要向朝廷告发他们。

王导、王敦等人闻言，无不惊慌失措。事已至此，为了堵住王旷的嘴，大家只好把他拉进密室，一同参与谋划。

没有想到，就是这个"计划外"的王旷，给百思而不得其计的众人指出了一条明路：何不南渡，去江东！

王旷所说的"江东"，就是他任丹杨太守时，被反叛者陈敏打得灰头土脸，以致丢了乌纱帽的地方。因为从今天安徽芜湖至江苏南京间，长江的流向大致是从南向北，故而从秦代起，人们便将芜湖、南京以下的长江南岸地区，称之为"江东"，亦称江南、江左。

三国时期，孙吴立国江东，建江东六郡（丹杨郡即六郡之一），在此期间，江东世家大族的势力急剧扩张，在孙吴政权中的地位甚为显赫，唐人称之为吴姓士族集团。晋武帝灭掉东吴，将江东纳入版图后，吴姓集团不仅没有随之被消灭，而且依然保留了很强的力量，同时江东在政治上也一直都不太稳定，被视为"难安易动"的多事之地，以致晋朝不得不集东南六州将士之力戍守江表，唯恐此处有事。

在这种情况下，连晋武帝都生怕一般藩王或将领派去后镇不住，因此在他生前，始终都未有人能够统摄整个江东。直到八王之乱前夕，晋廷才将吴王司马晏封于江东，但吴王晏一直任职洛阳，并未南下，于是江东又继续处于既无强藩，又乏重兵的权力真空状态。八王之乱后期，吴姓集团深感晋朝政权已难以维持，在危机感的驱使下，他们急于寻找如同三国孙坚、孙策、孙权父兄那样的强人，用以号令江东，保一方平安。陈敏出身寒族，政治影响力很低，之所以敢于在江东起兵作乱，就是因为他号称孙策复生，能够得到江东士族的支持和拥护。

陈敏其实并无割据一方、独占山头的能力和资本，与孙氏的声望才智更是相差甚远，但偏偏此人的心还挺大。在借助江东士族的力量，赶走王旷等人后，陈敏就不把吴姓集团放在眼里了，他一面对后者加以排斥，企图独霸江东，一面自加"九锡"（古代皇帝赐给大臣的九种礼器，包括车马、衣服等，是位极人臣的标志），声称要北上迎接皇帝，摆出了一副誓与东海王越争雄的架势。

江东士族要的只是让陈敏保一方平安，而不是把他们甩在一边，甚至挑起更大范围的战乱，直至令江东也成为涂炭之地。陈敏此举大大超出了众人的容忍范围，于是吴姓集团立即调转矛头，反戈相击，协助平东将军、扬州都督周馥消灭了陈敏。

陈敏事件让王旷得到启发。他从中认识到，江东空虚，江东士族真心期盼强人来帮他们守护江东，如此陈敏这样的不入流角色断难上位。司马睿作为宗王，其名分、权威与政治影响力非陈敏可比，再加上琅邪王氏的支持，入主江东，有何不可？虽有陈敏作为前鉴，但司马睿到江东后，只要能够做到吸取教训，充分尊重南士，政治举措上不发生大的偏差和失误，必不致重蹈其覆辙。

王旷关于南渡的一番宏论，立即得到了在场众人特别是王导的赞同。南渡长江，接管江东之议就这样敲定，史书上如此记载："元帝（指司马睿）

之过江也，（王）旷首创其议。"

南　渡

南渡计划通过后，关键就是如何落到实处。

对于司马睿而言，当初他能依附东海王越并得其重用，固然不是一件易事，现在要想脱离，却也不是轻轻松松就能办到的。东海王越与此前的成都王颖、河间王颙等人都是一个德性，任何被他们怀疑为有叛己或不臣服之心者，都会遭到肆意诛杀，甚至夷灭三族。如果司马睿和王导贸然南渡，一旦被视为脱离越阵营的自保行为，包括司马睿、王导在内的无数人都将会有性命之忧，这也是王旷恫吓众人他要告官时，众人全都吓得手忙脚乱的原因所在。

概言之，南渡已成为最佳选择，但兹事体大，绝不可轻举妄动。行动之前，王导首先要做的，就是必须站在东海王越的角度，审视问题和考虑得失，把能够用来说服他同意南渡的全部理由都一一找出来。

其时的东海王越，除了揽权和操纵朝政，也热衷于抢占洛阳以外的其他战略要地，他同意王衍的建议，派王澄、王敦控制荆、青二州，即出于这一考虑。在八王之乱和陈敏事件等变故中，扬州虽也受到战乱波及，但大体保持了稳定，尤其江东受到的冲击较少，未像中原那样备罹战祸。之前，东海王越、王衍对江东有所忽视（当然也有力所不及的因素），这才给陈敏造成了可乘之机，现在陈敏败亡，江南重新出现政治真空，越集团若不能迅速以自己的力量前去进行填补，便极可能会出现新的麻烦制造者，跳出来第二个陈敏；反之，如果能及时派出强藩出镇，不仅能扩大自身势力范围，更可使江东与中原形成犄角之势，在保证司马越集团大本营徐州安全的同时，为自身阵营提供源源不断的后勤补给。

这是其一，其二，扬州都督周馥虽替东海王越讨平了陈敏叛乱，但他并不是司马越阵营的人，且与司马越素来不合。越肯定不能让周馥独掌江东，不但如此，他还必须派人前往扬州"掺沙子"，以牵制周馥势力。

南渡的正当理由找出来了，但究竟通过谁来说服东海王越，才能既不使越产生怀疑，又能起到最好的效果呢？

在司马睿幕府，王导主管军务，被任命为长史，主管政务的人叫裴邵，裴邵的妹妹是东海王越的妃子裴妃。王导与裴邵之间私交深厚，于是他便通过与裴邵的关系，鼓动裴妃出面，向东海王越举荐司马睿南下，出镇江东。

王导的这一轮运作非常成功，东海王越最终决定把司马睿从徐州调至扬州，改任安东将军，都督扬州江南诸军事。

公元307年，司马睿奉命携王导等人渡江南下，进驻长江南岸的扬州治所建邺（今江苏南京）。因晋怀帝年号为永嘉，故此次南渡也被称为"永嘉南渡"。

司马睿从此远远躲开了中原的是非之地，这使得他虽承八王之乱后，却没有卷入八王之争，成了时代的幸运儿。王导一手策动永嘉南渡，足见其政治上的远见卓识和运筹帷幄的能力，明末大儒王夫之在评点这段史事时，说他由此看出了"琅邪（代指王导）之度量宏远也"。

然而要在江南一带站稳脚跟，亦非易事。司马睿出镇建邺之初，即兜头挨了一棒——江东士族对他异常冷淡，睿府门可罗雀，冷清至极，别说高门士族前来拜访，就连当地的普通士人和庶人都无人露面。

这显然不是王氏开家族会议定调南渡时所设想过的场面，从司马睿到王导等一干幕僚随从，人人对此皆有措手不及之感。

作为南渡计划的主要操盘手，王导倒也没有一味坐等人家登门，他一过江，就意图结好江东士族吴郡陆氏，为此还主动向陆家的陆玩请求通婚。

琅邪王氏乃根深蒂固的北方老牌士族，王导又佐司马睿军事，他主动向陆玩请婚，实为屈尊纡贵之举，但出人意料的是，陆玩却毫不客气地给王导吃了个闭门羹。

回绝就回绝吧，陆玩说的那话还特别气人，他说："小土丘上长不出高大的松柏，香草与臭草不能被放在一个容器里。玩（陆玩自称）虽不才，但也知晓理义，绝不会乱攀亲家，带头做这种乱伦之事！"

魏晋时期，将门第不相当的婚姻称为"乱伦"，合着陆玩的意思，王家如同小土丘、臭草，他陆家才是松柏、香草，王家根本就高攀不上陆家。

陆玩所言当然不符合事实，但它却通过另一种方式，曲折地透露出江东士族对司马睿南渡缺乏热情的症结所在。

亡国之恨

自东汉末年以来，与南北政权长期对峙相对应的，是北方人对南方人的轻视。由于北方是当时的政治文化中心，所以北人在南人面前有着一种天然的优越感，三国时身为北人的关羽，就曾骂吴人为"貉子"（此处的"貉子"即成语"一丘之貉"里的"貉"，表示轻蔑之意）。值得注意的是，这并非关羽的独创，在其他场合，北人也经常如此攻讦南人。

话又说回来，对江东士族而言，三国孙吴时期还是他们历史上的黄金时代。孙策、孙权兄弟对江东士族的笼络就不说了，即便到孙皓上台，孙吴政权开始没落，吴姓集团仍极为得势。孙皓一朝，仅陆氏就出了两丞相、五侯、十余将军，无怪乎连时为东吴之主的孙皓，也禁不住发出了"盛哉"的感叹。然而随着孙吴政权覆亡，江东大族的这一好运，也终于在"金陵王气黯然收"的挽歌中结束了。

晋朝平吴之初，晋武帝出于稳定江东局势的需要，曾许诺将对江东士族量才提拔叙用，但实际并未付诸行动。在北方士族的眼里，江东乃战败之地，吴楚之士，江东士族，皆"亡国之馀"，这使他们在原有成见之上，对南人更加不屑一顾，而晋朝王室、官吏为防范东吴复国，在南人出仕中原时，又往往会加以敌视和排挤。

江东士族的出仕道路由此变得极为艰难，能够挤进晋朝中央政权者数量极少，以致出自陆家的陆机曾发出慨叹："扬州无郎（此处指处于皇帝身边的郎官），而荆州江南乃无一人为京城职者。"

陆机其时已经于京洛任著作郎，此言难免稍显夸张，但大体还是符合实际情形的。实际上，就连陆机这样已担任晋朝中央官员的入洛南士，仕途也非常坎坷，可谓举步维艰。

陆氏乃江东第一等高门士族，陆机与其弟弟陆云均才华横溢，是那个时代江东最杰出的文学之士。时人评价说，阅读他们的诗文，就像是在沙里淘金一样，常常能从中捡到金子，看见珍宝。陆机、陆云兄弟在江东时，其社会地位是非常高的，以"除三害"而出名的周处，在得知自己被公众所厌恶，有了悔改之心后，首先想到的就是去找他们兄弟解惑。周处去陆家里时，正好陆机不在，陆云就以"朝闻道，夕可死"来勉励周处及时改过。周处接受了陆云的意见，从此弃恶从善，发愤图强，终成一代名士。

奈何在晋朝士族体系中，江东士族处于绝对的卑微地位，南人即便如陆氏这样的贵胄入洛，亦被视为寒士，陆家兄弟非凡的学识能力，在这里所招致的也往往不是尊重，而是来自同僚的嫉恨。

陆机初入洛阳之时，成都王颖的首席谋士卢志，就当着众人的面问他："陆逊、陆抗是你的什么人？"

陆机马上回答："也就同你跟卢毓、卢珽的关系一样。"

陆逊、陆抗分别是陆机的祖父和父亲，而卢毓、卢珽分别是卢志的祖父和父亲。晋代最重家讳，所谓家讳，即子孙在说话或行文中，要避免提及父祖的名字。当时官员上任，僚属都要预先打听好上司的家讳，以防在无意中触犯，这叫"请讳"。卢志对陆机的父祖直呼其名，显然是触犯了陆机的家讳，陆机也没客气，亦直呼卢志父祖之名作为报复。

卢志闻言默不作声。在场的陆云惊慌不已，当场脸色大变，兄弟俩出门之后，他不无嗔怪地对哥哥说："人家北方人不熟悉我们的家世也不奇怪，你何必如此计较，让对方下不了台呢？"陆机正色道："我们的父亲、祖父名扬四海，天下人难道还有不知道的吗？鬼子（骂卢志的词）竟敢如此！"

的确，陆逊、陆抗过去是东吴政权的中流砥柱，合称"逊抗"，卢志作为司马颖的首席幕僚，又哪里会真的不知道他们和陆机的关系呢，不过是借机寻衅讥诮罢了。其实陆云自己心里也清楚，只是怕得罪卢志而不得不委曲求全，陆机则不肯屈服：你既辱我在先，那我也不必再对你礼让！

卢志果然对陆机怀恨在心，此后又继续时时寻机予以中伤。陆氏兄弟入京时，正值成都王颖当政，陆机一度受到司马颖的赏识，被委任为河北大都督。陆机劝司马颖要选贤与能，并列举了历史上的一些例子：齐桓公因信任名相管仲，得以成就春秋霸业；燕惠王疑忌名将乐毅，最终导致事业失败。没想到卢志却对司马颖进谗言，说："陆机自比管仲乐毅，却把您比作昏君（燕惠王）。"

这些事都足以说明，南士在北方官场上的处境有多么尴尬和险恶。卢志出自北方大族——范阳卢氏，说他对于江东士族天然抱有一种居高临下的态度，总还有些底气和资本，令南士感到特别不忿的是，就连一些得势的北方寒族，居然也认为自己可以骑在南士脖子上为所欲为。

宦人孟玖、孟超兄弟受到成都王颖的宠幸，孟超纵兵掳掠，陆机按律逮捕了主凶，结果孟超带着百余骑兵，径直到陆机处把人抢到了手，抢人之后，还回过头来大骂陆机："貉奴能作都督吗？"

孟玖、孟超都是宦人，那出身能高到哪儿去？可是孟超竟敢公然凌辱陆机，而陆机身为执掌军权的大都督，却还不能拿他怎样。设想一下，如果是在陆机祖父辈时代的孙吴政权之下，孟超辈能狂妄嚣张如斯吗？恐怕有一百个脑袋都不够砍的！

即便已经如此屈辱，陆机最终也没能保全自己的身家性命。因为得罪了孟玖、孟超，二人便诬告陆机意图谋反，早已受到卢志等人谗言影响的成都王颖，遂下令将陆机逮捕处决。

陆云亦未能幸免。有一次，孟玖想让他父亲当邯郸县令，卢志等人为讨好孟玖，都表示同意，只有陆云执意不允，认为邯郸县令必须有一定资格的人才能任职，哪有让"小黄门"（指宦人）的父亲去当的道理。孟玖对此怀恨在心，便借诬杀陆机之机，对陆云也一并下了毒手。

陆机、陆云被害案，是成都王颖覆败的一个重要原因，同时也对南士群体造成极大震动。江东士族、时在成都王颖手下任大将军参军的孙惠，在给乡人的信中，除痛悼陆氏兄弟外，还直斥晋王朝是道业沦丧、生灵涂炭的昏暗朝代（"暗朝"）。

面对北士和官吏的冷落、歧视、羞辱乃至迫害，江东士族本能地产生逆反心理，北人以歧视羞辱相待，他们亦报之以冷漠和傲慢，北人骂他们为"貉子"，他们便反唇相讥，蔑称对方为"伧鬼"（意谓粗俗下贱之人）。司马睿一行到江南后不受待见，以及王导向陆玩请婚，竟遭回绝和奚落，完全可看成是在这一背景下，江东士族对北方士族的报复：过去在你们的地盘上，你们那样对待我们，现在到了我们的地盘，也要让你们看看我们的脸色！

与此同时，江东士族也越来越怀念他们的孙吴故国，在感情上开始由"亡国之痛"转为"亡国之恨"。对于被其视为"暗朝"的晋朝，南士不仅毫无眷恋之情，甚至还很痛恨，陈敏事件实际就是他们希图坐守江东，退则维护一方安宁，进则伺机"复国"的一次政治总演习。

王导等人策划南渡，本是受到了陈敏事件的启发，认为既然陈敏都能被南人选中，条件比陈敏好得多的司马睿，自然更应受到欢迎。殊不知，江东士族把陈敏抬出来的出发点，乃是复制"孙吴故事"，而不是要在晋朝陷入内忧外患之际，帮扶这个王朝一把。

司马睿既非出自江东士族自己的选择，同时作为朝廷委派的藩王，代表的又是晋朝，江东士族对其不待见，自然也就不难理解了。再者，虽然之前王导等人认为司马睿已足以与江东士族心目中的"强者"相匹配，但这也只是出于他们自己一厢情愿的想法。事实上，其时的司马睿虽有皇室宗亲的身份，但他仅属于疏宗远支，地位并不特别尊贵，又因为并未参与八王之乱中的权力争夺，在依附东海王越后，一直留守于后方，故而其无论名望、威信还是实力、业绩均不突出，如此，自然也就很难引起江东士族特别是大族的重视了。

观 禊

向来计划和行动都会存在差异，南渡计划也是这样，有很多东西，比如南北士族相互对立乃至仇恨情绪之严重，司马睿不被南士尊重和认同，都是先前王导没有估计到，或估计不足的。

过河的卒子不回头，事到如今，只能硬着头皮继续往前走。晋朝灭吴后，江东士族虽失去了原有的政治地位，但其庄园和私人武装组织（称为部曲）都被原封不动地保留了下来。在司马睿奉命镇戍江南之前，包括讨灭陈敏在内，江东士族已经依靠自己的力量，两次平息叛乱，历史上称为"二定江南"。司马睿要想真正在江南站住脚，建立自己的根据地，势必要尽快打破僵局，改善与江东士族特别是大族的关系，否则前景堪忧。正是因为知道时势逼人，王导才会不顾身份，向江东士族屈尊请婚，可是这一手并不奏效，接下来该怎么办？

这天，王导的堂兄王敦来到建邺看望他，见到王敦，王导突然眼前一亮。王敦比司马睿、王导年长十岁，而且成名甚早，是王戎、王衍以下，最为天下人所知的王家子弟。王敦最早为人所熟知的身份，是晋武帝的女婿，当朝驸马。赵王伦废帝篡位期间，王敦参与讨伦之役并建功，自此更是声望日著。东海王越当政后，王敦被王衍冠以"文武兼备"的评语，在后者的鼎力推荐下，王敦出任青州刺史，成为手握重兵的封疆大吏。

在江东士族眼里，司马睿于宗王中可能并不出挑，王导也还不是什么知名人士，但王敦则另当别论。

正所谓来得早，不如来得巧。王敦的出现，让正处于焦虑之中，日夜苦思良策而不得的王导有了灵感：为什么不能利用王敦的人气和威权，来对江东士族施加影响呢？他对王敦说："琅邪王（司马睿）的仁义德行虽厚，但知名度还不够高，兄长现在已经威名远扬，应该对琅邪王予以匡助！"

在王导的动员下，王敦欣然同意留邺相助。两人经过商议，决定选择合适的机会，共同排演一场专供南士"欣赏"的节目，旨在提高司马睿的威望，重铸他在江东士族中的形象。

中国古代，有一个祓禊节（也称修禊节），"禊"是洁净之意，"祓禊"喻意祓除不祥，过节时，人们会临水洗濯，除灾祈福。司马睿南渡后的第二年，即公元308年，到了阴历三月初三这一天，一年一度的祓禊节开始了，建邺士庶照例要聚集于水边洗濯，而司马睿也将亲赴水边"观禊"。

王导为此精心准备了一副仅供一人乘坐的华丽肩舆，让司马睿高高地坐在上面，派人抬着，在两旁仪仗的簇拥下，出现于公众面前。王导自己和王敦以及一众南渡的北方名士，骑马跟在仪仗后面作为扈从，人人都对司马睿表现得毕恭毕敬。

观禊队伍前呼后拥，威风凛凛，吸引了大量士民上前围观，以顾荣为首的一批江东名士，亦夹杂于围观人群之中。

吴郡（今江苏苏州地区）的吴县有"四姓"之说，所谓顾、陆、朱、张，实际就是江东最具影响力和号召力的四大家族。四姓中，顾家的顾荣，陆家的陆机、陆云兄弟，张家的张翰（即"莼鲈之思"的主人公），作为江东名门后进之士的代表，都加入了赴北方出仕的行列。后来陆机、陆云兄弟遇害，顾荣、张翰等人亦迫于处境凶险以及前途无望，纷纷南归故里。

顾家与陆家并为四姓之首，顾荣亦与陆机、陆云兄弟齐名，时人称为"三俊"，等到陆氏兄弟命丧北土，顾荣便成为"江东首望"也即领袖。在陈敏事件中，江东士族先选中陈敏，继而又与陈敏决裂，皆出自顾荣主谋。

求仕北地的遭遇给予顾荣很大刺激，使他内心对于晋廷与北人不可能没有怨怼之情，与此同时，顾荣对晋廷和北方官场都较为熟悉，他知道司马睿声望不高，军府实力亦很微弱，故而在司马睿赴邺上任后，并没有急于与之接触。当然，这不是说顾荣等人就没有进一步探究的好奇心，毕竟司马睿是晋廷派驻的江南最高军政长官，他到底是一个什么样的人，有没有统御能力，都是顾荣等人所关心的，基于此，众人也就有意利用司马睿观禊之机，在不暴露身份的情况下进行现场观察。

这一观察不要紧，顾荣等人大吃了一惊，但见独坐肩舆的司马睿仪表威严庄重，气度不凡，在其身后，一帮北方名士亦步亦趋，对司马睿尊崇备至。

原来司马睿是个人物啊！要不然这些自高自大的北方名士，怎么会一个个俯首帖耳？

俗话说得好，外行看热闹，内行看门道，在观禊队伍中，顾荣一眼就发现了王敦。王敦乃妥妥的实力派，可谓要名有名，要权有权，要兵有兵，连他都跟在司马睿后面，甘为扈从，可知司马睿的魅力和魄力有多大了。

智 局

在吴姓集团中，顾氏和陆氏乃至张、朱都不同，后者在两汉时期才由北方迁徙至江南，顾氏则可上溯至勾践支脉，属于比较"纯粹"的江东本土大族。

在为官处世的风格上，陆、顾两家亦有着各自特点，陆氏颇具儒家勇猛精进，知其不可为而为之的信念，顾氏则讲究敦厚收敛，谦逊屈己，故而一向都有"陆忠顾厚"的说法。

陆机兄弟"初入洛，不推中国人士（北士）"，始终坚持着其内心的自负，在与北士交往的过程中，他们也都竭力维护家族门望与自己的个人尊严。陆机有一次到一位北士家中做客，后者在案前放了几斛羊酪，指给陆机看，并说："你们江东有什么能抵得上这个？"陆机不甘示弱，他以家乡特产、张翰也最爱的莼菜羹示之：我们那里的千里湖（在今江苏溧阳境内，已趋湮没），盛产莼菜，用它加调料可制成一道很鲜美的汤，名谓"千里莼羹"。单单是千里莼羹，就已能抵得上你们的羊酪，若是在莼羹里再加入盐豉（烧熟的黄豆发酵后，加盐制成的调味品），那羊酪就根本无法与之相比了！

在那种环境下，维护尊严是必然要付出代价的，陆家兄弟为此屡屡与北人发生冲突，陆机与卢志针尖对麦芒式的对话，陆云执意不让孟玖的父亲当邯郸县令，皆属此例，兄弟俩最终命丧北国，部分也肇因于此。

顾荣才藻虽不及陆机兄弟，但却秉持厚德家风，在士林中有清望之誉。所谓"清望"，是表现在待人接物方面，"责己深，待人厚"，说得更直接一点，其实就是比较圆滑。

顾荣入洛求仕后，鉴于南士共同的不利处境，不仅处世谨小慎微，还刻意交结北人权贵，其间甚至不惜忍辱负重，委曲求全——顾荣的诗文中常有直接赞誉北士的文字，这在其他人看来，不免有讨好北人之嫌，陆机便曾因此作诗相讥。

顾荣与张翰、陆机兄弟都是好友。张翰作为求仕南人中最具隐逸情结的名士，最早以莼鲈之思南归。与张翰相比，顾荣和陆机兄弟更具进取之心，或者说现实和功名欲望更强，然而眼看着晋室内乱不断加剧，南人处境越来越凶险，顾荣也感到北方待不下去了，为此劝陆机共同南归，并对张翰说："我也和你一起回去采南山蕨，饮三江水吧！"

顾荣的南归之议，被陆机拒绝。顾荣自己也没有马上说到做到，一跺脚就回南方，在张翰南归后，他曾一度选择了继续滞留北方，随陆机兄弟入仕成都王颖的幕府。不过最终，顾荣还是决定拒仕南归，也因此避免了重蹈陆机兄弟的悲剧覆辙。

按照陈寿在《三国志》中的评价，顾荣的祖父、在孙吴政权担任过丞相的顾雍，之所以能够仕途显达，凭借的是"智局"。这种"智局"既是处世方式，同时也是一种人生态度。史载，顾雍某日会集丞相府下属官员们下围棋，看门人突然进来，报告说顾雍正在外地任太守的儿子顾邵派来了使者，可是奇怪的是，与以往不一样，这次光来了使者，却未带来顾邵的书信。顾雍没有立刻把使者召进来询问，他让大家继续下围棋，这时候的顾雍虽然面色如常，神态没有任何变化，却暗暗地用指甲猛掐掌心，最后竟然把掌心都掐破了，血流到了坐褥之上。

等到宾客们散去，顾雍把使者叫进来，这才知道原来顾邵已在太守任上死了，使者是来报丧的。对于这个结果，其实顾雍一开始就猜到了，所以他才会那么痛苦，但他好就好在，痛的时候痛，等到心情排解了，就还是该吃吃，该睡睡，不会继续为此纠结。

顾荣完全继承了祖父的智局，他本非乐于隐逸者，能够适时南归，回到江东后又能在陈敏事件中审时度势，可以说皆赖于此。正如论者所指出的，"顾氏子弟有一种特殊的风格，适当的收敛，非但仁，而且智"。

在借智局而获保全，即以智免祸后，清望家风又让居家的顾荣也时时不忘谦抑保身。他在北方受到过伤害，对晋廷和北士都抱有警惕之心，但言行却绝不会像陆玩那样极端，说不给面子就不给面子。与此同时，陆机兄弟命丧北土，使他对于时局之凶险，当权者出手之狠辣，有了深切体会。

司马睿公开亮相于被禊节，他对琅邪王氏兄弟和南渡士族所显示出的号召力，大出顾荣意料之外，这就令他不能不感到后怕——自己身为江东士族"首望"，司马睿上任这么久了，都没有登门拜访，会不会被视为带头唱对台戏，令对方产生杀机？

此事还不单单牵涉个人。司马睿的军力虽然一般，但跟着他的王敦手握重兵，如果他们联手在东海王越面前告上一状，说江东士族要反叛，然后拿着尚方宝剑，对江东士族予以报复，那也是够大家伙受的。

顾荣越想越不对劲，越想越不安。这个时候，智局再次在顾荣身上起了作用，他二话不说，便翻身施礼下拜，跪在路的左边，以示对司马睿的尊敬。

其他名士和百姓见顾荣如此，便都学着他的样子，一个跟着一个地在路边向司马睿行起了跪拜礼。随着周围人们乌泱乌泱地跪倒一地，司马睿在江东的威望也就这样被初步树立了起来。

这就是著名的司马睿"观禊"。故事虽然生动形象，但也因为其情节太具戏剧性，历来遭到史家质疑，认为未必完全属实。有人觉得司马睿既然不被江东士民所接受，想要他靠王导、王敦的一次伴行，就让众人心悦诚服，以致相继在路边施礼拜迎，恐怕很难做到。

据田余庆考证，观禊故事发生的当月，正值司马睿北上琅邪封国，为母亲夏侯氏太妃（太妃系魏晋对宗王之母的尊称）奔丧，直到次月他将太妃安葬后，才返回建邺。田余庆据此指出，其时司马睿应已在琅邪为母服丧，就算当时他还没去琅邪，也不可能在建邺观禊。

研究历史的一个迷人之处，就在于你会发现，一些与事实有出入的记载乃至稗官野史中，常常都潜藏着某种真实的因素。观禊故事或许不可采信，但南士对于司马睿移镇建邺的存疑心理，王导急于打开江东局面的迫切心情，皆跃然纸上。

按照田余庆从史料中所引的时间表，司马睿南渡仅仅两个月后，太妃辞世，司马睿原来打算即刻北上奔丧，在顾荣等人的坚决挽留下，才未马上成行。参照其他史料，南士不登睿府之门，是司马睿进驻建邺后一个多月之内的事，两个月后，顾荣等人即对司马睿进行坚决挽留，说明在次年被禊节，也即司马睿北上琅邪之前，以顾荣为首的江东士族就已改变了他们对司马睿的态度。

或许可以这样看，观禊故事所反映和折射的，其实是背后司马睿公关团队所付出的努力。这一努力最后能够取得成效，来自王导、王敦等人的精心策划，周密布置，其中王导为谋主，王敦亦有相助之功。

值得注意的是，王敦未必像观禊中所描述的，仅仅是因为来邺看望王导，才恰好启发了王导并引以为助。事实上，作为司马睿南渡计划的重要参与者之一，同时又是睿方重要的政治砝码，王敦于东海王越的指令之外，按照王导的策划，专程自青（青州）来扬（江南），为司马睿壮大声势，摇旗呐喊，完全都在情理之中。

广招贤才

再回到司马睿奔丧一事上来。按照中国古代礼俗，官员的父母去世后，如果朝廷觉得有必要，可允许官员穿素服继续办公，而不用回家服丧，谓之"夺情"。

司马睿甫下江南，即使公关努力已经开始奏效，他最终能否在江东完全站住脚，也仍然是个未知数。在此关键时刻，司马睿却在听说太妃辞世后，马上就准备北上操持奔丧之事，其间居然完全没有因为自己抽身不得，生出向朝廷上表请求"夺情"的念头。

是司马睿不着急，不发愁，只想躺平摆烂，缺乏雄心壮志？当然不是。分析当时的历史材料，不难推导出这样一个结论：司马睿坐镇江东，稳定局势，已不是主要靠司马睿自己，而是依赖于王导。

南渡后，司马睿对王导更加推心置腹，言听计从，需要他处理的每件大事都要预先找王导咨询商量，只有王导给出意见，才会照此施行。这样也就不难理解，为什么司马睿可以轻轻松松地去奔丧，因为即便他不在建邺，王导也可替其主持和打理睿府的所有大小事务。

后世学者往往把王衍、东海王越的组合称为"大王马"，王导、司马睿的组合称为"小王马"。这两个组合有一个很大的不同点，那就是在"大王马"中，掌握实权和左右局面的始终是东海王越，王衍最多在一旁进行辅助，而在"小王马"中，由于司马睿已经对王导完全放心放权，王导变成了决策的核心。

王导确实也没有辜负幕主的信任，在初步帮助司马睿取信、立威，消除南士的敌对情绪后，他又趁热打铁，不失时机地展开第二个步骤，即广招贤才。

古往今来，凡能够成就帝王事业的人，在根基未稳之时，莫不重视人才，他们或将地方上的贤能之士尊为上宾，虚心向其请教治理地方的办法，或直接招至帐中，为自己运筹帷幄。王导由此认识出发，向司马睿指出，现在天下衰败混乱，神州大地四分五裂，他的江南大业才刚刚起步，值此特殊时期，更需放下架子，敞开大门，把贤才都一一招纳进来。

　　贤才在哪里？远在天边，近在眼前。

　　在王导看来，晋朝开国以来堵塞南士仕途的做法，实不可取。他力劝司马睿纠正这一弊政，直接招纳江东名士。对于江东名士，王导认真作了调查分析，他给司马睿提供了一份名单，名单上共有三人：顾荣、纪瞻、贺循。

　　纪瞻出自丹杨郡秣陵的纪氏，曾与顾荣一同入洛求仕，后又一起弃官回乡，他也是观禊故事中除顾荣之外最为知名的南士。贺循则出自会稽郡山阴县的贺氏，他早年即与顾荣、纪瞻等人并称"南士五俊""南金东箭"，陈敏之乱被平定后，在扬州都督周馥的建议下，朝廷曾欲征召贺循兼领会稽国相，不久又任命他为吴国内史，但贺循都没有就任。

　　顾荣、纪瞻、贺循，分别是江东三大郡，即吴郡、丹杨郡、会稽郡的士族代表，他们在江南一带声望高，影响力大，王导建议首先予以结纳，并且断言只要他们肯来，其他江南名士也一定会相率而至。

　　王导的建议被司马睿欣然采纳。随后两人分工，司马睿亲自造访纪瞻，王导造访顾荣、贺循，邀请他们加盟睿幕。

　　从王导的整体谋略来看，结纳以顾、纪、贺为代表的南士，乃一石二鸟之计，一方面以招贤来充实睿幕，另一方面也借招贤进一步拉拢江东士族，取得支持，以便把司马睿在江南的名声威望真正树立起来。

　　顾、纪、贺都是聪明人，在得知司马睿、王导的来意后，他们立刻明白，接受邀请与否，不仅是他们个人的选择，同时还关乎所有江东士族的前途和命运，何去何从，意义重大。

江东之主

　　在司马睿镇邺之前，包括陈敏事件在内，江南已发生两次叛乱，江东士族都在不同程度上受到了冲击。更主要的是随着刘渊称王，北方八王之乱后，又有战乱升级趋势，局势也变得愈加严峻，如若战乱蔓延至南方，届时江东士族的生存都将受到威胁。概言之，值此多事之秋，南人单凭自己的力量，不仅难以从根本上保证江南的长治久安，也无法阻止胡骑过江。因此，为江东自身利害计，非得与北方士族同心协力，共赴时艰不可。

与此同时，入洛南士的境遇和地位，对孙吴时期荣耀的怀念，又使江东士族一如既往地看重"孙吴故事"这种政权模式，并把它作为解决现实困境的钥匙。

为了重现孙吴故事，吴姓集团急于拥立一个像当年孙策、孙权那样，"能委信君子，各得尽怀"的江东之主。他们最初挑选了陈敏，但陈敏很快就被证明不是那块料，现在朝廷派来了司马睿。经过两个月的观察，大家都感觉司马睿已具备作为江东之主所需的声望和力量，起码就目前而言，他是最佳人选，至于以后怎样，会不会像陈敏那样逐渐偏离方向，这个谁都不能打包票，只能先往前走着瞧，让时间去检验。

可以看出，尊重和拥护司马睿政权，以便在乱世中保全江东，维护家族，早已成为顾荣等人的共识，否则他们也就不会在司马睿打算北上奔丧时，因担心其黄鹤一去不复返而竭力加以挽留。在这种情况下，司马睿、王导对顾荣、纪瞻、贺循的亲自造访和力邀，其实也正是后者所期待的，自无不应之理。

未几，顾、纪、贺均相继应召入幕。司马睿对三人一一加以重用，他委顾荣为军司马、散骑常侍，纪瞻为军谘祭酒，贺循为吴国内史，凡军政事务，都要把他们找来商议，倾听其意见。

不出王导所料，顾、纪、贺的出仕，起到了绝佳的示范作用。

在江东士族中，不可否认的是，有些人出于对时局完全失望或者谨慎避祸等原因，已根本无意出仕，比如莼鲈之思的张翰。张翰回乡后彻底放飞自我，以致时人把他比拟为竹林七贤中的阮籍，阮籍曾任步兵校尉，人称"阮步兵"，于是人们就把张翰称为 "江东步兵"。有人劝张翰说："你眼下虽可纵情地追求舒适享乐，但难道就不考虑百年之后的声名了吗？"张翰毫不为意，回答道："使我有身后名，不如即时一杯酒！"

不过话又说回来，像张翰这样的人，终究只是极少数。多数江东士族，在重现孙吴故事的期待下，都仍保留着出仕热情，他们看到连顾、纪、贺都已投于司马睿麾下，便纷纷改变观望态度，只要相召，即应命入仕，司马睿集团原先清一色南渡士族的状况遂为之一变。

虽然得到了南士的归附，但司马睿仍然心怀惴惴，归根到底，他在江东实在没有半点根基，对于南士是否能够一直支持他，诚心实意地跟着他干，内心并无把握。有一次，司马睿在跟顾荣交谈时，突然说道："寄人国土，心常怀惭。"

近代史家陈寅恪分析，这里所谓的"人"，是指顾荣所代表的江东士族，"国土"是指江东原为三国时孙吴政权的地盘，即"孙吴之国土"，整句话合起来的意思就是，我寄住在你们南士所生活的孙吴国土上，心中常常感到惭愧。

毫无疑问，司马睿这是在代表晋朝，就当年灭掉东吴，向江东士族致歉。

往事不提便罢，一提起来，顾荣自然是颇多感慨，但他并没有顺着对方的话题走，而是立即跪下，以一句"我听说，王者以天下为家"开头，通过列举先朝迁都的例子，劝司马睿对"迁都"的事不必在意：商朝频繁迁都，曾迁居耿、亳，都没有影响它的崛起；周武王灭商后，将象征国家政权的九鼎从周人大本营丰镐，搬到了洛邑（此次迁都，使西周成为两京制，即西京丰镐和东都洛邑），周朝从此变得更加稳定和兴盛。

司马睿的"寄居"被一下子拔高到了"迁都"，顾荣这是在明着告诉司马睿：您就是我们所要拥立的江东之主，从此以后，江东不是什么"别人的国土"，它就是您的"国土"，而且我相信，您从北方"迁都"江东后，也一定会像商朝、周朝迁都那样，迎来成功和辉煌。

陈寅恪分析认为，这段对话不但是司马睿与顾荣之间的意见交流，更是双方所代表的群体达成默契的一种象征，即南来北人希望得到江东士族的支持，而江东士族则明确表示接受北人南迁，并支持北人在江东建立新政权。

正如陈寅恪所言，以睿、顾对话为标志，入仕的江东士族除与司马睿相互支持和依靠外，还按照他们所理解的孙吴故事，和司马睿之间建立起了类似于君臣的关系和名分。江东士族的这一态度转变可谓至关重要，史载，从此以后，"吴会风靡，百姓归心"。

江东士民在不知不觉中，已视司马睿集团为其能够托付的唯一政权。司马睿、王导终于在南方站住了脚，一个以南北士族为核心的江东政权初步形成，晋室政治中心自此亦开始逐渐南移江左。

第二章　兴复之志

胡族对于中原的威胁还在不断加剧。

匈奴刘氏虎啸山林之际，洛阳以东也群盗纷起，其中以汉人王弥、羯人石勒最为骁勇。在发现单打独斗成不了事后，群盗又都不约而同地投靠刘渊，这使得刘氏汉国的势力得到了滚雪球一般的快速增长，隐然已有囊括中原，席卷天下之势。

公元308年，司马睿北上琅邪，为母奔丧，就在这一年，刘渊由汉王改称皇帝。需要指出的是，八王之乱后期，刘渊虽未直接加入成都王颖的作战阵营，但在司马颖和东海王越之间，他还是站在司马颖这一方，这也使得八王之乱的最后一幕，不再是单纯的诸王之争，而成为成都王颖、匈奴刘渊等，与东海王越、拓跋鲜卑、段部鲜卑等的对垒。此前两年，司马颖已被司马越系统的人杀死，从那以后，司马颖系统出兵时大多会对外号称为司马颖报仇。刘渊亦不例外，他称帝后，迫不及待地命令儿子刘聪与王弥率领汉军（此处专指匈奴刘氏政权的军队），打着为成都王颖复仇的旗号，倾力攻打洛阳。

京师为之震动，东海王越急忙派遣军队，将汉军阻于宜阳，接着晋军又以诈降计对汉军施以夜袭。其时晋军虽已如同风中之烛一般，但百足之虫，死而不僵，强敌相迫之下，还具备一定的抵抗能力和意志，加上刘渊的另一主力石勒部正攻略河北，未能及时进入洛阳战场，客观上也削弱了汉军的整体实力。在这种情况下，刘聪、王弥吃了败仗，所部伤亡惨重，当他们率部撤回后方时，刘渊甚至要穿丧服相迎。

刘渊不肯善罢甘休，当年冬天，他又遣刘聪、王弥率五万精锐骑兵，直逼洛阳。这次刘、王一直打到了洛阳城门之下，但在城池攻防战中未能得手，再次被守军击退。

两次洛阳之战表明，虽然内外局势已经空前恶化，但如果晋朝君臣和军民能够勠力同心，联手御敌，鹿死谁手尚未可知。奈何东海王越实非能够扶大厦于将倾，挽狂澜于既倒的人物，到了这个地步，仍把重心放在对内排斥异己，争权夺利之上，对外则一直按兵不动，致使晋朝坐失良机，终于丧失了扭转局面的最后一线希望。

三定江南

作为依附于匈奴汉国的汉人将领，王弥世代显宦，祖父是太守级别的高官，但就是这样一个官宦人家的后代，却在惠帝末年公然为盗作乱，足见其时人心纷乱、道德迷失，社会动荡不安。江东本是受晋朝政权影响相对较弱的地区，类似情况更难避免，所以即便在江东士族中，亦有类似于王弥的乘乱起兵者，钱璯便是如此。

自三国起，南人即有武烈之风。至晋朝初年，在部曲保留的前提下，吴姓集团发展为两类，一类是以吴郡顾氏为代表的文化士族，另一类是所谓的武力强宗，后者保留着江东最成系统的武力集群，极为豪霸。

吴郡阳羡的周氏、吴兴郡武康的钱氏和沈氏，是江东最有力量、最具影响的三大武宗。阳羡即今江苏省宜兴，此处靠着周处名扬后世，周氏现有掌门人、周处之子周玘继父之才志，武功卓著，江东"二定江南"，政治谋划和号召虽由顾荣等文化士族出面，但具体兴兵平乱，主要就依赖于周玘。

吴兴郡就地理状况而言，在江东各郡中较为封闭，此处民风彪悍，尚武好战，故而能出钱、沈两大武宗，实际上，周氏等其他江东武宗最早也都是从吴兴分化出来的。

以武力值而论，周氏冠盖各武宗，为江南最盛，钱、沈次之，可以说，鼎盛时期的周氏一门，就相当于东汉末年的孙氏（孙坚、孙策、孙权家族）。不过到钱氏由钱璯当家时，钱氏也逐渐进入了辉煌期，特别是钱璯在陈敏事件中响应周玘，讨伐陈敏，战后因功进封建武将军，自此钱氏的影响力越来越大，相对于周氏，有了后来居上的意味。

匈奴汉国前后两次攻打洛阳，东海王越被迫动员各地军队北上援救京师。晋朝在开国之初，便罢州郡兵，江南官军首先被罢，军事力量相对薄弱，司马睿移镇建邺时，从下邳带走的安东军府兵（司马睿时有安东将军之衔）数量也很少，有研究者甚至认为，当时"琅邪王军事实力几乎为零"。在这种情况下，司马睿政权连维持地方治安都得求助于江东武宗，无力北援。东海王越对此也很清楚，于是只能直接征调钱璯增援洛京。

此前，原任青州刺史的王敦已调扬州刺史，这时又被征拜为尚书，便与钱璯一同北返洛阳。谁知当钱璯行至广陵（即今江苏省扬州市）时，得知已兵临洛阳城下的汉军兵势很盛，一时胆怯，迟迟不敢前进。

司马睿奉东海王越之命，派人向钱璯催行，并提醒钱璯，若在限期内不能尽快赶到京师赴援，将受到军法惩办。钱璯瞻前顾后，觉得与其北上被匈奴兵打个稀里哗啦，不如扭转头来，拿军力孱弱的司马睿开刀，自取江东。

钱璯有了异心邪念，身为晋廷高官，对司马睿表现出明显归附倾向的王敦，成了他必欲除去的对象。王敦已卸任刺史，北返洛阳最多也只能带点亲兵护卫，好在对于钱璯翻脸，他发觉得早，逃得也快，才侥幸未遭毒手。

公元309年，钱璯在广陵扯旗叛乱，并将东吴末代之主孙皓的儿子孙充抓来，拥立为吴王，自号平西大将军、八州都督。孙充没有胆量造反，钱璯一不做二不休，把孙充杀掉，随后自己率部渡过长江，大举南下。

这边王敦逃回建邺后，立即向司马睿作了汇报，司马睿忙派兵进讨，但因众寡悬殊，没人敢跟钱璯硬碰硬，致使南下叛军长驱直入。

钱璯屡战皆胜，次年初，兵逼阳羡，威胁建邺。眼看钱璯作乱，不仅令司马睿政权摇摇欲坠，而且已危及江东稳定和自身利益，多数江东士族都选择与同属于吴姓集团的钱氏决裂，站到了司马睿一边。

居家阳羡的周玘，充当了武力清理门户的带头人。尽管自身部曲力量有限，但周玘凭借个人号召力和宗族实力，将乡民组织起来，居然临时组建成了一支实力不俗的生力军，并对叛军实施了关键性的反击。

在周玘军和官军的夹击下，钱璯及其所部很快现出原形，被打得溃不成军。周玘一马当先，将钱璯斩于阵前。

钱璯的首级被送往建邺，司马睿政权和江东由此转危为安，这就是周玘的"三定江南"。事后，司马睿充分肯定了周玘的"开复王略"之功，表荐其为建威将军、吴兴太守，封乌程县侯，以示旌奖。

通过此次平叛，司马睿、王导对于江东武宗力量的强大，以及整个吴地集团对其政权的保障作用，第一次有了近距离的感性认识和深切体验。自此以后，由王导主持的公关团队，放下身段，竭尽心力笼络江东士族。

举办宴会，是王导进行公关活动的一个重要手段。王导拥有非常高的社交能力和技巧，尤其善于察言观色，揣摩人意，在这些宴会的现场，即便宾客如云，或者初次见面，王导也总能够从容应酬，尽量使每一个与会者都有宾至如归之感。

在王导举办的一次宴会上，江东数百人莅临，场面非常盛大。因为人实在太多，来自临海郡的任颛，一开始没有被招呼到。尽管任颛并不是一个多么有名气的人，但王导发现后，仍不忘主动上前套近乎，并称赞对方："您来了，临海就没人了！"言外之意，任颛是其乡临海最为出众的人才，任颛听后喜形于色，再也不觉得自己受到了冷落。

赴宴的还有几个居住于江南的胡人，他们实际上是来自西域的僧人，因为语言上有隔阂，加之置身于喧嚣的红尘名利场中，几个人显得与周边环境格格不入，他们自己也因此有些不适。王导看在眼里，走到胡人们面前，弹指道："兰阇！兰阇！"

所谓"弹指"，是古印度的一种风俗，用捻弹手指作声的动作，表达欢喜、赞叹之意。"兰阇"则是梵语音译，乃古印度礼俗中见面时的问候语，亦表赞美、致敬之意。王导从客人的身份、习惯和心意出发，借他们常用的手势和语言，表达出这样一层意思：几位宾客处喧噪之地，而能寂静安心，如处菩提场中，真不愧是西域高僧！我之所以刚刚没来得及与您几位搭话，就是怕影响你们的"禅定"（梵语音译，指使心神安定下来的一种修行方式）！

胡人们意外得到王导如此高的褒扬，全都高兴地笑了起来，一时宾主俱欢，使得这场顶级宴会在热热闹闹的同时，还洋溢着一团祥和之气。

自学吴语

王导长袖善舞，在待人处世方面，有着极高的雅量和颇为宽广的胸怀。

过去为加强与江东士族的紧密联系，王导曾带头向吴郡陆玩请婚，孰料陆玩态度十分傲慢，不但给他吃了个软钉子，而且说出来的话也极其伤人自尊，竟然将王氏比喻为"小土丘、臭草"，并称王陆联姻是"乱伦"。陆玩的这些话就是普通人听了，也会感觉受到极大侮辱，更别说贵为江东之相的王导了。然而王导却不以为意，仍坚持与陆玩往来，并小心翼翼地进行周旋。

一次，陆玩到王导家做客，王家用北方人爱吃的酪浆招待客人，陆玩觉得新鲜，吃得稍微多了些，回去后就闹起肠胃炎，病倒了。第二天，陆玩致书王导，信中说："仆（陆自称）虽吴人，几为伧鬼。"

"伧鬼"是南人对北人的蔑称，陆玩如此用语虽然未必认真，多半可能也只是一种调侃和幽默，但听在北人耳朵里，还是会有一股轻鄙甚至讽刺的味道。令人叹服的是，王导阅信后只是一笑置之，丝毫没有表示出生气或怪罪对方的意思。

土著南士虽出于自卫和报复心理，常常作出瞧不上北人的样子，但从内心来说，他们对于北士的文采风流和传统礼仪文化，也即"京洛之法"，其实是颇为尊崇和倾慕的。钦羡之余，南士处处学习模仿北士，甚至怎么哭，都以北士为范，书法、语言更是如此。

由于南士争相学习和使用京洛一带的中州语，中州语因此成为全国上下、无论南北的官方通用语言。相比之下，南士从小最为熟悉的吴地方言，即所谓的南音，却被他们自己认为是不登大雅之堂的土话。即便江南，人们在正式场合也都尽可能不出南音，以免让人瞧不起。

王导来自中原世家，南渡前使用的自然是中州语，他既听不懂也不会说吴语，但为了拉近与江东人士的距离，加强彼此之间的感情联络，便入乡随俗，主动开始自学吴语。

南渡的北方名士刘惔，他在第一次拜访王导时，正值盛夏，天气炎热，只见王导在自家客厅里光着膀子，将肚皮贴在弹棋（一种古代棋）的石质棋盘上，一边动作夸张地依来偎去，借以降温解暑，一边嘴里还自言自语："何乃渹！"

"渹"（音 qìng）是吴语，意思为凉快，"何乃渹！"也就是"怎么这么凉快啊！"王导这句话脱口而出，显见得他平时一直都在努力练习吴语。

在其时连江南名士都以说中州语为荣，生怕别人听出南音的情况下，王氏的这种做法，令刘惔很难理解。从王府访问归来后，有人向他打听王导都跟他说了些什么，刘惔随口答道："也没有什么特别的东西，只听到他在讲吴语。"轻视之意溢于言表。

明知道北士不悦，王导仍不改初衷。在他的影响和带动下，王氏子弟中也多有习南音者，王羲之的儿子王徽之兄弟就都会说吴语。高僧支遁自北而来，见王家兄弟一口吴侬软语，心下颇不以为然。回到洛阳后，在被问及对王家兄弟印象如何时，支遁不客气地说："我就看见了一群白颈乌（白颈乌即白脖子乌鸦，王氏兄弟多着白衣领，支遁以此讥讽他们为白颈乌），只听见它们哑哑叫！"

归根结底，王导与陆玩交友也好，学习吴语也罢，都不是纯粹的个人行为，其最终目的是代表政府，向吴人尤其江东名士示好。正是因为一直站在这样的高度之上，王导才会"宰相肚里能撑船"，对南士泄愤式的出语伤人和北士的嘲弄，统统不放在心上，如后世所称"屡见侮于玩而不怒"。

需要指出的是，王导优待吴人，并非只是政治上的权宜之计，事实上，终其一生，王导对吴人都关照有加。

正所谓精诚所至，金石为开，在王导的真诚感召下，即令起初对司马睿政权冷眼相对的陆氏，思想感情也发生变化，逐渐由不合作转向合作。多年以后，陆玩及其兄陆晔不仅都入朝为官，并参与了机要，陆玩甚至还在王导死后，成了他在朝中的继任者。这是后话。

大王马

"小王马"引吴姓集团为援，在江东暂时成功地躲过了危机，相比之下，中原的"大王马"可就没这么幸运了。

匈奴汉军第二次攻打洛阳失败后，王弥劝前线主帅刘聪还师，自己则率骑兵南下，进入许昌和兖州、豫州一线。此时中原兵荒马乱，洛阳的粮草来源只能依赖于东南各州，其中地处长江下游的扬州，更是洛阳的主要粮食基地。东南各州特别是扬州既为洛阳经济命脉，作为洛阳东南门户以及漕运必经之地的许昌重镇及兖、豫二州，便成了晋朝的咽喉，其战略意义之重要，怎么说都不为过，可是晋朝因为内斗的缘故，却重视不够，以致出现了许昌兵力空虚，兖、豫守备薄弱的情况。

王弥不仅在为盗时即有"飞豹"之称，拥有很高的军事才能，而且深知晋朝虚实，他牢牢地抓住晋朝的这一致命软肋及设防上的漏洞，不断向兖、豫之间用兵，很快就打开了局面。

随着晋朝失去对兖、豫的控制，洛阳东南粮道被切断，至此再也无法从东南各州获得粮草补给。

公元 310 年，刘渊病亡，刘聪即位，他也看出了王弥南下的用意和价值，遂派堂弟刘曜等率四万匈奴骑兵南下，在洛阳以东进行劫掠袭扰。随后，石勒也奉命从河北逐渐南进，直至渡过黄河，向洛阳以南抄袭。

虽然匈奴人还未直接攻打洛阳，但明眼人都能看出，他们是在为下一步包围洛阳、正式发动洛阳战役做铺垫。东海王越要想维持对黄河以南的控制，势必保住洛阳，在自己的直辖部队接连受挫的情况下，就不得不求助于各地特别是东、南州镇的力量。

荆州刺史王澄等三路大军，奉命北援，但三路军还没等与匈奴的正规部队交手，就被响应反晋的流民军打得大败。王澄所部溃散，他自己也逃回了荆州。

此战过后，各地军队对于援救京师均望而却步，同时也进一步暴露出晋朝官军的虚弱。南下汉军从此更加有恃无恐，石勒率大军接连攻破洛阳周围的百余座城镇，把洛阳变成了一座孤城。

形势急转直下，不久，洛阳爆发粮食危机，城内陷入饥荒之中。眼看局面已经失控，东海王越慌了手脚，连忙发出紧急檄文，征召天下勤王之师。身为傀儡皇帝的晋怀帝，亦不甘心坐以待毙，他破例亲自召见送檄文的使者，对他们说："替我告诉各方镇将军，国家现在还可以挽救，再晚就不行啦！"

令人失望的是，檄文发出后，竟然没有一处响应。见征兵不至，洛阳难守，东海王越被迫亲自出马，以讨伐石勒为名，东行离开洛阳。

东海王越真正的战略意图，是依托大本营徐州，自为游军与石勒周旋，进而保住洛阳。基于此，他将洛阳的主力精锐部队，以及他用来架空皇帝，代皇帝行使职权的机构，全都带出了洛阳，只留下少量军队奉东海王妃裴氏和世子（即嫡长子，也称嗣子）司马毗守卫洛阳，用以监视百官和朝政。

东海王越一离开京洛，扬州都督周馥就立即绕过他，直接上书怀帝，提出了迎天子迁都寿春的建议。周馥设想，怀帝迁都寿春后，他本人将据江州，大臣裴宪据豫州，另一大臣苟晞据青州、兖州，三方围绕寿春形成一道防线，以抵御匈奴汉军。

周馥之议，看起来不失为缓解危机、挽救晋廷的一个办法，但却令东海王越大怒。之前司马睿奉命南渡，有人认为东海王越当时就已有向江南迁移的计划，换句话说，司马睿先赴建邺，是在为东海王越后逃打前阵。理由也很简单，胡骑冲击中原，北方已难以立足，而就南方来说，长江上游的荆楚地区为流民聚集之地，纷乱异常，于是江东地域就成了退守的最佳目的地。然而事实上，无论是东海王越，还是"大王马"中的另一重要角色、东海王越的首席幕僚王衍，都没有这样的南逃预想和计划。

东海王越、王衍及其所代表的势力，有着很浓的地方色彩。东海王越是依靠国兵发迹的宗王，他的军队主要由徐州人尤其是徐州东海国人组成，连洛阳宫省宿卫，都被他换成了东海籍将领统带的东海国兵。王衍的琅邪王氏家族乃北方名门大族，正是凭借这一身份和社会关系，王衍才有机会显赫于政界，所以他也视中原为其立身之本，王衍所经营的家族战略基地，即所谓"三窟"（洛阳、荆州、青州），大多位于长江以北。

江南司马睿政权就其历史渊源和人物构成而言，确是由东海王越、王衍势力所派生出来的，王导又在该政权中起着主导作用，所以也有人把扬州江南部分视为王衍的第四窟。问题是，这与王衍本人的出发点并不一致。

王敦是"三窟"计划的执行者之一，连他都与王导等人一起积极策划南渡，但就是在这种情况下，身为王氏家族掌舵者的王衍，却并未直接参与其中。诚然，王衍对于南渡肯定是支持的，但也只是持顺水推舟和乐观其成的态度，其想法和东海王越一样，即希图用司马睿填补陈敏被消灭后江左的真空，使之同江淮、荆楚呼应，用以保障徐州并为中原犄角。在此过程中，王衍既未考虑把扬州江南部分纳入"三窟"计划，也没有设想过有朝一日自己会步王导、王敦等人的后尘，南下江东。

种种迹象表明，王衍（也包括其弟王澄）与王导、王敦等人，在未来政局基本方向和家族发展问题上，存在着重大的认识分歧。与此同时，王衍与其幕主东海王越则观点一致，即都只求死守正朔所在的中原，而不考虑南渡长江，偏安江左。

朝野上下，迁都并非周馥一人之见。就在王衍随东海王越离开洛阳的前夕，眼看王弥、石勒、刘曜等人对洛阳的围攻日紧，城内人心浮动，迁都以避兵难之声早已不绝于耳。只不过一直以来，东海王越、王衍始终不为所动。王衍甚至还卖掉了自己的牛车，以示绝不远逃。

现在随着周馥直接上书怀帝，迁都之议就不仅仅是众人的口头议论了，它已经成了朝廷必须考虑的大计方针。司马越、王衍对此可谓如芒在背，想想看，一旦怀帝采纳迁都之议，真的将朝廷搬去寿春，已经走在东移路上的他们，将被置于何地？又该何去何从？

周馥是东海王越在地方上的一大政敌，东海王越当初派司马睿过江，将扬州江南诸郡交由他都督，目的之一就是对周馥制衡、排挤，所以在周馥建策迁都背后，还牵涉高层愈演愈烈的权力之争。

周馥在迁都方案中提出迁都寿春。迁都之后，寿春自然将替代洛阳，成为全国的政治中心。要知道，此处乃是周馥作为扬州都督的治所和驻地，周馥在自己长期经营的地盘上，如果要对朝廷事务施以影响，显然是件并不困难的事，而东海王越对朝廷大权的控制将因此被大大削弱。

另外，按照周馥的设想，他和裴宪、苟晞将围绕寿春共同打造军事防线，这条防线明着是要对外抵御匈奴汉军，但由于周馥、苟晞皆与东海王越不睦，防线上的军事力量也就有了对内威慑寿春的用意，倘若东海王越要在朝中继续揽权专断，周馥、苟晞完全可以进行武装干预。

东海王越离开京洛，使得他对朝廷的控制不能不有所放松。晋怀帝和大臣中反对东海王越的势力，随之迅速活跃起来，周馥的建策迁都，不仅迎合了迁都避难的民意，同时也是政界反越声浪的具体体现。对越阵营而言，如己方稍有退让，便意味着要在政治上陷入被动，晋怀帝很可能会借此机会摆脱东海王越及其亲党对自己的控制，晋朝内部政局和原先的战略格局也将为之大变。这是司马越阵营无论如何都不愿接受的，故而东海王越在盛怒之余，不仅断然否决迁都之议，而且下定了诛杀周馥的决心。

获益者

东海王越与周馥不对付，非止一日，先前司马越召周馥北上，周馥拒不奉命，有心依附于司马越的人就曾以此为由，举兵袭击周馥，结果却被周馥打得大败，而司马越得报后亦无可奈何。由此可见，在周馥已掌控地方局势的情况下，即便司马越本人发兵，也不会有什么好果子吃。那他为什么现在又敢动手了呢？因为司马睿到了江南且站住了脚跟！

自司马睿移镇建邺后，扬州军事指挥权被一分为二，周馥都督扬州江北诸军事，司马睿都督扬州江南诸军事，但这并不等于说两人的军事实力已经一半对一半。周馥统辖江南军事的时间，比司马睿长得多，讨平陈敏之乱，就得益于他与江东武宗周玘等人的合作，可以说周馥在扬州已经树大根深，司马睿初来乍到，势力也尚在发展阶段，若是单打独斗，不但奈何不了周馥，自身还会被对方消灭。

一对一不行，两对一如何？东海王越命令司马睿向寿春出击，同时自己也派遣军队征讨周馥。司马睿接到命令后，依令行事，派甘卓率部出征寿春。

司马睿在南渡之后，依旧属于东海王越一方阵营，周馥向晋廷建策迁都，也给司马睿带来了压力。再者，一山难容二虎，司马睿、周馥分据扬州南北，周馥对于司马睿的逐步崛起而言，无疑是一种潜在威胁。有论者将司马睿出兵寿春，解读为不待越令而击馥——或许诠释过度，但可以肯定的是，司马睿对于解决周馥，是有其内在动力的，尽管事后他在与别人议论此事时，也默认周馥并无反罪。

司马睿与东海王越进行军事配合，依旧要仰仗江东士族的力撑，比如他此次所派出的主将甘卓，就是孙吴时代名将甘宁的曾孙。甘卓勇猛善战，有独当一面的能力，他率部出征后，与东海王越的部队配合，对周馥实施南北夹攻。周馥寡不敌众，兵败逃亡，不久被俘遭到拘禁，最终忧愤而亡。

战争结束后，司马睿成为这一轮晋室内斗中的最大获益者，包括寿春在内，与建邺毗邻的淮南一带皆为其所控，司马睿的职权范围，亦从仅都督扬州江南诸军事，扩展至都督扬州全境诸军事。

对于司马睿而言，这是一个进一步扩充自身实力的大好机会，自然不能轻易错过。经司马睿运作，因钱璏之乱而滞留扬州的王敦，于击溃周馥的当月，再次被任命为扬州刺史并加广武将军，不久又进拜左将军、都督征讨诸军事、假节（武将征战期间的便宜行事之权）。

司马睿将政务委于王导，将军务转委于王敦。王敦自此成为司马睿帐下最为重要的军事领袖，开始用司马睿的名号统兵征战。

东海王越虽阻止了迁都之议，但却因此遭遇了朝中反越势力的强烈反弹。与司马越结下仇怨的青州刺史苟晞，以"诛国贼，尊王室"为号召，开始公开向司马越发难。晋怀帝对司马越早就憎恶已极，反正司马越也不在洛阳了，于是便趁势明令苟晞统率关东诸军，暗地里又给苟晞发密诏，要求他讨伐司马越。

东海王越虽不知密诏，但从两人的互动中，也怀疑皇帝和苟晞要合起伙来搞他。未几，司马越派出的侦察骑兵，在驿道上截获苟晞的信使，果然从中得到了朝廷的相关诏令和文本。

按照以往一贯的做法，东海王越决定先清除苟晞，再回过头来找皇帝算账，他一面遣军征讨苟晞，一面下达檄文，号召各方与之合攻苟晞。

苟晞有名将之誉，并不是一个好惹的角色，司马越派出的军队无法像征讨周馥那样，迅速打败苟晞，战事呈现出僵持状态，另外，正所谓多行不义必自毙，司马越的独断专行和不臣之心，引起了天下公愤，他的檄文发出后，如同泥牛入海，没有收到任何回音，连司马睿都选择了观望。司马越翘首以盼，等到的只是一个寂寞。

怀帝见状也有了底气，遂正式下诏，毫不客气地历数东海王越的罪状，要求各方军镇予以讨伐。消息传开，司马越又急又怕，"忧惧成疾"，很快就病死于军营之中。

东海王越在临死前，托后事于王衍，众人亦共推王衍为主帅，眼巴巴地指望王衍能带领他们，挽狂澜于既倒。可是王衍却畏怯不敢接受重任，最后商量的结果，只能大家一起扶着司马越的灵柩去东海国。

去东海的直接目的，是归葬司马越，但除此以外，还有什么高明的战略战术意图吗？委实看不出来。古代传说狐狸若是死在外面，一定会把头朝着自己的洞穴，所谓"狐死首丘"。司马越从洛阳带出来的将士，以东海籍为多，王衍的家乡琅邪也离东海不远，故而有研究者用"狐死首丘"来解释王衍拥众东行的行为，意即他们就算是死，也要死在家乡。

劫　难

大敌当前，京洛濒危之际，王衍等人不按照离洛时的计划，对外敌进行牵制和打击，却一心一意要"狐死首丘"，这本身就是他们抗敌意志业已崩溃的显示。与此同时，怀帝虽不战而令东海王越身死，但积重难返的破败朝政，使得他已经来不及重整旗鼓，晋室也自此陷入了瘫痪状态。

这些都给刘聪政权创造了灭晋的有利条件。刘聪抓住战机，组织王弥、石勒、刘曜等人横扫晋军，不断紧缩对洛阳的包围。

公元311年4月，石勒率骑兵向洛阳南边加紧合围，结果在宁平城（今安徽省亳州市附近）恰与扶柩东行的王衍大军相遇。发现王衍大军后，石勒立即先发制人，采用四面包抄的战术，向对方展开攻袭。

石勒是羯族人。羯人深目、高鼻、多须，属欧罗巴人种也即白色人种，他们这个民族在塞外时被匈奴俘虏，随之附属于匈奴，称"匈奴别部"，之后又由匈奴带入了塞内。羯族人在塞内的社会地位比匈奴人更低，生活条件也比匈奴人更苦。石勒就曾被官府捉去卖为奴隶，后主人将其放免，才作了以种田为生的田家。这也使得羯族人的复仇欲望比匈奴人更为强烈，打起仗来更为凶悍善战。晋军方面，虽然他们占有很大的数量优势，但由于猝不及防，且队伍中夹杂着许多王公士民，致使步兵来不及结阵迎战，在军心已失的情况下，根本经受不住羯族骑兵的猛烈冲击，很快就失去了战斗和抵抗的能力。

晋军迅速溃败，接下来的场景悲惨至极。失去统一指挥，惊恐万状，乱成一锅粥的官兵以及随队王公、庶民，总计十余万众，被羯族骑兵四面包围，用箭猛射。包围圈里的人不是当场命丧箭下，就是相互践踏而亡，少有幸免，死者尸积如山。

以王衍为首的部分王公大臣作了俘虏。王衍被俘后，有着很强的求生欲，当着石勒的面，他辩白说自己从小就不愿干预世事，东海王越的所有军事计谋也非出于己。言下之意，就是自己跟晋朝没什么关系，要算账尽管找晋朝算账，而不要把他给牵连进来。

王敦南渡后，常称赞王衍说："王夷甫处在众人中，如珠玉放在瓦石间。"就是这样一个被称为"如珠玉"一般的人，如今为了保命，不仅竭力撇清与晋朝的关系，甚至还主动劝石勒称帝，其作为中原名士首领的风采和体面，可谓荡然无存。

羯人汉化程度较浅，一般都不识汉字，虽用汉姓，但名字仍是本民族的，石勒本人就目不识丁。然而这并不等于说石勒没有见识，他走南闯北，而且据说可以靠"听书"的方式来了解中原历史并从中汲取经验。王衍劝石勒称帝的马屁，不仅没有如愿取得石勒的欢心，反而让他觉得王衍身为晋室重臣，却反劝晋室之敌称帝，很是无耻。至于王衍洗白自己的那些表白，更是把石勒给惹火了——你是不是欺负我来自下层，对你们晋室事务一窍不通，所以想蒙混过关？

王衍身为中原玄学领袖，在晋朝的名气很大，这一点石勒是知道的。只不过与器物相比，玄学在胡人眼中，一向都只是一种务虚无用的东西，他们很难产生价值认同。

汉国的建立者匈奴刘氏，有家传经学的渊源，刘渊、刘聪等都从小熟读经史子集，唯玄学并不涉猎。石勒的文化修养本就不高，对玄学自然更无兴趣，也因此，并不真正把王衍当一回事。

石勒怒气冲冲地斥责王衍："你名冠四海，身居重位，少壮时就已登朝做官，直到如今有了白发，怎能说不喜欢参与政事呢？要我看，祸乱天下的，就是你这种人！"

王衍哑口无言，退下时腿都软了，还得石勒的左右卫士上前扶，才得以走出营帐。

一生的声望学问也罢，当场的委曲求全也好，都未能让王衍免于一死，只不过基于前者，石勒给他选了一种自认为比刀砍要体面一点的死法。

当晚，石勒派人推倒墙壁，王衍等被俘王公大臣被全部压死于墙下。

临死前，王衍悔恨交集，以致对从前引以为傲的玄学都产生了怀疑。他望着旁边的人叹息道："我们这些人虽不如古人，但若不是一味崇尚虚浮（指玄学），而是努力匡扶天下，应该还不至于有今日之事发生吧。"

在八王之乱的"八王"中，多数人都是被杀掉的，唯有东海王越是死于疾病。不过这个一个月前才死于军中的宗王，死后依然没能逃脱劫难，石勒下令砸了他的棺材，将尸体予以焚烧。

胡族受其文明程度所限，固有掠杀无度的野蛮旧俗，但在社会已整体失序的大环境之下，不仅仅是胡人如此丧心病狂。王弥的弟弟王璋随石勒一起出战，其灭绝人性的程度与石勒相比，可谓有过之而无不及。王衍等人被石勒活埋后，还剩下一万余被俘军民，由于石勒部流动作战，已面临补给困难，王璋竟然将这些被俘军民全部活活烧死，做成军粮！

在宁平城，由东海王越、王衍带出洛阳的政治班底、精锐部队以及随军王公大臣士民，全部死于非命，史称"宁平之难"。

被东海王越留在洛阳，以防察宫省的守将，闻讯惊慌失措，急忙带上在京宗王和东海王的家眷，从洛阳出发，仓皇东逃。不料队伍行至洧仓，被石勒截杀。随队宗王和东海王的家眷被俘，包括东海王世子司马毗在内的四十八名宗王生死不明，东海王妃裴氏在受尽凌辱后，被贩卖为奴，史称"洧仓之耻"。

永嘉之乱

消息传开，举国震惊，天下人皆归罪于东海王司马越，怀帝发诏将司马越贬为县王，同时加封苟晞为大将军、大都督，督青、徐、兖、豫、荆、扬六州诸军事。

苟晞实际代替了原先司马越的位置。在晋军将领中，苟晞以能战著称，时人甚至将他比作韩信、白起，然而在晋军精锐损失殆尽的情况下，苟晞也已束手无策。面对岌岌可危的局势，明知洛阳无法固守，苟晞只得上表，请求迁都至他所在的仓垣。怀帝都同意了，相关诏令也已经下发，但却因朝中大臣各有打算，宫人们又贪恋财物，导致贻误时机，错过了迁都的最后一个机会。

匈奴汉国方面继续步步紧逼。宁平战事刚刚结束，刘聪即加派大将呼延宴，率匈奴禁军两万七千人进攻洛阳，又命刘曜、王弥、石勒进军与之会师。

面对汉军的不断进攻和围困，洛阳城内的饥荒问题更趋严重，甚至已经达到了人吃人的程度，士民开始自行大量逃亡，在人口外流的狂潮中，连大臣都逃走了十之八九。到了这个时候，怀帝也动起了只身逃出京城的念头，无奈他身为天子，却连代步的车轿都找不到，想走水路，因卫队不足，出宫不久即遭到盗贼抢掠，不得不折返回宫。

公元 311 年 6 月，已经丧失抵抗力量的洛阳城终于沦陷，刘曜、王弥等人率部突入城内。入城后，刘曜等纵兵掠杀，城中凡值钱的东西均被抢掠，搬不动的房屋宫殿庙宇皆遭焚毁。皇太子司马诠等未及逃走的皇室成员，以及朝廷大臣、士民百姓，总计三万余人尽数遇害，而怀帝则被掳至匈奴汉国的都城平阳，成了刘聪的阶下囚。至此，洛阳城遭到彻底破坏，到处颓垣断壁，一片瓦砾。

"我是虏家儿，不解汉儿歌。"胡族内迁后，虽多少受到汉文化的影响，但游牧文化与农耕文化之间天然的隔阂和陌生，并不会因此立刻消融。不唯如此，对于占有优势的汉文化和文明，胡族在由衷的艳羡之外，从其卑怯心理和保守心态出发，还有一种本能的排斥甚至是摧毁的欲望。

八王之乱前，徙胡论的代表人物江统，曾强调"非我族类，其心必异"，主张将胡人强行逐出塞外，此议并未真正付诸实施，但从八王之乱末期开始，以匈奴汉国为代表的胡人政权，却将"非我族类"的观念成功地运用到了现实之中。

就这样，以反晋名义进行的民族大屠杀，进行了一轮又一轮，屠城洛阳则把这种野蛮和疯狂推到了顶点——刘曜等在实施屠戮后，竟然还在洛水以北修筑了"京观"（指聚集被害者的首级，封土而成的高冢）！

这就是历史上与"靖康之耻"齐名的"永嘉之乱"（也称永嘉之祸）。在接下来的日子，中原大地上的血腥与烈火并未停止蔓延，8月，刘聪派其子刘粲攻克长安，除四千多户士民得以逃奔汉中外，包括南阳王模在内的城内军民，全部惨遭屠戮。

洛阳陷落后，出逃的司空荀藩以及大将军荀晞、大司马王浚，分别建置了行台（代表中央的临时政务机构），并各奉一位晋朝皇室成员代表中央政府，布告天下。

荀晞所奉者为从洛阳逃出的豫章王司马端，荀晞率百官尊其为皇太子，然而至9月，荀晞的大本营仓垣亦被石勒攻破，司马端、荀晞等皆被俘。

石勒杀了司马端等人，独留荀晞。荀晞是极少的能屡破强敌的晋朝武将，石勒自己就曾多次为荀晞所败，所以他很看重荀晞，不仅免其不死，还委为左司马。值得一书的是，荀晞明明可以偷生，但他自居汉人晋臣，不愿为异族所用，为此暗中计划对石勒发起反戈一击，可惜不幸被石勒发觉并遭到诛杀。

在此期间，匈奴汉军发生了内讧，王弥欲杀石勒，不料被石勒提前一步设计剪除。王弥可谓永嘉之乱的罪魁祸首，没有他，汉军要想攻破洛阳，是不会那么容易的。不过随着石勒的迅速崛起，有没有王弥，对于胡骑纵横中原的局面而言，已没有太大影响，相形之下，荀晞之死，却标志着北方晋军将领后继乏人，抵抗力量已近于式微。

石勒等人秋风扫落叶一般，很快就将黄河一线仅剩的晋军主力消灭一空。10月，石勒侵扰豫州诸郡，直抵长江北岸，只是碍于天险阻隔，无法长驱南下，才率部回师。

晋朝败局已定。包括东海王越等一众王公活着时，或许谁都没有想到晋室会如此轻易地落入异族之手，然而若要追究祸端，就不能不提到他们搅起的八王之乱，正是这场大乱提前消耗了晋王朝大部分的资源和实力，使得内迁胡族崛起中原时，整个晋朝都失去了应付的能力。怀帝被掳至平阳后，当着刘聪的面承认，正是司马氏的骨肉相残、自相攻伐，给匈奴汉国"腾出了地方"。

说来说去，是晋室自己挖坑把自己给埋了。八王之乱以及随后由此演变而生的永嘉之乱，在摧毁晋朝中央政权的同时，也毁灭了相当一部分晋朝王室成员及其追随他们的士族。

依附于东海王越的王衍，曾希望通过营建"三窟"来保全身家，孰料他的"洛阳窟"却第一个被打破，而他自己也葬身于胡族刀下。事实上，如王衍这样身居高位，同时又挖空心思"为门户计"，最后仍不免家破身灭者，当时可谓比比皆是。

王公贵族如此，普通士庶的遭遇更是可想而知。史载，自永嘉之乱后，仅士族就"十不存一"——多数人都在无休止的战争和民族仇杀中殒殁了，侥幸得生者所承受的痛苦和煎熬，也已到了无法用文字形容的程度。

抚绥新旧

在古代，当北方爆发战乱时，南方往往会成为北人的避难所。三国孙吴政权的奠基人和创建者，即孙坚及其子孙策、孙权，原本都生活在北方，就是因为汉末战乱，才自北南下，在东南地域开辟了属于他们的新天地。

自八王之乱起，随着内忧外患接踵而至，各地出现了许多因战乱灾荒而生活没有着落，被迫流亡以求生存的百姓，时称流民。一开始北方流民迁徙的落脚点，并不止于南方，有的仍停留于中原，只是离开原有居住地而已。至永嘉之乱前，朝廷风雨飘摇，北方连年战乱，迭遭破坏，而江南因很少被波及，还保持着一片祥和，并由此成为乱世中难得的桃源之地，流民遂开始大量南迁。

永嘉之乱后，偌大的中原难以再找到净土，为躲避战乱和胡族的杀戮，南迁流民在原有基础上继续剧增，其数量迅速上升至历史高峰，尤以幽、冀、青、并、兖五州及徐州之淮北流民为最。据记载，在永嘉年间之后的一百多年里，避居长江流域的北方流民达到了七十多万，而这仅仅是有记载的数字，实际数目可能远远不止。

流民南迁路线大致可分为东、中、西三条，具体落脚点亦有江南、荆楚、巴蜀等地。相比之下，江南最为安定，所谓"海内大乱，独江东差安"，故而江南也就成为人们的首选目标。史载，"洛京倾覆，中州士女避乱江左者十六七"，意思是在京师洛阳沦陷后，每十个中原百姓中，就有六七人避难于江南。

在古代农业社会，人多就意味着粮多、钱多、兵多，北方流民源源不断地涌入江南，当然为司马睿政权所乐见，但流民本身也是一柄双刃剑，若安置和管理不当，极易造成严重的社会问题。

之前即有先例。当流民移徙到一个新的地方时，往往会与土著发生矛盾和冲突，看到地方原有秩序因此受到影响，朝廷和地方政府又常常会将这种状况一味归咎于流民，并以武力迫其限期返回故里。流民走投无路，只能铤而走险，由此各地陆续爆发了大规模的流民反晋起义，当初石勒、王弥起事，正是借助了这股风潮。

不得不说，晋末流民起义是导致晋王朝覆亡的一个重要原因。撇开后来投靠匈奴刘渊的石勒、王弥不提，洛阳危急时，荆州刺史王澄等人要北上勤王，就是败于流民军之手，可见流民一旦发动起义，其声势和力量均无法等闲视之。

流民南涌，既可以迅速增强司马睿江南政权的实力，同时也潜伏着巨大的隐患。事实上，这种苗头已经有了，随着北方流民短时间内大量涌入江南，江南土著的生存空间势必在一定范围内被挤占，加上在生活习惯、思想观念等方面的差异，双方的猜忌和敌对情绪正在与日俱增。

如何防微杜渐，稳定南迁流民这个巨大群体，减少他们和当地居民的摩擦，最大限度地消除双方的冲突隐患，成为王导必须替江南政权考虑的紧迫难题。

　　流民跟土著的矛盾虽然复杂，但焦点还是集中于土地，毕竟流民背井离乡，经历长途跋涉来到江南，除了躲避战乱外，最需要的就是土地，也只有通过与土地的再次结合，他们才能生存下来。不过问题的症结正在此处，流民要得到土地，土著又不肯也不能放弃原有的土地，于是便形成了一个难以解开的死结。

　　王导以"抚绥新旧"来解决问题，也就是在不损害"旧人"（南方土著）利益的前提下，重点对"新人"（南迁北人）进行安抚，具体措施是把江南尚未充分开发的土地，或者说无主之地拿出来，用于流民的安置。这样一来，既解决了流民对土地的迫切需求，又最大限度地将流民与当地土著居民隔离开来，同时还可对江南经济落后区域进行开发，可谓一举三得。

　　江南毗陵郡所辖的京口（今镇江）、毗陵（今常州）一带，靠近长江，"缘江为境"，为南迁流民渡江后的第一落脚点。此处丘陵榛莽，荒芜贫瘠，土著绝少，但因地广人稀，恰恰能够安纳相当数量的流民，而要解决当地发展滞后，土地开发水平甚低的问题，也正要借助流民之力。

　　京口、毗陵南接三吴（三吴通常是指吴郡、吴兴郡和会稽郡），三吴乃江南精华所在，物资充裕，百姓富足，在流民开发京口、毗陵时，三吴可以就近向其提供农业工具、种子以及粮食等。另外，京口、毗陵距离政治中心建邺，相比三吴也更近，以后随着开发的深入，这一带便有望代替三吴，成为建邺最近的物质供应地。

　　经过反复甄选和对比，王导向司马睿建议并获准，决定将京口、毗陵作为流民安置地。

　　当时的南迁北人也被称为"侨人"，侨人皆有"怀土之情"和"归本之心"，大家都觉得自己只是暂寓江东，日后终究还要还乡，回到中原故土。王导自己就是侨人，自然非常理解，为了照顾侨人的这种感情，他没有将南迁北人编入土著民户的永久性户籍——黄籍之中，而是专门为他们设置了一种临时户籍——白籍。白籍侨户不仅区别于原居民，而且在经济上也受到优待，可以长期享受减免租税赋役的待遇。

　　在此基础上，王导又亲自制定了"侨寄之法"，规定侨人可以在南方占地群居，并按北方原籍郡县名，另设流亡政府，称侨置郡县。此举目的是要让北人虽居南方，却仍有如在中原故土的感觉，同时亦借此表达抗击胡族南侵以及收复中原之志。依照侨寄法，京口、毗陵一带设置了不少侨置郡县，这些侨置郡县与江南的当地郡县并立，二者无隶属关系，且井水不犯河水。

王导适时推出的这些政策措施，使普通流民的生活有了基本保障，情绪上得到安抚，不仅有效减少了社会内部的动荡因素，而且南方经济亦随之逐渐得到发展。

百六掾

司马睿、王导刚刚南渡时，随其南下的北方士族并不多，等到洛阳濒危，士族才开始发生分化，一部分选择了南逃避难，但另一部分尤其是以王衍为代表的高门士族，仍旧宁肯"狐死首丘"，也不愿迁都。及至宁平之难、洧仓之耻连续爆发，王衍等士族在胡骑的冲击下，凋零殆尽，这无疑标志着"狐死首丘派"的彻底失败，也让士族群体危机感大增，逃亡江南的人才变得多了起来。

洛阳沦陷后，中央的突然崩塌令士族们手足无措，他们对中央政权的依赖性很强，一旦大厦倾倒，自己手中又不掌握武装，若是继续固守北方，无异于引颈就戮。于是，为了在乱世中苟全性命，"保住门户"，士族便纷纷跟随流民一齐渡江而南，史称"永嘉南奔"。

南渡士族当时也称"侨姓士族"，与普通流民一样，侨姓士族虽有奔向荆州、江夏的，但更多的还是来到江南，他们或只身前往，或兄弟并肩，或父子相伴，或举族而迁，一路跋涉，络绎不绝，此番情景被唐代史家刘知己形象地称为"衣冠南渡"（此处"衣冠"即衣冠之族，亦即士族）。

在异常混乱的局面中，很多南渡士人饱尝人间悲欢。名士邓攸在北方逃难时，为了保全弟弟的孩子，曾被迫放弃自己唯一的儿子。南渡投奔司马睿后，因妻子再未能生育，为了续嗣，邓攸纳了一个小妾。没承想，有一次当他询问小妾的家乡亲人时，却赫然发现对方居然是自己的外甥女，邓攸悔恨交集，之后发誓不再续妾，结果到死也没能拥有子嗣。

邓攸存侄弃子，一个做出如此义举的贤者，却因误娶外甥女而没有后代，不能不让人感叹命运之乖舛吊诡。时人为之惋惜："天道无知，使邓伯道（邓攸字伯道）无儿！"成语邓攸无子、伯道无儿即源于此。

在经历种种坎坷，又远离故乡后，侨姓士族不同程度地存在着"奔迸流移"的落难心态，而且由于与在北方时的条件不一样，与普通流民相比，其心理落差可能更大。

有个名叫任瞻的北士，孩童时就长得灵秀可爱，长大后更以俊秀著称，世人都说连他的背影看起来都非常漂亮。相比于其他朝代，魏晋人士很看重男子的容貌，以至于"貌似潘安""看杀卫玠"的佳话流传至今。任瞻年轻时也确实十分得意，晋武帝死后下葬，挑选了一百二十名挽郎（牵引灵柩唱挽歌的少年），皆为当时公认的少年英才，任瞻即在其中。时为朝廷重臣的王戎要挑女婿，又从这批挽郎中挑选了四名最好的备选，任瞻还在名单里面。

如果是太平年代，像任瞻这样的青年才俊和名士，自应前程似锦，可惜北方丧乱，洛阳沦陷，任瞻也不得不加入了衣冠南渡的行列。为欢迎任瞻渡江而来，王导特地邀请了一些先时渡江南下的名士，在建邺给他举办了一场招待会。虽然人们仍像从前一样热情对待任瞻，可是一见到他，大家还是不约而同地感觉到了任瞻身上发生的变化，最明显的一点，就是任瞻身上已经没有了过去作为名士的那种洒脱和从容，整个人看上去失魂落魄，而且言谈举止也处处小心翼翼。

招待会开始后，众人坐定，便到了"下饮"（即上茶）环节，任瞻问道："这是茶还是茗？"当时北方称早茶为"茶"，即春茶，"茗"为晚茶，即秋茶，任瞻是在按照在北方的习惯，询问上的是早茶还是晚茶，但南方的"下饮"就是指上"茶"，也就是端来早茶。士人们在南方待的时间长了，早就知道"下饮"的意思，突然冒冒失失地被任瞻问到这个"怪问题"，一时都没回过神来。

任瞻非常敏感，发现众人神色有异，马上意识到自己可能说错了话，于是赶紧改口申明："我刚刚只是问茶是热的，还是冷的罢了。"

任瞻在南方住了下来，但是他很不快乐，有一次经过一家棺材铺，竟然也悲伤得流下泪来。王导听说后，说任瞻可真是一个有情的痴人（"情痴"）啊！

这就是史书中所记载的"任育长过江"（任瞻字育长），它实际是永嘉之乱以来，遭受巨大人世动荡和心灵冲击的侨姓士族的集体写照。

贤者邓攸、"情痴"任瞻等人，虽然都极为落魄失意，然而他们作为知识精英，对于此前还必须依靠南士才能立足于一方的司马睿政权而言，其作用和价值无可比拟。在当时的情况下，这些南渡北士乐意拥戴司马睿，也是比较自然的，不过其间仍少不了王导的拉拢，专门出面为任瞻接风即为其中一例。

从广义上说，侨姓士族固然也可以被划入流民范畴，但他们是流民的上层分子，在政策上与普通流民就要有所区别，比如对于普通流民，建邺方面也许只要给予一般的生活保障即可，但对于北士，则必须予以更为特殊的照顾，否则不足以留住北士之心。

王导在这方面花费了很多心思。北士尤其是高门士族来到江南后，一个基本需求是"求田问舍"，恢复家园。江南能够吸引和打动他们，这也是必不可少的重要方面，王导的态度是尽可能全都予以满足。

本来会稽等地区曾被作为流民安置地的候选项之一。后来王导考虑，那一带山清水秀，风景旖旎，受到不少侨姓士族的垂青，他们已纷纷到此地求田问舍，建立庄园，如果让普通流民都涌去定居，会造成纷乱，遂决定放弃。

除了经济上获得优待，侨姓士族也得到了较为充分的参政机会。最早随司马睿渡江的北士，主要局限于司马睿在北方的原班人马，故时人称许司马睿"善用一国之才"（此处的"国"系指琅邪国），王导劝司马睿，除了"一国之才"外，还要抓住机会，从侨姓士族中继续收罗有道德才能的人，与他们共图大事。

在王导的建议下，司马睿从侨姓士族中"收其贤俊，共图大事"，先后委任了许多人担任内外主要官职，贤者邓攸就是其中之一，他得到司马睿重用，先被任命为太子中庶子，后又拜为吴郡太守。

同样是听从了王导的建议，司马睿还开始大力征辟"掾属僚佐"（即幕僚），前后共征辟一百多名北士入幕，时称"百六掾"。

包括百六掾在内的睿府幕僚，其实原先多为东海王越的幕僚。这是因为东海王越发迹于八王之乱末期，相对于其他宗王将相的幕府，越府幕僚所受到的战乱冲击和伤害最小，故而才会有较多的幸存者渡江避难。

王导等人原本也都出自越幕，这使得睿幕事实上成为越幕的继承和延续。史称越幕"多名士，一时俊异"，不过其实越幕中的名士，很多都是由王衍引荐给东海王越的。王衍本人名大于实，并无识人之能，他为越幕网罗名士，也只是为了装点朝堂，这就造成越幕中的名士，多半也像王衍一样崇尚玄虚，缺乏政治实干能力，也因此，在东海王越当政时，越幕并未起到多大的辅政作用，更不用说力挽狂澜了。

睿幕与越幕的区别是，在重名之外更重实：对于那些没啥实际能力的名士，就把他们养起来，用以提升江左政权的影响力；想干事，能干事的，比如"百六掾"，便被司马睿、王导作为智囊团和官员储备库，不断加以培养和重用。

两手政策

虽然致力于将北方流民和北士聚集到自己身边，但司马睿、王导并未改变联合江东士族的一贯政策，这其实也就是"抚绥新旧"的另一层含义。拿睿幕的构成来说，司马睿在每个阶段征辟僚属时，都不会把南士落下，即便南渡北士达到高潮时亦是如此，只是数量略少于北士而已，也因此，睿幕亦参用南士，并非全都是北士。

司马睿政权优待南渡的北方大族，除专设流民安置地和实行"侨寄法"外，还把浙北等地专门留给他们，如此一来，对于"地头蛇"江东士族，就有一个如何平衡，以避免与北士冲突的问题。

王导老谋深算，他力主采取息事宁人的无为策略，以不触动江东士族的利益为底线，为此甚至不惜做出违心的妥协和退让。

处理山遐案是其中比较典型的一个例子。山遐系竹林七贤之一山涛的孙子，他来到江南后出任了余姚令。当时江南政权初设，法律禁令较为宽松，余姚的豪族大姓便从中钻空子，引诱良民作为其私家奴仆，并隐藏户口，以逃避赋税徭役。山遐一到任就开始检核户口，结果两月之余，查出一万多被豪族大姓隐匿的私附良民。

山遐准备对余姚豪族加以惩治，后者对之又怕又恨，除上告政府为自己辩白外，还对山遐加以诬陷。官司打到王导那里，王导认为，南迁北士和土著之间的关系已稍稍得以缓和，处于这一节骨眼上，不管惩治余姚豪族本身有多么合理合法，只要事情一传开，都会有重新激化南北大族矛盾的风险。

对余姚豪族不惩不治，就眼前来看，最多也就是政府损失点赋税徭役，但若因为惩治而引起社会动荡，乃至族群分裂对立，那可不得了。王导权衡利弊，最后只能以免去山遐官职，对隐匿私附者则不予追究。

在总体隐忍、妥协的前提下，司马睿、王导对待江东士族这时也已经有了一些新的想法。

此前，以周玘为代表的江东武力强宗，通过"三定江南"，显示出足以左右江东形势的实力，其力量的存在和不断滋长，对于江东之主司马睿，毫无疑问是非常大的威胁。原先司马睿是没有选择的，要想立于江南，不得不依靠武力强宗，现在情况已发生变化，随着北士和流民的大量南迁，江南政权驾驭吴人的能力得到显著增强，这就使司马睿、王导具备了调整策略的条件。

针对不同特点的两类江东士族，司马睿、王导采取了差异化政策：对文化士族，大力拉拢；对武力强宗，既拉拢又压制排斥，不动声色地对其力量予以削弱。

周玘作为江东武力强宗的代表，通过"三定江南"之功被授予官职、赏赐，出任吴兴太守后，治理地方也颇有成效，但他始终未被召入建邺，一直游离于中枢权力之外，秘密就藏在这里。

当然，差异化政策是否真正有效，还必须在实践中继续检验，讨平江州刺史华轶的战事为此提供了机会。

晋惠帝元康年间，朝廷从扬州（今江苏省中部和南部、安徽省南部以及浙江省北部等地区）、荆州（主要位于今湖北、湖南两省境内）分割出十郡，设置了一个新州，此即江州。东海王越当初派司马睿南渡，原是为了扩大地方州镇的经营范围，控制晋廷朝政全局，但他对司马睿也并不完全放心，随后即派自己的亲信华轶出任江州刺史，其中就暗含对司马睿进行监督、牵制和分化的用意。

东海王越死后，晋怀帝曾重新对各方镇进行任命，司马睿被任命为镇东大将军、兼督扬江湘广交五州诸军事，也就是说司马睿手中已兼有都督江州军事之权。华轶虽与司马睿曾同属一个派系，但他自恃出身名门（魏晋名臣华歆的曾孙），自身又颇具军政才能，加上新的利害关系，因此对司马睿并不买账，经常不接受司马睿以都督江州军事名义所发布的命令。当江州所属郡县长官针对此事进行劝谏时，华轶嗤之以鼻，说："我只是想看到朝廷的诏书罢了。"意思是他与司马睿均为朝廷任命的地方长官，司马睿不过是带有宗室身份的同僚，没有资格做他的上司。

司马睿、华轶关系由此十分紧张，双方势同水火。司马睿无法容忍华轶对他的漠视，更重要的是，江州处于扬州上游，其地交通发达，盛产粮食，华轶在江州虎视眈眈，司马睿在扬州也就无安全感可言，于是他便派大将周访率兵西进，驻扎于江州西大门彭泽，对江州治所豫章（今南昌）进行监视和威慑。

即便周访兵临城下，华轶仍旧不为所动。周访既无法令华轶改变态度，也无法草草撤兵，双方僵持，这种状态一直持续到了洛阳沦陷。

永嘉之乱后，司马睿的江南政权受到朝野的格外关注和重视。当时建置的行台，以司空荀藩等人所建影响最大，荀藩对司马睿寄予厚望，在他向各方镇发出的檄文中，将司马睿推举为盟主。此举无疑极大提高了司马睿的权威，司马睿接受盟主称号后，即按照行台旨意，要求各方镇重新设置官职机构，撤换长吏等官员。

别人都还多少给司马睿这位名义上的新盟主几分薄面，唯有华轶与豫州刺史裴宪毫不理睬，并联起手来，形成与司马睿分庭抗礼之势。

为了维护自己的地位和声望，司马睿派兵赶走了豫州刺史裴宪，同时以扬州刺史王敦为都督，派王敦率甘卓、周访等将领合兵征讨华轶，攻打江州。

在征讨华轶的军事行动中，王敦虽然被任命为都督，但实际发挥作用的是甘卓、周访等将领，这些人其实都是江东士族的代表，只是他们都属于文化士族，没有一个出自武力强宗。

数月前征讨周馥，尚是司马睿和东海王越的联合行动，这次换成了司马睿单独出兵，一旦兵败，后果将令江南政权难以承受。设想一下，如果自身缺乏足够底气，即便司马睿对武力强宗心存疑虑，他恐怕也不敢不遣周玘等人出战。

用周访，不用周玘；用文化士族，不用武力强宗。司马睿这么做的底气究竟来自何处？无他，就是随着江南军政力量的逐渐壮大，甘卓、周访等人所统之兵敢战也能战了。

讨轶诸将，甘卓、周访扮演了主干角色，出自睿幕的周访，更是代替上次挑大梁的甘卓，发挥出更大作用。江南军连战皆捷，最后促使华轶的下属叛变倒戈，轶军随之溃败，华轶亦在逃跑途中被周访追上斩杀。

驱走裴宪，击灭华轶，证明司马睿在不用武力强宗的情况下，完全能够独立对内对外征战。在此期间，司马睿通过武力，将势力范围扩展至长江上游地区，其声望和号召力也都得到了相应的提高。

荀藩所奉送的盟主称号，不再让人觉得突兀了，甚至王浚为了给自己的行台增加分量，在自为尚书令的同时，也学着荀藩，给司马睿戴了顶大将军的帽子。

五行家语

从东海王越号召出兵勤王，到晋怀帝被掳前授司马睿要职，让他兼督南方军事，直至荀藩推司马睿为盟主，王浚授之以大将军，都反映出朝野上下的一种企盼，即希望司马睿能够出兵北上"伐胡"。实际情况却是不管被朝廷和舆论捧得有多高，司马睿始终坐守江东，一兵一卒都未派过江北。司马睿的这种表现，在后世引起很大争议，南宋理学家朱熹首先提出，司马睿、王导均"无取中原之意"，其后学者多承其意，如近代史家吕思勉就说，司马睿"仅在保全江表，而不问北方"，"时东晋晏然，无意援应北方"。

司马睿并不真正以中原为念，其所急不过是在江左建立霸业，这成为晋史研究中一个承袭已久的观点。司马睿因此遭到强烈批评，王夫之将司马睿视同罪人，指责他"视君父之危若罔闻，姑置之而自保其境"。近代史家王干在剖析永嘉之乱时，也部分归咎于司马睿，谓："据守江南的人勤王不力，对京师不做有效的援助。"

那么，司马睿南渡之后，是否真的只图自保，无意中原？事实恐怕不是这样。当时南渡的王公士庶，所谓侨人，没有谁在情感上能把自己与中原进行完全切割，否则也就不用侨置郡县了。司马睿亦属侨人，在这方面毫无例外，也因此他才会初到江南，一听太妃辞世，就打算立即赶回琅邪国奔丧。甚至在司马睿与顾荣那段"寄人国土"的对话中，异乡异客的心态也毕露无遗，表明司马睿同所有南下的侨人一样，都有着极浓的故乡之思。

比之于同时期的宗王和近臣，司马睿、王导皆胸怀大志。王导从矢志追随司马睿起，帮助司马睿"为天下主"的想法就有所萌芽。史书上的说法是，"潜有兴复之志"，此处的"兴复之志"，当然不是指尔后的立国于江东，仅仅满足于做一个江东之主，而是要为天下主，重现晋武帝太康年间的富庶与强盛。

这是在渡江之前。渡江之后，虽然司马睿、王导都致力于控制和稳定江南，但恢复中原，重建昔日司马氏太康盛世的辉煌局面，仍是二人梦寐以求的政治理想。

古代宫廷中有所谓五行家，也叫占家，能够根据自然现象来对一些事情进行推断和占卜。晋怀帝永嘉四年（310），即司马睿南渡的第三年，江东发生水灾。江东水灾引起了五行家的注意，他们据此给出了江东"阴气盛"的推断，并认为"阴气盛"的背后，是王导"潜怀翼戴之计"，也就是说他正暗自设计如何辅佐拥戴司马睿。

虽然只是五行家语，不免穿凿附会，但起码反映了一件事，那就是早在永嘉年间，王导拥司马睿称帝的意图，已为包括五行家在内的世人所知。

王导是司马睿的大脑，王导设计"翼戴之计"，自然也符合司马睿的心愿。永嘉之乱后，有人从长安来到建邺，司马睿向他打听洛阳方面的消息，听到那些悲惨的情形，忍不住潸然泪下。司马睿的世子司马绍其时尚年幼，坐在司马睿的膝头上，问父亲为什么要哭。司马睿便把当初晋室残破，他如何接受王导建议，南渡长江，镇守建邺的经历，以及此后苦心经营江南，以图复兴晋室的情况，全都一五一十地告诉了司马绍。由此可见，司马睿虽以江南为本，但绝非"无意中原"，其最终目标正是恢复中原，统一南北，为天下主。

禁脔

司马睿既有意中原，那他为何又迟迟不兴师北伐？有人分析，司马睿是害怕北伐会带来诸多变数，从而使自己追求皇位的努力成为梦幻泡影，因此他才选择了立足江东以待时变，也就是一边保存实力，一边坐待晋朝政权覆亡。

此说难以自圆之处在于，永嘉之乱前，或许还可以解释为司马睿、王导是有意蓄势待机，可是永嘉之乱后，晋朝政权实已覆亡，行台也都分别建置起来，此时不争，更待何时？况且，在当时的条件下，晋室再衰微，晋帝再无能，也还是一面维系人心的旗帜，没有这面旗帜，中原局面更加难以收拾，这也是东海王越等人不敢直接攘取帝位的原因所在。就江东方面来说，只有让中央政权尽可能扛起抗击胡族的责任，才能减轻东南压力，否则北方胡族就将乘虚而入，直扑江南，届时司马睿连半壁江山都保不住，又谈何问鼎九五之尊？以司马睿、王导之智，如果本来能够挽救晋朝政权，却不管不顾，任由其覆亡，结果搬起石头砸了自己的脚，这种糊涂事，他们绝不会做。

北伐当然会有变数，但收益也大。成功了，司马睿就是驱逐胡族，收复旧疆的海内第一人，没有哪个宗王的权势和声望可与之相比，他既可以借此直接登基，也可以像东海王越等人那样，掌握朝中权柄。退一步来说，就算北伐不能达到收复旧疆的目的，也能在阻遏胡骑南下的同时，显示江南政权与中原之间的内在联系，证明其合法性，同时将北伐作为维系江南人心的旗帜和精神资源，从内部进行整合巩固。

这些道理，司马睿、王导岂能不知？之所以迟迟不行动，说到底，不是不愿，而是不能，即江南的形势和条件还不允许他们大规模兴师北伐。

温峤是北方名将刘琨的使节，他奉刘琨之命南下，结果过江后对时局表示出极大的担忧。无独有偶，北方士人桓彝能文善武，南渡后本欲有所作为，但踏上江南土地后立刻变得灰心丧气，对睿府幕僚周𫖮说："我因为中州动荡不安，才想来此寻个安身立命之地，一展宏图，没想到却是这样一种状况，怎么办才好呢？"

温峤、桓彝看到了什么？温峤亲眼看见，江南政权连法纪都还没有制定完善，社会秩序很不稳定。桓彝发现司马睿势力寡弱，与之前的期望和预想大相径庭，整个就是一副难以成就大业的模样。

温峤、桓彝观察的情况都是事实，但其实这些真实存在的问题，又都相互关联。拿法纪不严来说，不是司马睿君臣不想整顿，而是他们实力有限，为大局着想，只能慢慢来，甚至委曲求全。比如在处理山遐案时，王导明知山遐做得对，也不得不免其职务，而涉案的江东豪族既然得不到应有惩处，类似的问题就会越积越多，反过来影响和动摇江南社会的稳定。

需要指出的是，温峤、桓彝过江，已是司马睿在江南立国前后的事，距其南渡已过去十年之久，若把时间再往前推，局面只会更糟。由此可知，江南一直存在内部不稳、社会整合度不够的问题，如果司马睿要倾南国之师北上，这是一个很大的后顾之忧。

自八王之乱起，南方虽得偏安，没有遭受过中原地区那样大规模的战乱，但也受到了不小的影响和冲击。司马睿初到江南时，这一带已是一片萧条，由于财政空荒，物资匮乏，司马睿君臣一度窘迫到连肉都吃不起。古人以羊肉为肉之上品，他们连想都不敢想，偶尔弄来一头小猪，便视之为佳肴。

杀猪后，总算可以吃回肉了。"胾"在古语中是小块肉的意思，猪脖子上的"胾"被大家认为最好吃，于是在吃肉时，王导等人都不敢先尝那片"胾"，一定要把它献给司马睿。这就是"禁胾"一词的由来。

在度过最难熬的一段时间后，司马睿政权终于得到江东吴姓集团的支持和拥护，初步站住了脚跟，王导也开始着手发展农业，振兴经济。不过经济想要起飞，不可能一蹴而就，势必还得经历一个比较长的过程。另外，相对于战乱之前的北方，南方能够提供赋役的自耕农较少，百姓除汉人外，少数民族又占有很大比例，他们本来按规定也应向政府输纳布帛，可是其输纳却并不稳定，时有时无。由于当时的江左政权尚未能够建立起有效的行政机构，以用于督课农桑和征收赋税，所以政府对此也缺乏良策，如此一来，自然就弄不到多少钱粮布帛了。

三军未动，粮草先行，北伐是要打仗的，而且打的都是大仗。既然是打大仗，就需要用到许多钱粮布帛，这些都必须仅仅套着个盟主虚名的司马睿自己筹集，从府库中支出，但建邺府库空虚，军帑根本就不够用。

王 澄

再宏伟的理想，也不能不受限于现实条件。司马睿、王导要想北伐恢复中原，势必要以江南的稳定、富庶为前提，打牢江东政权的基础，加强社会的整合，否则一切都无从谈起。这还只是一方面，另一方面，司马睿虽兼督南方军事，又有盟主之名，但当时派系林立，如华轶等南方将领，倚仗自己手握重兵，割据一方，并不把司马睿放在眼里，也不听从他的号令。这些异己力量，成为司马睿巩固江东政权的障碍，他不得不先腾出手来予以剪除，其力量也因此受到很大牵制。

南方各州内部都不同程度地存在着社会稳定问题，而由于地方官吏治理不善等原因，荆、湘在这方面比司马睿直辖的扬州（包括江南江北）更甚。

荆州刺史是王衍的弟弟王澄。王澄自幼聪慧，勇力过人，而且像王衍一样，是个玄学高手，众人聚会谈玄，凡王澄所提题目，连王衍都不再多言。生活中的王澄更是尽显名士风流，他效仿竹林七贤，不拘礼俗，举止放诞，甚至裸露全身来标新立异，王衍对之非常欣赏，赞为"落落穆穆"（意谓落落大方，洒脱端庄）。

在王澄那一代王家子弟中，王澄的声望最高，堪称王家的希望之星。王衍对王澄、王敦均很看重，但最看好的还是王澄，他在品评天下人物时，直接认定王澄可居第一（王敦第三），进行"三窟"规划时，又把战略地位和价值都非常重要的荆州交到王澄的手中，以此作为家族的一条重要退路。

王澄很早就出任要职，受命调任荆州刺史后，更是志得意满。朝中要员前往送行，他还沉浸在自己的风流世界里不能自拔，居然抛下众人，独自上树掏取鹊巢，且神色自若，旁若无人。

　　然而扮名士与办实事毕竟是有距离的，封疆大吏这个位置尤其需要具备独当一面的能力，与在朝中做一天和尚撞一天钟，甚至不撞钟迥然不同，但王澄却依然故我，到任后整日纵酒博弈，不亲自处理政务，哪怕是敌军来犯这样的急务，他都不当一回事。如此态度，自然也就无法像司马睿、王导经营江南那样，在荆州打造出一个新的局面。

　　后来洛阳濒危，东海王越、王衍急召王澄等人北援，王澄倒是应声而动，但还没等与胡骑交手，就被流民军吓回了荆州。至此，王衍对王澄的鉴赏和安排，已被证明是完全看走了眼。

　　王澄此人言过其实，可谓要认真不认真，要本事没本事，他所竭力效仿的竹林七贤虽以放浪形骸闻名于世，但人家是别有怀抱，王澄则是学其形而无其神，到了真要他放点大招出来的时候，才发现居然啥都拿不出来——身处乱世，精通实务比一味玄谈更重要，这一点王衍在临死前其实已经顿悟，只是太晚了。

　　尽管如此，依仗既往的名气以及与王衍的亲兄弟关系，王澄还是得以暂时保住了乌纱。他与王敦差不多同时至镇，王敦在青州刺史任上未闻大过，隔年即被召回，而王衍至镇虽无所作为，却始终未被更换。

　　随着东海王越病亡，王衍又被石勒杀害，时局一天比一天混乱和严峻，王澄的日子就不好混了。

　　永嘉之乱前后，巴蜀发生动乱，许多巴蜀百姓被迫东迁至荆、湘地区，成为巴蜀流民，其中一些巴蜀流民与土著相争，他们认为当地县令偏袒土著，一怒之下便杀了县令，屯聚起义。

　　流民起义爆发后，王澄派兵征讨。见官军势大，流民选择了主动请降。这种情况下，王澄本应趁势化解，像王导那样妥善处理好流民与土著的关系，但他却假意受降，用欺骗手法对已失去戒备的义军实施突袭，并将俘虏的八千多人尽沉于江中，可谓凶残至极。

　　流民军闻讯群情激愤，于是重又举起反旗。这时有人向湘州刺史荀眺报告，夸大其辞地说荆、湘的巴蜀流民都想要造反。荀眺的昏庸程度不亚于王澄，他不仅信以为真，而且决定将流民全部杀光。消息传出，流民极为惊恐，于是四五万户流民推杜弢为首，真的全都扯起了义旗，这就是历史上的"杜弢起义"。

杜弢义军声势浩大，他们首先攻占长沙，生擒荀眺，继而又南破零陵，东侵武昌，迅速占据了荆、湘两州的大部分地区，所过之处，官军皆不能敌。局势已经如此糟糕，王澄却仍不能警醒，照旧该喝喝，该玩玩，一样都不耽误，加上他对民众部属凶狠无情，导致上下离心，内外怨恨，人人都希望他早点滚蛋，甚至像荀眺那样被义军擒杀。

王澄表面的无忧无惧，其实是建立在一个错觉基础之上的，即他以为自己在荆州还拥有威望和实力，只要亲征杜弢，必能马到成功。殊不知，与初到荆州时相比，无论威望还是实力，这两样东西都已被王澄自己削减得差不多了。其后，王澄果真以一副傲然自得的模样，亲自将兵攻打杜弢，结果不打不知道，一打吓一跳，几仗下来，就没一仗能赢的。

王澄原形毕露，再也无法强装镇定了。在此之前，朝廷曾任命征南将军山简都督荆、湘、交、广四州诸军事，这时山简已死，他的部将王冲趁火打劫，跳出来自称荆州刺史，欲取王澄之位而自代。王澄四面楚歌，被打得立足无所，四处奔逸。

先南后北

荆、湘当政者的无能失策，使得战火迅速波及已被司马睿所据的江州。

除了需要确保江州外，司马睿政权也无法听任荆湘地区落入义军之手。如果要统一中原，南方政权北伐的路线，通常有东路江淮、西路巴蜀、中路荆州这三条可供选择，荆州北接中原门户，相比较之下，是条件不错的一个选项，因此诸葛亮在"隆中对"中称荆州为"用武之国"。即便从偏安江南的角度来看，荆、湘地处扬州上游，历来为江东之门户，偏安者所必争，当年刘备得到荆州，孙权如芒在背，晋朝大军顺江东下，终灭东吴，前鉴不远，大家对此都记忆犹新。

上述认识在睿府侍郎王鉴的上疏中，体现得淋漓尽致。王鉴指出，荆湘之乱足以动摇江东，而江东又是未来恢复中原的凭借和根本所在，江东不安，则今后举兵北上，"扫河汉而清天途"根本无从谈起。王鉴建议全力解决荆湘之乱，甚至劝司马睿亲征。

王鉴的上疏为司马睿完全接受，因为这些观点和建议，实际上是把司马睿、王导自渡江后一直在思考的统一路线明确化了，即先南后北，暂时将政策重心放在扬、江、荆、湘等南方各州的经营上，以全据江南作为首要目标，然后再北伐中原。

江州战火方歇，司马睿便派王敦组织人马，督军进击杜弢，他自己也做好准备，打算必要时亲征荆湘。孰料一波未平，一波又起，公元312年2月，石勒开始在葛陂修堰筑垒，打造舟船，消息传到南方，建邺为之震动。

自永嘉之乱以来，纵横中原的胡族中，以羯人石勒对晋军的威胁最大，中原的晋军精锐几乎都丧于其手。之前石勒临江而还后，即屯兵于葛陂，葛陂是一座方圆三十里的大湖，可连接淮河。石勒现在的举动，也就把他欲由葛陂渡淮入江，兴兵南下的战略意图，暴露得十分清楚了。

正如王鉴疏中所言，江南是司马睿集团事业的根本和未来北伐的保障，司马睿欲北伐中原，自然要首先在江南打好基础，而一旦北方胡族势力南下，司马睿政权压倒一切的任务，也同样是保卫江南。

要保江南，须守长江，守江必先守淮，而淮南之守，根本在于寿春，寿春若是落入敌手，建邺势难安枕，于是司马睿马上又调兵遣将，江东军的主力部队全部集中到寿春。考虑到观衅故事的主角之一，司马睿曾亲自造访并委其为军谘祭酒的纪瞻，能文能武，且熟悉水势，因此司马睿任命他为扬威将军，坐镇寿春，统领江东军对阵石勒。

就在南北两军剑拔弩张之际，因为一连下了三个月的大雨，石勒军的补给受到影响，士卒饥寒交迫，加上军中流行疾病，死者大半。在这种情况下，石勒听取汉人谋士张宾的建议，决定取消南下计划，撤军北上。

为了防止被江东军兜后追杀，石勒在亲自引兵从葛陂北撤的同时，另派其侄石虎带领两千骑兵开往寿春，对江东军进行监视。

石虎部大概在葛陂饿狠了，他们开到寿春城下后，见江东粮船正往寿春城里运送粮食，一时按捺不住，纷纷跳下战马，去船上抢夺粮食。胡骑最令人生畏的就是骑射，一离开战马，也就没那么厉害了。纪瞻得报，趁机出城攻击，结果大败石虎。

石虎残部狼狈逃回大营。纪瞻穷追一百余里，直抵石勒大营附近。石勒连忙率部出营，摆开阵势应战。纪瞻见状，并没有乘胜掩杀，而是率部撤回了寿春。

眼看着纪瞻撤兵，石勒依旧惊魂未定，反复确认周围已经没有危险，这才拔营北上。

陶　侃

江东终于得以化险为夷，但为何纪瞻在占有优势的情况下，没有抓住战机，进一步扩大战果？司马睿方面对外的解释是，"惧有伏兵"，因此"不敢进"。然而从石勒在此前后的举措来看，似乎并没有事先设置埋伏，石虎也不是诱兵，这些纪瞻是完全能看出来的，否则的话，他也不会追出百里之遥。

分析此时江南的局面，其实不难推测出，怕中埋伏而退兵，只是司马睿君臣用于搪塞外界舆论的一个借口。真正的原因，应该是荆湘地区战事正紧，司马睿手中能够掌握的资源有限，他需要在保卫江南的任务告一段落后，调过头来致力于平定荆湘。

于是，江东军的几乎所有机动可控兵力和重要将领，又都被重新调回荆、江一线。排兵布阵方面，主帅王敦进驻豫章，为各军之后援，征讨华轶时大放异彩的周访依旧参战，不过这次的前线主将已经换成了周访的姻亲，颇具传奇色彩的陶侃。

陶侃是土生土长的南方土著，先世无显赫仕宦。陶侃的父亲陶丹虽曾在孙吴政权官至扬武将军，但那仅属于杂号将军，且陶丹在陶侃年幼时就已去世，所以陶家门第寒微，社会地位尚处于次门士族之下，属于寒门士族。另外，陶侃也不是汉族。魏晋时南方有个叫盘瓠蛮的古族，盘瓠是上古传说中的神犬，盘瓠蛮以之为自己民族的图腾，始得其名，又因该族杂处五溪之内，故也称五溪蛮或溪族。据信陶侃就是溪族人，他从相貌到生活习惯，都跟汉人有所不同。

不管是寒门士族还是少数民族，在当时都意味着低人一等，何况二者兼而有之，背着这两个标签的陶侃，直到后来飞黄腾达，仍被视为土豪而非贵族，一不小心还会被骂为"溪狗"。

晋朝灭掉东吴后，江南人在中原人眼里成了"亡国之馀"，就连江东士族都受到排抑，像陶侃这样的人，处境自然更为艰难，也因此，陶侃成年后一度仕进无门，被隔绝于主流社会之外。

在陶侃所居的庐江郡浔阳县（今江西省九江市），他只能担任鱼梁吏。所谓鱼梁是当时的一种捕鱼设施，即以土石横截水流，留一缺口，让鱼游入竹篓一类器具之中。鱼梁吏听上去好像是管理鱼梁的小官，但这种吏又称散吏，实际是徭役的一种。

陶侃的幸运之处，是他拥有一位了不起的母亲。陶母湛氏很早就守寡，与儿子相依为命，家境异常窘迫，甚至达到了"酷贫"的程度，但湛氏性格坚强，从不忘对陶侃严加管教。有一次，陶侃利用职务之便，让人将一罐子腌制的鱼送给母亲。母亲收到开启后，又把罐子重新封好，交还给来人，同时写了封信责备陶侃说，你既为小吏，就不应该把官家的东西拿回来送给我，你这么做，非但不会让我高兴，反而还增加了我的忧虑。

为了使儿子能够出人头地，湛氏用纺织赚取收入，资助儿子结交朋友，以此积累人脉资源。正是通过交友这一途径，陶侃认识了同乡周访，两人成为挚友，周访将女儿嫁给陶侃的儿子陶瞻，与陶侃结成了儿女亲家。

周访同样出身寒族（跃升为江东士族是后来的事），但他的情况比陶侃好点，当时已经担任浔阳县功曹。功曹为县令僚佐之首，在县令面前很有话语权。在周访的引荐下，陶侃当上了县主簿，这才开始摆脱充当贱役的地位。

县主簿仍是吏，要出吏入官，就必须有人举荐。浔阳靠近鄱阳郡，鄱阳有个叫范逵的孝廉，范家距陶家不远。某日范逵途经陶家时，便顺道拜访了陶侃。范逵不仅是地方名士，而且交际广泛，陶侃深知这一点，所以他热情地接待了范逵。

陶侃想邀请范逵晚上留宿，以便借此博取范逵的好感，进而获得推荐。可是这次范逵是突然来访，事先并没有给陶侃打招呼，而且范逵此行还不止他一个人，带了很多随从和马匹，陶侃对此一点准备都没有。最主要的是陶侃虽然已经当上县主簿，但因坚持廉洁奉公，家里仍然一贫如洗，兼之连日冰雪，交通不便，所以仓促间连招待客人的食物都拿不出来。

正当陶侃踌躇不决，犹豫还要不要留宿范逵时，母亲湛氏让他不要放弃，接着便做出了一个惊人的举动。

古代汉族女子的主要发式，是将头发归拢在一起，高高地盘在头顶或脑后，称为高髻。当时一些头发短的人，为了使自己显得更时尚，不得不加上假发来梳理发髻，或者干脆直接用假发制成发髻，然后再戴到头上。

随着假髻的盛行，出卖头发也就有了市场。湛氏有着一头长长的秀发，拆开高髻后，可以一直拖到地上。为了儿子的前途，她忍痛将秀发剪下，做成两段假发，卖给邻居，从而换来了几斛米和酒肴。

有了吃的，陶侃动手砍下家中的几根屋柱，全都劈开来当柴烧，又将坐卧用的草垫铡碎，作为范逵马匹的马料。到了傍晚时分，一桌饭菜就这样准备好了。

不仅范逵，他的随从和马匹也都受到了意想不到的款待。席间，陶侃频频向范逵敬酒，二人相谈甚欢。次日早晨，范逵告辞而去，陶侃又一路相送，这一送，竟送了将近百里。

范逵很欣赏陶侃的才干和口才，同时也感动于他对自己的深情厚谊。得知陶侃有意到郡中任职，范逵回去后就向庐江郡的太守张夔推荐了陶侃。陶侃因此被张夔召为郡督邮，兼任枞阳县令，完成了进入仕途的第一步。

织梭化龙

陶侃在督邮任上尽职尽责，对任用自己的长官张夔也十分敬重，总是利用一切机会，倾心报答其知遇之恩。张夔认可了陶侃，不久将他举为孝廉。

凭借孝廉的身份，陶侃来到京洛寻求机会。在洛阳，陶侃拜访了朝廷重臣张华，张华很欣赏他，通过张华的举荐，陶侃开始跻身于京城官场。

然而，寒族出身，南士背景，加上不同于汉人的相貌，使得陶侃依然被洛阳的达官贵人所轻视，他也根本挤不进显要官位。在碌碌无为多年后，受江东士族纷纷南返家乡潮流的影响，陶侃终于离开洛阳，南下荆州。

陶侃来到荆州后，经京中朋友推荐，得补武冈县令，但因和上司产生嫌隙，旋即弃官回家，并在郡里当上了小中正。

晋朝在选官方面，虽然没有完全废除前朝的察举制（举孝廉即为察举制的重要形式），但还是以 "九品中正制"为主。九品中正制又叫九品官人法，它按九个等级来品评和选拔人才，负责官员称为中正官，州一级的为大中正，郡县级的为小中正。小中正一职，让陶侃获得了不少人脉资源，也积累起了一定的名望，然而令人郁闷的是，陶侃可以选人，他却不能被选，九品中正制这一制度，恰恰成了陶侃在仕途上的拦路虎。

九品中正制中的人物品评，主要有三项标准，即家世、道德、才能。最初，魏晋时期的大批名士也的确是被如此选评而征辟的，但是没过多久，该制度的弊病便开始展露无遗。原因是门阀士族（指世代为官的高门士族）在操持政权的同时，几乎完全掌握了人才选拔的过程，他们为了保证自己的家族优势能长久持续下去，制造各种门槛以阻碍次门士族、寒门士族、庶族、平民入仕或上升，三项标准到后来也差不多只剩下了家世，即"籍贯和门第"一项。

"上品无寒门，下品无势族（即门阀）"，成为晋朝的普遍社会现象，世族子弟凭借自己的父、祖余荫即可身居要津，而寒门庶族子弟即便德才兼备，亦仕出无门。陶侃作为小中正，有在郡内议定品级之权，但他自身却因出身寒微，始终无法进入"上品"，自然也就不能如愿得到升迁。

从接受母亲耳提面命的教诲开始，陶侃便为实现自己的人生理想顽强奋斗，苦心经营，到他当武冈县令时，已经四十多岁了，但依然前途渺茫，看起来似乎担任县令之类的小官，就已经是他的天花板了。这一时期陶侃的心情如何，可想而知。

民间流传着很多陶侃的传奇故事。有人说，陶侃年少时捕鱼，曾在网中得到一枚织布用的梭子，回家后他把梭子挂在墙上，不料一会儿电闪雷鸣，大雨倾盆，梭子竟然化成一条龙，破墙而出，飞入云霄。南朝的一本书中也有类似记载，不过是说陶侃在钓矶山的山脚下垂钓时，无意中"钓"到了一枚织梭，随后出现的奇景则是一样的，织梭在雷雨中变成一条赤色飞龙，腾空而去。书中还指出，钓矶山的山石上至今仍留有陶侃曾经站立过的痕迹（即今江西省都昌县的钓矶山及著名景点"陶侯钓矶"）。

在中国古代文化中，"龙"通常象征着权力、尊贵和吉祥，"织梭化龙"俨然预示着陶侃将拥有非凡的成就，就像那枚普通的梭子一样，终将蜕变为龙，腾飞于九天之上。可是，命运总是那么令人难以捉摸，很多事情都是常人无法预料和控制的，譬如陶侃起先并没有特意去寻找这枚梭子，更未预见到它会化龙腾飞。

一切倚仗天意，陶侃只能静候时机，等待风云变幻、电闪雷鸣、大雨倾盆的那一刻到来。

捷 径

晋末动荡不安的局势和战乱，对整个社会而言，无疑是场大灾难，但却给入仕和上升欲望强烈的寒门子弟带来了希望。

一般情况下，世族子弟凭借出身就可参与政治，甚至位至公卿，所以轻易都不肯当兵入伍，由此也就等于把通过这一渠道进入政权的机会，留给了寒门子弟。

陶侃正是这样开始了自己的军旅生涯。其时受八王之乱的波及，江南正发生张昌领导的流民起义，荆州刺史刘弘奉命前去镇压，他早就听闻陶侃的名声和能力，便召陶侃为南蛮长史，派他为先锋进攻张昌。

陶侃欣然受命，率部前驱。上了战场后的陶侃有勇有谋，在刘弘自己都为张昌所败的情况下，他力挽狂澜，连战皆捷，终于击溃张昌军，将起义镇压下去。

刘弘年轻时曾担任名将羊祜的参军，得到羊祜的赏识。羊祜在晋朝与东吴对峙时期，镇守荆州近二十年之久，为晋朝灭吴立下大功，他生前期许刘弘，认为刘弘一定能继承他的功业。如今刘弘年纪大了，败给张昌，让他颇有力不从心之感。随着陶侃这个难得将才的出现，老将军眼前一亮，他希望陶侃今后可以大有作为，就像他当年继羊祜功业一样，也成为他的事业继承人，"今相观察，必继老夫矣！"

镇压张昌起义后，陶侃又在陈敏之乱中击退了陈敏军对荆州的进攻。这两次战绩，一举奠定了陶侃在荆州地区的军事地位，他被任命为江夏太守，加封鹰扬将军，由此依靠军功，为自己开辟出了一条仕进升迁的捷径。

不久，刘弘病故，陶侃亦因母亲去世归家服丧。期满复出后，陶侃与东海王越拉上了关系，东海王越以他为参军，督护江州诸军事。有了这层关系，再加上陶侃的声望已经很高，时任江州刺史的华轶便表陶侃为扬武将军，率兵三千，屯于夏口。

华轶不服司马睿的那段时间，陶侃的侄子、在华轶手下任参军的陶臻，认为华轶才能有限，又一意孤行，这样下去迟早会倒霉，便借口有病，回到了陶侃身边。

陶侃一向主张"资于事父以事君"，也就是要以父母之礼来侍奉上司，他觉得陶臻背弃华轶，有违忠义，因此十分生气，于是将陶臻送归华轶处。

没想到陶臻也是个有自己主意的人，他干脆逃离江州，跑到建邺，直接投奔了司马睿。司马睿非常高兴，不但任命陶臻为参军，还加陶侃为奋威将军。

如此一来，在华轶和司马睿之间，陶侃也只好被迫站队了。思前想后，他采取了和华轶断绝来往，但在轶、睿矛盾中保持中立的做法，既不替华轶对抗司马睿，也不帮司马睿讨伐华轶。

陶侃此举，实际上就是站到了司马睿一边，这使得华轶元气大伤。华轶兵败被杀，陶侃在关键时刻的背弃，不能不说也是因素之一。

魏晋时期的风气，士族官僚行事多以家族门第利益为归依，极端一点的，王衍值国破之际，还设计"三窟"，以保家族为先。陶侃的做法，毕竟不涉及家国矛盾，而仅是保家还是保原来君主的问题，他最终选了保家，在当时的情况下亦属情有可原。再者，陶侃就算转投了司马睿，也未趁机对华轶反戈一击并以此邀功（虽然他可以轻而易举地做到这一点），所以对于陶侃背弃华轶的行为，当时的人无所指斥，史家也未加以诟病。

讨轶之战结束后，陶侃被司马睿晋升为武昌太守。陶侃在荆州军政界拥有很高声望，他又从荆州起家，熟悉州内的地理人情，故而等到镇压杜弢起义时，司马睿便又任命陶侃为前线主将，他的姻亲，已靠军功升为大将的周访，以及另一员战将赵诱，都在其帐下听令，统一受陶侃指挥。

陶侃出征，果然不同凡响，他以周访、赵诱二将为前锋，以侄子陶舆为左翼，对杜弢发起进攻，一下子就击败了杜弢，使得荆州战局为之一变。

虽然司马睿派来荆州的江东军打了胜仗，但身为荆州刺史的王澄此时早已失势，且名誉扫地，在荆州委实待不下去了。司马睿也看到了王澄的这一窘境，虽然司马睿和琅邪王氏家族有多年的交情，但具体到个人，司马睿与王澄的关系谈不上亲密，如果王澄下来，换上司马睿自己的亲信，自然更容易控制荆、湘。再者，司马睿觉得王澄终为名士，对江南政权而言，仍有可用之处，于是便写信给王澄，邀他前来建邺，入幕担任军谘祭酒，王澄的原有职位，则由司马睿另派他人替代。

军谘祭酒是司马睿幕府中最高级别幕僚，同时也是司马睿用于安置名士、树结腹心的最重要职位，纪瞻等人都身任此职。王澄正在仓皇无计之际，接到司马睿的邀请，顿时喜出望外，如遇救星，当即答应前往。

不归之旅

王澄前往建邺，路上要经过豫章，得知王敦为讨伐杜弢，正坐镇于此，王澄便顺道登门拜访。

王澄在族内自高自大惯了，尽管已经落魄，但当着王敦的面，仍然放不下架子，见面后，依旧一副张狂傲慢的样子，颐指气使之下，很不把王敦当一回事。

虽然王敦、王澄都是琅邪王氏子弟，但他们之间的关系不同于王敦、王导，二人一向并不亲近，王澄一直压着王敦一头，更令王敦对其心存忌惮。站在王敦的角度，如果王澄还是像从前那样风光，就算王敦心里有再多不满，也只好硬憋着，哪怕憋出内伤。关键是现在角色已经互换，王澄一落千丈，而王敦则成了司马睿的红人、平定荆湘的三军统帅，这种情况下，王澄居然还敢出言不逊，这口气，如何忍得？

王敦此人心很硬，说得难听点，就是比较狠毒。当初，晋武帝的舅舅王恺与富豪石崇斗富，干了很多没人性的事。王恺在家中大摆酒席，王敦、王导受邀赴宴，席间有个艺妓吹竹笛，只是稍稍走调，王恺就将其殴打致死。包括王导在内，满座宾客均为之坐立不安，唯独王敦神色如故，好像根本没看见一样。

石崇斗富时也搞王恺那一套，且变本加厉，他设宴时常令美人行酒，如果客人不把杯中酒全部喝光，就立即斩杀美人。有一次，王敦、王导造访石崇，席间美人前来行酒，王导平常不怎么喝酒，但由于担心美人因此被残杀，只得勉强一饮而尽，直至大醉。

王敦不是这样，酒送到面前的时候，他故意不拿酒杯，全然不顾行酒的美人有多么悲伤恐惧。由于王敦坚持不肯喝酒，石崇一连斩杀了三个美人，然而王敦依旧面不改色，滴酒不沾。

回家后，王导忍不住责备王敦，王敦却说："他（石崇）杀自己家人，关你我何事？"王导和王敦的感情虽然很好，但他对王敦的做法完全不能接受，叹息着说："处仲（王敦字处仲）如果身当要职，而又心怀残忍，是不会有善终的！"

彼时的王敦当然不会认为自己将死无善终。在王澄拜访王敦时，王敦身居要职，内心却依旧冷血无情，感到自己被王澄羞辱，顿时生了杀机。

王敦邀请王澄到他府上过夜，准备乘两人同床共眠时动手。奈何王澄随从二十个武士，这二十个武士都是武艺超群，并且可以不顾自身安危舍命护主的亡命之徒，他们每人手中拿一把铁马鞭，外人轻易近身不得。王澄自己也有着过人的勇悍和力气，他有一个玉枕，晚上拿来睡觉，但实际还是用于防身的利器。在这种情况下，王敦即便人多势众，一时之间，亦难以找到合适的机会。

王敦不甘心就此放过王澄。次日夜里，他请王澄喝酒，同时赐给王澄的左右酒席，其间命人一个劲儿地劝酒，直至把那些武士全都灌趴下为止。

接着，王敦又对王澄说："你的玉枕好漂亮，能拿给我看看吗？"王澄从荆州出发时，自然不会想到，此行会成为不归之旅，而且把他送上断头台的，还不是如杜弢辈战场上的敌人，竟然是自己的同族兄弟，所以自始至终都缺乏足够的警惕，王敦说要观赏玉枕，他也就随手递了过去。

王敦一拿到玉枕，立马变脸，下床质问王澄道："你为何与杜弢通信，密谋反叛朝廷？"

王澄闻听此言，大惊失色，慌忙辩白自己根本不可能私通杜弢。还说若有人诬告自己，只要现场对证一下，"事情自然可以验明"。王敦却不容其分辩，兀自大喊道："王澄勾结杜弢，意图造反，应该杀了他！"

王澄顿时明白掉进了王敦所设陷阱，上前一把便揪住王敦的衣襟，骂道："禽兽不如的东西，你不得好死！"

王敦拼命挣脱，一使劲，把自己的衣带都给拉断了，这才得以逃脱。

王敦跑进内室，即向早已在那里待命的杀手路戎下达了格杀令。路戎一听，立刻朝王澄扑过去，路戎是大力士，已经手无寸铁的王澄再勇武，也不是他的对手，最后竟活活被路戎用绳子勒毙。王澄在临死前，爬上房梁，大骂王敦："你做事如此歹毒，一定会有报应的！"

王澄就这样死了。从王敦方面来说，即便撇开同门家族兄弟之情不提，就说王澄乃司马睿刚刚任命的军谘祭酒，他居然敢于擅自杀害，这也是坏了规矩，但司马睿正倚重王敦，王澄既死，事情也就只能不了了之了。

四 谏

王敦、王导，一武一文，皆为司马睿所倚恃的头号重臣，但无论度量胸怀、才略远见，还是对于司马睿的忠诚，王敦都远不及比他小整整十岁的王导。

王导始终把追随司马睿，励精图治，共谋大事放在首位。司马睿初镇建邺时，吴人根本不把他当回事，以致一个多月都无人主动前来拜见，这曾让司马睿感到颇为尴尬和失望。魏晋名士多好酒，司马睿亦被此习气所染，加上心情郁闷，一度整天在府中借酒浇愁，需要他处理的事务也都被废弃于一旁。

看到司马睿以酒废事，王导在百般设法联络吴人的同时，屡次当着司马睿的面，流着眼泪劝其戒酒。在他的竭力劝导下，司马睿终于承认错误，同意戒酒，并且说到做到，在命人斟上最后一杯酒并一饮而尽后，便自己把酒杯翻过来，往桌上一扣，从此滴酒不沾，一心理政。

王导辅佐司马睿，在各个方面都做到了尽心尽责，毫无保留。司马睿有王导作辅，可谓如鱼得水，他也越发器重王导，两人之间的感情一天比一天深厚。有一次，趁着闲暇，司马睿很真诚地对王导说："你就是我的萧何呀！"

听了司马睿的亲口赞扬后，王导不仅没有沾沾自喜，相反，他还担心司马睿会不会因为满足于身边有自己辅佐，而忽视了礼聘更多人才。于是，他从容答道："大王（琅邪王）正建不世功勋，准备如同齐桓王那样，九合诸侯，一匡天下，做这样的大事业，自然会有管仲、乐毅那样的贤相、猛将前来投奔。我这样普通的王国臣僚，岂能与萧何相比拟呢？希望大王深谋远虑，广择贤能。"王导向司马睿提出了明确建议。

哪些是贤能之人，也即司马睿所需要的贤才？王导具体点了四个人的名字，即顾荣、贺循、纪瞻、周顗。他劝司马睿一定要对他们礼敬优待有加。

顾荣、贺循、纪瞻皆为王导在观衅时期就向司马睿推荐的江东名士，在得到王导推荐之前，他们都还只能算是布衣，但此时皆为睿府重臣。周顗则是一个军谘祭酒身份的南渡北士，当然也已属重臣之列。

对于身任睿府司马的王导而言，四人既是他的同事，亦可以称作其仕途上的竞争对手，然而王导不以为意，主动向司马睿鼎力荐举，其广揽贤才的气度实在值得敬佩，足以让古往今来那些嫉贤妒能的权臣汗颜。

司马睿把王导比作萧何，实际上是把自己放在了刘邦的角色之上，王导便又借此机会，对历史和现实作了一番深刻的剖析。

先讲历史。刘邦斩蛇起义，为什么能够成功？是因为秦朝无道，受到天下百姓的厌恶，当时的恶棍们又乘机欺凌盘剥百姓，使得百姓怨声载道。这个时候刘邦应时而出，举起反秦大旗，并以他的仁德令天下百姓受到感召，人们群起响应，刘邦起义遂大功告成。

再论现实。王导亲身经历了太康盛世到永嘉之乱的大转折，在他看来，永嘉之乱的祸根，其实就藏在从曹魏立朝到太康之朝的那一阶段。正是在那个看似繁盛的阶段，上至王公，下至士人，人人都不遵法度，一味贪图沉溺享乐，奢侈挥霍，比豪斗富，俨成风气。

王导曾在王恺、石崇家中做客，亲眼看见这些人如何胡作非为，乃至草菅人命，想来当时的王导，在不得不逢场作戏的同时，对此是相当不以为然的。他向司马睿进一步指出，这种法治和道德的大衰退，使得奸佞之人有机可乘，所以才会出现如今这样的世道。

说到此处，王导话锋一转，强调否极泰来，乃是历史规律，只要司马睿像刘邦那样，抛弃暴政乱政，对百姓施以仁德，就能由乱到治；实施"无为政治"，与民休息，同时对自己和僚吏严格要求，则天下可定，大事可成。

王导对司马睿的这些劝导，被他归纳为给司马睿的四条重要建议，"谦以接士，俭以足用，以清静为政，抚绥新旧"。可称之为王氏"四谏"。

司马睿全部予以接受，并将"四谏"作为江东政权的施政方针，即以谦逊的态度对待士人，以节俭的方法保证日常开销，以清静无为的理念处理政务，以统筹兼顾的原则安抚南北之人。

公元 312 年，司马睿授王导以实职，任命他为丹杨郡太守，同时加封辅国将军。

辅国将军虽只是杂号将军，然而已位居三品之列。王导对此感到不安，他立即上疏，指出昔日曹操谋臣荀彧，在曹魏政权中功居首位，只被曹操封为万岁亭侯，甚至曹操赠给自己最喜欢的小儿子曹冲的号，也仅是别部司马。对比曹操的做法，王导认为给他加封的将军号过高，容易引起僚吏们的攀比，从而造成司马睿集团内部鱼龙混杂的局面。他以大局为重，请求司马睿收回将军号。

司马睿非常感动，同意了王导的请求，转拜他为五品的宁远将军，不久，还是觉得无法表达自己对王导的器重和礼遇，便又加封四品的振威将军，这才作罢。

第三章 中流击楫

公元313年2月，匈奴汉国皇帝刘聪杀害了晋怀帝。

怀帝自被掳于平阳后，遭到百般凌辱。刘聪曾强迫他身着下人的衣服，在酒宴上专司加酒劝酒之职，所谓"青衣行酒"，但即便这样，刘聪也没打算给他留一条生路。

怀帝死时只有三十岁，他并非惠帝那样的脑残昏君，登基后，勤于政事，颇思能有一番作为，奈何时乖命蹇，最后只能像那个动荡年代的多数中原士民一样，遭到历史车轮的无情碾压。

怀帝一死，其他幸存的晋室皇族成员便都有了继位的可能。在此之前，王浚于幽州建置行台，并立了"皇太子"，王浚实际是想自立为帝，这个"皇太子"只是他用以遮人耳目的一个幌子，外界连"皇太子"的名字都不知道，甚至究竟有没有这个人也搞不清楚，所以一直不予接受。

剩下就是荀藩等人建立的行台，他们把秦王司马邺作为储君。秦王邺乃晋武帝之孙，是当时唯一尚存的晋武帝直系后裔，论名分无人能及。不过司马邺行台的班子，主要由从洛阳逃出的王公大臣组成，缺乏足够自保的军事力量，对于今后究竟在哪里落脚，众人也意见不一。

众大臣里面，数豫州刺史阎鼎的兵最多。阎鼎虽然原先是东海王越的参军，但本人籍贯关西，当时长安方面已打退刘聪之子刘粲对长安及三辅地区发动的第二次进攻，获得了一轮难得的局部胜利，这使阎鼎动了返乡之念，主张将秦王邺送往长安。

以荀藩为首的行台大臣则多来自关东，内心不愿西去，这些大臣更想像当初东海王越、王衍那样，回到关东故地，然而迫于阎鼎的压力，他们又不得不屈从阎鼎的意见，同意奔往长安。

就在去长安的路上，荀藩等人开始动摇，他们陆陆续续离开了队伍，其中有的被阎鼎发现并被追杀，有的就此逃散，到最后，只有阎鼎一人裹挟着秦王邺进入长安，并拥戴其为皇太子。

当年4月，怀帝被杀的凶信传至长安，秦王邺登位，史称晋愍帝。

宣　诏

新都城、新朝廷可谓残破不堪，寒酸至极。全城百姓不满百户，公私马车合起来只有四辆，目之所及，房屋坍塌，荆棘成林。

由于朝中办公费用奇缺，官员们连官服和印章绶带都没有，只能把官衔写在桑木板上，记某某为某个部门的什么官，再凭此标志上朝。宫中也是如此，财物极为匮乏，正好此前汉帝陵被盗，万不得已，愍帝只得下令将陵墓中盗贼偷剩下的财物收拾起来，用以充实内府。

长安曾被刘粲攻破并遭到血洗，并遭遇了严重的自然灾害，物资补给甚为困难，在这种情况下，只有以漕运的方式，通过洛阳从东南各州获得必要的粮饷，才能使长安迅速恢复生机。以往关中与河洛之间，也一直维持着这种互为掎角、互相救济的关系，但现在洛阳已经陷落，东南粮道早就被切断。外部补给的不继，直接导致长安陷于饥馑残破之中不能自拔。

显然，要缓解长安眼下所面临的困境，就必须首先收复洛阳和打通东南粮道，然而在经历宁平之役、洛阳城破后，由朝廷直接掌握的晋军精锐早已损失殆尽，残余兵马的数量也严重不足——勉强凑起来的长安禁军不过才一旅之众（古代一旅一般为五百人），别说出兵，保卫长安都够呛。

仍然只能指望各地的方镇勤王。当初晋武帝大封同姓宗室为王，以郡建国，为的就是拱卫皇室。在八王之乱、永嘉之乱中，很多宗王死难，幸存者等于被洗了一把牌，现在公认最具实力的宗王，一为江南的琅邪王司马睿，一为关中的南阳王司马保。

愍帝决定对司马睿、司马保实行重封，他任命司马睿为左丞相、大都督，司马保为右丞相、大都督。西周时曾有周公、召公"分陕而治，挟辅天子"的故事，愍帝借用此历史典故，让司马睿负责都督陕西诸军事，司马保负责都督陕东诸军事。

除了司马睿、司马保这"南北二马"，在太行山的两侧地区，幽州刺史王浚、并州刺史刘琨分别占据幽、并二州，各拥兵数万，也都具备一定的实力。愍帝由此制订出一个大举反攻，收复中原，以兴复王室的计划，他下诏命令王浚、刘琨率兵"三十万"，直捣平阳；司马睿率"秦、凉、梁、雍四州劲旅三十万"，径发长安；司马保率"直属精兵二十万"，直指洛阳；司马睿、司马保分别派遣前锋，作为幽、并军的后继力量，先行出兵反攻。

愍帝不是现在才惦记司马睿，早在行台时期，即由荀藩等人出面，以发布檄文的形式，推举司马睿为盟主，让其主持勤王。距离上次发布檄文有一段时间了，咋还没动静呢？愍帝因此又特地给司马睿单独下诏，说他认为司马睿应该已率江东军到达洛阳附近，又把前诏中的"秦、凉、梁、雍四州劲旅"拿出来，称凉州、梁州刺史均已出兵，秦、雍两州亦已整兵待戈，只是现在都还不知道司马睿北伐之师的具体推进地点，故而尚未大举进兵。

愍帝要求司马睿明确告知其北上到达具体的位置，之后，便派刘蜀等为使者，南下向司马睿传诏。

自然，司马睿的江东军不仅没有抵达洛阳，而且根本就没动身北上，刘蜀等人只能直接奔往建康（即建邺，为避愍帝邺之讳，改名建康）。

由于到处兵荒马乱，交通断绝，愍帝5月下诏，至8月，刘蜀等人才风尘仆仆地抵达目的地。一到建康，他们立即向司马睿宣诏，并催促对方火速出师北上。

让使者们感到失望的是，司马睿虽接受了左丞相之封（睿府之前称镇东大将军府，之后则称左丞相府），但却以"方平定江东，未暇北顾"为由，明确表示自己暂时无法北上。

对于司马睿为何在此时拒绝出师北上，王夫之的分析是，愍帝"非诸王之所共戴"，"名不足以相统，义不足以相长"，意谓愍帝即位不够名正言顺，司马睿不服气，所以不愿给北方朝廷以实质性的援助。

问题在于，愍帝除了自身缺乏军事实力外，可以说比其他任何一位现存宗王都更具备即位的资格。就拿他和司马睿来比较，愍帝是武帝的孙子，而司马睿只是司马懿的曾孙，两人与晋室哪个亲，哪个疏，自是一目了然。

司马睿自己对于愍帝的天子地位，也是认可的，这一点，从他虽未听命出兵，但仍然奉诏受封就可以看出来。

既然愍帝所谓"名不足以相统"一说不能成立，有人便从另一个角度进行推断。假设司马睿迫切希望称帝，这样一来，愍帝的存在，就成了司马睿立国的重大障碍。如果愍帝能够进一步扫清中原，兴复晋室，则意味着司马睿称帝的希望完全化为泡影。这个结果非其所愿，故而才会拒绝出兵。

如本书前文所述，司马睿确有"为天下主"之志，但需要引起注意的是，无论司马睿自己，还是辅佐他的王导等人，对此采取的都是观察时势，循序渐进，顺其自然，步步为营的策略，先南后北的统一路线也正是由此生发。这与推论的前提，即司马睿对于登基称帝已经迫不及待，是不相吻合的。反过来说，如果司马睿的个人野心和欲望真的这么强烈，他可能早在八王之乱中就被人杀了，根本活不到南渡建立江南政权的一天。

应该这样看，司马睿不会坐视愍帝和北方朝廷灭亡，以此换取自己政治志向的实现，因为前者完蛋，并不意味着他司马睿就一定能"为天下主"，不唯如此，随着北方完全成为胡骑的天下，胡骑在实力大增之后必然会举兵南下，届时司马睿恐怕连江南之主都未必可以保全。

事实上，司马睿所说的"方平定江东，未暇北顾"并非托词，而是当时江南的实际情况。

最大的威胁还是来自杜弢。杜弢的流民军虽为陶侃所败，然而其流动游击的特点，很难一次性击溃。等到缓过劲来，杜弢便又率部在荆湘地区四处活动。

这一次，杜弢学乖了，不再集中兵力主动寻战陶侃。如此一来，陶侃要想再找到合适的歼敌机会，也比较困难，他所率领的江东军当然也不敢就此撤出荆州，于是上上下下都被搞得疲于奔命，欲罢不能。

就在刘蜀等人抵达建康前后，荆湘动乱不仅未平，流民军甚至变得比以往更加活跃，杜弢已率部直逼扬州，江南一隅随时有被攻破的危险。为扭转局面，司马睿任命军谘祭酒周顗接替被杀的王澄，出任荆州刺史，但周顗刚刚进入荆州境内，还没来得及部署，就在庐江郡的浔水被杜弢包围。

浔水城处于巨大的防守压力之中，城破人亡几乎就在旦夕之间。面对如此严峻的形势，司马睿难以倾师北伐。当然，他也可以两相兼顾，只抽出一部分兵力北上，但胡骑乃强悍无比的劲旅，江东军就算全力以赴都未必是其对手，兵力少了，不但不能济事，还可能有去无回，以全数溃灭告终。王澄等人之前的勤王遭遇，不啻前车之鉴。

江南人口有限，导致江东军兵力既少，兵员来源也非常困难，故而司马睿、王导对于战略目标之外的用兵一向都很谨慎。虽然愍帝在诏书中也提到，司马睿到北方后，将由他统领"秦、凉、梁、雍四州劲旅"，但后者其实与愍帝下令给各征镇的出兵数字一样，不是出于愍帝本人的一厢情愿，就是来自大臣们给天子的安慰之辞，总之都是文字游戏，纸上谈兵而已，根本指望不上。

闻鸡起舞

朝廷使者的到来，很快就在建康内外掀起了不小的波澜。

尽管司马睿本人已当面拒绝使者之请，不愿奉诏立即北伐，但其幕僚中却有人对此提出了不同意见。

时光回到八王之乱的前夜，洛阳城里有两个英气蓬勃的青年人，其中一个是如今的并州刺史、北方名将刘琨，另外一个是他的好朋友祖逖。

祖氏家族乃颇为显赫的幽州大族，家中代代为官。祖逖的父亲在他很小时就已去世，祖逖由几个兄长抚养长大，这些兄长也都在朝中任职，且均为饱学高雅之士。

少年时代的祖逖，堪称家族子弟里的异类。那个时代的贵族男子多注重修饰仪表，祖逖的兄长们都很讲究穿戴衣着，唯有祖逖个性率真，不拘小节，对此毫不在意，同时他对做官和做文章也缺乏兴趣，以至于直到十四五岁还不知道要用心读书，兄长们都为此感到担忧。

祖逖自幼性格豪爽，轻财重义，喜好武艺，善交朋友，且富有同情心，平时多有行侠仗义、扶危济困之举，每次他到自家田庄去，都会以兄长们的名义，拿出一些粮食布帛，散发给生活贫困的乡亲，对他们予以救济，因此深得乡中父老的赞誉。

正如琅邪王氏以孝悌为先一样，祖氏家风中本就有一股侠义之气，兄长们虽觉得祖逖顽劣，但对他的这些义举都很支持，族中宗亲知道后，也都对祖逖刮目相看。

家族读书齐家的基因和影响力毕竟是巨大的，祖逖长大后，逐渐认识到一个人要想有所作为，就必须拥有广博的知识，于是开始发愤读书。读书期间，无论春夏秋冬，从不松懈，当时社会上流行的一些书籍，如"三史"（《史记》《汉书》《三国志》）、"五经"（《诗经》《书经》《礼经》《易经》《春秋》），以及一些诸子百家的书，祖逖都加以披阅，加上不耻下问，虚心求教，使得他年纪轻轻，就在学识方面有了相当大的提升。

那时祖逖常到京洛交流学问。人们见他博览群书，通晓古今，都很佩服，认为祖逖已具备辅佐君王治理天下的政治才干，慢慢地，他在朝野就有了名气。

祖逖二十多岁时踏上仕途，入洛阳担任司州主簿。和祖逖一道任司州主簿的刘琨，亦为豪爽尚武之士，两个年轻人志同道合，意气相投，成为可以同睡一张床，共盖一条被的至交。

司州的治所设于洛阳，辖区就在洛阳周围，而主簿是参与机要的僚属，这使祖、刘二人对形势的发展变化非常敏感。彼时虽为太康盛世，但表面的繁荣已然掩盖不住日益加深的社会危机，祖逖由此产生出强烈的忧患意识，并预见到国中将有兵灾变起之日。公务之余，他和刘琨经常慷慨激昂地纵谈国家大事，有时夜深了还不能入睡，便双双披衣起坐，互相勉励对方：如果真到了四海鼎沸，天下大乱，豪杰并起的一天，你我应该各自在中原干出一番匡复社稷的事业！

都要干大事业，一旦撞车，怎么办？两兄弟也为此准备好了方案，那就是海阔天空，到时互相退让一步。

干大事业不是光靠嘴说，还得始于足下，做好准备才行，二人因此日日利用余暇舞剑习武，苦练本领。

某日半夜时分，祖逖突然听到野外传来"荒鸡"的鸣叫之声。正常的雄鸡，都是在天快要亮的时候才开始打鸣，"荒鸡"是三更前啼叫的鸡，旧时一般都认为这是"恶声"，也就是不祥的声音。

祖逖却觉得，半夜里鸡把他们叫醒，是在督促他们为事业更加努力奋发。他将身旁的刘琨推醒，让他也听一听荒鸡啼鸣，并说："这不是恶声！"刘琨深受感染，遂随祖逖来到户外。

月光下，二人挥剑起舞，济世之志一时溢于英气之外。这就是被后世传为佳话的"闻鸡起舞"。

祖逖、刘琨任司州主簿仅仅两年后，果然爆发了八王之乱，两人在乱世中萍飘蓬转，从此各奔东西。

祖逖受到诸王的重视，先后效力于齐王冏、长沙王乂、豫章王炽（即后来的晋怀帝）。那一年，东海王越统率洛阳禁卫军，拥晋惠帝讨伐成都王颖，祖逖参加了讨伐，然而讨伐军却在荡阴遭遇大败，连惠帝都当了俘虏，祖逖亦随残兵败将退至洛阳。

荡阴之役对祖逖打击很大。看到宗王们你争我夺，状若疯狂，中原大地因而横尸遍野，生灵涂炭，沦为人类自相屠戮的屠宰场，祖逖深感失望，此后关东诸王竞相征召他时，他都一一予以回绝。及至东海王越得势，任命祖逖为典兵参军、济阴太守，他也不想去，正好母亲病故，便以此为由，干脆守丧不出。

流民帅

八王之乱刚刚告一段落，永嘉之乱即起，一夜之间，中原大地上出现了无数坞堡（也称坞壁）。

顾名思义，坞堡是一种堡垒，内能住人，又可储存粮食，西方称为"中式城堡"。乱世之中，人们为了自保求存，只能抱团建成坞堡以资防守。王莽大动乱时代始有坞堡，但要说极盛，就是魏晋时期。

坞堡的规模不一，从几百家到几千家不等，祖氏家族有亲族乡党儿百家，自然也有条件建立坞堡，但这样的坞堡规模，一般情况下，若无险峻地势作为依托，也就只能防范一下小股敌军流寇和土匪强盗，根本无法抵御胡骑千军万马的冲击。

像许多逃往南方避难的家族一样，祖氏家族最终选择了举族南迁，另寻安身立命之地。虽然以坞堡组织来说，祖家不算大，但总共也有几千号人，如果没有一个妥善的指挥，只怕刚出家门，就会成为一盘散沙，同时南下路途艰险，要面对贼寇、敌军、瘟疫等多重威胁，若迁移队伍不能井然有序，很容易遭到吞噬，为此，族人十分慎重地选出了祖逖担任领队。

祖逖有着极强的组织和领导才能，他不负众望，严明纪律，如同率领一支军队一样，带着自己的家族南下。途中遇到很多险阻，由于他应变有方，始终未发生大的意外。

祖逖虽出身高门士族，却毫无娇贵之气，一路之上，他都会主动把车马腾出来，给同行的老弱病残者乘坐，自己则徒步行走，所带的衣服、粮食、药品等，也都会毫不吝惜地拿出来与大家分享。

看到祖逖不但善于谋划布置，而且能够和大家同甘共苦，患难与共，众人都感佩不已，男女老少，没有人不服从他的安排，祖逖也因此被正式推举为"坞主"。

坞主又称行主、营长，是人们对坞堡组织首领的称呼。坞主系推举产生，祖逖能被推为坞主，说明他的才略和威望已得到了大家的一致认可。

坞堡组织以宗族为核心，同时也"招纳流亡"，即吸纳非其族人的其他流民加入。祖逖一行从南下迁移开始，到落户江南，都在不断吸纳各地流民，他实际上已成为这支流民队伍的统领，时称"流民帅"。

那个时期，江南政权对南迁的流民帅乃至北方一些有实力的坞主，都很重视，经常根据其原有地位的高低以及手下兵力的多寡，给予太守、刺史、都督、将军等封号。自然，在北方已经沦陷的情况下，这些封号只是自我安慰，但亦有助于加强被封者的地位。

祖逖的父亲祖武生前曾做过司马睿的僚属，因这一层关系，当祖逖率队到达泗口（今江苏淮阴境内，时为南北交通要冲和军事要地）时，司马睿委任其为徐州刺史。

祖逖这批人一路上风餐露宿，历经艰辛，最后终于平安抵达江南，并被安顿于京口。

京口地势险要，因山为垒，控扼大江，系建康门户和长江防线的关键点，然而地广人稀的现状，又使它成为江南防守体系中最薄弱的环节，因此亟须充实大量人口，用以加强防备，这也是司马睿、王导要把京口设为流民安置地的一个重要原因。应该说，他们的这一目的基本达到了，流入京口的北方流民特别多，大族也有很多聚居于此，祖逖家只是其中之一。

祖逖向以"好侠""有豪气"著称，所谓"大行不顾细谨"，其行为好尚与其他高门士族子弟迥然不同，移居京口期间依然故我。当时扬州地面闹饥荒，贫困无食的流民常去富户们聚居的南塘劫掠，祖逖的部曲也参与了劫掠，祖逖知道后，不但不加以制止，反而还劝慰式地问他们："你们是不是又到南塘外面跑了一趟？"

若有参与劫掠的部曲被官府抓获，祖逖都会亲自组织营救，甚至他自己也参与分赃。据说有一次，王导等人去祖逖府上做客，看到他家里突然多了不少裘袍珍玩，便问是从何处所得。当着王导等人的面，祖逖竟然毫不隐瞒，大大咧咧地说："昨晚又去了一趟南塘。"原来这些东西都是祖逖部曲劫掠的赃货。

从官府的角度来说，祖逖及部曲所为无疑已触犯刑律，扰乱了社会秩序，然而就像处理山遐案时不得不容忍江东豪族一样，王导从大局出发，依旧采取了装聋作哑、视而不见的态度。

纵然刑律处分不到，舆论压力总是有的，祖逖因此受到外界非议，但他毫不在意，就算当面听到别人说他的坏话，也泰然自若，连一句辩解之辞都没有。

上 书

祖逖固然有其率性而为甚至是任性的一面，但他同时也有着对国家和民族的耿耿忠心。

与有些江东豪族和南下士族一味追求高官厚禄，或者汲汲于求田问舍，经营产业，坐享清福迥然不同，祖逖对此毫无贪恋。事实上，他庇护部曲的劫掠行为，甚至参与分赃，也不是他自己贪图享受，而是所部生活得不到安顿，不得已才出此下策。

南渡后，眼见社稷倾覆，山河沦丧，祖逖心中常怀振兴国家、恢复故土之志。愍帝使者来建康宣诏后，对司马睿拒绝北伐表示异议的那个人，正是祖逖。其时祖逖才被司马睿征为左丞相府军谘祭酒，他人虽然在京口，但按例应赞襄重大军政要务。得知愍帝在举国范围内推出了大反攻以收复中原的计划，祖逖感到机会来了，遂毅然上书司马睿，慷慨陈辞，坚决要求出师北伐。

祖逖一针见血地指出，是宗王争权，自相诛杀，造成了晋室之乱，进而才给北方夷狄（指内迁胡族）以可乘之机，致使他们横行中原。言外之意，国难当头，大敌当前，幸存的宗王们不应再搞内讧，而要团结起来，共同勤王驱胡。

在祖逖看来，北伐进兵不但是应天子之诏，同时也是为了响应中原百姓的呼声。

永嘉之乱后，北方人口大规模向南逃亡和迁移，但逃亡和迁移都是有条件的，需要准备最起码的川资以及生活资料。为对付路上的盗贼袭击劫掠等危险，一般还必须或依附于士族，或自相团聚。而且一路上携家带口，长途逃难，也殊为不易。此外，在是否愿意背井离乡，迁出故土方面，各地士庶亦有差异。拿士族来说，河南、山东一带的士风不拘常轨，这里的士人容易应时而趋，作变通处置，他们说迁也就迁了。相比之下，河北士人则较为朴质、持重，即便中原鼎沸，战祸连绵，随时可能面临性命之虞，仍不愿远走他乡，新起炉灶。

正是因为这些缘故，中原的很多百姓仍选择留在了北方。祖逖强调，这些不能或不愿外逃的百姓饱受异族欺凌蹂躏，人人皆有奋起反击之志，一旦北伐，他们必会积极支持和响应。

在竭力阐述北伐的必要性后，祖逖挺身而出，自荐率部北伐。

其时的北方，屯聚坞堡，据险以守，仍是汉人求生的一个重要方式，以致黄河流域已遍布大小不一的各种坞堡。坞堡的坞主就像祖逖一样，首先都是被大家推选出的当地豪族（祖逖称之为"江北郡国豪杰"），他们率部筑垒相保，成为胡族和北方朝廷都不敢忽视的一股重要势力。

这些北方豪族尽管很难单独与胡族势力抗衡，故而多以自保为先，但祖逖断言，只要司马睿能够命将出师，以他祖逖这样的"前坞主"作为统领，则豪族必定望风响应，而那些沉溺于悲观失望中的沦亡人士也都将振奋苏醒过来，如此，洗雪国耻也就有了希望。

祖逖的上书，迅速引起了司马睿、王导的重视。

其时北强南弱，南方社会动荡和经济萧条的状况尚未得到根本改变，江左政权的军事和经济力量也都颇为有限，在这种情况下，司马睿、王导不愿冒险倾力北伐，但不这么做，确实不太好向外界交代。毕竟愍帝给予司马睿重封，很大程度上，是以其出兵北伐作为交换的，现在你左丞相领了，却仍不肯派出一兵一卒，不但于情理道义不合，且必然引起国人的议论，左丞相的权威和声誉将因此大受影响。

再者，南渡北人思乡心切，愍帝相诏北伐，显然已经触动了大家的心思。司马睿在这个时候拒绝出兵，轻者不利于其形象塑造，动摇众人对江左政权的支持，重者还可能激怒如祖逖等有光复中原之志者，进而使原本动荡不安的江南政局变得更为复杂。

除了政治上的顾虑，司马睿、王导还有另外一层隐忧，那就是若再不兴师北伐，淮南防线将岌岌可危。

最优方案

自匈奴刘渊起兵以来，南方一直面临着胡马凭陵的危险，尤其石勒的南下，更是对江左政权构成了严重威胁，而对江南防务来说，长江无疑是不可或缺的。石勒屡至江边，最终都只能望"江"兴叹，证明长江天险确实是隔绝北方胡骑的天然屏障。

不过此前东吴被晋朝灭亡的历史又表明，要想有效阻止外敌，仅仅防守长江还不够，还须控制淮南与荆襄，如此才能取得足够的战略缓冲地带，进而确保对抗北方的防线真正稳固。

淮南居首，此为淮河一线的设防重点，自古守江必守淮，江淮互为依托，唇齿相依，北方势力一旦进入淮南，对南方来说，长江之险将不复存在。荆襄次之，作为屏护长江上游的重镇，一旦被敌方控制，则长江上游的主动权也会操于敌手，江左政权将同样面临危险。

正因淮南、荆襄如此重要，故而孙权在位时，才会屡次亲统大军，与曹操在淮南进行殊死争夺，同时就荆州归属，不惜与本应共同抗曹的盟友刘备撕破脸，双方斗得你死我活。结果大家也都看到了，虽然孙权从刘备手里夺回了荆州，但在与曹操的争夺战中，却未能保有淮南，最终，在晋朝发起的灭吴战争中，东吴因难以抵挡晋军的多路出击而覆亡。

晋朝灭吴，吴无淮南而亡，司马睿、王导当然要竭力避免重蹈覆辙。眼下，王敦正率江东军主力收拾荆襄，但淮南尚无大将坐镇和精兵进行防御，从这个角度上说，祖逖北伐之议与司马睿、王导的愿望其实是相符的：出兵北伐，既能响应朝廷诏令，维护司马睿的声望权威，又能以攻为守，借北伐之机巩固江淮之间地域，将其作为防御胡族南侵的第一道防线，从而在江南地区和北方胡族之间，形成一个足以转圜的战略缓冲地带。

这才是最优方案，可是之前司马睿、王导为何不采用此方案？原因很简单，他们无力同时兼顾淮南、荆襄，所以不得已只能哪头最急，先救哪头。

祖逖提议的价值，就在于它让司马睿、王导突然感到最优方案有了落地的可能：缺兵，祖逖作为流民帅，可让他先行统领部曲北上，他北上后，如其所言，支持北伐的中原百姓自会源源不断地加入，诸多北方豪族亦会相随而动；缺将，祖逖能文能武，司马睿征之为军谘祭酒，使之与纪瞻、周顗处于同一级别，本身就说明了对祖逖声望和才能的充分认可。

祖逖的上书，终于让司马睿、王导对于北伐的态度发生了戏剧性的变化。司马睿同意祖逖所请，并委任他为前锋都督（愍帝在诏书中曾明确要求司马睿派遣前锋部队继幽州、并州军队之后行动）、奋威将军兼豫州刺史，派其渡江北伐。

引起外界很大争议的，是此次江左政权提供给祖逖的军资，一共只有供一千人食用的粮米和三千匹布，且不发铠甲兵器，亦不调拨士兵。这点可怜的军资，对北伐来说，显然是杯水车薪。

批评者从司马睿"无意北伐"的设定出发，指责司马睿对于北伐冷漠消极，军资配给是"给祖逖出了一道难题"，并且怀疑他这么做，有延迟祖逖出师北伐的用意，派祖逖北伐实际上并非出自真心，不过是"敷衍天下人耳目"而已。

然而事实恐怕并非如此。先说配给祖逖的布匹，当时的建康府库极为空虚，资料显示，就在祖逖上书的前一年，即公元312年，府库所藏布匹也不过三四千的量，当年江东北遏石勒，西讨杜弢，耗费布匹必然不少。过了一年，荆州方面的战争仍在持续，建康的库藏量肯定也不会有多大增加，满打满算，能有四千匹布就不错了。如以四千匹布计，给祖逖的军资已达库藏量的四分之三，这个比例无论如何都不能算小。

粮米亦如是。实际上，直到两年后，建康府库仍然不继，遇到荒年，甚至"仓库无旬月之储，三军有绝乏之色"，也就是说，即便是留在南方的江东军本部，有时也会出现供应不足，军粮短缺的情况。

对照这些明确记载，针对司马睿所谓"敷衍天下人耳目"，故意为难祖逖及延迟其北伐的批评，显然难以成立，可以看出，司马睿至少在主观上，对祖逖北伐还是相当重视的。

当然，祖逖没拿到一兵一卒、一刀一枪，也是事实。司马睿、王导的难办之处在于，其时江东军主力正集中于荆州，若从中抽调兵卒武器用于北伐，多了，必会影响荆湘本已严峻的战局；少了，又不济事。

祖逖率部北伐，本也不用另起炉灶，他自有部曲可用，而且这些部曲对江左政权而言，已经成为一种麻烦，尤其抢掠南塘富户案，更令司马睿、王导头疼不已。

构成南塘富户的，不是江东土著士族就是北方南迁士族，抢掠案由此也可以被解读为，流民集团和士族集团因争夺利益而引发了冲突，如果任由这种冲突继续下去，势必会进一步激化流民和士族的矛盾，将局面弄到不可收拾的地步，司马睿、王导对此不能不担心。正好他们又一直苦于兵源不足，难以扩充武装，令祖逖率部曲离开江南，渡江北伐，在悄然化解流民和士族矛盾冲突的同时，还能借以培植出新的力量，为江左政权所用。这应该是司马睿、王导从物质上给予祖逖北伐力所能及的最大支持，但却未配备兵卒武器，而决定全由祖逖自筹的更深层次考量。

天 意

公元 313 年 8 月，祖逖率领挑选出来的百余家部曲，渡江北上。古代长江有"天限南北"之称，长江口阔达四十余里，江面波涛汹涌，声势骇人，因此那个时候过江犹如泛海。当祖逖一行船至中央，望着滚滚东去的大江和原野茫茫的北岸，祖逖心潮起伏，但见他猛地站起身来，举起手中的船桨（楫），叩着船舷，慷慨激昂地誓言道："我祖逖此番要是不能收复中原，就让我像这大江之水，有去无回！"

随祖逖出征的部曲都被这一幕所打动。众人在慨叹之余，也都不约而同地效仿自己的主帅，做好了不复中原誓不回头的心理和精神准备。

这就是成语"中流击楫"的由来。祖逖那种严辞正色、壮怀激烈的豪情，那种以天下为己任，在关键时刻挺身而出，解除国家之困和民族危机的侠肝义胆，就此被深深刻印在了民族记忆里。直到近现代，许多理想主义者仍奉为圭臬，毛泽东笔下名句"到中流击水，浪遏飞舟"即源于此。

在命祖逖北伐的同时，司马睿指示荆州前线主帅王敦，让他调兵遣将，全力救援被围的荆州刺史周颛。王敦又传令陶侃，陶侃领命从水路火速赶到浔水城，终于迫使杜弢撤围退兵。

就在众人都认为可以松口气的时候，陶侃并未松懈，他异常冷静地作出判断，认为杜弢不会就此善罢甘休，必定还会改道偷袭武昌。

陶侃时任武昌太守，武昌乃是他的大本营，若是被杜弢偷袭得手，荆州的江东军就只有被驱出境甚至全军覆灭了。

陶侃决定马上赶回武昌。陶侃部来去都用船只，杜弢部虽然也是从水路包围浔水城的，但要改道偷袭武昌，便只能舍舟在陆上步行。船行比步行的速度要快得多，陶侃估计，如果他们昼夜兼程，三天就可以乘舟赶到武昌。

问题是，舟中粮草已经不足，将士们能够忍饥挨饿坚持到武昌城下吗？

陶侃平时治军严格，但体恤下属，凡是在阵前缴获战利品，他都会全部拿出来，分赏给众将士，自己则分毫不取。陶侃的这一做法，让他在关键时刻得到了完美的回报，陶侃的一名部将代表大家发言："我准备忍受十日之饥苦，白天打仗，夜晚捕鱼为食，必定可以坚持下来。"

陶侃闻言大喜，遂令全军立即开拔。

就这样，陶侃部乘船连续行军三昼夜，在最短时间内赶到目的地，并设下埋伏。不出所料，一个前脚，一个后脚，杜弢果然也率人马来到武昌城下。陶侃乘其不备，指挥伏兵四出，给予迎头痛击，不仅将杜部杀得大败，还缴获了大批辎重。

经此一战，杜弢损兵折将，又失去了重装备，只得率败卒遁入长沙，荆州遂为江东军完全控制。

陶侃派参军王贡向坐镇豫章的王敦报捷，王敦感叹道："要不是有陶侯（陶侃时为东乡侯），荆州就已经沦陷了！"他接着又很不满地说："周伯仁（周顗字伯仁）刚刚入主荆州，就被贼兵（指杜弢部）击败，不知道他是怎么获得刺史职位的？"

王贡趁机进言："我们荆州正值多难之时，非陶龙骧（陶侃时为龙骧将军）来治理不可。"

在陶侃报捷之前，周顗因无法在荆州立足，已来到豫章投奔王敦。王敦的一位幕僚认为，周顗刚到荆州不久，还没能充分行使职权，不应为浔水败局承担责任，再加上周顗平素德望很高，所以他建议仍让周顗担任荆州刺史。

然而王敦没有同意幕僚的这一意见，这说明，王敦从那个时候开始，就已经在物色新的荆州刺史人选了。

成功解围浔水，取得武昌大捷以及收复荆州，让陶侃得到了王敦的特别垂青，王敦有意通过委以重任的方式进行笼络。见到王贡时，王敦心里正在盘算着此事，故而才会对陶侃、周顗一褒一贬，王贡的提议可谓正中其下怀。

在王敦的运作下，司马睿调回周顗，将陶侃委为荆州刺史。十多年前，对陶侃有着知遇之恩的荆州老刺史刘弘，曾预言陶侃将继承其事业，如今居然真的实现了，不能不说也是一种天意。

白衣领职

在前荆州刺史王澄被杀前,荆州已另有一个自封的荆州刺史王冲,其时正占据竟陵。王贡完成使命后,从豫章返回大营,路上要经过竟陵。或许是王贡觉得既然自家主将已经是妥妥的正牌荆州刺史,王冲这个冒牌货就得立马清除,他在没有事先请示陶侃的情况下,便假借陶侃的命令,封王冲部将杜曾为前锋大督护,将他策反了过来。杜曾随后便进兵杀了王冲,并收编了他的所有部队。

陶侃闻讯颇为诧异,本来等他腾出手来,也是要着手解决王冲的,但是没想到一夜之间,竟被王贡搞定了,而且未费一兵一卒。

从陶侃的角度来说,虽然觉得王贡莽撞了些,但既除掉了隐患,又给己方多添了一员战将和一支数量不算小的部队,也算是好事一件。不过为了摸清杜曾的真实意愿,素来谨慎的陶侃,还是决定立即对其予以征召。

不召犹可,这一召却露了馅,原来杜曾在杀掉王冲后,就起了自立之心,已不甘心于投身陶侃麾下,做个前锋大督护了。

陶侃派人屡召杜曾不至。王贡首先慌了,他敢于违反军纪,假借主将之令,是把事情必能成功,从而求得陶侃谅解作为前提的,结果却弄巧成拙,以陶侃治军之严,岂能不秋后算账?

王贡越想越怕,一咬牙一跺脚,干脆也和杜曾站到一起,反叛了陶侃。

杜曾是个勇冠三军的猛将,据说少年时就能身穿铠甲在水中负重游泳。公元313年10月,他率叛军对陶侃部连续发起攻击,结果两战皆捷。

看到杜曾连战连胜,气势汹汹,陶侃不得不避其锋芒,移师退守至涢水流域。此时,一个名叫张奕的部将建议按兵不动,理由是敌兵将至而未至,如果己方先退,会动摇军心,引起将士不满。

张奕其实也已有贰心,提这样的建议实际是想扰乱陶侃的退守计划(战后张奕跑去投降了叛军),只是陶侃当时没能及时察觉出来,被张奕这么一说,内心确实有些动摇。

就在陶侃犹豫不决之际,杜曾已经杀到,陶部再次落败。这一败可不得了，叛军势如破竹，陶侃被对方一直攻至主将营帐前，他所乘坐的战船也被叛军用铁钩钩住，一时动弹不得，情况极其危急。

眼看叛军即将登船，陶侃赶紧跳到旁边的一艘小船上，向后方逃去，叛军仍紧追不舍。千钧一发之际，幸亏陶侃的爱将朱伺赶来拼死相救，经奋力苦战，陶侃才得以脱险。

此次惨败，不仅使荆湘战场刚刚才好转的形势，再次跌入冰点，而且战斗中惨重的伤亡，也令本身就兵源不足的江东军雪上加霜。司马睿闻报，下令革除陶侃包括荆州刺史在内的全部官职，贬为平民。

站在司马睿的立场，赏功罚罪自然没有错，但王敦这时要用兵，却已经离不开陶侃了。王敦深知，要解决杜弢、杜曾这样的狠角色，还是得靠陶侃，于是请求让陶侃以平民身份继续领兵作战。司马睿当然也清楚陶侃的分量，便同意陶侃"白衣领职"（白衣指平民）。

恢复指挥权后的陶侃，审时度势，没有急于向气焰正盛的杜曾复仇，而是将其暂时搁一边，集中精力讨平杜弢和收复湘州。

陶侃集结了时任豫章太守的周访等部，在重新攥紧拳头后，大举进兵入湘，一战击败杜弢。三军因此士气大振，陶侃的部属趁机给王敦写信，在为主将请功的同时，也表达了对罢黜陶侃一事的不满。王敦顺水推舟，上表恢复了陶侃的官职，让他安心打仗，把讨平杜弢之役进行到底。

中 计

距离晋愍帝发布反攻诏，转眼已经过去了大半年，但北方却迟迟没有出现如愍帝所期望的大好形势。

愍帝命"南北二马"司马睿、司马保分别都督陕西、陕东军事，目的是想让司马睿北入长安，司马保兵发洛阳。可是司马睿由于各方面的原因，自身巩固江南的任务尚未完成，根本无力倾师北伐。他虽派遣了作为先锋部队的祖逖军，但这时的祖军，尚处于兵微将寡、朽戈钝甲的阶段。过江后，只能暂时进屯淮阴，积极招募兵员，打造武器。从事后来看，一直到愍帝政权覆灭，祖军相关的军事准备工作都还没能完全就绪，当然也就无法迅速渡过淮河北入中原。

至于南阳王司马保，他是东海王越的侄子，你要他学着自己的大伯钳制天子则有余，论其实力却不能与司马越鼎盛时期相比——司马保在关中的地盘面积狭小，所部兵力寡弱，哪里能够跑去打什么洛阳！司马保自己也以保存实力，割据关陇为第一要务。

按照王夫之的点评，"愍帝此诏，戏而已矣"，简直就是在闹着玩，其军事计划与现实脱节严重，以致最后全都沦为了空谈，王浚、刘琨直捣平阳方案亦是如此。

在古代，人们常用"突骑"一词来形容冲锋陷阵的精锐骑兵。彼时的北方早已成为突骑的天下，石勒军是胡人中最凶猛的突骑，这自不待言，晋军方面，则除了在八王之乱中就被消耗得差不多的禁军突骑外，还可分为两大股，一为王浚的幽州突骑，一为刘琨的并州突骑。

身为幽州刺史的王浚主要控制太行山以东，身为并州刺史的刘琨控制太行山以西，二人与石勒并称"北方三雄"。王浚所辖的幽州突骑因为有鲜卑、乌桓骑兵加盟，不仅比并州突骑更能打，而且就连石勒军也惧之三分。

可以想见，如果王浚、刘琨能够联手讨伐石勒，石勒也是吃不消的，愍帝想依靠王浚、刘琨直捣平阳，即以此为前提。

问题主要出在王浚身上。王浚此人，既不仁又不智，但心还挺大，他倒也视石勒为敌，有机会就讨伐石勒，但其动机并不是为了晋朝，而是想自己称王称霸。为此，只要觉得谁挡了他的路，他就一定要给谁苦头尝尝。有一段时间，王浚认为刘琨越了界，碰了他的地盘，便不惜把正在讨伐石勒的部队撤回，对刘琨进行攻击。

在王浚身上，根本没有一点同为晋军将领，应该同仇敌忾，联手对付外敌的意识。王浚、刘琨"虽同名晋藩，其实仇敌"，这使愍帝寄予厚望的"幽并之众三十万"完全落空。

因为立假皇太子，王浚的不臣之心昭然若揭，加上为政苛暴，治理能力低下，逐渐内外离心，士卒疲弱，就连招募的乌桓兵都另寻出路。与此同时，由于石勒对鲜卑使用又打又拉以及厚资贿赂等办法，使得鲜卑也开始对王浚疏远，不再愿意借兵给他。

尽管如此，毕竟瘦死的骆驼比马大，依靠仅剩的汉人骑兵，幽州突骑的战斗力仍不容小觑，石勒军要想一对一地正面击败他们，亦非易事。

发现在战场上难以轻松击败王浚，石勒再施诡计，他派使者带着厚礼到幽州，主动向王浚称臣。此时王浚见愍帝朝实力薄弱，根基不稳，便动起了在河北称帝，取彼自代的野心，可是他又怕众人不服，石勒的态度让他心花怒放，遂下定了称帝的决心，并派使者回访石勒。

王浚利令智昏，他不知道的是，自己已经上当。在王浚使者到达石勒驻地之前，石勒就已下令将精锐骑兵、优良战马全都藏起来，只以老弱病残守卫城池，以便在使者面前制造出兵马孱弱的假象。使者一到，石勒立即予以盛情款待，不仅亲自倒酒，还自称"胡虏"，把自己的身份降得很低。

使者返回幽州后，向王浚汇报了所见所闻，认为石勒内部不稳，其本人真心拥戴王浚称帝，并转告石勒的话，说石勒打算亲自来幽州朝贡，希望得到王浚的保护。王浚自大惯了，居然信以为真，主动邀请石勒到他所在的幽州治所蓟城会合。

公元314年，石勒"受邀"统兵开赴蓟城，出发前又派人给王浚写了封劝进信，劝他赶紧登基称帝。王浚收到劝进信后，更加飘飘然，完全放松了警惕和戒备。

在石勒军向蓟城开进时，已经有王浚的部将察觉到不对劲，一边严阵以待，一边飞马告知王浚，指出羯人向无信义可言，石勒的话靠不住，不能不防。王浚却根本听不进去，他派人斥责这名部将，下令沿途必须开门迎接，让石勒军畅通无阻地通过。

王浚御下严酷，军令如山，部卒们不敢违抗，只得遵令而行。石勒军到达蓟城城下后，随即全军攻城。王浚猝不及防，他和自己的万余骑兵全都做了俘虏并被砍了脑袋。

王浚残暴不仁，愚蠢无智，固然死不足惜，只可怜声名赫赫的幽州突骑也不幸作了他的随葬品。至此，石勒独霸太行山以东，气焰更加嚣张。

请　降

真正打开局面的是南方，当然那也不是一蹴而就的。

在湘州战场，陶侃与杜弢激战了数十次，终于逐渐占据上风。眼看所部伤亡过重，已呈现力不能支之势，杜弢只得被迫向司马睿请降，在遭到拒绝后，又写信给荆州南平郡太守应詹，向应詹乞降。

杜弢与应詹本是旧相识。杜弢早年以才学著称，曾被所在州举为秀才，后来因为躲避战乱来到南平，应詹欣赏他的才学，很是礼遇，并任命他为县令。永嘉之乱那年，荆湘的巴蜀流民爆发起义，南平也一度遭到威胁，为此，杜弢曾协助自己的上司应詹，共同打败荆州的流民军。

杜弢自己也成为流民军的一员，是在此之后的事。本来流民军已经向政府请降，却因时任荆州刺史的王澄大肆滥杀而复叛，接着湘州刺史荀眺又嚷嚷着要杀光荆湘流民，结果就把荆湘并未加入起义的巴蜀流民也全都逼反了。

起义军规模大了，就需要找一个有声望有能力的人来统领和指挥军队。杜弢当时恰在湘中。杜弢本是巴蜀流民出身，在流民中素有声望，因此便被大家推举为流民军的总首领。

在给应詹的信中，杜弢用"畏死求生，这才聚众"，来解释自己在湘中时的选择，意思就是他当时其实并不想加入流民军，只是因为害怕如果拒绝流民军的话，对方会老账新账一起算，无奈之下，才不得不就范。

杜弢请应詹看在过去"同喜同愁"的交情上，替他向司马睿求情，并且表示只要司马睿允许他投降，自己就将对司马睿竭智尽忠，或者北伐中原，或者西征李雄（巴蜀成汉政权皇帝），以赎前愆。

应詹将杜弢给他的这封信转呈司马睿，并且建议司马睿派使者前去安抚杜弢，接受他的投降。应詹倒也不敢拍胸脯说杜弢投降后，一定能够如何如何给江南政权出力，但他指出，这样做至少可以使荆州地区的百姓从此安定下来。言下之意，杜弢实力尚存，你要硬打，也不一定是能打下来的。

江东军与流民军之间的战争持续多年，不仅对江南政权造成严重威胁，而且迫使司马睿把精力和主要资源都投入其中，江东发展因此受到极大影响。司马睿对此不能不感到焦虑，他希望荆湘战事能够尽快结束，但对于陶侃这次彻底击败杜弢，却又没有绝对把握——从前方送来的战报看，双方的战事仍然十分激烈，不到最后一刻，谁是赢家，谁是输家，还真说不定。

应詹的建议正好触动了司马睿的心思，由此出发，他对于杜弢投降后北伐西征的许诺，也同样有理由产生某种期待。

司马睿决定接受杜弢投降，随后便派人前去受降。按照司马睿的指示，使者来到湘州，向杜弢及所部宣读大赦诏书，当场将这些反叛者全部予以赦免，并任命杜弢为巴东监军。

事情至此似乎可以告一段落了，但没想到的是，荆湘的江东军将帅从王敦到陶侃、周访等人，都无法认同司马睿的诏命。

江东军历尽多年的艰辛波折，现在好不容易才把杜弢逼到绝境，眼看就要大功告成了，结果杜弢却因投降而得到赦免，重要的是，杜弢投降，谁的功劳最大？显然不会是前线累死累活的将士，而只会是在后方坐而论道的应詹。

再者，身处荆湘一线战场，大家都看得很清楚，杜弢已是黔驴技穷，强弩之末，这正是彻底予以解决的最佳时机，而如果就此放过杜弢，谁也不能保证他是不是在施用缓兵之计。

见招拆招

作为多年的老对手，在很多方面，陶侃甚至可以说比应詹更熟悉和了解杜弢。应詹只知道杜弢是来自巴蜀益州的秀才，本人很有些才能，他又听信杜弢的话，认为杜弢是被自己的老乡们逼迫，这才不得不聚众叛乱。陶侃却掌握着杜弢的诸多黑历史：原来杜弢在益州是做过吏的，但为吏期间，他却盗用国库钱财，而且父亲死了竟不奔丧……

陶侃从小就被母亲湛氏教育要公私分明，廉洁自律，他当鱼梁吏时，给湛氏送一罐腌制鱼，都遭到申斥。与此同时，陶侃自幼丧父，对独自抚养他长大的湛氏非常孝顺。由己及彼，陶侃完全不能接受杜弢，并看出这是一个有才无德、不忠不孝之人。

可以想见，杜弢除了有些才华外，应该还很善于伪装，所以才让应詹过往没有能够看透他，对杜弢来信的内容也毫不怀疑，认为杜弢当初是被迫聚众，如今也已真心"悔恶从善"。实际上，杜弢在湘中聚众叛乱，很大概率并不是如他自己所言，乃是被乡人所逼，而是他本身就有野心，看到有让他兴风作浪、攫取富贵的机会，乡人又拥戴他，便乘势加入其中。

像杜弢这样的人，失势时固然会摇尾乞怜，一旦借此喘口气，缓过劲来，他咬你也一定最狠。等到杜弢卷土重来，江东大军就算能再集结兵力进行制服，也得花更多的力气，付出更多的代价。要知道，杜弢已经有过先被打趴下，但复振后气势更盛，导致江东军非常被动的先例了。

陶侃的看法和认识，代表着荆湘将领的集体态度，这使司马睿的诏命在前线并未得到立即执行，大家对杜弢该打还是打，该进攻还是进攻。

杜弢一看，以为司马睿出尔反尔，所谓大赦和任命都是诓他的，不由勃然大怒，立即原形毕露，在处死受降使者后，重新又举起了反旗。

湘州战事进入了关键性的决战阶段。一年多前，陶侃因为两员部将的背叛，跌入深沟差点爬不出来。这两员部将，一个是把好事做成坏事的王贡，另一个是故意扰乱陶侃作战计划的张奕，如今两人都已投奔杜弢，成了杜弢帐下之将。杜弢利用王贡对陶军的熟悉，派他率三千精兵作为奇兵，截断了陶侃的粮道。

好个陶侃，见状并不慌乱，而是见招拆招：你不是出奇兵吗，我也出奇兵，你偷袭我的粮道，我突袭你的大本营！

杜弢的大本营所在地巴陵，遭到江东军的连夜突袭。流民军大败，被斩首千余级，归降者达万人。

杜弢只得从巴陵退至湘城（今长沙）。战事的不利，也加剧了流民军内部的紧张情绪，大家相互猜忌，杜弢看张奕，总觉得这小子既然当初能背叛陶侃，如今自己情况不妙，他也一样会背叛自己。

想来想去想得脑壳疼，杜弢干脆把张奕的人头摘了下来。这么做对于杜弢而言固然省事省心，但却导致高层人心惶惶，因为谁也不知道自己会不会成为下一个张奕，很多人在害怕之余，纷纷逃出湘城，投降了陶侃。

发现向陶侃投降的人越来越多，杜弢急了，遂再次遣出王贡，派他向陶侃挑战。

王贡一上场，就将腿横架在马背上，一副傲慢无礼的样子。陶侃远远地看到后，并没有生气。

作为陶侃曾经的部将，张奕、王贡虽然都背叛了陶侃，但二者之间还存在着很大区别：张奕居心不良，有意要把主帅往末路上引；王贡只是因为事情办砸，害怕被处分，才跑到了陶侃的对立面。

陶侃了解王贡，知道王贡实际上是羞于见自己，才有意摆出一副嚣张的模样。他当众把杜弢的那些黑历史揭发出来，让王贡明白自己现在投靠的是一个什么样的货色，然后大声对王贡喊道："你本是好人，为何要跟随他胡为呢？天下难道有善终的叛贼吗？"

这一顿攻心操作，逐渐让王贡的内心产生了波动，他把脚从马背上放下来，整个人端坐于马上，脸上故意装出的狂傲之色也慢慢消失，从神色到言辞都变得恭顺起来。

陶侃看在眼里，又继续喊道："我截发为誓，只要你投降，一定既往不咎！"他说到做到，随后便挥剑割下了自己的一缕头发。

在古人的观念中，头发是父母给的，绝不能有丝毫的损伤，所以《孝经》中有"身体发肤，受之父母，不敢毁伤"的信条。陶侃是个孝子，他能够"截发为誓"，就等于在公众场合发了一个天花板级别的重誓。

陶侃诚意满满，让王贡确信只要自己投降，身家性命就有保障，于是二话不说，当即在阵前率部投降。

王贡被杜弢视为搅乱战局的最后一根救命稻草，王贡阵前归降，直接导致杜弢军走向崩溃。

公元 315 年 6 月，陶侃大军攻克湘城，杜弢败死于道。不久，湘州被完全平定。至此，长江上游的荆、湘、江等州都被纳入江南政权的实际控制范围，荆襄局势为之一新。司马睿本来准备万不得已就亲征荆湘，现在当然也就没有必要了。

对　策

在终止荆湘动乱的同时，司马睿还解决了另外一个心腹之患。

在江东士族中，阳羡周氏、武康钱氏本是武力强宗的共同代表，钱氏一度还超过了周氏。后来发生的钱璯之乱，使得钱氏迅速衰落，而在平乱中立有大功的周氏，其影响力随之达到顶峰，再次成为武宗之首。

作为江南政权的一把手，司马睿在他立足未稳时，当然希望武宗加入，以增强其实力，但是眼看着周氏已经到了能够只手左右江东形势的地步，他哪里还能坐得住？

司马睿、王导特别担心的是，周氏步钱璯后尘，向江南政权发起挑战，可以想见，万一周氏心怀叵测，其所造成的破坏性后果，必非钱氏所能及。

怎么办呢？司马睿、王导的对策之一，是笼络阳羡周氏，作为笼络南人政策中最重要的一环，能授官爵就授官爵，能给赏赐就给赏赐。周玘平定钱璯之乱后，司马睿即授之以吴兴太守，让他负责治理钱氏家族所在地、较为富足的吴兴郡。后来鉴于周玘治理吴兴颇有成效，司马睿又以周玘"勋诚并茂"（功勋和忠诚都很显著）的名义，以周氏的家族聚居地阳羡为主，另外又从其他郡中划出两个县，特置义兴郡，周氏也由此在历史上被称为义兴阳羡人。

周玘担任吴兴太守有年，除了受表彰之外，再未得到升迁。这实际就是司马睿、王导的对策之二，即在对周玘予以笼络的同时，不动声色、小心翼翼地削弱他的权势，以避免周氏力量过度滋长。

司马睿肯定也担心周玘"三定江南"之后，如果又出现重大战事该怎么办？不用周玘及所部，会不会连局面都控制不住？

不过很快，司马睿就放心了。因为从讨平华轶开始，由王敦统领的江东军已呈现出向上趋势，前线战将从甘卓、周访到陶侃，也同样是能人辈出，看上去一个比一个能打。既然如此，闲置周玘或者说"去周化"，当然也就不用太过顾虑了。

周玘不傻，他也慢慢回过味来，明白自己其实并不受建康方面的信任和重用，同时也知道了正是自己的南人武宗身份，成为仕途道路上的最大障碍。

其实，在此之前，义兴周氏不满南来北人久矣。要说起来，对北人有看法的江东士族，远不止义兴周氏一家，只是周氏在这里面显得特别突出。

位于义兴郡附近的丹徒县，当时地广人稀，淮河以北的北方流民，流入此处者特别多。丹徒的流民在南来北人中处于中等地位，比上固不足，比下则有余，而且他们也都是很能打的家族，即所谓武力强宗。据陈寅恪先生推测，丹徒流民极有可能曾挤入义兴郡界，并且与义兴周氏在利益方面发生了摩擦和冲突，也因此，使得周氏对南来北人特别愤恨和不满。

对于南北利益纠葛问题，司马睿、王导不是没有注意到或不加重视，他们在京口、毗陵等地设立流民落脚点，又建立侨置郡县，其目的除了安插流民外，就是有意识地引导流民，让流民避开吴人势力强盛的义兴等郡。然而即便采取了这些措施，有时也难以做到"包治百病"，现实中总还会出现一些越界的事，而义兴周氏作为名副其实的地头蛇，对此又根本毫无容忍度，周玘平时在家中，便口口声声将南来北人都一律蔑称为"诸伧"。

周氏对"诸伧"的偏见，后来发展到了一种很狭隘的程度，比如周玘对王导、王敦都左右瞧不顺眼。其实周王两家本没有什么大冤仇，日本一位学者研究认为，起因还是周玘觉得自己的位置被王家兄弟联手抢了——我周某有"三定江南"之功，你王敦何德何能，能够成为统领甘卓、周访、陶侃等南人诸将军的总指挥，还不就是凭着北人出身，又得到了王导的帮助吗？

原来拼死拼活，都是在为他人做嫁衣裳！不甘冷落的周玘，一边抱怨司马睿不能用人，一边愤恨王导、王敦抢走了本应属于他的职位和荣耀。

政　变

在周玘的仇家名单中，王家兄弟尚不居于首位，第一另有其人，此人就是刁协。

刁协也是南来北人，他天资聪明，很有才学，年少时就喜欢阅读经籍，博闻强识，在北方时曾官至颍川太守。永嘉之乱后，刁协避乱南渡，来到建康投奔司马睿，随即进入著名的"百六掾"，被司马睿授予军谘祭酒，后又改任丞相左长史（此时司马睿已进位为丞相，左丞相府也改称丞相府）。

睿幕中封顶的幕僚级别，就是军谘祭酒，长史相当于司马睿丞相府的幕僚长，由此可见司马睿对刁协的赏识以及刁协在睿幕的地位。

同为江南政权的高级文官，刁协在为人处世方面，却与王导相差很大。刁协性格强悍，除了对司马睿忠心耿耿，毕恭毕敬外，素来尊上压下，与人相处，多有不和，同时他又喜欢借酒放肆，甚至侮辱公卿，弄得人人侧目。

一个是敌视南来北人，连王导那样的好好先生，都莫名其妙地上了他的仇视榜，另一个是张扬不羁，喝了点酒后，连公卿的面子都不给。周玘、刁协这两人碰到一起，能碰撞出什么局面也就可想而知了：刁协轻忽、侮辱周玘；周玘羞愤万端，怒不可遏。

周玘本就为自己不能迅速升迁而不满于建康，嫉恨北士显官，就算刁协像王导一样对待周玘，估计周玘也不会给他好脸色，更不用说刁协还给他来个针尖对麦芒了。

周玘内心早就萌发了反晋之意。

周玘在建康有个内线，即镇东将军、祭酒王恢。王恢受军谘祭酒周顗所辖，上下级之间因故闹得很不愉快，王恢对此耿耿于怀，他自恃出自北方大族东莱王氏，觉得自己不该受到周顗等人的压制，竟然生出了发动政变，通过政变杀掉周顗等人的心思。

单靠王恢自己，当然弄不了什么政变，他知道周玘对建康方面不满，就暗中偷偷地与周玘接洽。周玘其实也不屑于王恢，但发现此人能够为己所用，于是便顺势和王恢搭上了钩。

后来周顗奉命出镇荆州，王恢认为机会来了，他派人渡江北上，联络江北的流民帅，并与周玘共同制订了一个令人不寒而栗的政变计划。

这个计划的第一步，是策动流民帅在江北发动暴乱，诱使司马睿派兵北上平乱；第二步，周玘趁机率兵占领守备空虚的建康，将把持朝政的北士，如王导、刁协、周顗等，全部杀掉；第三步，仍扶持司马睿为虚君，但改由南士主政（王恢作为政变组织者，自然也会被破例容纳进去，至少在计划中应是如此）。

　　江淮之间的流民帅，尽管性质上与荆湘的巴蜀流民军领袖并不相同，但南来后，也都是各行其是，在政治上与江左政权之间一直若即若离，"听调不听宣"，甚至他们死后或离任，也均由其兄弟子侄等近亲继任，建康方面无从干预。与此同时，流民帅的军队多由部曲和流民组成，他们不同于州郡官兵，可以说是既无王法也无军纪，有的还以盗窃攻剽为生，靠打家劫舍、拦截行旅筹措给养，祖逖部曲在停驻京口期间的劫掠行为亦属此类。志节如祖逖都是如此，其他流民帅及军队会是什么样子，不难想见。

　　说白了，这其实就是流民帅的真实现状。司马睿、王导不能不担心，如果放任这些流民帅全部过江的话，会激化与江南土著的矛盾，政府难以控制，反之，如果让他们留驻于江淮，则进能增强祖逖的北伐力量，退能巩固江淮防线，遏制胡人的袭扰攻击。为此，司马睿、王导除前期侨置郡县，安置流民外，到后期便逐渐禁止流民和流民军渡江。

　　对于滞留江淮的流民帅，出于安抚的需要，建康方面都尽可能授予官职，给予名分。即便如此，仍有人表示不满，王恢就利用这种不满情绪，在江淮进行策反，并且很快就得到了其中一个流民帅的支持。司马睿、王导在江淮也有派驻机构，当地官府及时察觉了王恢的图谋，便抢先出手，杀掉了被王恢策反的那个流民帅，接着又把此事呈报司马睿。

　　事未行而谋已泄，王恢大惊失色，情知建康待不下去了，便急忙跑去投奔周玘。王恢是北士，周玘从一开始就不把王恢视为值得尊重的同盟者，现在眼看东窗事发，为了避免牵连自己，便将送上门的王恢毫不留情地干掉了。

　　周玘杀人灭口后，把王恢的尸体埋在了自家猪圈里。他以为处理得天衣无缝，谁知事情的所有经过和细节，早已被司马睿、王导完全掌握。

　　周玘所犯之罪，按晋律，理当夷灭九族，然而王导认为，义兴周氏的势力和影响力太大，为全局计，现阶段不但不能给予处治，而且不宜公开。司马睿深以为然，为避免激化矛盾，以致事态失去控制，决定予以低调处理。

　　当然，犯了如此大罪，必要的警示和敲打还是要有的。随后，司马睿不动声色地给周玘下达调令，征调他入建康任镇东司马。

　　镇东司马是江南政权的军事要职，出任此职可是周玘梦寐以求的事，他以为司马睿对政变案并不知情，不由喜出望外，立即打点行装便出发了。

行至半途，周玘突然又接到新的命令，司马睿改授其为建武将军、南郡太守。与镇东司马相比，南郡太守只是江南政权所控范围内的地方官，而且还隶属于司马睿刚刚从华轶手中接收过来的江州。周玘接令后心凉了半截，但既然已经都出来了，不管有多么不情愿，也只能硬着头皮前去上任。

让周玘始料不及的是，就在他南行至芜湖，离江州不远时，新的人事任命又来了，这次是命令他返回建康，改任军谘祭酒。

军谘祭酒是睿府的高级幕僚，但本身并无实权。如此朝令夕改，一降再降，这是在搞什么名堂？周玘细细一想，脑子里突然闪过一个信号：我被捉弄了！

原来人家早已了解真相，只是故意不说破罢了。事已至此，周玘自然没脸再去建康了，羞愤交集之下，不久便一病不起。

临终前，周玘向病榻前的儿子们道出了真相："我死于诸伧之手！"又留下了一句遗言："能给我报仇的，才能算是我的儿子！"

"清君侧"

周玘的死讯传到建康。虽然就建康方面的立场而言，周玘一点都不冤，甚至还可以说让他死得太便宜了，但出于笼络和稳住义兴周氏的既定策略，司马睿仍赠周玘为辅国将军，谥忠烈，并派人到义兴参加周玘的葬礼。

把忠烈的谥号加在周玘头上，颇有点黑色幽默的意味。同样感到别扭的，还有到达出席周玘葬礼的建康使者，周玘的长子周勰冷冰冰地接待了他，那种厌恶和痛恨的情绪简直呼之欲出。使者能够明显地感受到对方的敌意，因此只是礼节性地吊唁一番后，便匆匆忙忙地逃离了灵堂。

周玘已逝，但他却成功地把仇恨传递给了下一代。周勰对家仇刻骨铭心，时时都想着如何才能替父报仇，出这口恶气。

周玘在世时无法独自起兵，凭一人之力，杀死在建康掌权的北人即他所谓的"诸伧"。周玘做不到的事，周勰也做不到，于是只能继续寻找同盟者。

　　周勰看中了周玘生前旧属、吴兴郡功曹徐馥。吴兴徐氏亦是大家族，徐馥本身就有部曲，只是他的部曲力量较弱，即便和周勰的部曲加一起，仍不足以折腾出大动静。

　　周勰思前想后，有了一个主意，他偷偷地找到徐馥，谎称叔父周札已经同意，让他们以"清君侧"的名义，聚众起兵，讨伐在建康执政的王导、刁协。

　　周札是周勰的叔父，也就是周玘的弟弟。周处一共有三个儿子，依次为周玘、周靖、周札。老大周玘最有出息，老二周靖早逝，成为三兄弟中最没有存在感的一位，老幺周札有脚疾，但沾大哥的光，因为随周玘平定钱璯之乱，也被司马睿封侯。

　　周玘病逝后，周札顺理成章地接过了义兴周氏的掌门人之位。司马睿为表示对周家的继续倚重，任命周札为宁远将军、历阳内史，但周札并没有到任。

　　历阳就是扬州历阳郡（今安徽省和县），历阳内史相当于历阳郡太守，周札不到任，既可以解读为他与其兄一样，对朝廷和司马睿政权心存疑虑，也可以理解成不愿到地方任职，哪怕是做郡太守。这时司马睿已被朝廷任命为丞相，于是便按第二种理解，将周札召入建康，转任他为丞相府从事中郎，周札这才应召前去就职。

　　周勰和周札是亲叔侄，周勰说叔父要"清君侧"，徐馥也就不疑有他，或者徐馥自己就有起兵之念，即便隐约感到哪里不对劲，也不愿去穷根究底。

　　与周勰密谋后，徐馥马上行动起来，以周札的名义，四处收集兵力。

　　先前周勰按照周玘的遗言，一直在江东武宗中宣传一个观点，即"中国亡官失守之士避乱来者，多居显官，驾驭吴人，吴人颇怨"。这里的"中国"指的是中原，意思就是原本在中原丢官失地，逃到南方来避难的那些北人，现在却大多反客为主，当着大官，对南人颐指气使。如此做法，能不让我们南人义愤填膺吗？

　　对于这个观点，江东武宗中的很多人是听得进去的。

　　武宗跟文化士族不同，他们以武功起家，以军功显名，想要得到功名利禄，主要靠武力竞雄，然而司马睿政权却让他们失望了。别人不说，就说周玘，不管是能力、战功还是江湖地位，江南无人可望其项背，但他却无法进入中枢，最后竟然落得个羞愤而死的下场。

周玘尚且如此，更遑论他人。

周玘死后，周札倒是去了丞相府，然而从事中郎的实际职位并不高，这不啻从另一个侧面表明，江南政权就算勉强肯让武宗进入上层，也只不过是摆在台上做做样子罢了。

说一千，道一万，只要王导、刁协等北人执政，江东武宗就出不了头。由此引发的不满情绪，事实上在武宗圈子里已积淀很久，如今因为周勰、徐馥的这次行动计划，一下子就被引燃了。

江东武宗中的不安分者，所谓"江南豪杰"，皆对徐馥翕然从之，徐馥不仅很快就通过招募凑足了几千人马，而且孙皓族人孙弼还在广德县（今安徽省广德市）起兵响应，俨然又营造出了一股"复国"气氛。

公元 315 年初，徐馥杀死吴兴太守袁琇，正式开始起兵"清君侧"，他公开打出来的旗号就是"义兴周札"。

周札的儿子周续闻讯，可给激动坏了。周续和他的堂兄周勰一样，非常仇恨北士，现在看到徐馥举兵，便不管他老头子是否真的有意愿造反，当即就在义兴（今江苏省宜兴市）聚众对徐馥予以响应。这样一来，周续在义兴，徐馥在吴兴，孙弼在广德，便构成了一个三角联盟，其声势着实不小。

不战而屈人之兵

"义兴周札"要造反，周札本人却一直被蒙在鼓里。

周札并不忠于晋室，事实上，他不仅对司马睿以及王导等人同样缺乏好感，而且因为周氏被压制和周玘之死，他在一肚子怨怼之余，也滋生了起事的念头。只是基于司马睿、王导高明的政治手腕以及兄长的可悲下场，周札不能不更加谨慎一些，故而他在拒不就任历阳内史，显示自己的疑虑和不满后，还是接受了从事中郎之职，为的就是与建康方面达成妥协。

徐馥兵变时，周札正因腿脚不便在家养病，听说此事之后，极为错愕。

因为在他看来，起事的时机还不成熟，在此之前绝不能冒险，否则不唯个人难保身家性命，家族亦有被倾覆的危险。

周札急忙跑去找义兴太守孔侃，告知孔侃自己与兵变毫无瓜葛，并与之商量对策。

作为周札的侄子，周勰不难感知出周札对司马睿政权和北人的不满，但周札不同意立即起事，他也无法勉强。在事先没有能够成功说服周札参与其谋的情况下，周勰依旧授意徐馥打着周札的旗号起兵，其如意算盘，应是希望用木已成舟的现实，逼迫周札将错就错。

让周勰万万没有想到的是，周札闻讯后不仅不肯配合，而且还要与官府协同平乱。本来周勰自己也应发兵响应徐馥，但在预感到这次兵变可能将以失败而告终后，他不得不缩回了手。

眼看被当成招牌的周札已公开划清界限，本是幕后推手的周勰又很不义气地保持了沉默，徐馥尴尬到要拿脚趾抠地板。追随和响应徐馥的"江南豪杰"们更是都傻了眼，因为他们大多是冲着周札来的，谁也没料到是这样一个结果。

现在大家都后悔了，但到了这个时候，相应行动早已是箭在弦上，不得不发，参与者无论是谁，都没法假装什么事都没发生。大家只能寄希望于两种可能，一种可能是周札在向官府施放烟幕弹，其实他暗中仍支持兵变；另一种可能是，周札虽暂时畏怯动摇，但最后仍将倒向兵变者一方，毕竟周札之子周续就是兵变的三角轴心之一，在老头子表明立场后，也依然故我，周札总不至于和自己儿子成为死敌吧？

因为怀揣着这两种可能，各路叛军虽显慌乱无措，但队伍并未就此分崩离析，官兵们一边继续鼓噪，一边观察着态势的发展，以便决定自己今后的行止去向。

一场突如其来的兵变，把建康的丞相府推向了风口浪尖，司马睿急忙与幕僚们展开磋商。司马睿的想法是立即发兵进讨，这应该说也是在场大多数人的第一反应，然而作为兵变者声称要讨伐的首要人物之一，王导却出人意料地反对这么做。

徐馥兵变时，湘州战事正进入关键阶段，荆湘前线的江东军主力无法调回，留驻建康的部队则兵员有限。在这种情况下，王导认为，如果要对徐馥等人发兵进讨的话，兵派少了不足以平乱，派多了将会使得建康空虚，从而给敌人造成可乘之机，既如此，还不如不发兵。

如果现在不发兵，徐馥兵变并不会自行消弭，难道听任各路叛军不断发展，直至不可收拾？王导说非也，只要用好一个人，就能不战而屈人之兵！

王导掌握着兵变前后的实情，他知道，在周札表态后，叛军三角联盟之所以还能维系，与周续有着非常大的关系。当务之急，就是要派人去义兴，除掉周续，稳住周札，进而使叛军失去指望，趋于瓦解。

前去义兴的人选，王导也已准备好了，当他说出这个人的名字时，众人不免大吃一惊：周续的堂弟周筵！

周札的早亡二哥周靖，共遗下四子，周筵是其次子，时任黄门侍郎。周筵与周续、周勰等堂兄弟不同，他忠于晋室和司马睿，同时为人果断，富有谋略，这些都是王导看中他的地方。

周筵是周家人，派他去义兴，自己人处理自家事，就不致打草惊蛇或引起周氏的过度抗拒。此其一。其二，周筵在周家虽是晚辈，但司马睿所授尚方宝剑，则可使周筵不受掌门人周札的束缚，将家族事务临时主持起来。王导相信，只要周筵顺利回到义兴并得到家族事务的处置权，以他所具备的综合素质，一定可以做到不辱使命。

司马睿当场采纳了王导的意见和建议。王导随即以司马睿的名义，任命周筵为吴兴内史，指派他率领由一百名力士组成的卫队，前往义兴剿杀周续。

周筵领命不敢怠慢，连夜便率卫队启程。他们昼夜兼行，不久便到达义兴，正要进入郡城，好巧不巧，居然在城门口就遇见了周续。

虽然并非计划中事，但周筵反应很快，马上就对周续说："正要与老兄一起去拜会孔府君（指义兴太守孔侃，汉称太守为府君），有事商量。"

周续并不了解周筵突然返回义兴的真实目的，但他知道进城见孔侃不会是什么好事，所以一个劲儿地推辞。周筵哪肯放过这个机会，你不肯去？我偏要拉你去！

周续吃亏就吃亏在没有准备，身边未带人马，周筵则有全副武装的卫队相随，最后，在周筵的连逼带哄之下，周续出于无奈，只得随其入城，并一起造访孔府。

清理门户

得知周筵、周续这对堂兄弟到了府前，孔侃忙将二人迎到堂前就座。

孔侃尽管明知周续已经起兵响应徐馥，但碍于周札的脸面，同时又畏惧周家的势力，并不敢擅动。至于在建康为官的周筵为何会突然出现在义兴，孔侃没有接到相应通知，亦不明其中奥妙，所以只能和两人先客套一番再说。

周筵则是成竹在胸，他之所以要把周续诓进孔府，就相当于将对方关进笼子，这样就算周续的部曲或者周札临时得知消息，也来不及跑来救周续了。

甫一坐定，周筵突然对孔侃说："府君为何安排乱贼坐下？"

事出意外，孔侃有些蒙，一时不知该如何作答，周续却已经反应过来——"乱贼"，是指我吧？我说我这位堂弟怎么会这个时候回家呢，原来是冲着我来的呀！

周续平时常在袖中藏一把小刀，说时迟，那时快，他倏地掏出小刀，逼向周筵。周筵早就料到了这一手，但见他神色不变，呵斥随从护卫吴曾："还不快动手诛杀此僚？"

吴曾是从一百名力士中挑选出来的护卫，很有胆量和勇力，立即应命拦住周续，并在搏斗中格杀了对方。

解决掉周续后，周筵立即去与周札会面。得知事情经过，周札内心恐怕是五味杂陈，又痛又悔，但他也怨不得周筵，因为周筵是奉上命而来，从大了讲是维护晋室和江东政权，从小了讲却也是要保护周氏家族。周札明白，事情是义兴周氏惹的，建康方面已洞悉所有，派周筵前来义兴处理此事，就是要把对周氏的追责降到最低程度，如果周氏胆敢不从或抗拒，则必会让整个家族面临灭顶之灾。

周筵陪着周札梳理了一下兵变的脉络，两人都确认周续虽是叛军的三角同盟之一，但周勔才是引发兵变的罪魁祸首。话说到这里，周筵就准备继续清理门户，亲手杀掉周勔，然而周札不同意。

也确实，对于作为周家长辈的周札而言，自己的一个儿子已经为此人头落地，又怎么忍心再把去世大哥的长子送进鬼门关？可是，如果不对罪魁祸首有个说法，难以向建康交代。怎么办？面对这个难题，周札、周筵最后想出了一个变通的办法。

周筵的族兄周邸是个连族人都讨厌的人物，家族内部本来也要用家法对他予以处置。既如此，周札、周筵便干脆把本应归于周勔的罪责都推到周邸一人身上，把周邸当作罪魁祸首杀了。

周筵在建康为官，好不容易回趟家，家里都以为他会回去看望健在的老母，但周筵在处理完家族事务后，便飞奔出城，直接前往建康复命。周母想见一下爱子而不可得，在后面跌跌撞撞地追赶，最后也没能追上。

史书将周筵不入家门归结为"忠公"，意思就是他一心为公而忘却了私事，然而如果从周筵的真实感受来说，他先后杀掉自己的堂兄和族兄，虽是为了保全周氏一族，不得不出此下策，但毕竟是骨肉相残，其间所要承受的精神压力必然很大。比如见到其母，如果周母问起此事，该如何解释？在这种情况下，对周筵而言，多待在家里一分钟，就多一分钟的煎熬，倒不如赶紧离开，以后让时间慢慢冲淡这些记忆。

就这样，孔侃、周札商讨半天而无下文的事，让周筵快刀斩乱麻地替他们解决了。在这次处理中，周勔虽然侥幸留了条性命，但死罪可免，活罪难逃，他被周筵狠狠骂了一顿，又被叔父周札以家法予以严惩，加上借他人之手为父报仇的计划落空，周勔可谓沮丧失意至极。此后的周勔整天吃喝玩乐，沉湎酒色，绝口不提政事，反反复复说的只有一句："人生几时，但当快意耳。"

周勔在兵变后基本没有出现在台前，所以他彻底摆烂后，对叛军的影响还小一些。相比之下，周续是周札之子，又直接参与叛乱，成为叛军的三大台柱子之一，他突然被杀掉，对叛军的打击可就大了，而且通过周续之死，叛军也认识到，周札绝不可能也不敢支持兵变，他们原先的那点指望完全不切实际。

徐馥的部众在失望之余，一方面迁怒于徐馥，认为自己受了徐馥的欺骗和误导，另一方面也希望借徐馥的人头来向建康表白，于是众人便杀了徐馥，吴兴郡的秩序也因此得以恢复。

原先的叛军三角联盟，是由义兴、吴兴、广德共同构成的，在接连失去义兴、吴兴这两个据点后，广德孤掌难鸣，在此率部反叛的孙弼很快便兵败被杀。

徐馥兵变究其源头，是由周勰策划和发动的，若要追究的话，周勰和他父亲一样，也犯了足以灭族的大罪。司马睿对此其实是很清楚的，但他受王导影响，从稳定江东局势出发，承认了周札、周筵的处理结果，即认定周邵为罪魁祸首，周氏子弟中只需处死周邵、周续即可，其余人等，包括周勰在内，概不深究。

不唯如此，为安抚南人，司马睿还改任周札为吴兴太守，并将在平乱中建立大功的周筵提拔为太子右卫率。

由于应对和处理得当，自徐馥兵变被平息后，江东再未发生大的反叛事件。与司马睿集团和北人合作，基本成为江东士族文武两宗的一种共识，南北大族共治江南的局面也由此延绵达百余年。

第四章　五马渡江

随着镇压杜弢起义和平定江东叛乱的成功，南方终于迎来了一个相对稳定的大好形势，然而，正所谓树欲静而风不止，看似已经平静的水面下依旧激流涌动。

暗流和漩涡最集中的地方，是荆州。陶侃在离开荆州去湘州前，屡被那个叫杜曾的猛人所败，此后陶侃便只好把杜曾暂时搁到一边，集中精力对付杜弢。

杜曾当然知道陶侃在解决掉杜弢之后，必然还要回过头来料理自己，为了寻找出路，便率部向荆州北部进发，准备到那里碰碰运气。

说运气，运气就来了。

在此之前，司马睿为了褒奖周玘，曾特置义兴郡。有心人仅从这件事上，就能看出江东政权已具有很大的独立性，理由是，分割郡县的大事过去只有中央政府才有权作出决定，而司马睿新立义兴郡，事先并未同朝廷打过招呼。事实也确实如此，就拿如今的荆州来说，虽然江南这边已经任命了荆州刺史，然而实际上却没有得到远在长安的晋廷的确认。愍帝刚刚任命了一位新的荆州刺史，名叫第五猗（第五是姓氏）。第五猗来到荆州一看就傻了眼，他发现在荆州这一亩三分地上，自己已经插不进脚了——南部以州治江陵为中心，由陶侃实际掌控；北部以宛城为中心，已成为荀崧的地盘。

荀崧是司空荀藩的族侄。愍帝在正式即位前，本是荀藩所建行台的储君对象，后来愍帝被裹挟去了长安，荀藩留恋关东故土，便在豫州驻扎下来，成为一股半独立的势力。其时，荀藩已死，他的弟弟荀组以愍帝名义，委派荀崧都督荆州江北军事。

就在第五猗进退维谷之际，他遇到了"流浪汉"杜曾。杜曾拥有足以抗衡甚至打败陶侃的武力，但谁都不承认他，所以急需名分。第五猗系愍帝亲自委任，由长安派出的荆州刺史，若比拼名分的话，还在陶侃之上，于是杜曾便决定投靠第五猗。

第五猗空有名分而无武装，杜曾正是他所需要的，二者一拍即合。杜曾做主为他哥哥的儿子娶了第五猗的女儿，杜曾、第五猗结成姻亲，并由此组成军事同盟。之后，杜曾集结所部一万人，打着第五猗的旗号，与第五猗分别占据汉水、沔水地区。

荀灌救父

陶侃在消灭杜弢、平定湘州后，果然重启肃清荆州、攻打杜曾的程序。

杜曾论武力值，可以称得上荆湘一带的吕布，陶侃帐下战将如云，却没有一个人是他的对手。有人劝陶侃不要急于和杜曾交战，特别是不要把他逼得太狠，而应先弄清杜曾的底细，寻其破绽，缓缓图之。

陶侃虽然已尝过杜曾的厉害，但他刚刚打败杜弢，正是自信心爆棚的时候。论综合实力，杜曾显然远在杜弢之下，陶侃觉得，既然自己能够战胜杜弢，还能怕了杜曾吗？先前败给杜曾，不过是对方走运，如今挟大败杜弢之势，必定能够一战胜之。

陶侃将别人的劝告和提醒置于脑后，一回荆州，即借助兵力上的优势，将杜曾包围于汉水地区的石城（位于今湖北省钟祥市附近）。

杜曾被逼至绝境，自然只能使出浑身解数。杜曾部与陶侃部不同，陶部多为步兵，而杜部多为骑兵，杜曾利用骑兵机动力、冲击力强的特点，趁陶侃的包围圈还没有完全形成，偷偷打开城门，冲出城外，一鼓作气，先从正面突破陶侃的步兵方阵，接着又掉头从陶部背后实施冲击。

杜曾使用了骑兵对步兵发起冲击时最常用的一种打法，陶部猝不及防，当场战死数百人。不过陶部向来训练有素，军纪严明，虽然蒙受了不小伤亡，但步阵并没有陷入混乱。

杜部没能冲垮陶部，若是再战，可就要吃亏了。杜曾瞧得分明，连忙见好就收，下马朝陶侃拜了拜，以示敬意，便率部离开石城，去了荆州北部边境的顺阳郡落脚。

杜曾惹不起陶侃，他给自己另挑了个软柿子，那就是荆北宛城（今河南省南阳市宛城区）的荀崧，他想鸠占鹊巢，拿下宛城，以此扩大自己的势力范围。

杜曾把第五猗的招牌亮出来，声称自己奉第五猗也就是朝廷之命接收宛城，让荀崧把城池腾出来给他。荀崧并没有接到任何谕旨，何况宛城也是他的根据地，自然不肯相让，于是杜曾就像陶侃包围石城一样，也纵兵包围了宛城。

宛城兵少，在杜曾的围困下，城中粮食也渐渐不足，荀崧思考对策，唯有派人突出城去，向以前的老部下、襄城太守石览求救。

可是派谁去呢？官吏们皆无此胆略，眼看形势越来越危急，荀崧只好决定亲自突围救援。这时他的小女儿、年仅十三岁的荀灌主动向荀崧请缨，表示自己愿意代父出城。

荀灌虽然年幼，但从小就胸怀大志，并且练就了一身武艺。荀崧实在找不到其他更好的办法，犹豫再三，也只能让荀灌姑且一试。

当天深夜，荀灌率领几十个勇士，越过城墙突围而出。杜曾发现后，赶紧派兵猛追。荀灌毫不畏惧，与勇士们一起且战且走，直到摆脱追兵，到达襄城，找到石览。

石览满口答应向宛城派出救兵，但以石览之力，要击退杜曾，并无胜算。在石览的提醒下，荀灌以父亲的名义和口吻，给时任豫章太守的周访写了一封求援信，信中说周访若肯发兵救援宛城，荀崧愿与之结为兄弟。

周访是司马睿政权的大将，与荀崧原本也无私人交情，对于宛城是可救可不救的，但荀灌让父亲与周访结为兄弟的承诺，却一下子打动了周访。

要知道，荀氏可是北方颍川的名门大族，荀崧的高祖父乃曹操的首席谋臣荀彧，从荀藩、荀组兄弟到荀崧自己，也都是朝廷大吏。周访虽是战功赫赫、威震四方的名将，然而他与陶侃一样，都是吴地寒门。在门第如此悬殊的情况下，荀崧肯与自己屈尊结为兄弟，此为折节下交，周访看了如何能够不动容？

周访立即派儿子周抚率精兵三千，会合石览派出的援兵，一起救援宛城。杜曾闻讯，知道攻宛城没戏了，只得撤围逃走，宛城之困遂解。

危急存亡之秋，一个有胆有识的小女孩，居然拯救了自己的父亲和全城军民，荀灌救父的故事因而为当时人所乐道，也成为魏晋时期的一段佳话。与此同时，在这则故事背后，则显示着荆州势力格局的悄然变化，即荀氏开始向司马睿靠拢，杜曾则与第五猗抱团取暖，荆州由此面临着一场又一场错综复杂的争斗。

阻　碍

就在宛城撤围后不久，杜曾给荀崧写信，表示悔过，并且说他愿意通过剿灭荆北地区的匪患，以此将功赎罪，报效荀崧。荀崧信以为真，同意放杜曾再次进入荆北。

陶侃知道后，给荀崧去信，信中引用了一个说法"鸱枭食母之物"。所谓鸱枭，也就是猫头鹰，古代流行的说法，认为猫头鹰生下来后，会吃掉自己的母亲，故而将猫头鹰视为恶鸟。

陶侃说，杜曾就是这样一只恶鸟，他警告荀崧，若轻信杜曾，引狼入室，荆州的土地从此就不会安宁。

不了解陶侃的人，可能会以为他只是以杜曾为敌，怕杜曾和荀崧联手，所以加以劝阻，只有了解他的人，才会感受到他话语中的真诚。事实上，陶侃鉴人老辣，且有他的一套标准。当初，作为杜弢的老上司，应詹都看不透杜弢，陶侃却一眼就看穿了对方，如今对于杜曾也一样，他抛开敌我立场，认定杜曾此人秉性凶恶狡猾，不值得信任，为此才真诚劝告荀崧。

荀崧确实不太了解陶侃，他因为宛城军中兵少，想借杜曾的力量作为外援，所以一开始就没有听从陶侃的劝告。

随着荀崧的警戒一松，杜曾进入荆北，不出陶侃所料，他根本没有去帮着荀崧剿匪，而是马上集结两千余人，包围了荀崧控制区内的襄阳。还好，荀崧在收到陶侃的警示后，多少也做了点防备，杜曾连攻数天，都没能攻下襄阳，见诡计落空，只好又灰溜溜地班师回去了。

荀崧经过此次教训，才知道陶侃说得没错，从此站队司马睿一边。

荀崧态度的转变，自然有助于陶侃解决杜曾，稳定荆州，但就在这一节骨眼上，陶侃又突然遇到了人生中的一个重大阻碍，同时令他万万想不到的是，制造阻碍的不是杜曾之类的敌人，居然是他在西线的上司——王敦。

王敦自奉司马睿之命，以都督的身份征讨华轶起，就一直坐镇江州，但在前线起实质性作用的往往既不是他本人，也不是他的嫡系人马：击灭华轶，周访当先；镇压杜弢，依赖陶侃；平定江东叛乱，更没王敦什么事。

尽管如此，到了封赏阶段，王敦却又是绕不开的，尤其是杜弢起义被完全镇压后，司马睿大喜，将王敦提升为镇东大将军，加授江、扬、荆、湘、交、广六州诸军事以及江州刺史之职。

司马睿在任左丞相之前，他的职务和职权范围即为镇东大将军，兼督江、扬、荆、湘、交五州诸军事，现在等于全都交到了王敦手上，并且还多出了督广州军事以及江州刺史的重位。

王敦自此扶摇直上，成为江南政权炙手可热的核心人物，其名位甚至超过了王导。按理说王敦上升到这样的位置，他首先应该感谢的就是帐下的那些有功大将，尤其是陶侃，然而实际情况并非如此。

沈充，出自江东三大武宗之一沈氏。在钱氏已然沉寂之后，江南最具权威的土著武宗，除了周氏，也就是沈氏了，号称"江东二豪"。从沈氏大门里走出的沈充，年轻时就爱读兵书，在同乡中很有名望，被认为是个人物，王敦因此将其招入麾下。

沈充一进入王敦幕府，便向王敦推荐了同郡同乡的钱凤，钱凤由此成为王敦的又一个重要幕僚，二人皆颇得王敦的宠信。

从钱凤的姓氏籍贯来看，他很可能与钱氏是同宗。钱凤虽没钱璯那样的本事和影响力，却很擅长从背后暗算自己的同僚。陶侃亦算钱凤的同僚，陶侃所取得的成功，在江东军中无人能及，这一点让钱凤非常眼红，于是便多次在王敦面前诋毁陶侃。

王敦在搞定让他头疼不已，却又奈何不得的杜弢之前，也曾一意笼络陶侃，陶侃的荆州刺史一职，是王敦想办法安上去的，此后陶侃一度被贬为平民，也是王敦向司马睿说情，让他得以"白衣领职"，又以战功复职的。

问题在于王敦这么做，除了急于平定杜弢起义，还藏着将陶侃收为己用的私心，但陶侃自小受母亲严格教育，一向公私分明，绝不会因为王敦提拔自己，就跟着王敦搞小集团。

王敦在掌长江上游军政大权后，便开始自行选置刺史以下的官吏，作风上也日益骄横跋扈，唯我独尊。发现陶侃不是自己一个路子上的人，王敦生怕他功高难制，而扑灭杜弢起义，又让他自认为有了"狡兔死，走狗烹，飞鸟尽，良弓藏"的本钱，钱凤对陶侃的诋毁可谓投其所好，正好说到了王敦的心坎上。

王棱之死

荆州处上流而形胜，对于欲取朝权的王敦而言，本就不愿将这样的军事重镇假手于人，现在既然已决定处置陶侃，便欲将他先行调离荆州。陶侃得知后，感到颇为诧异和委屈，于是便来到豫章，准备向王敦问清缘由，顺便就王敦对自己可能形成的误解进行解释。

还没去王敦那里，陶侃就听到了杜曾要举兵南下的消息，这样他就必须紧急返回荆州治所江陵，以便组织防守，但他仍打算在临行前，利用向王敦辞行的机会，把事情解释清楚。

陶侃的部将朱伺等人都认为，陶侃这个时候去王敦处凶多吉少，大家纷纷劝谏陶侃不要前往，并且对他说："您进去以后就出不来了。"

王敦这个人心狠手辣是出了名的，即便对于同门家族兄弟亦是如此，他的堂弟王澄、王棱都死在他的手里。

与王澄相比，王棱之死同样令人唏嘘。王棱生前任豫章太守，加广武将军，他看不惯王敦的一些做派，经常劝谏王敦，敦促他谦虚谨慎，忠心辅政，并且指出，王氏子弟既都出自同一家族，彼此应当和睦共事，互相帮助，以光宗耀祖，建立勋业。王棱劝谏时言辞较为激烈，王敦表面上虽然不动声色，内心却非常恼火。

早先有个名叫王如的流民帅，与祖逖等流民帅不同的是，此人投靠石勒，专与晋军作对。后来因为内部分裂，王如成了孤家寡人，这才被迫投降王敦。王棱觉得王如乃骁勇之将，因此便请求王敦把他安排在自己麾下。王敦看人倒是挺准，他说王如这号角色"奸险蛮悍，难以教养"，而你王棱性情急躁，若王如以后犯了错，你必不能宽纵，这样就会给自己埋下祸根。

王棱爱才心切，一再坚持，王敦便把王如安排给了他。王棱得到王如后对之欣赏有加，但也正如王敦所料，王如此人很难管束，最后真的成了王棱身边的祸根：王如多次与王敦的部将们比试射箭及臂力，屡次相争，结果酿成了过失。王棱按律施以杖刑，王如不认为自己有错在先，应被责罚，反而深以为耻，常思报复。

王敦是知道这些情况的。倘若王棱知情识趣，像沈充、钱凤那样唯其马首是瞻，对于王如这颗钉子，他亲自动手帮他拔去都愿意。可现在王棱跟他唱起了反调，让他丢了面子，那就要别样对待了。

王敦秘密派人去找王如，故意激怒他，怂恿他杀掉王棱。王如头脑发热，遂不顾后果，在王棱组织的一次宴会上，请求王棱让他舞剑助兴。王棱没有防备，也就同意了。等到王如舞着剑，朝王棱靠近，王棱这才发现不对劲，立即予以怒斥，但此时已经来不及了，红着眼睛的王如径直冲上前去，一剑就刺杀了王棱。

作为始作俑者的王敦，在听到消息后，装出一副震惊不已的样子，下令逮捕王如并把他杀了。

借刀杀人，一箭双雕，王敦用心之毒，可见一斑。当然对于朱伺等人而言，让他们印象最为深刻的，还是前面的王澄之死：王澄可是陶侃的前任，而且他就是在去建康的路上，向王敦道别，然后被王敦毫无征兆地残杀于其居所的！

说起来，人家王澄、王棱好歹还是王敦的族兄弟，你陶侃与王敦非亲非故，他又有什么下不去手的？朱伺等人认为，他们的顾虑绝非多余。

陶侃来豫章的目的，就是要向王敦解释，他大概觉得自己的情况与王澄、王棱完全不同，一则，他一向尊重王敦，鞍前马后，为王敦建了那么多军功，王敦为什么要杀他？再则，荆州并不安定，杜曾就是个最大的威胁，大敌当前，急需良将，王敦也没理由杀他。

在陶侃看来，王敦应该只是一时听信了小人谗言，只要当面解释清楚，就能尽释前嫌，遂不顾众人劝谏，只身前往王敦居所。

陶侃没有想到，他这一去果然就出不来了。

再次热闹起来

陶侃来到王敦居所后，王敦根本就不要听他解释，陶侃所有的美好愿望也被证明不过是一厢情愿。

慑于陶侃有众多旧部，王敦倒也不敢立即对之施以毒手，但仍乘机将其软禁于府中。王敦同时宣布将陶侃降职为广州刺史，荆州刺史一职改由王敦的堂弟、丞相军谘祭酒王廙（音 yì）担任。

王敦几乎把一切都预先安排好了，他唯一没有认真想一想的是，如此倒行逆施，能否获得众心。

王敦的改任决定，毫不意外地遭到荆州将吏的强烈抵制。大家拒绝接受王廙，纷纷要求陶侃返任，陶侃的部将郑攀、马隽等还作为代表，专程拜访王敦，并给王敦上书，竭力对陶侃进行挽留。

王敦早有安排，对将吏们的请求一律不予理睬。众人希望落空，更加群情激愤，郑攀等人认为主将陶侃刚刚建立镇压杜弢之功，反而被变相贬黜，王敦处世实在不公。

在对王敦失去基本的信任感后，摆在郑攀等人面前的现实问题是，如果陶侃真的被迫远赴广州，到底是随陶侃一同南下，还是留下给王廙当差。

交、广二州地处岭南，魏晋时那一带都属于落后地区，没多少人愿意去。至于王廙，此人书画被称为"江左第一"，连王羲之与司马睿世子司马绍都曾跟随他学习书画，但这个艺术家类型的官员，打仗却不行，而且为人猜忌暴戾，在其手下供职可不那么让人愉快。

去广州不愿意，留下也不甘心，怎么办？有人想到了正在南下的杜曾。战场之上，谁最能打，谁就是第一条好汉，虽然杜曾是江东军的敌人，其本人亦为陶侃所鄙视，但陶侃手下的这些部将，若是单打独斗，没一个是杜曾的对手，单凭这一点，就不能不让同为军人的诸将服气。

王敦不是一定要安排王廙取代陶侃吗？把杜曾请来，让他们尝尝厉害！

郑攀等人脑子一热，便率领部众三千人，前去迎接杜曾。

杜曾在南下前，正发愁无法从荀崧那边打开缺口，南下后，能否从陶侃身上讨到便宜，他对此也毫无把握。等到郑攀等人意外来迎，又从他们那里得知王敦居然把陶侃扣了，不由喜出望外，那心情简直就像从地上突然捡到了金子一样。

因为知道陶侃不好惹，杜曾此番南下，本来只是想试探一下江东军的动静，并没有就此立足荆州腹地的奢望。现在则不同了，他准备大干一番，为此与郑攀等人一起，从第五猗所居区域把这尊菩萨搬了过来，以便从声势上抵御王廙、王敦。

荆州再次热闹起来。杜曾与郑攀、第五猗等联手，亮起家伙，大败前来荆州赴任的王廙，硬生生地把他顶了回去。见王廙吃了亏，王敦连忙亲自督率军队，以杜曾为首要目标，前来荆州进行讨伐。

王敦先前把杜弢视为大敌，却从未把杜曾放在眼里，他认为对方只是个游来荡去的小蟊贼，收拾起来应该轻而易举，所以才敢弃陶侃不用。然而他的这种认识和判断显然是错误的，荆州一战，人家杜曾一点面子都没打算给，毫不客气地让他吃了个大败仗。

王敦既损兵，又丢脸，灰溜溜地退回了豫章。恼羞成怒之余，他断定郑攀等人之所以跑去投奔杜曾，皆出于陶侃的暗中授意，于是便把一肚子气都撒到了陶侃身上。

王敦穿上铠甲，手持长矛，让人把陶侃押来，准备亲自杀掉陶侃以泄愤。可是当陶侃被押上来后，他又犹豫不敢下手，如此来回四次，仍拿不定主意。

你要杀便杀，老是这么押出来带进去，要猴吗？陶侃对王敦正声喝道："您一向雄才大略，善于决断，连决断天下大事都不在话下，今天为什么这样犹豫不决呢？"说完，就神色淡然地走出了房间。

王敦面对陶侃，本身就很心虚，毕竟是他自己有负于人在先，再者，郑攀等人的请愿和反叛事件，已经充分彰显出陶侃对军队的影响力，这让王敦不得不担心：如果把陶侃杀死，会不会引起更加无法收拾的一系列严重后果。

面对一个已被软禁、手无寸铁的人，王敦却非要披甲执矛，摆出一副即将上阵厮杀的架势，说白了，他其实是在同心中的另一个自己角斗。

此时但凡陶侃露出一丝一毫的畏怯表情，甚至向王敦乞求活命，相信王敦都一定会立即将长矛刺入陶侃的胸膛，一分钟也不耽搁的。结果陶侃却凛然不惧，最后还把王敦抛在原地径自离开了，此举反而令王敦感到格外震撼，一时真的举棋不定，拿不定主意了。

王敦的部下见状，提醒他说陶侃的儿女亲家周访，正统兵于豫章，若陶侃被杀，周访决不会善罢甘休，"周访与陶侃，如同一左一右两只手，哪有你砍他左手，右手不来帮忙的？"

这话一下子就触碰到了王敦的心病。周访和陶侃一样能征善战，更重要的是他独立在外，不受王敦直接辖制，说举兵马上就能举兵，而现在的王敦，连一个杜曾都已奈何不得，要是再跟周访翻了脸，必定吃不了兜着走，说不定卷铺盖滚蛋都是最好的下场。

回过味来的王敦，不仅自此打消了杀掉陶侃的念头，而且为了避免激怒周访以及防止其他陶侃旧部再出现异动，他还决定设宴为陶侃钱行，放他去广州赴任。

主动出击

陶侃在获得自由，得以成行后，仍担心夜长梦多，于是只作短暂停留，之后连夜启程。王敦把陶侃的儿子陶瞻留下来，提拔他担任参军，实际上是将其当作人质。

陶侃知道此番能够死里逃生，主要还是仗着周访，如若王敦不是顾虑周访的干涉，因而不敢动手，自己可能早就不在人世了。在赴任广州之前，陶侃特地去与周访告别，老友相见，他百感交集，忍不住泪流满面地对周访说："若不是有你作外援，我性命难保！"

魏晋时期的广州与扬州一样，都是州名，与今天的同名城市不是一码事，广州南面就是交州。当时因为两个人，交、广二州处于一片混乱之中。

第一个人叫梁硕，原为交州军中的一个官佐。交州刺史去世后，交州人让刺史之子代理州务，梁硕起了歹心，起兵攻打刺史之子，把他杀了，然后自己控制了交州。

第二个人叫王机。王机是长沙人，他的父亲、哥哥都曾经担任过广州刺史，王机自己最早是跟着时任荆州刺史的王澄混的，王澄喝酒误事，他也喝酒误事，王澄杀降致使流民军起义不可遏制，他也参与其中。

后来王澄被王敦所杀，王机害怕受牵连，就以继承父兄之志为由，请求王敦把他派到广州任职，但未获准许。这时正好广州武将温邵等人在造刺史郭讷的反，他们欢迎王机去当刺史，王机高兴了，马上带着家奴、门客一千多人赶往广州。

郭讷还想挣扎，派兵阻击王机，没想到郭讷的兵将全都是王机父兄任职时的老人马，看到王机来了，打都不打，就迎上去投降了。郭讷眼看大势已去，只好主动请辞，把职务交给王机。

王机在广州得势之时，正值杜弢起义被陶侃镇压，杜弢部将杜弘走投无路，带着流民军残部，跑到广州投降了王机。王机的这个广州刺史没有经过王敦的正式任命，是用武力硬夺过来的，所以他当的也很不安心，时时都担心王敦派兵讨伐他，于是便以收降杜弘之后，力量得以大增为资本，请求王敦让他去交州担任刺史。

王敦一合计，觉得借钟馗打鬼，用王机的力量来讨伐梁硕，是个好买卖，就答应下来，并将收降杜弘当作王机的功劳，派他转任交州刺史。

梁硕也不是个省油的灯，他迎来前刺史的儿子当交州刺史，又厉兵秣马，把王机的来路给生生堵住了。王机一看讨伐梁硕没有胜算，交州一时进去不得，就又想退回广州，但鉴于陶侃已被王敦委任为广州刺史，王机便与杜弘、温邵等人谋划，准备将陶侃拒之门外，重新控制广州。

王机重控广州的一个有利条件，是杜弘占据着广州重镇临贺郡。此时陶侃已进驻广、湘边境上的湘州始兴郡（今广东省韶关市始兴县），有人提议，强龙难压地头蛇，不如暂时停留在始兴，观察形势后再见机行事或待机而动。陶侃拒绝了这个提议，选择主动出击，直达广州。

见陶侃来者不善，锋芒毕露，杜弘派使者前来拜谒，实际上是想通过诈降对陶侃进行麻痹，之后再乘其不备予以偷袭。陶侃长期和杜弢、杜弘这些人周旋，对方心里的那点小九九，他知道得一清二楚，就在杜弘派来使者的同时，他已经调来发石车，做好了应付杜弘攻城的准备。

果不其然，不一会儿，杜弘就率领轻兵偷偷地来到城下。发石车以机发石，连续打击敌人，是古代相当于大炮的重型武器，杜弘一看到发石车，就明白陶侃不会给他好果子吃，只得匆忙退兵。陶侃乘机追击，一举击溃杜弘，迫使杜弘请降于王敦。

随后，陶侃又派部将许高讨伐王机，王机在逃跑的路上病亡下葬，许高挖出他的尸体，砍下首级传送京师。

陶侃威名大震，在他抵达广州之初，广州所辖各郡县本来都在迎奉王机，见状纷纷转舵。陶侃的部将们也都群情振奋，向陶侃请求乘胜进军，攻打没有逃跑的温邵。陶侃笑道："我的威名已经传出，还用得着派兵耗费军力吗？只需一纸信函就可解决问题。"

陶侃当即给温邵写了一封带有威慑意味的信。温邵接到信后非常恐慌，全无心思组织抵抗，撒开腿就逃，陶侃军随之追赶，最后在始兴追上并抓获了温邵。

广州局势至此稳定下来。陶侃初来乍到，即一举消灭了号称"难制"、让江东政权束手无策的王机势力，终结了当地长期动乱的状况，也切实巩固了江东政权对广州的控制。

陶侃以此次战功晋封为柴桑侯。这位已从军十余年，虽出身寒族却功名卓著的老军人，再次向世人彰显了他不可替代的军政才能和无与伦比的价值。

刘 琨

随着晋愍帝的反攻计划逐渐沦为一纸空文，由他出面号召，将西晋残余力量有效组织起来，一致抗胡的希望变得越发渺茫。晋室所面临的形势异常严峻，尤其是在王浚被石勒所杀后，北方能够有效抵御匈奴汉军的大将，只剩下了刘琨一人。

刘琨和他的挚友祖逖一样，最早都是八王之乱的亲历者，但刘琨混得比祖逖好，这在很大程度上不得不说是运气使然。

八王之乱第二阶段第一波，赵王伦杀贾后夺权。赵王伦的儿子是刘琨的姐夫，于是不仅刘琨，就连刘琨的父亲兄弟也都受到了赵王伦的重用。

等到赵王伦兵败被杀，齐王冏执政，原本齐王冏对于赵王伦用过的人一律斥免，但他却对刘琨及其父兄网开一面，不仅予以特别宽恕，还授以要职。究其原因，与刘琨高门士族的背景有很大关系：刘琨一系是西汉中山靖王刘胜的后裔，刘琨的祖、父在魏晋之际历任高官，父、兄在晋朝声望极高，而齐王冏刚刚上台，恰恰需要利用刘家的名声来巩固自己的政权。

刘琨就这样在朝中站住了脚。后来东海王越掌握了实权，在越府骨干、刘琨兄长刘舆的推荐下，司马越任命刘琨为并州刺史，加振威将军，领匈奴中郎将，为北面之重。

如果说之前刘琨的成功或多或少都含有运气的成分，前往并州赴任的征途则真正锻炼了他，也成就了他。

那一年是永嘉元年（307），虽然匈奴汉国尚未对洛阳发动大规模进攻，但局势已经恶化，从洛阳到并州，不但隔着崇山峻岭，万千险阻，而且匈奴军堵塞着几乎所有道路。

那时晋军也还有一定的力量，然而必须用于保卫洛阳和抵挡匈奴汉军的进攻，不可能抽出来给上任的地方官使用，因此刘琨只能带着数量很少的卫队，匆匆出发了。

并州本是入塞匈奴聚居区，刘渊正是在并州起兵并建立了匈奴汉国。匈奴人的不断侵扰和自然灾害频发，使得并州陷于残破荒废，人们逐渐迁移逃亡，尤其在刘琨的前任、东海王越的弟弟司马腾改镇邺城时，更有大批并州百姓随其南下，如今剩下来的汉族居民已不足两万户。留居并州的居民生活艰辛，衣食无着，为了能够活下去，沦落到了卖妻卖子的地步，有些妇孺因找不到肯出价的买主被活生生地抛弃，死亡只在旦夕之间。

刘琨一行进入并州地界后，触目所及，到处都是白骨，哀哭之声不绝，一切都仿佛是昔日曹操笔下"白骨露于野，千里无鸡鸣"诗句的再现。

刘琨估计，整个并州至少活动着数万匈奴骑兵，他们遍布于群山之中，此外还有数不清的匪盗，以至于这里的人们只要一睁眼，眼前看到的就是贼寇（不是胡骑"贼军"，就是强盗草寇），只要一出门，就必会遭到抢劫。

刘琨能文能武，在京洛时即工于赋诗，颇负文名，其诗歌、文章为大家一致推许，可与陆机、陆云兄弟并称。即便在如此艰难的行军途中，刘琨也没忘记把所见所闻都记述下来，并赋诗感叹"据鞍长叹息，泪水如流泉"，直言此行让他承担了超过自身能力的重任，"去家日已远，安知存与亡"。

祖逖、刘琨当年闻鸡起舞，相约要在国家危难之际，挺身而出，拯救苍生，匡复社稷。正是这种伟大的理想和抱负，使得祖逖、刘琨不约而同地都选择了不畏艰险，负重前行：祖逖中流击楫，在得不到一兵一卒、一刀一枪补给的情况下，慷慨渡江北伐；刘琨矢志不渝，一路跋山涉水，以少敌众，冒着或随时饿毙于途，或遭贼寇袭击的危险，向目的地顽强挺进。

第一个目的地是壶口关。壶口关的两条通道，均为天下险要之地，只需几个人把守住路口，就能挡住上百人靠近。之前，不管公家官差还是私人商旅，往返此道，以丧命者居多。

在经历千难万险后，刘琨一行终于闯入了壶口关。也正是在壶口关这个地方，他们买到了一些粮食。粮食在当时来说相当宝贵，有了粮食，刘琨才得以招募到一千多人，初步具备了立足并州的条件。

从汉代开始，并州便与幽州、凉州并列为边防三大重州，盛产骏马和猛士，刘琨招募到的这一千多人，构成了并州突骑中汉人骑兵的基干，他们一路转战，很快就杀进晋阳。

晋阳本为并州治所，但在惨遭战争荼毒之后，这时的晋阳城内已经是荆棘丛生，横尸遍野，甚至大白天都有豺狼在四处乱窜。原先的府衙寺院也均被焚毁一空，侥幸存活下来的人，因饱受疾病和饥饿的困扰，看上去个个面无人色。

刘琨没有退缩，他带领大家清除荆棘，收葬尸骨，建造府第，修缮市场和牢狱，慢慢地让晋阳又有了一个州治应有的模样。其间，汉军胡骑和强盗草寇曾屡屡来袭，刘琨率部以城门之下为战场，经过数次惊心动魄的鏖战，将他们一一驱除，以此确保了晋阳安全。

要想在晋阳长久安顿下来，不能少了吃穿，刘琨上表向朝廷要谷米绢棉，朝廷许之。然而朝廷的表示，其实只是一种姿态，即便在东海王越掌权时期，虽视刘琨为自己的势力，但他自顾尚且不暇，哪有能力帮助并州？更何况，刘琨在并州真正有效控制的仅有晋阳，其他均为匈奴兵和匪盗活动区域，从洛阳到晋阳，根本无路可通，你想，连身为并州刺史的刘琨，在上任时都是九死一生，就算朝廷有大批物资可以调运，又如何运达？

刘琨无奈，只能眼睛向内，致力于恢复当地的耕织。当地百姓自然也都迫切希望尽快通过劳动改善生活，但在当时的情况下，大家都不敢出城作业。刘琨的对策是实施武装护耕，除以军队护卫外，将百姓也都装备和训练起来，让他们耕田时带着盾牌，锄草时背着弓箭，随时随地准备自卫。

在极端困难的处境下，刘琨的努力终于取得了成效。他出任并州刺史不到一年，晋阳已俨然成为乱世中一块难得的绿洲，原本死寂的村落之间，重又鸡犬声相闻。先前流亡他乡的人陆续返回，就连京洛一些无主可依的士人也都慕名前来投奔刘琨。对于这些返回家园的百姓和前来投奔的士人，刘琨都亲自慰劳安抚，因此在一段时间内，很得士民的拥护和爱戴。

胡笳退兵

晋阳南面就是匈奴汉国的实控区。刘渊以并州作为匈奴汉国的老巢，在刘琨崛起于并州后，就立刻将其视为大敌。

刘渊纵兵推进，刘琨难挡其兵锋，只得退保晋阳。刘渊在离石（今山西省吕梁市离石区）建立大本营，此处距晋阳仅三百里左右，匈奴骑兵可以在一天内便驰至晋阳城下。那段时间，晋阳城外经常胡骑纷纷，气氛非常紧张。

有一次，汉军将晋阳城里里外外包围了好几层，把整座城池围得水泄不通。就在守城军民都感到窘迫无计，此番恐怕在劫难逃之时，刘琨身穿一袭白衣，晚上乘夜登上城楼，并在城楼上发出了一阵阵悲凉的清啸之声。

长啸本是魏晋名士的一个常有举动。如果说胡人对玄学基本无感，但月夜长啸却很能触动其心。城外的匈奴骑兵应该是由彼及己，从刘琨的悲啸中，联想到了在这样一个血腥、杀戮、乱离的时代，面对巨大而又无情的战争机器，自己同样有如蝼蚁一般卑微可怜的命运，因此皆凄然长叹。

夜深之际，刘琨又吹奏起了胡笳。胡笳是源自北方游牧部落的乐器，而且刘琨吹奏胡笳的水平很高，其声宛转凄凉，城外的匈奴人闻听后，被勾起怀乡思旧之情，一个个都忍不住哽咽落泪。

拂晓时，刘琨又吹了一次胡笳。这时匈奴人已能清清楚楚地看到城楼上的刘琨，但早已听得泪眼迷离的他们，没有谁忍心对刘琨引弓搭箭，而刘琨身处危险之境，始终表现得从容不迫，一举一动没有一丝慌乱之状。

刘渊眼看所部军心动摇，作为晋军统帅的刘琨又如此意志坚定，好整以暇，觉得再待下去可能也无法破城，只好弃围而走。这就是被传为佳话的"胡笳退兵"。

匈奴汉军成分复杂，包括匈奴、羯等各个部族，即便匈奴内部，也分五部十九姓，其中刘渊本部与非刘渊本部的所谓"杂虏"之间，存在着一定的矛盾。

刘琨洞察后，派人悄悄地潜入汉军驻地离石，对"杂虏"施以离间之计，结果成功地拆散了他们与刘渊的联盟，"杂虏"前来投奔刘琨者达万余人之多。

刘渊对此惊恐不安，因为害怕刘琨袭击，不得不转攻为守，放弃离石，另择他处坚城而居。

胡骑对晋阳的威胁由此大减，但刘琨的处境仍然艰危。刘琨是个优缺点都很突出的人，拿内部管控来说，一方面，他善于怀柔安抚部属和投奔他的人，然而另一方面，却又不擅长管理，以至于一天之内，来归附他的人可以达到上千，与此同时，弃他而去的人也接连不断，这使他的队伍很难迅速壮大和巩固。固然从总体上来说，刘琨军的力量一直在增长，可是置身于那种严酷复杂的环境之中，军队力量的缓慢增长无法与战争的需要相适应。

刘渊称帝后，命刘聪、王弥、石勒合军进攻壶口关（古地名，位于今山西省长治市壶关县境内），刘琨派到壶口的将领接连被杀，接着，并州的上党郡（今山西省长治市）又传来坏消息，上党太守投降了刘渊。

北方一些原本持附晋立场的部族，如匈奴右贤王刘虎、白部鲜卑等，眼看着匈奴汉国的势力逐渐呈压倒趋势，纷纷墙头草顺风倒，向刘渊称臣，并向刘琨发动攻势，晋阳由此更加危殆。

刘琨四面楚歌，情急之下，只得沿用王浚等人卑辞厚礼，以异族为兵的办法，遣使向北鲜卑借兵。

鲜卑有多个支部，并州东、北面都有鲜卑，东面的鲜卑叫作东鲜卑，北面的鲜卑叫作北鲜卑。东、北鲜卑中又有分支，仅东鲜卑就包含段部鲜卑、白部鲜卑（鲜卑多数部落与匈奴对立，只有白部鲜卑投奔了刘渊），王浚最初借的鲜卑兵即来自东鲜卑中的段部鲜卑。

刘琨这次找的是北鲜卑中的拓跋部，即拓跋鲜卑。刘琨、王浚以及南方的司马睿，在晋朝内部的势力划分上，均属于东海王越的系统，可以说与段部鲜卑、拓跋鲜卑是一边儿的，因此，当刘琨派使者给拓跋部酋长猗卢送去大份厚礼，恳请对方出兵帮助自己抗衡刘渊时，拓跋猗卢立即爽快答应，一口气派出两万鲜卑骑兵助战。

从王浚借兵鲜卑开始，鲜卑骑兵勇猛和亡命就已闻名四方，不但令晋军正规部队一度望风披靡，就连同样能战的匈奴、羯族骑兵，心理上对鲜卑人也有三分惧怕。因为鲜卑骑兵的加盟，原本实力不足的并州突骑变得格外强悍起来，扑向晋阳的匈奴刘虎部、白部鲜卑均败于并州突骑之手，匈奴刘虎部被打得落花流水，白部鲜卑也损失了不少人马。

此战告捷，解除了刘琨的后顾之忧，晋阳得以再次度过危机。刘琨与拓跋猗卢置酒高会，结拜为兄弟。为感谢拓跋鲜卑，同时也为了今后能继续借鲜卑之力，刘琨上表朝廷，奏请将拓跋猗卢封为大单于，并将代郡封给了他。

代郡地属王浚所辖的幽州，王浚割据一方，素怀不臣之心，知道此事后大为不满，遂派兵偷袭拓跋猗卢，结果反被拓跋猗卢击败。王浚迁怒于刘琨，以后两人的矛盾不断加深，终至发展到了同室操戈、相互残杀的程度。

王浚、刘琨拥有晋朝在北方的最重要军事力量，各自所辖的幽、并二州，则是屏蔽中原政权、防御异族南下的两大边防重州。刘琨、王浚"大寇未殄而自寻干戈"，他们陷于窝里斗，直接削弱了晋朝自身力量。

鹬蚌相争，渔翁得利，匈奴人乘机绕开幽、并二州南下，一路攻城略地，屡屡得手。最后，中原的晋军精锐遭到全歼，洛阳也被攻陷，连晋怀帝都成了匈奴人的俘虏。

琨浚之争，源自刘琨借兵鲜卑，这其实就从一个侧面说明，打铁还需自身硬，一味以异族为兵，潜藏着非常大的隐患。

鲜卑不是内迁胡族，正在崛起中的拓跋鲜卑之所以肯援助刘琨，可不是只看中财物，他们还有更深企图，那就是趁此机会进入汉地发展势力。拓跋猗卢得到代郡后，仍不满足，又率其部族万余家南下，向刘琨索求陉北之地以居。

陉北是指陉岭（今雁门关）以北地区，若放任拓跋鲜卑占据此地，将对并州的雁门、太原诸郡构成直接威胁。刘琨当然知道其中利害，但他一则无力与拓跋鲜卑为敌，二则仍有求于对方，于是只能打碎牙齿和血吞，在迁徙陉北五县的汉族居民至陉南后，将陉北交割给了拓跋猗卢。

倒霉事还不止于此。基于和刘琨的同盟关系，拓跋猗卢派儿子拓跋六修帮助刘琨守卫新兴郡（今山西省忻州市），正好新兴守将邢延找到数块上好玉石，进献给刘琨，刘琨便把这些玉石转送给了拓跋六修。谁知鲜卑人贪财，拓跋六修得知玉石来自同城的邢延，居然又向邢延索要更多的玉石。

邢延哪里还有多余玉石，但拓跋六修不信，为了逼索玉石，甚至把邢延的妻儿都抓了起来。邢延忍无可忍，率部袭击拓跋六修，并在打跑鲜卑兵后，将新兴城献给了匈奴。

新兴之变使得局势更加严峻复杂，然而刘琨并未气馁，他移檄所辖州郡，表示将按照先前愍帝诏令，会军进攻匈奴汉国，直捣平阳（今山西省临汾市西南）。

毫无疑问，这是刘琨实现全面翻盘、雪中原政权之耻、图晋室复兴的关键行动，他自己对此也颇有决心。遗憾的是，此计划尚未能够实施，策划者就迎来了其人生中的一次颠覆性打击。

母亲的预言

昔日贾后之侄贾谧喜欢附庸风雅，身旁聚集了一班给他歌功颂德的贵戚和文人，称为"二十四友"，刘琨亦厕身其间。

"二十四友"的首领就是以奢侈闻名天下的石崇。石崇在洛阳建金谷园，夸豪斗富，刘琨乃金谷园中之常客。这倒不是说刘琨如此做法就一定如何如何，毕竟当时的社会环境如此，大家都不得不随波逐流，所以陆机、陆云兄弟等人也是"二十四友"，王导亦曾受邀到金谷园赴宴。问题在于，刘琨本性里确实有和石崇一致的东西，就是都喜欢奢华豪放的生活，喜爱声色之乐。

当然，刘琨的志向、才能和总体品性，均非石崇可比，他也察觉到私生活上的放纵，不利于做大事，遂有意加以控制。可是正所谓江山易改，本性难移，刘琨在时局高度紧张时，还能暂时约束住自己，一旦时局稍有好转，他就会旧病复发，故态复萌——即便是在厉兵秣马，为会军平阳进行准备的阶段，刘琨也没忘记在治所内大宴宾客，追逐声色。

"声色"一词里的"声"，可指好听的音乐。刘琨精通音律，他的音乐才能在"胡笳退兵"中展露无遗，刘琨做得不对的地方，是他把公私混淆，将个人兴趣爱好不恰当地掺入公务处理之中。

有一个叫徐润的人，音律方面也是个行家，他靠这一特长自荐结友，出入于权贵之门。刘琨被他吸引，引以为知音，一高兴竟提拔徐润当了晋阳令。

徐润懂音乐，但没有军政才能，而晋阳为并州治所，晋阳令乃是要职，所以刘琨的这一任命显然是很不恰当的。徐润又是一个对上花言巧语、阿谀奉承，对下骄横无理、百般欺压之辈，即所谓佞人。倚仗着刘琨的宠信，徐润骄恣不法，贪财受货，干预政事，做了不少出格的勾当。

刘琨的部将令狐盛正直敢言，他多次向刘琨进谏，揭发徐润的罪行，劝刘琨杀掉徐润，但刘琨横竖听不进去。

徐润知道此事后，对令狐盛又怕又恨，一次，他趁刘琨饮酒赏乐，飘飘然忘乎所以之际，对刘琨进谗言，谎称："令狐将军（令狐盛）要劝明公（刘琨）叛逆称帝呢！"

令狐盛在刘琨的部将中是比较突出的一位，在某些方面的见识甚至超过刘琨，而刘琨恰恰心胸狭窄，有"既生瑜，何生亮"的毛病，看不得身边任何高过他的人，在此之前，他对令狐盛就已有所忌恨和提防。徐润深知这一点，同时也了解刘琨与王浚之流不同，一向以精忠晋室为己任，因此才故意诬称令狐盛要率众拥刘琨称帝，以此刺激刘琨，为对方提供一个借酒发泄的机会和借口。

刘琨果然勃然大怒，当下也不细审情由，便立刻派人斩杀了令狐盛。

刘琨的母亲贤明知理，闻讯大惊失色，严责刘琨道："你既无深谋远虑，又不会驾驭豪杰，只想除掉比你强的人以求自安，这怎么成得了大事！这样下去，必定会牵连我们跟着你一起遭殃。"

知子莫若母，刘母已经预感到儿子之祸就在眼前。只是刘琨依旧浑浑噩噩，自以为是，他嘴上虽然不敢说什么，心里却不以为然，觉得母亲在小题大做。

母亲的预言不幸很快成真。令狐盛的儿子令狐泥在父亲被枉杀后，连忙逃去投奔了匈奴汉国新帝刘聪，把刘琨和晋阳方面的详情都一五一十地报告给了刘聪。

刘聪一直都想攻下晋阳，消灭刘琨，只是苦于不明对方虚实，现在令狐泥突然送上门来充当内线，不由喜出望外，当下即令其子刘粲、堂弟刘曜以令狐泥为向导，率精锐骑兵前去突袭晋阳。

汉军突袭时，刘琨不在晋阳，正亲率精兵讨伐州内叛军。匈奴兵乘虚而入，在攻占晋阳后，杀害了刘琨的父母以及刘琨留在晋阳的其余家人。

刘琨回救不及，所部也被汉军打得大败，只得再次请拓跋猗卢出手相助。拓跋猗卢派儿子拓跋六修等将领出战，鲜卑对阵匈奴，那真是一物降一物，汉军在战场上输得稀里哗啦，平均每十个匈奴兵就要被杀死五六人，连身为主将的刘曜都身中七创，差点死于阵中。

刘琨收复了晋阳，但已无法挽回父母的生命，而他经营多年的这座城池，在匈奴兵的疯狂掠杀下，也变成了一片废墟。

刘琨痛悔交集，他立志要为亲人报仇，无奈自身力量单薄，晋阳亦再无复建振兴的可能，于是只得移居阳邑城，一边招集散失的旧部，一边徐图再起。

泡　影

王浚被石勒诱杀后，石勒得以腾出手来，与刘聪一起全力对付刘琨，刘琨所面临的总体形势更加不利。在这种情况下，身负国仇家恨的刘琨，依旧不屈不挠，他写下一封言辞慷慨激昂的奏表，送到长安，呈给晋愍帝，誓言："臣与二虏（指刘聪和石勒），势不并立，聪、勒不枭（即不消灭刘聪、石勒），臣无归志。"

事已至此，愍帝亦知唯有倚重刘琨，大局才有转圜的可能，因此派遣使者专赴并州，拜刘琨为司空，都督并、冀、幽三州诸军事。刘琨上表推辞了司空之衔，只接受都督之位。

这时的刘琨，相当于暂时接替了东海王越死后所遗留的北方盟主交椅，重任在肩的情况下，他决定借拓跋鲜卑之力，重启会军平阳计划。

拓跋猗卢此时已被晋朝封为代王。封了王就要立嗣，与中原政权奉行嫡长子继承制不同，鲜卑人有爱宠幼子的习惯，猗卢想立小儿子为嗣，就把长子拓跋六修迁居他城，还黜废了他的母亲，又将拓跋六修的一匹宝马良驹，强夺过来送给小儿子。

拓跋六修常年在前线征战，且屡立战功，猗卢之举，令他又羞又愤，遂不告而去，并对其父采取了"召之不至"的态度。

父子翻了脸，拓跋猗卢大怒，立即率军讨伐拓跋六修。晚年的拓跋猗卢逐渐陷入昏悖，而且用法严苛，杀戮过重，因此在拓跋部中早已大失众心。父子内战的结果，拓跋猗卢反而打了败仗，继而又被拓跋六修所杀。

拓跋六修弑父后，自立为代王，但这只不过是昙花一现，旋即又被其堂兄、前来平乱的拓跋普根击灭。拓跋普根虽平定了六修内乱，但拓跋鲜卑的内乱并未就此停止，接着拓跋普根又迅速亡故，后来依靠拓跋普根的母亲主持，混乱局面方告一段落。

拓跋猗卢在世时，本来已与刘琨商定好要共讨刘聪，然而在经历大规模的内战和动乱后，拓跋鲜卑的实力已大为衰落，不管由谁当政，都无法再像从前那样向刘琨提供兵援了。

在拓跋部处于混乱之际，依附鲜卑多年的晋军将领卫雄、箕澹，拥戴先前被留在拓跋猗卢处作为人质的刘琨之子刘遵，带领所统晋兵以及部分乌桓兵，离开鲜卑居地，前来归附了刘琨。

刘琨军原本兵微将寡，至此总算声势复振，只是拓跋鲜卑的一场内乱，终于还是让刘琨围魏救赵、拯救晋廷的战略意图化为了泡影。

没有了刘琨的牵制，匈奴汉军对京师长安的攻势愈加猛烈。公元316年8月，刘聪的堂弟刘曜率部进逼长安，一批将领殉难，之后长安内外联系完全断绝。

眼见得"刘（曜）、石（勒）有滔天之势"，"扰天下如驱群羊"，长安周围的各路晋军噤若寒蝉，自守尚且时刻害怕汉军袭来，更没一个敢向匈奴人主动出击，以救长安之困。

进入冬季，在外无救兵、内无粮草的情况下，长安终于步昔日洛阳之覆辙，整个京城都陷入了极端严重的饥荒之中。城中一大半人被饿死，已经到了人吃人的地步。皇宫里亦是如此，由于实在找不到东西吃，有人将仓库里酿酒用的数十块酒曲砸碎，用来给愍帝熬粥喝，但到后来，连这些酒曲都吃完了。

11月，窘迫无计的愍帝被迫开城出降，随后就像怀帝一样，被掳送至匈奴汉国的都城平阳。后世所称的西晋政权至此灭亡。

淳　案

长安不守，晋愍帝被掳北去的噩耗传至建康。司马睿穿上铠甲，亲自带领将士露宿野外，同时向各地发布檄文，以救回愍帝为号召，征召天下兵马，约期克日北伐。

数天之后，司马睿以漕运误期，下令处斩督运令史淳于伯，这时却突然发生了一件极为怪异的事。

据《搜神记》载，督运令史淳于伯被斩杀时，他的血喷射出来，先顺着柱子往上流了二丈三尺高，接着才往下流，渗到地底下四尺五寸深！

《搜神记》是最早成书于晋代的一本奇书，书中所录多为神灵奇幻故事或民间传说，但令人惊异的是，史书中对此亦有类似记载：斩杀淳于伯的刽子手行刑已毕，在柱子上擦拭刀血，血竟沿柱子逆流而上，在直达柱顶后才开始往下流。

可以看到，这里确实出现了超出人们常识的现象。为何会出现如此异象？《搜神记》的解释是，刑罚不当，妄加惩处，导致阴阳不调，故而上天降下惩罚，作为冤情的反映。

事实上，这种认识在老百姓中早就有了。《窦娥冤》有所谓"血溅白练，六月飞雪，大旱三年"，淳于伯的遭遇与此相应，其"血液上流"毫无疑问成了冤案的专有标识。

按照《搜神记》的说法，淳于伯被杀后，当地在三年内频繁发生大旱灾，但百姓已经用不着再观察三年了，行刑现场的围观者一片喧哗，大家议论纷纷，都说："这是有冤情啊！"

此后，围绕淳于伯的热度居高不下，有人甚至说，他在大白天又看到了活着的淳于伯，意即淳于伯蒙受奇冤，所以其魂魄仍徘徊滞留于世间。

借助于民间的汹汹舆情，淳于伯的儿子淳于忠也上诉喊冤，说他父亲被杀前，是作为督运令史，外出为卫戍部队运粮的，去了两个月，事情办完就回来了，并没怎么延误。

按照淳于忠所述，淳于伯在两个月前接到的任务，是给卫戍部队运粮，而不是给即将北伐的远征军运粮，所以判定他延误出征，是毫无道理的。退一步说，就算淳于伯回来后，又让他为北伐大军运送粮草，想想看，为卫戍部队筹运粮草都要耗时两个月，区区几天，他又怎么可能把北伐的粮草都搞到手？

在淳于伯漕运误期案中，淳于伯还被指责接受贿赂以及让人替他免费干活。淳于忠辩解说，就算淳于伯真的干过这些事，但不管其中哪一种，都还罪不至死。

淳于忠的喊冤，在丞相府获得了一个人的支持，此人就是丞相司直刘隗。

刘隗梳理案情后，认为淳于忠言之有理，他同时指出，从江南政权开始镇压杜弢起义起算，在过去的四年里，凡粮草供给、水陆运输方面的事，督运部门其实都有过延误，但从来都未以耽误出征定罪。就算淳于伯这次真的延误了出征，为何他就这么倒霉，非得被定罪，而且定的还是须立即处斩的死罪呢？

淳案当然也要经过审理程序，当时丞相府具体负责司法典狱的官员称作理曹，司马睿下令处斩淳于伯前，其依据主要就来自理曹根据淳于伯供词所整理的案卷。然而刘隗对于其中供词的可信度，也公开表示质疑，他怀疑理曹对淳于伯使用了逼供、拷打等手段，淳于伯受刑不过，才违心地提供了这些供词，承认了自己的"罪行"。换句话说，淳于伯本无罪，只是屈打成招才被理曹定了罪。

处理淳案的理曹，以时任从事中郎的周筵为首，刘隗毫不客气地把周筵等人的名字都一一列举出来，并向司马睿进言，要求以失职罪进行惩办，将他们全部免职。

秉性刚直的刘隗凭着一腔正气，为淳于伯鸣不平，要求惩办周筵等人，但他并不知道，淳案的始作俑者，其实不是别人，而正是他一心要维护的主公——司马睿。

演一场戏

事情还得从司马睿宣布要克日北伐说起。

司马睿在先后被愍帝晋封为左丞相、丞相后，一直都没有按照愍帝的要求，亲自率部北上勤王。他虽然已派祖逖以先锋名义渡江北伐，但截至长安沦陷，祖逖仍屯驻于淮阴，并未能够进入中原。换句话说，愍帝千呼万唤，好话说尽，官爵给足，可是直到他本人成为胡人囚徒，始终都没能盼到江南发去一兵一卒。

司马睿当然自有他的不得已之处。事实上，即便在将杜弢起义和江东叛乱镇压下去后，司马睿巩固江南的任务也远未完成。江南仍旧处于百废待兴的阶段，史书对于其时司马睿政权的记载，充斥着"纲维未举""学校未修""农桑弛废""盗贼多有"等词语，说明司马睿政权尚未摆脱刚刚南下时的"草创"局面。

地方上也仍不安定。江东政权所辖的江、扬、荆、湘、交、广六州，僻远的交州不说，上游的荆州也因杜曾作乱，重又陷入动荡和失控的状态之中。

基于这些实际情况，司马睿不可能立即倾师北伐，作孤注一掷之举，但如今长安已破，连愍帝都做了俘虏，如果他司马睿再没有什么表示，确实也不好向世人交代。

于是就不得不演一场戏，剧情就是司马睿怒发冲冠，不顾一切地要亲自率部北伐，然而到了关键时候，又由于某个不可抗拒的原因，致使整个出兵行动不得不推迟。这样一来，既可向外界表明司马睿的姿态，又可实际延缓整军出师北伐的时间。

那么，到底有哪些因素可以算作"不可抗拒"呢？最容易找到的理由，便是没有粮草。正所谓兵马未动，粮草先行，缺乏粮草，北伐云云就无从谈起。当然绝不能说司马睿自己没有用心筹措粮草，筹肯定是筹了，只是"漕运误期"，被不称职的督运官给耽误了。

大家看到北伐推迟，肯定会生气会抱怨，于是作为责任人的淳于伯就一定要被推出去斩首示众，以平众怒。换句话说，淳案就是设定好的一个局，淳于伯不幸充当了替罪羊的角色。整个过程和当年曹操杀运粮官，借人头安军心的套路颇有一拼。

从"小王马"一贯王不离马，马不离王的做法来看，这场戏的幕前主演虽是司马睿，但幕后主谋和做局之人却基本可确定为王导，周筵等人处理淳案，自然也都是遵从了王导的指示。

就个人品性而言，司马睿、王导都不具备曹操式的歹毒无情，制造淳案，只是他们作为政治家的一种从权行为，是不得已的举措，他们绝不会像曹操那样杀了无辜的人还自鸣得意。同时，与北方动辄灭族、视人命如草芥的氛围不一样。在一定程度上，江东的政治空气中还包含着对生命的尊重，这使得司马睿、王导对于淳于伯之死，必然不同程度地背负着道德压力，在刘隗揭开盖子后，他们也缺乏利用自己手中掌握的公权进行打压和掩盖的勇气，更不用说把责任顺势推到周筵等人身上了。

眼看事情越闹越大，已到了无法收场的地步，王导首先被迫出面承担责任，表示这事跟周筵等人无关，都是他一个人的责任，请司马睿将他予以免职。

司马睿这时候也终于承认淳于伯是被冤杀的，并作了自我检讨，说之所以政令刑罚失当，都是他这个做丞相的不够明察所致，为此他感到既惭愧又后悔，今后将多多听从忠告，以弥补过失。

司马睿强调淳案皆其一人的过失，王导请求免职这件事，不是他所希望看到的，因此不能接受。

由于司马睿自己揽过了全部责任，刘隗也就不好再继续追究下去了，最后不但王导未被免职，周筵等办案人员也没有一个被问罪。

童　谣

在西晋政权灭亡后，南北上下除了热切企盼司马睿带头北伐外，也在渴望尽快出现新主，以复兴晋室。

六朝有一本流行的谶书，书中出现了"铜马入海建业期"一句，这句谶语预言铜马掉入海里之日，会有人在建业（即建邺、建康）创建帝业。此句又对应着"元帝小字铜环"，意谓司马睿小名铜环，司马睿就是那个要在建康继承帝位的"铜马"。

另外还有一种说法，认为司马睿的母亲夏侯氏小名铜环，"铜马入海建业期"，是说夏侯氏"铜马入海"也就是她死后，将由其子司马睿开创帝业。

经专家研究，"铜马入海"实为六朝以后的人编造出来的，所以才会有不同的诠释，但在司马睿的时代，却还有一个真实存在过的政治寓言，这就是"五马渡江"。

时光拨回到晋惠帝太安年间。太安作为年号，实际存在仅一年有余（302—303），但就在那段时间里，就像森林中爆燃的山火一样，突然爆发了长沙王乂、成都王颖、河间王颙之间的三王之战。

三王之战以迅速而不可逆转的方式铺展开来，持续长达半年之久，最后，成都王颖、河间王颙击败了长沙王乂，东海王越则因出卖长沙王乂而取代司马乂，开始在政治舞台上崭露头角。

颖、颙、越的胜利都只是暂时的，事实上，正是三王之战这场极其惨烈的大战，在唱响八王之乱终曲后，彻底拉开了撕裂中国北方的序幕，也预示了西晋王朝的覆灭。

一首童谣就从那个时候开始传唱流行于洛阳："五马浮渡江，一马化为龙。"

在中国古代，童谣经常在谶纬世界中扮演神秘的预言角色。十多年后，作为童谣的"五马渡江"再度成为社会热点，人们将它解读为：天下大乱，宗国多绝嗣，唯琅邪、汝南、南顿、西阳、彭城五王也就是"五马"同至江东，而琅邪王司马睿将得嗣晋统，成为"化为龙"的一马。

重新回到"五马渡江"最初的创作起缘，它确乎反映了当时民间一种极为焦虑恐慌的情绪和预感，但就其原始版本的内容而言，"五马"却可能另有其人。

太安之前，江东曾有过一个宗王，也就是吴王司马晏。丹杨、吴兴、吴三郡均为吴王晏之食邑，但他本人长年生活在京洛，不在封国之内。吴王晏有五个儿子，作为晋武帝之子，晋惠帝、晋怀帝的同父异母兄弟，吴王晏的这五个儿子便成了后来唯一存世的武帝直系后裔，"五马"真实所指，恐怕就是他们。

很可能，太安年间的人在亲眼看见三王之战及其造成的悲剧性后果后，对北方前景已经感到绝望，他们转而寄望于司马晏之五子，期待他们能南渡回到封国，并由其中之一站出来，挑起晋室的大梁。

本来"五马"的原始版本确有变成现实的可能。五子中有一子司马邺，他因最初过继给伯父为嗣，所以袭封了伯父的秦王爵位，此即秦王邺也就是愍帝。

如果当年司马邺和他的兄弟们能够南渡江东，并由司马邺称帝，"五马渡江"不就兑现了吗？原始版本后来作废，是因为命运在这里发生了一个鬼使神差般的转折：在永嘉之乱中，吴王晏及多数诸子皆被胡人所杀，仅司马邺得以幸存。司马邺倒是一心想南渡去父亲的封国，奈何身不由己，他先被苟藩等人拥为储君，继而又被阎鼎裹挟西奔长安，最终成了西晋亡国之君。

愍帝和他的兄弟就这样从"五马渡江"中消失了，司马睿等五王，悄然替代了他们。

在"五马渡江"重新受到重视的同时，江东各地接连出现吉祥的征兆，也即所谓祥瑞。其一，在吴兴郡临安县发现了玉册，玉册就是古代帝王祭祀告天的册书，或者也可以说是天子给帝王的任命状。其二，在丹杨郡江宁县发现雕有麒麟的白玉神玺一枚，印玺上刻有"长寿万年"四字。其三，天空中出现了重晕，也就是太阳周围多了两重光圈。日晕在中国古代本非吉兆，但古人又认为太阳乃统治者的象征，出现日晕，预示国家中兴以及即将诞生新的帝王。

"五马渡江"的童谣最早并不是司马睿编造的，江东的这一系列征兆也不一定都来自司马睿的有意设计，但至少它们都迎合了司马睿的意志，因为司马睿确实一直胸怀"为天下主"的志愿和抱负，故而他和王导必然都加以了利用。

就拿"五马渡江"来说，按照南渡宗藩的实际情形，并不是只有"五马"，其他还有章武、谯国、梁国等诸王。"五马"中，汝南、南顿、西阳三王，也是在怀帝政权覆灭后才过江的，并非与司马睿同至江东，至于彭城王，过江的时间就更晚了。不过对于以王导为主的具体操作者而言，这些都不重要，重要的是必须突出司马睿，强调司马睿的"南渡化龙"，为此哪怕是进行削足适履式的改造。

南朝史学家沈约、初唐五行家李淳风等人曾不约而同地作出判断，将"五马渡江"划定为昭示西晋将亡的"诗妖"，但相对于"五马渡江"的原始版本，经过改造的新版本从内容到气象，都已经面目一新，成了新朝将兴的最耀眼符瑞。

愍帝遗诏

西晋宗室司马氏是大家族，从第一世司马懿开始，到第五世晋惠帝的太子司马遹（司马睿为第四世），有人统计至少有两百多人。然而在西晋灭亡的过程中，司马氏遭到了毁灭性的打击，宗王多数被杀，一部分逃到边远地区乃至下落不明，能够活下来的宗室少之又少，武帝系统更是消亡殆尽，除了沦为囚徒的愍帝，存世宗王再无武帝直系后裔。

在同时代宗王中，司马睿原本只是旁支弱藩，并不具备继统资格，但到了这个时候，大家既然都是旁支，司马睿在宗族中也就不存在天生矮谁半截的问题了，加上他实力最强，影响力最大，在朝野的支持率最高，又善于制造社会舆论，这就使得司马睿在登阼的资格上独领风骚，包括其他"四马"在内，没有任何一个存世宗王能与他相提并论。

公元317年春，距愍帝出降被俘和淳案约两个月后，弘农太守宋哲逃至建康。当时南渡逃难的官员不少，宋哲的引人注目之处，在于他还带来了愍帝临降前所写的一份诏书。

弘农即司州所辖弘农郡，郡治弘农县即秦代的函谷关，距长安不远，但在长安被围、内外断绝的情况下，宋哲并无可能直接见到愍帝。愍帝应是考虑到当时北方到处都是匈奴汉军，直接派人前往建康传诏风险太大，所以才派使者突围后先至弘农，将诏书就近交到宋哲手上，托宋哲设法向司马睿宣诏。

也是因为形势险恶，道路多阻，宋哲并没有在长安沦陷后，就立刻前往建康传诏。由于弘农向来为军政要地，长安沦陷后，此处成为匈奴汉军的进攻目标，并且很快失守，宋哲无法继续立足于关中，才不得不突破重重险阻，携诏书南下。

众人皆知，愍帝虽然还活着，但事实上已无被释、被救和生还的可能，故而此诏书也被称为愍帝遗诏。在遗诏中，愍帝同意司马睿作为丞相代他"统摄万机"，也就是管理国家所有事务，这意味着愍帝已将司马睿指定为自己的继承人，但愍帝对司马睿称帝也提出了一个附加条件，那就是要他"尽早克复旧都，修整宗庙陵墓，雪国家之大耻"。

可以想见愍帝在临降前的一刻，挥笔书写诏书时的复杂心情。他一方面深知当下舍司马睿外，再无人能够担起延续晋祚、替他和西晋政权报仇雪耻的重任，另一方面，从制订大反攻计划开始，愍帝曾多次向司马睿乞师救援，然而直至山穷水尽，被迫出降，都没能等到司马睿派来一兵一卒，这让他难以释怀。为此，愍帝在诏书中，既安排司马睿统摄大位，又要求他必须带兵北伐，收复旧都，后者既是一种条件和要求，同时也是一种情绪的含蓄表露，即对司马睿坐视自己危亡而不救的怨怼和谴责。

毫无疑问，愍帝遗诏对于司马睿江左称帝是一个巨大利好。"五马渡江"以及显示"东南有天子气"的种种祥瑞，固然能够使司马睿赢得民众支持，为他最终登上王位加分，但那些毕竟还都只属于民间范畴；愍帝遗诏则不同，它从官方角度，为司马睿继承帝位提供了来自最高层的政治合法性证明，进而解除了司马睿称帝道路上的一个重要阻碍。

接受愍帝遗诏后，司马睿穿上白色衣服，避居郊外，为愍帝落难举哀三日。

此时愍帝遗诏已经广为人知，于是四方尽起劝进之声，南渡"五马"中辈分、地位较高的西阳王司马羕带头，与丞相府僚佐和州牧守将等，共同请求给司马睿加上皇帝尊号。司马睿对此予以拒绝，司马羕等人又"誓死"再三请求，但司马睿仍旧不肯接受。

看到众人还是不肯罢休，司马睿突然哭了，他一边流着眼泪，一边感慨道："我是一个有罪的人啊！像我这样失职的人，应受斧钺之罪！今后我只有赴汤蹈火，死于节义，去洗雪天下的奇耻大辱，或许才有可能为自己赎罪。"

接着司马睿又说："我本来只是琅邪王，实在无法接受诸位贤良的逼迫。如诸位依旧逼迫不已，我将返归琅邪封国。"随即便传唤自己的私人随从，让他们安排车辆，真的作势准备前往北方，返回琅邪。

晋　王

古代劝进都有一个固定模式，即劝进者不限人数和次数，反正是越多越好，而被劝进者一般而言，只要装模作样地拒绝一次或多次，就可以顺水推舟，以众望所归，不得不如此为由，堂而皇之地接受众人的劝进。

司马睿向以恭俭退让的风格处世，你要说他比别人多辞让几次，借以树立形象，收揽人心，这当然是完全可以理解的，但司马睿竟至当众落泪，并承认自己是罪人，却是劝进套路中的非常之举，而且也不太像纯粹的表演。

种种迹象表明，愍帝遗诏带给司马睿的，也许并不单单是幸运和欣喜，其中还有挥之不去的愧疚和不安。

扪心自问，愍帝把能给的都给了司马睿，原本不能给的，到了最后一刻也都给了，但司马睿却从未向愍帝施以任何援手，以至于外界和后世纷纷猜测，司马睿是在保存实力，坐待愍帝被俘被杀，因为只有这样，他才能有机会问鼎九五之尊。

可以想见，外界的看法以及愍帝的责备，必然给司马睿造成了很大的道德和心理压力。在这种情况下，他自承"有罪的人""失职的人""应受斧钺之罪"，并非完全是在忸怩作态，矫揉造作，其中亦不乏真情流露。

对司马睿而言，愍帝虽然已颁下遗诏，但毕竟他人还活着，此时若从众人所请，迫不及待地马上即位，岂不坐实了外界的猜测？自己的形象将变得多么不堪！所以司马睿内心不管对帝位的追求有多么强烈，他也不愿在这个时候公开表露出来。

当然，如果司马睿能够完成一件事，那就是立刻答应愍帝提出的附加条件，即刻倾师北伐，如此一来，不仅可以打消来自各方的所有非议，使自己的即位变得更加名正言顺，同时也能迅速减轻自己内心的负疚感。

你以为司马睿不想这么做吗？问题是他做不到。要不然，又何至于非要通过制造淳案来推迟出兵时间，最后还弄到自己打自己脸的地步？

司马羕等人的劝进，本是称帝活动的一部分，为的是进一步推动舆论，让忠心晋廷的南北人士都能心甘情愿地推举司马睿为帝。不过众人并不都能理解司马睿的真实想法，司马睿也无法事先都一一交代清楚，因此劝进现场才会出现这样的滑稽场面：在众人"逼迫不已"的情况下，司马睿因无法让臣僚们尽快领会自己的所思所想，急到也不得不以退回琅邪"相逼"众人。

经过司马睿情急之下的"相逼"，司马羕等人终于明白过来，悟到司马睿因时机尚不成熟，无论如何不能马上称帝，于是只能退而求其次，请司马睿称晋王。

丞相称王在魏晋以前就有先例，晋武帝之父司马昭即为晋王，往前曹操也称魏王。称晋王与正式称帝只差一步，而且这样做，也可以帮助司马睿最终完成迫在眉睫的两个重要问题，即组建政府与稳定局势。

见众人的提议已与自己的思路同轨，司马睿这才答应下来。

公元 317 年 4 月，司马睿发布了一份诏书，因发布当日为农历庚寅日，故称《庚寅诏书》。

司马睿延续晋祚，其背景并非太平盛世年间的和平交接，而是非常时期的艰难草创，面临的困难之一，就是官员匮乏。在此之前，近三十年的动荡、战乱和无情杀戮，不仅扫荡了西晋王室，也将朝臣旧士消灭殆尽，所以司马睿要做的头等大事，就是为新政府设置和提拔官员，这就是诏书中的"备百官"。

所幸，司马睿从南渡坐镇建康起，就已接受王导的建设，大力征辟"百六掾"，到这个时候为止，"百六掾"的征辟已基本告一段落，该收纳和能收纳的人都已经陆陆续续进入了他的政府，"备百官"只是完成最后的程序并诏告天下。

组建政府后，还必须收拾百废待兴的局面。连年战乱，在使大批朝臣身首异处的同时，也使包括法律书籍在内的国家典籍损失殆尽。因为没有现成的法律条文可以参照，"纲维未举"、法令失常也就成为必然，甚至在司马睿任丞相后，官员们在审理疑讼也即疑难案件时，仍然只能各持己见，始终缺乏统一的定罪量刑标准。

在这种情况下，议立法度成为新政府的一项急务，诏书中除"备百官"外，另一个重要内容就是"彰宪典"，也就是颁布一些试行的法律条文，以便"明赏必罚，以彰宪典"。

颁诏的次日，司马睿正式即晋王位。此时江东政府初建，法规尚未健全，而朝中臣僚又缺乏熟悉旧时礼仪的人，唯有刁协因为曾任掌管宗庙礼仪的太常博士，对朝廷礼仪谙熟于心，故而全程礼仪制度都由他负责主持制定。在刁协的布置安排下，大家基本仿照当初司马昭即晋王的步骤，重新来了一遍，只不过是换了个地方，"立宗庙社稷于建康"。

当天，司马睿大赦天下，并将"建武"作为自己的年号。也就从这个时候起，原本偏居东南一隅的司马睿政权成为晋王朝的唯一代表，所谓"正朔"所在。

药 方

司马睿从坐镇江东到称晋王，一路走来，始终离不开王导的辅翼。在这一过程中，王导也以其特殊的人格魅力和政治才能为人们所推崇，其威望越来越高，以致朝野人士无不倾心。

春秋时齐桓公尊称管仲为"仲父"，大家把王导当成再世管仲，也称他为"仲父"，王导因此又有"江东管夷吾"（管仲名夷吾，仲是他的字）之誉。

南渡名士桓彝初到江东，见司马睿政权势力单薄，其力量与自己的想象相去甚远，感到非常失落，心中也一直忧郁不快。后来他去拜见王导，王导与之纵论天下大事，两人豪谈一整天，让桓彝对王导崇拜得五体投地，回家后，他便转忧为喜，对周𫖮说："刚才我见到了'管夷吾'，我觉得以后再不会有什么让我忧愁了。"

愍帝刚刚即位时，曾召王导为吏部郎，王导早已选择一生追随和辅佐司马睿，自然也就没有接受，所以他的实职仍为丹杨郡太守。等到司马睿称晋王，便以王导为丞相军谘祭酒。虽然官职名称有变动，但王导在司马睿之下掌握江东政务这一点，则未有丝毫变化，他依然在凝聚人心，稳定政局方面发挥着不可替代的作用。

当时的南渡名士每至闲暇假日，都会趁着好天气，相约来到新亭，坐在草地上聚会饮宴，以此抒发郁闷之意。一次，周𫖮忽然叹道："风景不殊，正自有山河之异！"

这里的江南风景真是不错，跟往昔没有什么不同，可惜啊，就是江山换了主人！周𫖮的有感而发，立即勾起了众人对西晋王朝和中原故土的怀念，众人相视无语，不禁伤心落泪。

王导亦在座，他一向谦恭和善，即便被人冒犯也很少动怒，但这时却怒形于色。他情绪慷慨，非常严肃地对大家说："当共勠力王室，克复神州，何至作楚囚对泣！"

王导也是北人，岂无思乡之情？但他更重实际，更知道如何脚踏实地，一步步地向着目标去努力。他所用的"楚囚"一词，典出于春秋时的楚国人钟仪，钟仪在楚国攻打郑国的一次战斗中作了俘虏，被囚后，因怀念故国，思念家乡，常常不由得潸然泪下。王导借用这个典故，说时局既然已经这样了，我们不应该像亡国囚徒那样，只知道你对着我淌眼泪，我对着你哭泣，那样没有一点出息。怎么做呢？应该振奋起来，共同效忠朝廷，收复中原！

听了王导这番语重心长的话，众人心悦诚服，赶紧止住哭声，擦掉眼泪，向王导认错。这就是魏晋故事中有名的"楚囚相对"。

"楚囚相对"表明，北方的长期战乱和西晋王朝的崩溃，已经沉重打击了士人阶层的自信心，使得大家在南渡之后，都不由自主地陷入了寄人篱下、物是人非的感伤之中。王导深知，在司马睿政权尚无能力立即大举北伐、收复失地的情况下，一旦北士的这种消极萎靡情绪蔓延开来，必将使得这个新兴政权失去进取的动力，丧失向上的精神，那样的话，统一南北、恢复故土也就真的无望了。

王导开出的药方，是淳民风，正人伦，重新恢复礼义教化之道，以便从根子上来解决这一隐患。然而，当时的实际状况是，由于北方兵患始终没有停止，北方的教育事业已经基本没有了，各地学校皆处于废弃状态。江南的教育事业则相对落后，司马睿南渡后，一度忙于削平南方割据势力和镇压反叛、流民起义，也顾不上建立学校。

为此，王导以司马睿称晋王为契机，向司马睿上书，指出西晋王朝之所以政治失控，陷入极其严重的混乱局面，与长期以来礼崩乐坏、儒家文化遭到严重破坏和摈弃，有着非常直接的关系，新政权若不想重蹈覆辙，就不能允许"学校未修"的状况继续下去。

司马睿欣然采纳了王导的意见，广设学校，同时在建校方案上，也按照王导的建议，注意择取朝中子弟入学，选拔博通礼学之士为师，自此以后选才用士，也开始从学校中进行挑选。

不久，王导被司马睿拜为右将军、扬州刺史，监江南诸军，随后更被拜为骠骑将军，都督内外诸军事。在官职地位上，王导始终保持着谨慎不逾矩的原则，因为考虑到同时被司马睿拜为大将军的王敦，已经统领六州，他便坚持辞谢了都督内外诸军事一职。

尽管受到司马睿的格外恩遇，但王导从不曲意逢迎，该直谏的时候照旧直谏。司马睿称晋王后，主掌官员请求册立王太子，司马睿喜爱次子司马裒，就对王导说，立太子应当以德为主，司马裒德行较好，可立为太子。王导明知司马睿的心思，依然直言立太子遵照的是嫡长子继承制，世子司马绍符合标准，而且司马绍与弟弟司马裒一样，为人清朗隽秀，德行贤能，没有可挑剔之处，他建议仍应安排司马绍做太子。

在中国古代，废长立幼向被视为取乱之道，三国时的袁绍、刘表都先后在这个问题上跌过大跟斗。王导建议立司马绍，正是出于这一考虑。司马睿听后，起初还是拿不准主意。王导认为立储之事非同小可，自此便一早一晚地不断进行劝谏。在他的反复劝导下，司马睿思前想后，终于打消了原来的念头，决定给予司马绍正式名分，立他为王太子。日后司马睿去世，王室能够顺利交接班而没有发生祸乱，可以说王导功不可没。

拓跋晋军

长安沦陷后，北方残余晋军和抵抗力量进一步式微。匈奴汉国把打击重点集中于刘琨的并州，石勒发大军对并州乐平郡进行突袭，乐平太守忙向刘琨请援，刘琨本军已经很弱，但他仗着刚得新锐之兵，仍打算救援乐平。

所谓新锐之兵，主要指的是从拓跋猗卢那里跑来归附刘琨的晋军（可称为"拓跋晋军"），他们依附鲜卑多年，和鲜卑兵一道训练作战，身上也开始具备鲜卑突骑"士马精强，其锋不可当"的特点。不过拓跋晋军毕竟久沦异域，在情感上对晋廷已然疏离，要想控御自如，需要一个过程，更何况，管控队伍本非刘琨之长，这种情况下，就更不能操之过急。

直接统带拓跋晋军的卫雄、箕澹，向刘琨直陈其弊，并且建议说，为今之计，不应急于援救乐平，而应保存好他们从鲜卑带出的粮食，同时收罗胡人残部的牛羊，用以闭关守险，休养生息。

什么时候能够出击？卫雄、箕澹认为，等到包括拓跋晋军在内的归附者都被真正感化，刘琨能够做到指挥如意，那个时候再动员他们征战，才没问题。

刘琨久经战阵，不可能不知道卫雄、箕澹意见的中肯，但显然，长安的沦陷，愍帝的蒙尘，已经让他很难保持平和心境静待时机。在一腔忠勇之气的支配下，刘琨没有听从二将之议，仍然决定倾兵而出，他命卫雄、箕澹率步骑两万人为先锋，自率余部随后进发。

得知刘琨出援乐平，石勒部下有人心生怯意，认为卫雄、箕澹所部晋军数量不少，又像鲜卑人一样能打仗，不如先暂避其锋，用深沟高垒来挫伤其锐气。石勒对此则不以为然，他说既然卫雄、箕澹都已经来了，还能避到哪里去？如果卫雄、箕澹趁己方退兵时发起进攻，逃都来不及，又到哪里深沟高垒？

石勒能够对晋军屡战屡胜，乃至扳倒王浚，其勇猛和狡黠程度均非普通胡将可比。在他的认识里，有没有鲜卑骑兵加盟，对于刘琨并州突骑的战斗力而言，区别是很大的。卫雄、箕澹的拓跋晋军虽然也可以勉强充作第二等的鲜卑骑兵，但石勒通过探马送来的情报，一眼就能看出，拓跋晋军尚未在刘琨旗下形成凝聚力，而且他们远道而来，疲惫不堪，使得队伍号令不一，各有所恃。

以石勒的标准来衡量，这样的部队根本称不上精锐，可一击即破。进言避敌者的言论，被石勒认为是"自亡之道"。石勒是个狠人，裁定后立斩进言避敌者，接着便任命前锋都督，下令三军："后出者斩！"

石勒打仗很有一套，他首先占据险要地势，然后派轻骑兵与卫雄、箕澹部接战，稍一接触，即佯败退却。卫雄、箕澹部以骑兵为主，利于速战、野战，见状不知是计，遂跟踪追击，不知不觉地进入了石勒的埋伏圈。

在伏击圈内，卫雄、箕澹部遭到石军的前后夹击，四面合围。如石勒所料，卫雄、箕澹部很快就陷于崩溃，两万步骑几乎全军覆灭，卫雄、箕澹二将仅率一千余骑兵得以突围，石军单是缴获的铠甲和战马即以万计。刘琨军能够出击，倚仗的就是拓跋晋军，随着拓跋晋军被消灭，后续部队紧跟着自然也是一败涂地。

刘琨在环境极端恶劣的情况下，不像其他晋军将领那样畏缩不前，依旧顽强进击，其志固然可嘉，但轻率出兵，与石勒硬拼的做法却并不可取。此次大败，不仅使得并州突骑这支曾雄立于并州乃至北方的劲旅从此一蹶不振，而且令整个并州为之震动。各路残余晋军均惊骇不安，乐平太守慌忙弃城而逃不说，就连刘琨的部属、留守晋阳的司空长史李弘也投降了石勒。

失去晋阳后，被困在晋中腹地的刘琨，进退失据，茫然无措。最终，刘琨不得不离开并州另觅出路，而这一去，他便再也没重返这片他苦心经营的土地。

《劝进表》

就在刘琨日暮途穷之际，他收到了"幽州刺史"段匹磾（音 dī ）的邀请。

段匹磾实际出自东鲜卑的段部鲜卑，并非汉人，其父段务勿尘就是那位娶了王浚女儿，并借兵给王浚的鲜卑首领。晋怀帝即位后，诏令段务勿尘为大单于，段匹磾为左贤王，协助朝廷征讨匈奴汉国，自此段务勿尘、段匹磾一直都持忠于晋室的立场。

后来段务勿尘病死，长子段疾陆眷承袭了大单于封号。段疾陆眷袭爵之初，仍奉王浚之命攻打石勒，但是有一次鲜卑人打了败仗，段匹磾的堂弟段末柸被俘。石勒很有心机和手腕，他不但没有杀掉段末柸，反而将其送还段疾陆眷。这使段疾陆眷的政治态度发生根本转变，之后便不再听从王浚和晋朝的调遣，径自率部返回了段部鲜卑的辽西领地。

失去鲜卑助力的王浚，不久即被石勒所杀，原由王浚控制的幽州及其治所蓟城亦被石勒攻入。石勒在对蓟城屠城后，任命了一名汉人官吏为幽州刺史，让他留守蓟城，自己率部而返。这名汉人官吏不想归附石勒，就投靠了段匹磾，段匹磾由此进入蓟城，并自命为新一任"幽州刺史"。

段匹磾坚持忠于晋朝的初衷，他不赞成兄长与石勒休战的做法，一直敬崇刘琨，数次写信邀请刘琨来蓟城，和他一起共扶晋室。刘琨找不到其他更好的出路，也只能率领部众离开并州，应邀来到蓟城投奔段匹磾。

段匹磾见刘琨虽已无地盘，但政治资本仍然存在，遂与之结为姻亲，约为兄弟。二人歃血为盟，以共扶晋室，尽忠朝廷作为奋斗目标，不仅如此，段匹磾还主动尊刘琨为大都督，并联合段部鲜卑诸酋长，欲将他们也都号召于刘琨麾下。

一时之间，刘琨似乎又得以东山再起，其声势极为浩大。刘琨得知司马睿在江东称晋王，鉴于西晋灭亡，天下无主的事实，他即速派右司马温峤，与段匹磾派遣的使者一道，前往建康向司马睿劝进。

此番劝进，就是要劝司马睿正式登基做皇帝。公元317年6月，温峤等人突破刘聪、石勒的封锁，历经艰辛，千里迢迢抵达建康，向司马睿呈上了刘琨的《劝进表》以及刘琨、段匹磾的结盟文书。

《劝进表》实由刘琨起草，刘琨、段匹磾共同署名和进呈，但根据司马睿方面的说法，《劝进表》并不仅仅出自刘琨、段匹磾，而是他们与当时尚忠于晋室，并与刘聪、石勒为敌的北方诸侯联合上的，加起来一共是一百八十人，故称"一百八十人联合上书"。这是怎么一回事呢？

上表劝进是大事，刘琨一写好，自然就要传告四方盟友也就是诸侯们，但这些诸侯均分散于各地，加上当时北方的混乱局面和石勒的阻隔，如果要等收到所有回复，然后再派温峤南下，时间上肯定来不及，所以二者应该是同步进行的，即刘琨一边派温峤前往建康，一边传告四方。

司马睿称晋王后，除刘琨、段匹磾外的其他北方诸侯，其实也都怀着各种目的，各自遣使向司马睿劝进，就连远在辽地的慕容鲜卑亦不例外。既然是各自遣使，当然也都单独上了《劝进表》，只是这些《劝进表》都没有流传下来而已。

显然，司马睿方面宣传的"一百八十人联合上书"，纯粹属于舆论造势，为的是扩大影响力。刘琨身居三公之位（被愍帝拜为司空），又有抗击匈奴汉国的盛名在外，向来被视为晋朝北方抵抗势力的一面旗帜，司马睿方面以刘琨所上《劝进表》作为代表，将其他人的劝进都附着其后，亦在情理之中。

从当时北方士民的角度来看，司马睿出身小宗，南渡前长期处于核心权力圈的边缘，其威望恐怕还有不足之处。另外，江东毕竟曾是东吴的地盘，成为晋朝之地并没有多少年，站在江东本地士民的立场上，尽管他们早已承认了司马睿，但也只是把司马睿视为江东或者南方之主而已。

如何强化南北士民对司马睿即将成为晋朝皇帝这一事实的认同感？北方诸侯的劝进必不可少。这其中，最为重要同时也最引人注目，影响力最大的，无疑就是刘琨的劝进，他的劝进犹如一针强心剂，在关键时候给予司马睿以莫大的支持。

司马睿内心非常高兴。在给刘琨《劝进表》的答复中，他深赞刘琨的正直忠诚，表示他们君臣虽然南北相隔万里，但却心心相印，并勉励刘琨继续在北方安抚民众，讨伐敌寇，说以后有什么动静可及时告知江东方面，他将与刘琨一起携手并进，共同渡过当前的艰难时期。

不过对于刘琨等人希望他赶快称帝的呼吁，司马睿仍然不予接受。他给刘琨的解释是，因为豺狼一样的敌寇肆意横行，倾覆祖宗社稷，导致民不聊生，他才受托登上晋王之位，而他称晋王，也只是要"重新扶持圣主，扫荡敌寇以雪国耻"，绝非要借此登上皇帝大位。

司马睿的解释可谓真假参半。假话是"重新扶持圣主"，事实上，司马睿与王导在南渡之初，即有"兴复之志"，称晋王前后更是暗中运作，发动舆论，这一切不都是奔着帝位而去的？

真话是"扫荡敌寇以雪国耻"，司马睿确实有此抱负，以便使自己的称帝更具正当性，也更加符合民意。问题是迄今为止，他在北伐上毫无建树，即便抛开内部不稳、愍帝未死等其他顾虑，司马睿也实在不好意思就这样匆匆称帝。

战　略

越接近成功，越要冷静，越要沉得住气，司马睿已深得其中三昧。

司马睿称晋王需要祥瑞，当他达成目标后，各地又竞相献吉祥之物，报吉祥之兆，然而这时司马睿却开始对此保持低调，说我辜负了四海重任，未能自责思过，还有什么祥瑞可言？

从晋王到皇帝，看起来似乎只是一步之遥，但只要条件不成熟，司马睿依然不敢轻易就跨过去。对刘琨等人的劝进，他明明心中欢喜，可是嘴上又不能马上答应。

对于司马睿的拒而不受，刘琨的使者温峤很快就有所理解。

温峤是刘琨的内甥（也有资料称内侄），此人出自北方次门士族太原温氏，十七岁出仕，投奔刘琨后主要掌文职，总管府事，为之谋主，但其间也曾外出征战，堪称能文能武。刘琨对温峤极为器重，他在挑选奉表南下的人选时，想来想去，只有温峤能够肩负这一重大使命。

在下决心派温峤南下前，温峤语重心长地与他进行了一番谈话。西汉末年，史学家班彪发现老百姓还在感念汉朝，便断言汉室刘氏可以复兴。同时代的名将马援，也有和班彪差不多的认识，故而他跟随光武帝刘秀，亲身参与了创建东汉的过程。刘琨引用班彪、马援的典故，认为现在的晋朝和昔日的汉朝一样，"皇运虽然衰败，但天命未改"。

那么，谁能够像东汉接力西汉那样，为西晋续命呢？刘琨认定非司马睿及江东政权莫属。他告诉温峤，他的志向是在河朔（泛指黄河以北地区）为晋朝复兴建立大功，与此同时，需要派一个得力的人出使江南，他问温峤："你愿意去吗？"

温峤热血沸腾，当即答道："我虽无管仲、张良一般的才干，但明公（指刘琨）您却像当年齐桓公、晋文公匡扶周室那样，有复兴晋室、匡合天下的志向。我愿意追随明公，建立大功，岂敢推辞您交付的使命？"

刘琨听后大为欣慰，对温峤说："去吧！我在河朔为朝廷立功，一定会使你在江南也感到有光彩。"

温峤立刻动身，他在风尘仆仆地抵达建康后，受到司马睿的亲自接见。温峤除递呈《劝进表》等文件外，还详述了刘琨对国家的忠诚以及誓死效命的英雄气概，并强调当下社稷无主，天下人心都寄托在司马睿身上。

温峤博学能文，口头表达能力非常强，他的即席演说慷慨激昂，近乎完美地呈现了刘琨《劝进表》的内容以及情绪表达，不仅立即赢得了司马睿对他的喜爱，而且举朝臣僚也无不对之刮目相看。司马睿手下重臣王导、周顗、庾亮等人，全都欣赏温峤的才华，散朝后争着和他交往。

可是温峤却很郁闷，这倒不仅仅是因为司马睿没有接受劝进，更重要的，还是江东的实际状况让他忧心忡忡。

刘琨在《劝进表》中，称赞司马睿平定江左，并使得境内一片兴盛，这恐怕不是单纯的恭维，刘琨、温峤等人可能就是这样认为和想象的。直到温峤抵达建康，亲眼看见江东的实际状况后，他才发现他和刘琨太过一厢情愿——江东依旧停留在草创时期，别的不说，就连朝政律法都很不健全！

温峤在北方经历过血与火的反复锤炼，深知法度未立的军政组织多么脆弱，更何况还是被寄予厚望的新兴朝廷，依靠这样的摊子，又如何能够实现刘琨《劝进表》中所期望的中兴目标呢？

就像被一盆冰水迎头浇下，温峤心里凉透了。他久闻王导大名，知道江东实由王导主政，又获悉王导也非常愿意与之交往，于是便立刻前去登门拜访。

即便当着王导的面，温峤的内心也无法保持平静，他一口气向对方诉说了令他刻骨铭心，渗透着亡国之痛的那些不堪往事：愍帝蒙辱被囚、宫殿和宗庙被焚毁、先帝陵墓被毁坏……

说着说着，温峤悲从中来，情难自抑，忍不住失声痛哭。

令温峤感动的是，在他讲述时，王导不但认真倾听，而且感情也完全投入进去，温峤哭，他也随着一起落泪。

温峤在见到王导之前，实际已把江东的落后局面归咎于王导的无动于衷和无所作为，就像外界和后世的部分看法一样，认为他和司马睿"仅在保全江左，而不问北方"，他们心中之所急，不过是割据江左，并不真正以中原为念。直到这个时候，看到王导的真情流露，温峤才对这些想法产生怀疑。

在独自讲述完北方往事后，温峤又继续试探着与王导谈了一阵中兴大事。不谈不知道，经过这一谈，温峤才发现，原来王导那里早有一幅中兴蓝图——王导辅佐司马睿，虽以江南作为立国的首要目标，然而始终没有放弃中原，他们的最终目标一直都是统一南北，只不过迫于南北方形势，暂时只能执行先南后北，稳扎稳打，循序渐进的战略而已。

温峤欣喜若狂，疑虑全消，他当场向王导表达了想结为至交的想法，王导也真诚地表示自己愿与温峤结交。

从王府出来，温峤仍沉浸在喜悦之中，他兴奋地对别人说："江左自有'管夷吾'，我现在不必再担心和忧虑了！"

温峤在完成出使任务后，多次请求北返向刘琨复命，但司马睿都不同意。也正是出于对王导的高度信任以及对其战略的认可，加上刘琨亦有让他代替自己支持江左政权的嘱托，温峤从此便留在建康，和王导等人一起，一心一意地帮助司马睿中兴王业。

第五章 王与马，共天下

司马睿在即晋王位时曾大赦天下，但又明确那些杀祖父母、父母的人，以及刘聪、石勒，均不在大赦范围之内。

该限制条例的前半部分对内。不赦不孝之人，体现的是对儒家孝道的维护，这也是司马睿对王导兴儒建议予以特别重视的结果。可以看出，兴儒已被司马睿作为为政的重点，他希望通过重兴儒学，通过强调"以孝治天下"来恢复内部正常的道德伦理和家国秩序。

后半部分对外。显然，司马睿非常清楚，其政权存在的正当性和正统性，将在很大程度上取决于是否伐胡，以及伐胡的成效，因此，他才借助大赦令，把刘聪、石勒定为敌手，这样一来，伐胡也实际成为江东政权今后对外的主要奋斗目标。

皇天不负有心人，就在温峤抵达建康不久，从江东伐胡先锋祖逖那里，终于传来了令人振奋的捷报。

祖家军

算起来，从祖逖"中流击楫"，率部渡江，已经快四年过去了。在这近四年里，祖逖大部分时间都屯于淮阴。对于他究竟在淮阴屯了多久，虽然史无明记，但研究者根据其前后活动，推测至少有三年之久，而淮阴三年，祖逖主要也只做了三件事，相当于是一年做一件：平地建起冶铁炉场，用于制造兵器；在散落于江淮地区的流民中进行招募，吸引青壮年参军；训练士兵，编制营伍。

这就是祖逖的非凡之处，如果说率百人渡江，表现的是其一往无前、气吞山河的雄心壮志，屯兵淮阴，则已初步展现出他身上扎实而不轻浮，稳重而不冒进的名将水准以及风格。

刘聪、石勒等北方胡骑凶悍善战，尤其实际早已从匈奴汉国中独立出来的羯人石勒，论打仗的本事，已远远超过其名义上的上司、匈奴汉国皇帝刘聪。固然，在祖逖渡江的前一年，纪瞻也曾指挥江东军击退石勒，但必须看到，几年过去，石勒的力量又得到了大幅度扩张，与之抗衡的难度也变得更大了。

纪瞻击退石勒的那一年，王浚、刘琨尚与石勒鼎足而立，故称"北方三雄"，此后石勒杀王浚，破刘琨，北方晋军就没有谁是他的对手了。本来在北方诸胡骑中，鲜卑骑兵独占魁首，但渐渐地连他们也落于下风，北面的拓跋鲜卑（也包括拓跋晋军）、东面的段部鲜卑，都无法在羯族骑兵面前占到便宜。段部鲜卑大单于段务勿尘就是因为被石勒打败，才在石勒的软硬兼施下，被迫改弦更张，与其休战。

石勒已经成为令晋军，甚至是其他胡骑闻之胆寒的大魔头。在这种情况下，祖逖可谓是明知山有虎，偏向虎山行。与此同时，他也丝毫不敢大意，一定要做到足备而后行，一定要在正式进军中原，与石勒等强敌交战之前，先打造出一支能够指挥如意，胜任攻战的"祖家军"。

工欲善其事，必先利其器，祖逖打造强军的条件之一，是他带过江的那百余家部曲。百余家部曲，以一家五口计，也只有五百余人，不过其中的成年男子，都是祖逖亲自挑选出来的勇武之士。他们作为祖家军的骨干力量，乃是扩建部队的种子，区区一个人，就可以起到以一带十，以一带百，乃至以一带千的作用。

条件之二，是司马睿授予的江东北伐军前锋都督、奋威将军、豫州刺史三官号。虽然是三个空头衔，但它们在政治上却很重要："北伐军前锋都督"足以凝聚人心，把陷于沦亡，备受蹂躏，同时又有奋起反击之志的士民召唤和聚合起来；"奋威将军兼豫州刺史"能确保祖逖到江淮后，以晋廷大吏的身份号令各方。

经过至少三年的努力，祖逖终于完成了祖家军的最初组建，所部扩充至两千多人。

若以动辄万计的大军规模来衡量，两千多人不能算多，这主要是因为受军粮、装备等条件所限，祖逖在募兵方面只能求精不求多，而所谓的精兵，也有一个逐步打磨的过程——新募兵卒全部来自流民，他们在流亡前深受刘聪、石勒的胡族部队残害，对之恨意极深，再通过祖逖严格规范的训练，固然已经具备了成为精兵的基础。然而，他们要想真正地成长为一个个意志坚定、纪律严明、勇猛善战、无所畏惧的精悍战士，还需要在今后的实战中不断进行锻炼和考验。

大约在公元 317 年初，即司马睿称晋王前后，祖逖率部离开淮阴，向西北出发，进入河南，也就是由祖逖任刺史的豫州地区。

江北郡国豪杰

祖逖在给司马睿的上书中，提到"江北郡国豪杰"，后者实指由坞主领衔的北方强宗豪族，坞堡主要就是以他们为核心建立起来的，豫州的流民坞堡亦如是。

祖逖练兵淮阴的这三年，正是中原大地遭受刘聪、石勒又一轮荼毒的至暗岁月。在胡族凌厉铁骑的横扫下，不但西晋政权及残存郡县村落遭到了摧毁性打击，那些相当于动乱时期避难所的坞堡也难以幸免。

永嘉之乱后，北方各地一度遍布坞堡，但当祖逖入豫时，黄河以北的晋属郡县和坞堡，都已被石勒攻掠殆尽，只有黄河以南包括豫州在内的广大区域，还散布着不少孤岛一般的流民坞堡。

其实石勒也曾洗涤豫州诸郡，甚至还打算一举荡平江淮，攻克建康，所幸遭到纪瞻阻击，不得不撤出了豫州。此后，石勒便将兵力集中用于消灭河北晋军或忠于晋朝的力量，其直接控制的区域，也主要限于以襄国（今河北邢台）为中心的河北地区。对于豫州，石勒的处理方式是一面不断发兵劫掠，抢夺物资、人口，一面对坞主进行威胁、拉拢和劝降。

这时的豫州，由于原有的西晋官方机构早已瘫痪，江东政权此前也未能对豫州进行有效整合，此处已实际成为典型的"三不管"地区，控制权掌握在大大小小的流民坞主手中。

坞主的情况也非常复杂，若加以客观分析，以自保为务的坞主占绝大多数，倡言拥晋者也有一些，但只是少数，公开起兵反晋和降附于石勒的坞主则更少。也就是说，坞主们多数都徘徊于晋朝、石勒二者之间，他们在持续观望，随着晋、石势力和影响的消长，这些坞主有可能成为北伐军的盟友，也有可能成为北伐军的敌人。祖逖在致司马睿书中，说只要北伐之师一到，"江北郡国豪杰"就必会望风响应，这种估计事实上过于乐观。

张平、樊雅是豫州当地力量较大的两个坞主。他们本是兖州、豫州一带的豪强，后来张平趁乱起兵，兖州刺史、刘琨之侄刘演抗御石勒，张平曾予以支援，刘演便表奏张平为豫州刺史、樊雅为谯郡太守。

张平、樊雅以此为资本，在豫州重镇谯城（今安徽省亳州市）建立地盘，两人各据一城，拥众数千。相比樊雅，张平的势力更大一些，除本部人马外，十几支拥众数百的小坞主也都依附于他。

尤其是张平，乃是各方都不敢忽视的存在。司马睿担任丞相后，便派人利用其同乡关系，来到豫州对张、樊进行劝说。张、樊最终同意站在晋朝一方，直接受司马睿节度；司马睿给予的回报，则是给二人都加以四品将军头衔。

张、樊名义上虽臣属于司马睿，实际上并不受其约束，仍然自行其是，同时也依然在晋、石之间首鼠两端。祖逖北上豫州后，他们不仅不肯加入北伐队伍，而且给祖逖立足豫州造成很大阻力。

祖逖是豫州刺史，张平也是，只不过一个由司马睿表荐，一个由刘演表荐，这种一州两刺史甚至三刺史、四刺史的现象，在当时很常见，而这也就意味着，张平和祖逖在政治上处于相同地位。军力方面，仅仅一个张平，其本部人马加上附属力量，就已不在祖逖之下，祖逖初至豫州，其北伐威信也尚未在战场上彰显出来。一句话，张平、樊雅对祖逖是不服气的。

张、樊不能容忍祖逖的最重要原因，其实还缘于在他们看来，自己的日子原本很好过，只要在晋、石之间维持平衡即可，此外啥都不用做。祖逖北伐，可以说是打乱了当地的既有利益格局，如果祖逖取得成功，对张、樊而言，再想维持"岁月静好"可就难了，轻者不得不放弃自己的独立王国，重者还会在参与北伐时被石勒消灭。

归根结底，张、樊这类坞主，虽然过去经常受到外敌的打击和摧残，也参与过抵御外敌，但当既得利益有可能受到威胁时，就宁肯站在敌人的立场上，对同盟者进行排斥甚至攻击。

尽管如此，祖逖还是决定争取张、樊，因此派参军殷乂前去联络。张平仗着自己有点实力，对晋朝和司马睿阳奉阴违，这让殷乂有些看不起对方，另外，他在这个时候又出现了一个判断和决策上的失误，认为有可能通过激将法，将张平身上的血性逼出来，于是他在拜访张平时，便做出了一个出人意料的举动。

离间计

殷乂在张平的屋宇内扫视一番，说："此处可以当马厩。"接着，又指着一口大镬（指无足的鼎），说："这个可以用来熔铸铁器。"

马厩、铁器都是北伐应用之物，殷乂显然意有所指，是暗示张平不应继续过着安逸的生活，对北伐持观望态度，而应迅速出兵参与北伐。

张平听出了殷乂的弦外之音，但他根本无意北伐，当殷乂说大镬可铸铁时，他没好气地回了一句："这是帝王的大镬，等天下安定后，还要拿来使用，怎么能打破它！"殷乂这时又以话相激："你都不能保有自己的头颅了，还吝惜什么铁锅！"

殷乂以为如此会触动张平，张平倒是真被触动了，但反应却是勃然大怒，并以受到殷乂侮辱为由，当场在座位上斩杀了殷乂，随即宣布与祖逖进入战争状态。

两国相争，不斩来使。殷乂作为祖逖派出的使者，纵然因急于劝说张平而导致言语不当，然而也罪不至死。张平杀殷乂，不过是以此作为口实，把自己拥兵对抗北伐的责任都推在祖逖身上而已。

事已至此，祖逖只能兴兵征讨。西晋时期发展起来的坞堡，多选择险要地段修筑，内部不仅储备谷物，也可进行耕种，它们的体量虽然一般都较城池要小，但却比城池还难攻打，遂有"城不易守而坞则易守"的说法。这使祖逖军的战斗打得极为艰苦，所部围城达一年时间，仍旧无法破城而入。

祖逖熟读兵书战策，眼看硬碰硬的军事行动陷入僵局，于是便改变思路，转而采用离间计，在围城的同时，派亲信潜入张平坞堡，对张平的部将谢浮进行说服和争取。这一计很奏效，谢浮倒戈，他设下鸿门宴，邀张平赴宴，在对方毫无防备的情况下，于席间斩其人头并献给了祖逖。

张平虽死，樊雅仍占据谯城，而且樊雅还直接投靠了石勒。祖逖随后率部进据太丘，双方继续展开激战。

祖逖兴师北伐后，一直由司马睿提供粮草补给，但因路途遥远，运力不足，军粮输送往往不能及时。祖逖与樊雅打了没多久，军营的存粮就已经吃光了，而粮草尚未送到前线，将士们开始挨饿，处境十分困难。

樊雅趁机发动攻击。有一天夜里，樊雅派兵偷袭，偷袭者在攻入壁垒后，挥戟大呼，直逼祖逖幕帐，一时军中大乱。然而祖逖临危不惧，始终沉着指挥，他派部将董昭迎战。董昭身先士卒，英勇杀敌，众人为之精神大振，经过顽强苦战，终于将敌人驱出壁垒，打退了他们的进攻。见敌人退却，祖逖亲自上阵，率众纵马追击，反过来大败樊雅部。

樊雅不甘心就此输给祖逖，在张平余部的援助下，复又卷土重来。在内部仍无法改善后勤状况，外部还承受敌人重压的情况下，祖军所面临的形势重新变得严峻起来。祖逖意识到，在这种紧急情况下，自身也必须求得外援相助，否则无法迅速扭转局面。

祖逖首先想到要在以拥晋为旗号的坞主中征调兵力。早在八王之乱期间，并州爆发大饥荒，由此诞生了一支特殊的流民军队，因他们以乞求活命自保为宗旨，故称"乞活军"。乞活军的一支由陈川率领，屯据于浚仪蓬陂，陈川也就成了蓬陂坞主。

陈川虽然割据一方，但其名义上归祖逖统属，故当祖逖派人前去调兵时，他没有理由推辞，于是便派部将李头率部参战。

除陈川外，祖逖又向南中郎将王含求援。王含是王敦的哥哥，司马睿南渡时，他率宗族南迁，乃是江东政权的重要将领。按照祖逖的请求，王含派遣参军桓宣领兵五百前往助战。

有了李头、桓宣两部相助，祖逖在兵力上占据优势，很快就得以进围谯城。樊雅虽被包围，但仍据谯城以抗，更重要的是，由于樊雅投靠石勒，石勒已派侄子石虎率部前来援助樊雅。

石虎到达谯城尚需时日，可是如果祖逖军长时间无法破城，后面战局会出现什么样的变化，那就很难说了。

王含派来增援祖逖的桓宣，与张平、樊雅都是同乡，当初司马睿招抚张、樊，所遣使者就是桓宣。为了能够尽快克复谯城，祖逖决定派桓宣入城劝降樊雅，他叫来桓宣，对他说："你先前劝说张平、樊雅，在他们那里已经有了信义。这次请再为我劝说樊雅。"祖逖同时让桓宣带去他的郑重承诺，即只要樊雅肯归降，不但可以免死，还要予以提拔任用。

桓宣也是一条智勇兼备的好汉，受命后只带两名随从，就骑马进入谯城求见樊雅。两人见面后，桓宣恳切地对樊雅说："祖逖正准备荡平刘聪、石勒，需要仰仗你作为后援。先前殷义轻薄无礼，并非祖逖本意。"

接着，桓宣一边向樊雅亮出祖逖的承诺，一边指出，如果他就此归降祖逖，性命富贵都可以保全不说，还能建立新的功勋；若执迷不悟，就算这次城池侥幸不破，司马睿也会再遣猛将强兵，届时南有晋军进攻，北有石勒窥伺，谯城必然"万无一全"，想后悔也来不及了。

樊雅即将陷入绝境，他自己也了解这一点，因此听了桓宣的良言相劝后，当下幡然悔悟，设酒筵与桓宣结交，并派其子跟随桓宣前去拜会祖逖。数日后，樊雅又亲自出城拜会祖逖，请求归降。

在这一过程中，也出现了反复。祖逖让樊雅返回城中安抚部众，结果有人不肯听从樊雅的命令，在此人的鼓动下，其余部众也都担心之前得罪祖逖，祖逖会对他们进行报复，因而不肯投降。说着说着，连樊雅自己都动摇了，于是重又闭城自守。

祖逖一面攻城，一面再派桓宣进城劝慰樊雅。樊雅这才下定归降的决心，在斩杀异己后，大开城门，率众出降。

祖逖进入谯城不久，石虎就到达城下并包围了谯城。石虎原为救援樊雅而来，樊雅归降祖逖，等于使他一下子失去了纵兵前来的目的和意义。再者，攻城向为胡骑的弱项，看到祖逖军坚城以守，要想靠攻陷城池来劫掠一番也很不易，于是石虎便选择了知难而退，解围撤兵了事。

这就是被江东政权大加渲染的"谯城之战"。司马睿在数日之后的告天下檄文中，把谯城之战定义为祖逖击败石虎的一次大捷，称祖逖主动出城对石虎发起猛攻，使得石虎军即刻溃散。事实上，新建之初的祖家军兵力实在过少，因投入战场时间较短，实战能力尚嫌不足，张平、樊雅说来说去，终究不过是割据一方的坞主，但就连对付他们，祖逖也显得力不从心，不得不使用智谋以及多方求助，才得以转危为安和结束僵局。想想看，如果祖逖在这种情况下出城与石虎野战，又能有多少胜算？

祖逖能够令石虎退却，靠的其实不是主动出击，而是据谯城以守。由此可见，在石虎到援之前即抢先据有谯城，最为关键，而能够做到这一点，不能不归功于桓宣对樊雅的成功劝降。

桓宣是个人才，祖逖看到了桓宣的价值。谯城被围前，原本奉命增援祖逖的桓宣、李头都已撤回，谯城被围后，王含闻讯派桓宣再次率军救援祖逖。当桓宣到达谯城时，石虎已经退走，祖逖决定留下桓宣，遂表奏桓宣为谯国内史。

桓宣出任谯国内史，也就意味着转为了祖逖的部下，从此便直接襄助祖逖，对尚未归附的其他坞主进行收服，同时为北伐出谋划策。

锐卒三万

抛开在宣传上掺了水分的谯城之战，祖逖毕竟占领和控制了谯城，从此他便在豫州站稳了脚跟，同时也打开了北伐的通道。对于司马睿、王导以及建康军民而言，这是他们企盼已久的好消息，司马睿檄文中的兴奋欣喜之情可谓溢于言表。

此时江东在军力、财力方面实际仍很困难。虽然杜曾之乱的规模不能与先前的杜弢之乱相比，但毕竟是肘腋之患，所以司马睿还得布置部分江东军主力于荆湘，不可能尽行抽调。司马睿称晋王后，命令除必要的皇宫宿卫之外，所有军人在不参与打仗时，都必须赴农耕作，以便为军队提供粮食，政府财库有多么紧张，从中也不难想见。

尽管如此, 在祖逖捷报的鼓舞下, 司马睿和王导等人经过研判, 还是决定抓住这次契机, 借势推动北伐。

司马睿在其檄文中, 除对祖逖及他指挥的谯城之战大加褒奖外, 还宣布要给予祖逖北伐以更多的支持, 以此扩大北伐规模。至公元317年, 即司马睿称王的当年, 江东财政虽然仍很紧张, 但相较于祖逖北渡长江时是好一些了, 因此这次司马睿给祖逖足足地筹集和运送了一批军粮, 以保证在尔后的北伐中不出现粮草不继的问题。与此同时, 他还集结了三万精兵（"锐卒三万"）, 分成九路, 由琅邪王司马裒等分别统领, 沿水陆四条道路北上, 在到达豫州后即受祖逖统一节制。

江东军的兵员一直不多, 加上扬、荆、湘等州也需留置适当兵力, 所以在对外派兵上向来不敢大手大脚, 史载: 司马睿自南渡后, "调兵不出三吴……大发毋过三万", 也就是轻易不肯把军队调出江东的中心区域, 就算特殊情况下需要大举调兵（"大发"）, 也从不超过三万。毫无疑问, "锐卒三万"已达"大发"之数, 就其规模而言, 实已接近于"倾师北伐"。

作为统将之一的司马裒, 乃是司马睿的次子, 司马睿很喜欢他, 认为"有成人之量", 先前曾欲立为王太子, 后因为王导劝阻, 才改变主意, 将自己最初的琅邪王之号封给了他。九路统将的身份和地位不能相差太大, 由此可推知, 除了司马裒外的其他统将也必非泛泛之辈, 司马睿把他们及其所率人马统统都拨给祖逖节制, 足见对祖逖北伐的重视程度。

司马睿称晋王后, 即以绝不赦免的方式, 将刘聪、石勒设为永久敌手, 此后更对擒斩石勒、石虎开出了布一千匹的赏格。在此次檄文中, 司马睿又将赏格提升到绢三千匹、金五十斤, 封县侯, 食邑二千户, 并强调石勒、石虎营中如有人能枭其首级来献, 可享受同样的封赏。

对司马睿和王导而言, 这次"倾师北伐"也实在是非发动不可。自司马睿称晋王后, 在称帝这件事上, 一方面他本人表现得十分谦逊, 一再推辞, 另一方面, 其班底则一直在紧锣密鼓地进行筹划, 只是其间亦不断面临阻力——即便在南渡归附江左政权的北士中, 不会看风向、不够知情识趣者, 也大有人在。参军周嵩就上疏司马睿, 劝说他不要忙于称帝, 认为司马睿当务之急不是做皇帝, 而是出师北伐, 收复失地, "雪社稷大耻"。

"雪耻"一语本出自愍帝遗诏,周嵩的弦外之音,不外乎提醒司马睿,要求他先履行遗诏的附加条件,再谈接班愍帝的事。周嵩这种哪壶不开提哪壶的做法,自然很不让人开心,上疏不久,他就被调出建康,到外地去当太守了。

如今不惜本钱的"倾师北伐",是对周嵩等人的最好回应。不过这里面也有一点容易引起后人的疑问,那就是司马睿所发的这三万锐卒最后是否真的到达了豫州前线。

因为史书未予明言,只记载司马睿不久即将司马裒召回建康,所以有学者便以此为据,认为司马睿所谓的大举北伐,"仅是为了张皇其政治地位",是在故作姿态,所发队伍其实并未真正北上。不得不说,这种说法只是一种主观臆测。虽然史书没有就司马睿为何召回司马裒进行详细说明,但司马裒回建康后没多长时间就去世了,由此来看,很可能他在率师出发后不久,健康就出现了问题,故而才会被其父召回。再者,不管司马裒是出于何种原因被召回,他终究也只是九路大军中的一路统将,他缺席后,完全可以用别的将领替换,当然更不会对其余八路大军造成影响。

之后的事实也为此提供了佐证。祖家军北入豫州之初,不过两千余人,这导致祖逖在首次与张平这样的大坞主进行较量时,就已显得力不从心,以致与对方相持达一年之久。尔后与另一个大坞主樊雅对峙,情况也没能好上多少,祖逖只能向陈川调兵,朝王含求援,如此才在谯城之战中迎来转机。

恰恰是在谯城之战后,也即司马睿发九路大军北上后,祖逖的军事力量有了明显增强。到了第三年,陈川翻脸投敌,祖逖与之大战于浚仪,此役祖逖所面对的敌军,除陈川的五千余乞活军外,还有石虎所领的五万余羯族骑兵,仅仅兵员之盛,就远非张平、樊雅可比。祖逖能与如此多的敌人开战,说明他所率领的军队也已有相当数量,而其军队数量的增加,固有其自身增长的因素,但从谯城之战前的增长速度来看,似乎不可能增长得如此之快。研究者认为,这一增长离不开江东政权的鼎力支持,司马睿所派遣的"锐卒三万"当是其中之一,也就是九路大军应该全都已北上(包括司马裒的那一路),并由祖逖统一指挥。

一战定乾坤

第五猗、杜曾势力，仍是江东政权在长江上游的心腹之患。本来陶侃统兵荆州时，已有望稳定局势，结果却被私心自用的王敦逼走广州，大好局面也因此付诸东流。

王敦搞乱的摊子，只能由他自己来收拾。陶侃走后，其旧部郑攀、马隽等人引来杜曾，屡与荆州刺史王廙为难，弄得王廙甚至无法进入州治江陵。王敦急忙派遣朱伺等人前去解围。

朱伺本是陶侃爱将，虽然已经六十多岁，但勇武有胆识，在随陶侃征战的过程中屡建奇功。他上战场后，很快就击败了郑攀、马隽等军，并迫使后者迅速瓦解：郑攀归降了朱伺，马隽等则干脆直接投靠了杜曾。

轮到杜曾直接与江东军对阵了，他派人对王廙说，愿意向江东军投降，并且还自请袭击襄阳的第五猗赎罪。王廙大喜，想要带着主力出扬口（今湖北省境内长江沿岸的一个渡口）壁垒，西进接受杜曾的归降。朱伺则对杜曾是否真正服罪感到怀疑，在他看来，杜曾是个"狡猾之徒"，此人公开表示屈服，很可能只是想诱使官军往西，然后趁势突袭扬口。朱伺提醒王廙，扬口是江东军的后方重镇和大本营，轻易动摇不得，故而这个时候大部队不但不能西进，还应加强扬口的兵力部署，以防杜曾来袭。

王廙打仗的本事不大，却把骄傲自负、刚愎自用等毛病都占全了，他立功心切，加之又觉得朱伺老迈怯懦，不宜信任，遂将其忠告置于脑后，仍坚持率军西进。

朱伺所料果然成真，杜曾使的正是诈降兼调虎离山计，在将王廙诱离大本营后，他便立即回军直奔扬口。王廙闻报如梦初醒，慌忙命朱伺率部回援，然而此时形势已变，朱伺刚入扬口壁垒，便和守军一起被杜曾军"包了饺子"，扬口不久即告失守，朱伺也在厮杀中受了伤。

朱伺退走上船，他刚进入船舱，尾追的一名敌兵便紧跟着冲进来，举起长矛朝他猛刺。好个朱伺，身手不凡，临危不惧，顺势夺过长矛，反手就将敌兵刺死。其余敌兵见状一时不敢再贸然入仓，他们爬上船顶，大叫道："敌帅在此！"

扬口守军的船只底部是事先打通的，平时用木板闭合，称为船械。朱伺知道关键所在，未等敌兵聚拢攻击，他便火速拆开木板，打开船底入水，在潜游五十步后，终于奇迹般地得以脱险。

朱伺本应在后方好好养伤，但他挂虑前线战事，未等伤口完全好转，便又返回荆州军营效力。其时王廙正与杜曾反复交战，但因扬口壁垒失陷在先，仗越打越糟，朱伺耳朵边老是听到军士们大呼小叫，说敌人又杀过来了，惊扰加上伤痛，使得这员老将终于支撑不住，未几便病逝于军营之中。

朱伺之死，对于长江上游的江东军而言，是一个重大损失。王敦、王廙更无将才可用，剩下的赵诱、黄峻二将虽都属于他们系统的人，但其能力和胆略均无法与朱伺相提并论。公元317年9月，赵诱、黄峻与杜曾大战于女观湖（古代湖泊名，位于今湖北省江陵县东北），赵、黄均兵败而亡，杜曾乘胜直抵沔口（今湖北汉口），威震汉水、沔水一带。

女观湖大败，令远在江东的司马睿也受到震撼。此时陶侃早已被王敦遣镇广州，就算立即派人去请，也远水难解近渴，司马睿于是便想到了曾与陶侃并肩奋战，在剿灭杜弢之役中大显身手的周访。

周访被重新启用，命其即刻出击的指令，直接就来自司马睿。在意识到自己的心腹班底确实已不堪大用后，王敦也只得承认现实，把抵抗第五猗势力的希望寄托于周访。为了激励周访，让他替自己挽回颓势，王敦还亲口对周访许诺："如果你能擒获杜曾，我将按照功劳让你坐镇荆州，做荆州刺史。"

周访受命率领所部八千兵众，赶到前线。杜曾趁己方刚刚在女观湖取胜，主动对周军发起攻击，双方随即摆开阵势，展开激战。

周军分成左中右三路，战斗开始后，其左、右两翼首先遭到攻击，杜军士气正盛，锐不可当，左、右两翼的周军均备感压力。坐镇中军的周访见状，亲自从阵后发箭，以安军心，同时下达命令："一翼兵败，鸣鼓三声；两翼都败，鸣鼓六声。"

为了让象征失败的鸣鼓声不致响起，周军竭力抵抗敌人的进攻。赵诱的儿子赵胤统领着亡父残部，也加入左翼作战。尽管他们奋力厮杀，但仍被敌人打散。赵胤重新将士卒聚集起来后，自己飞马跑来向周访报告，请求予以增援。不料周访拒绝增援，他当场对赵胤予以叱斥，命令他带领剩下的兵卒，继续向敌人进击。赵胤大哭，随即抱着必死决心，返身再度投入战场。

可想而知，这是一场空前激烈的大战，两军从早上一直打到下午申时（对应现代时间的 3 点至 5 点），周访军左右两翼硬撑了大半天，到这个时候终于都支持不住了，先是大家最不希望听到的"鸣鼓三声"响了，接着又是"鸣鼓六声"。

杜曾在击败周军左右两翼后，自然就将目标对准了周访的中军，而中军在失去左右羽翼后，一般情况下是很难顶得住敌人猛击的。然而就在杜曾以为周访军破在即，让他想不到的是，对方手中还握着一把致命的撒手锏：由八百精锐士兵组成的敢死队。

这支敢死队是周访预先挑选并编组好的。敢死队也就是预备队，先前不管左右两翼的战斗打得有多惨烈，周访都不肯从中抽调一兵一卒，为的就是在关键时刻甩出这张王牌。

事实证明，从古至今，有没有预备队意识，以及会不会使用预备队，都是考验将领军事指挥能力的试金石。在两翼兵败的鼓声接连响起后，周访依旧镇静自若，他亲自向敢死队员们斟酒劝饮，并命令他们不得妄动，等他亲自击鼓，再对敌人发动进攻。

杜曾终于集中兵力，向周访中军发起总攻，当双方相距不到三十步时，周访亲自击鼓，八百精兵一跃而起，如狼似虎地向杜军猛扑过去。

周访的敢死队不但皆为能战之士，而且自战斗开始后，一直养精蓄锐，乃妥妥的生力军。相反，杜军的锋锐却已在攻击周军左右翼时，被磨损得差不多了，所谓"一鼓作气，再而衰，三而竭"。一场厮杀过后，杜军大败，当场被歼一千多人，杜曾见势不妙，只好率余部撤出战场，仓皇遁逃。

此时天色已晚，周访打算连夜追击，鉴于周军也已经很疲惫，众将都请求第二天再追。周访以为不可，他说："杜曾骁勇善战，要打败他殊为不易，我们今天是胜在以逸待劳，现下只有乘其衰败，抓住机会予以追袭，才能将其歼灭。"

在周访的鼓舞下，全军鸣鼓而进，衔尾追击，虽然未能全歼杜军，但还是得以将杜曾逐出了汉水、沔水流域。至此，王廙才在荆州站住了脚。

周访一战定乾坤，因军功由豫章太守升任梁州刺史，屯军襄阳。之后他又乘胜追击，第五猗、杜曾势力长期以来形成的阵线开始摇摇欲坠。

惊人一幕

这一时期，北方匈奴汉国的内部权争愈演愈烈，与此同时，匈奴汉国都城平阳遭到晋军新兴抵抗力量的突袭，后者均打着晋愍帝的旗号。这让匈奴汉国皇帝刘聪认为，若让被囚的愍帝继续活着，只会助长抵抗力量的声势，因此动了杀心。

公元317年12月，愍帝在受尽种种侮辱之后，像几年前的怀帝一样，终被刘聪处死。

第二年的4月23日，愍帝被杀的消息传到建康，司马睿立即穿孝服，居庐舍（指守丧小屋），一连三日为愍帝守丧。

愍帝遇害的消息固然令人伤心悲愤，但它也意味着司马睿从晋王更进一步登基称帝已不存有任何障碍：此前司马睿动员九路大军北上，"倾师北伐"，基本满足了愍帝遗诏中的附加条件；愍帝既亡，司马睿按其遗诏接班，可谓名正言顺，水到渠成。

26日，守丧结束，群臣请求司马睿加皇帝尊号，这次司马睿没再忸怩，很痛快地就答应下来。后世所称的东晋王朝由此建立，司马睿也就是晋元帝。

当天，人们便为元帝举行了正式的登基典礼。典礼自然相当隆重热闹，鸣钟击玉之中，文武百官皆列队陪侍，可就在这时，现场却发生了众人谁都没有想到的惊人一幕：元帝没有直接上殿，而是拉着王导，非要让他和自己一起坐御床！

自中国诞生"皇帝"这一称号以来，御床只有皇帝一人能坐，任何其他人擅自坐上御床，都属于大逆不道，即便皇帝自己邀请臣下与之同坐御床，也有悖于朝廷制度，此乃常识。王导作为称帝活动的参与者和主导者，对此显然毫无准备，从他的临场反应来看，也可以肯定，元帝事先并没有就此跟他通过气。

当着众臣的面，王导既意外又尴尬，急忙推辞。元帝见状，越发苦苦地拉他，王导则坚决推辞，两人推来拉去，至三四次之多。王导最后急了，不由得脱口而出："使太阳与万物同辉，苍生何以瞻仰？"（如果太阳也和地下万物一样，天下苍生该到哪里沐浴光辉呢？）元帝听后，这才只好作罢。

元帝为何要力邀作为臣子的王导同坐御床？就其意图和行为本身的象征意义，向来都有不同的解读，也由此反映出当时江左政局的不同侧面。

自元帝南下坐镇江东开始，到其正式称帝，共历十年之久，在这十年时间里，元帝能够"一马化为龙"，与王导的倾心推奉可谓密不可分。有人因此解读认为，元帝邀王导共坐御床的行为，并非其事先设计，而只是出于感谢王导"倾心推奉"之功，现场自然而然流露出的真情。

与之不同的另一种解读，则认定元帝如此做，乃刻意为之。原因是王导早已成为江左政权的关键人物，江东局势的稳定，也主要不是靠元帝，而是靠王导，有王导在，有他辅翼元帝，维系南北人心，江左政治才有重心和希望。王导的政治实力如此之强，促使元帝不能不刻意笼络。

比这两种解读更深一层的，是从分析上层权力结构出发，推断元帝把御床"让出一半"给王导，是要借此表明，他愿与以王导为代表的门阀士族共享权力，此即当时人所形容的"王与马，共天下"。

门阀政治

查诸史料，"共天下"一词并非首次出现于东晋。战国末期，大商人吕不韦去赵国都城邯郸做生意，发现秦国的王子子楚正在那里当人质，且前途渺茫。吕不韦认定子楚"奇货可居"，遂决定倾其财力让子楚回到秦国，并助其成为新一代秦王。子楚感激万分，当场磕头跪拜，承诺一旦事成，将"分秦国与君共之"，即与吕不韦共有秦国。后来吕不韦果然运作成功，使子楚得立为秦庄襄王，子楚亦未食言，他按照约定，封吕不韦为丞相，由其"综理百事，赏罚百官"。

元帝在南渡之前，只是司马氏的一般宗室成员，他在晋室诸王中既无威望，也无实力，又无功劳，但王导慧眼独具，很早就把自己及其家族的政治命运与元帝拴在一起，这一点倒的确很像当年吕不韦在邯郸发现子楚。

元帝从踏上江南土地开始，就处于艰难困窘之中。这一时期，正是王导联络南北门阀士族，帮元帝稳住了阵脚，可以说，其时的元帝若没有王导的扶持，不要说发展，就连在江东立足都不可能。

对照吕不韦的故事，元帝与王导之间虽无事先约定，但从创业江南的初始阶段起，"王与马"就已经有了共享天下的事实（当然，那时的"天下"还仅仅局限于江南和江左政权能够影响到的势力范围）：王导总机要，总管政务；王敦总征讨，掌管军务。

若说两个"共天下"有什么不同，最大的区别在于，吕不韦只代表他个人或至多是其家族，王导所代表的却不仅仅是他们兄弟，甚至也不单单是王氏家族，而是拥戴元帝的南北门阀士族，"王与马，共天下"实际是司马氏与门阀士族共享天下。

随着时间的延续，门阀士族对于元帝和江左政权的扶持作用越发显著。至永嘉之乱爆发，晋怀帝被害，元帝"为天下主"的苗头开始显露出来，但元帝在司马皇室中并没有坚强的法统地位，武宗、惠帝、怀帝、愍帝及其子孙，才是晋朝（西晋）正朔，元帝与之疏而又疏。这个时候，元帝只有以门阀士族作为砝码，才能增加自己的政治分量，二者的结合也因而更加紧密。

在后世史家眼里，元帝与门阀士族的这种紧密合作，或者说"王与马，共天下"，代表着一种新的权力结构，称为门阀政治。江左政权在其建立和发展的过程中，形成了中古时代比较典型的门阀政治格局，其特点是"主弱臣强"，或者说是王权弱小而门阀强大。若拿前朝来作对比，西晋尚属皇权政治，自武帝以来，门阀士族都得依附于皇权，他们再受重视，充其量也不过是司马氏皇权的装饰品，而当东晋演变为门阀政治后，军政大权已绝大部分落到了门阀士族手里，如王氏这样居于高位的士族，其权势更是得以平行甚至超越于皇权之上，在这种情况下，司马氏皇权反过来成为门阀政治的装饰品，即所谓"祭则司马，政在士族"。

"祭则司马"的前提，是司马氏力量的薄弱，权威和影响力、号召力的不足，而"政在士族"，则是因为门阀势力足够强大，且具有一定的独立性，但又并没有发展到权臣专擅或日后藩镇割据的地步。这就决定了门阀政治实际属于士族合议的范畴，它的好处之一，就是必然会给至高无上的君主以某种约束。比如元帝称晋王时，想违背历来"立嫡立长"的原则，废世子司马绍，改立他喜爱的次子司马裒。客观地说，如果司马绍属晋惠帝之流，改立司马裒自然不失为明智的选择，但司马绍从小就表现得仁爱孝顺，喜爱文学，精通武术，礼贤下士，完全符合一个好太子的要求。在这种情况下，元帝仅凭个人的好恶"废长立幼"，就很容易引起皇室内部的纷争，为日后的东晋王朝埋下隐患，正因如此，王导才多次劝谏，而元帝最终也放弃了夺嫡的念头。

武帝立嫡则是个反例，尽管惠帝是武帝的长子，但他是个废柴，朝中无人不知，当太子时的表现更是一塌糊涂。当时以卫瓘为代表的一批重臣极力主张废掉惠帝，另选皇储，卫瓘甚至不惜拍着武帝的龙床，以武帝将皇位传至惠帝后，必然难保江山作为警告。武帝对此统统充耳不闻，结果卫瓘等人不幸言中。回过头来看，若是武帝接受了劝谏，改选皇储，后来的八王之乱、永嘉之乱等惨祸应该都能避免，西晋王朝亦不致覆灭得那么快。

同样都是首席重臣劝谏，为何效果完全不同？问题主要不是出在元帝与武帝两人谁更英明上，而是东西晋的政体不同，前者是门阀政治，而后者是王权政治（皇权政治）。在门阀政治之下，门阀士族的势力已平行或超过了王权（皇权），王导虽是劝谏，但元帝却不能不听，也不敢不听。与之相对照，若是在王权政治（皇权政治）之下，君主（皇帝）本质上则是可以为所欲为的，甚至当王权（皇权）发展到极端时，还会出现暴君暴政肆虐的情况，进而将整个王朝和社会弄到不可收拾的地步。就此而言，武帝一朝其实还不算特别集权，武帝也不是一个暴君或者昏君，否则的话，卫瓘等人不说直谏成功，话一出口，他们的脑袋能不能保住，都得两说了。

共治时代

晋愍帝被害后，武帝系统的子孙已经消亡殆尽，但即便在非武帝嫡系的皇子皇孙中，元帝也不是有资格角逐帝位的唯一人选（北方的司马保次年即自称晋王）。另外，元帝虽有愍帝遗诏作为继统的法理依据，然而对于遗诏的真实性，外界一直都有质疑之声。当时中原大乱，愍帝及其晋朝的传国玉玺皆落入胡人之手，到元帝登基，传国玉玺仍无下落（四十二年后始归东晋），因此中原百姓都称江左的司马家为"白板天子"，意思是元帝这个天子连信物都没有，简直跟自封的差不多。

元帝什么都缺，但最缺的还是作为天子的权威和说服力。按照惯例，元帝在登上皇位之后，本可以追谥自己的祖、父，也就是前两代琅邪王为"帝王"，但他没有这么做，而仍以晋武帝司马炎的嗣子自居，其目的不外乎装点自己的合理合法身份。

这是对内。对外，东晋依旧面临着中土失据，胡羯交侵，民族危机加剧的严峻形势，元帝要想使其帝位稳固，皇族家业得以延续，就必须继续取得琅邪王氏和南北士族的鼎力相助。

拿江东士族来说，一直以来，他们都有着很深的"孙吴故事"情结，当年陈敏被抬到台前，顾荣等人皆集结于其帐下，即缘于此，偏偏陈敏严重辜负众望，手中一有大权就忘了初心，还欲诛杀士人，这才遭到摒弃。之后，江东士族一边继续寻寻觅觅，寻找他们理想中"能委立君子，各得其怀"的江东之主，一边时时警惕，以防寻找到的人变成又一个陈敏，也就是所谓的"陈敏之疑"。

江左政权经过多年经营，尽管早已做到百姓归心，士族拜服，但在很多南士的内心深处，多多少少仍存有"陈敏之疑"。元帝对此非常清楚，他也深知，众多南士的默许和支持，是其立国的基础，基础不牢，地动山摇，故而元帝在登基时才要做出与士族分享权力的表态。从实际效果来看，这一表态也确实彻底打消了南士的疑虑，从而使得东晋的执政基础变得更加牢固。

"共天下"的门阀政治就这样在东晋确立下来，一个皇权与士族的共治时代开始了。

元帝登基伊始，即给予王导以重赐，加任他为骠骑大将军、开府仪同三司（"开府"是指自置幕府，自汉朝开始，只有三公、大将军、骠骑将军等重臣，才有资格开幕府。"仪同三司"是说开府规格比照三司也即三公）。至此，在东晋的文臣之中，已无能出王导之右者。

尽管如此，王导依旧能够保持初心，他从不把地位作本钱，不拿权势当资本，在世人面前，表现得十分谦恭，可谓处处低调，事事退让，对皇帝的态度尤其如此：元帝对王导非常敬重，素以"仲父"相尊，不敢以臣僚视之，王导则恪守臣道。南朝《世说新语》中记载元帝邀王导坐御床时，王导的回答是"使太阳与万物同辉，臣下何以瞻仰？"此处王导强调自己与元帝的关系是"太阳"与"臣下"，说明他不管如何受到君王的宠幸，始终都知道分寸所在。

东晋初建，"政在士族"具体体现为"政在王氏"，即以琅邪王氏操持军政。元帝登基不久，有个叫徐龛的流民帅谋反，元帝向王导询问将帅中有谁能征讨徐龛，王导推荐了将领羊鉴。羊鉴闻知，再三推辞，说自己对此次出征没有把握。知情者也上表认为，羊鉴并非征讨徐龛的合适人选，不能派他去。然而王导没有接受这些意见，他坚持启奏，将羊鉴授任为征讨都督。

事实证明，羊鉴没说假话，他确实不是徐龛的对手，一上场就被对方打得一塌糊涂。羊鉴自此畏敌如虎，阵前屡屡止步不前。王导自知荐人不当，于是马上上疏，要求查处羊鉴，同时请求元帝将他和羊鉴一并治罪："臣身负重任，总领全局，掌握机要，却使三军受挫，这是臣的责任。请对臣予以贬黜，以严肃朝廷之法纪。"

奏疏送上去后，王导的自请处分没有获准，元帝只敕令将羊鉴免职，另由他人代其指挥征讨部队。

实际上，此事所反映的，不单是王导知错就改，勇于承担责任的个人行事风格，而更是共治时代权力运作的一般模式及逻辑：由士族共同参议大政，再经皇帝决断，最后诏令施行。在此过程中，士族议政的权限很大，但也同时需担负起相应责任，甚至是事后追责。

玄　谈

"衣冠南渡"被称为中国历史上最重要的一次文化中心的迁移，在这一过程中，中原文化被带到江南，并继续成为士人精神生活的重要内容。

清谈与玄学本是中原文化的主流思潮，东晋的清谈玄学之风更盛，不过犹如旧瓶装新酒，东西虽然还是那个东西，但在面貌和内容上都已有所区别。魏末西晋时期的清谈，原本涉及当时政治上的实际问题，到了后期，以竹林七贤中的阮籍等人为代表，一些名士为苟全性命，避杀身之祸，开始言必玄远，不谈论时事，不臧否人物，阮籍也因此被司马昭称为"天下之至慎"。从那时起，这一由东汉末年党锢名士开启，指斥政治，评点天下是非的言论风潮，逐渐变成对完全抽象的玄理的研究。到了东晋，清谈终于彻底沦为名士口中或纸上的玄言，在失去政治上的实际性质后，成了他们身份的一种装饰品。

与此同时，已经完全成为清谈内容的玄学，自身也在文化上完成了对儒学压倒性的胜利。永嘉之乱后，虽然仍有一部分儒学大族留在北方，并较多地保持了东汉世家大族的特点，即以儒学传家而不重玄学，但站在历史舞台中心的，早已不是这些旧时大族，而是由儒入玄的侨姓士族。

东晋玄风劲吹，按照此时风尚，一个过去的儒学大族如果不能及时转习玄学，不入玄风，很难继续为世所重，也产生不了为世所知的名士，相应地，这个士族亦不能有所成就。为了继续维持其尊显的士族地位，多数儒学世家迅速玄学化，玄学也因此在东晋得以一枝独秀。从琅邪王氏开始，凡执政的门阀士族，基本都尚玄，而王导更是东晋玄谈的领袖人物。

公务之余，王导时常在自己府中举办由他亲自主持的玄谈活动。玄谈有"辞喻不相负"的特点，即要求辩论中所要表达的意思和所用譬喻，都须贴切无间，至于到底谁说得更有道理，反而倒不重要。换言之，玄谈不重结果，它讲究的是语言本身的美和玄妙，一个玄谈高手，必须擅长玄言，也就是精妙玄微之言。

名僧康僧渊南渡，清谈家殷浩口若悬河，但就是辩不倒他。王导也想在与康僧渊的辩论中占得上风。康僧渊生于长安，但他有西域血统，长得深目高鼻，王导就以此戏弄对方，但没想到康僧渊语出惊人："鼻者面之山，眼者面之渊，山不高则不灵，渊不深则不清。"王导顿时为之语塞。

如果把康僧渊这种极个别的世外高人排除在外，那王导、殷浩在东晋玄谈界就绝对可以傲视群雄了。有一次，殷浩从外地来到建康，王导为之专门举行集会，座中高朋满座，名士如云。王导听着听着，兴致高涨，他起身解下挂在帐带上的麈尾，对殷浩说："我今天要与您一道谈论、辨析玄理。"

两人于是开始反复辩难，他俩你一言，我一语，唇枪舌剑，互不相让，中间其他人想插话都插不进去。等到双方论点都摆完之后，已是三更时分，而彼此还意犹未尽，王导感慨道："方才我俩说了许多话，但竟然还是没有弄清义理的根本在哪里，不过'辞喻不相负'是达到了，正始之音（魏晋玄谈风气起自三国魏的正始年间）正该如此！"

从旁观者的角度来看，王导与殷浩的那场辩难也绝对属于殿堂级水平，以至于陪谈名士能否跟上节奏，都成了问题。当天陪谈的名士有桓温、王濛、王述、谢尚四人，四人表现各异：桓温时有会心之处；谢尚还能在旁边稍微说上几句；最抓瞎的是王濛、王述，这二位听得发愣，基本可以肯定当时脑子已经一片空白。

桓温大赞王、殷辩难极其精妙，同时他也很瞧不起王濛、王述。其实二王并非等闲之辈，他们出自太原王氏，太原王氏在北方是与琅邪王氏齐名的高门士族，其门户渊源可一直追溯到汉代，而且早已由儒入玄。二王皆为声誉很高的玄学名士，东晋清谈活动的常客，几乎逢场必到，然而现场表现却如此糟糕，确实有理由让人对之不屑。桓温事后甚至说当时他还回头看了看王府中这两个姓王的家伙（王濛、王述其时均任王导的掾属），觉得他俩"像是见不得人的母狗"……

网漏吞舟

清谈和玄学能够在魏晋流行，甚至成为士人晋升高位的敲门砖，缘于它们在社会动荡、名教沦丧的情况下，给士人带来了精神上的解脱和洗礼，但如果士人为玄谈而弃实务不顾，或在经纶实务时，也神神道道，玄而又玄，那可就要坏事了。问题是，这种士人为数不少，最出名的就是王衍。据说当年王衍终日挥麈谈玄，在他口中，义理都能随时变异，号曰"口中雌黄"，朝野人人为之詟服，无能与之匹敌者。然而王衍徒尚玄虚，不重实务，导致身死国灭，王衍死前也意识到了这一点，可惜悔之已晚，其后他便以清谈误国的形象受到世人唾骂，至于千百年之久。

王衍之后，被王衍认为是琅邪王氏"希望之星"的王澄，也走了他的老路。王濛、王述论谈玄的水平，比过去的王衍、王澄，现在的王导都差得很远，但在行为上却向王衍、王澄看齐，平时放浪形骸，不务实事。有一次，王濛和另外两个名士去看望骠骑将军何充，何充正在处理公文，没有搭理他们。王濛就对何充说："我们今天特意来看望你，你哪能在这时候埋头看这些东西（指公文）呢？希望你能丢开手头的事务，和我们共同谈谈精微的玄理。"何充的回答是："我如果不看这些东西，你们这些人又怎么能够得到保全？"

在这里，何充说他如果不勤理文簿，处理庶政，王濛辈就无以得存，其实反映的已是儒家思想。对于何充这种尚玄而不废儒的态度和做法，史家称之为"儒道兼综，玄礼双修"，或者叫"出入玄儒，内圣外王"。

从思想方法和社会效用来看，儒学、玄学确实各有所长，其中儒学的治国、平天下，从理论到实践，都是玄学所不具备的，并且恰好弥补了玄学对实务的疏离。也因此，东晋的多数玄学名士，但凡能够当政居位者，无一例外都会在玄谈时"履道家之言"，行事时"遵儒者之教"。王导、何充都是这样（何充在王导死后，才出任骠骑将军辅佐国政），既涉于玄风，又不囿于玄虚，同时他们对于王濛之类徒具虚誉而不经实务的玄学名士，虽与之交游，但并不特别看重。

王导真正欣赏的人，未必口若悬河，却一定要有头脑，讲实际，会办事，比如顾荣的同族子侄顾和就是如此。王导特将顾和征辟为从事，并且盛赞顾和，说他"资质优异出众，机警有锋芒，不仅是东南之美，实在是海内俊杰"，顾和也因王导的提携而名扬海内。

有一次，王导将包括顾和在内的八名从事，分别派到他所主管的扬州所属八郡进行巡察。从事们在返回参见王导时，纷纷就郡守的为政得失，向王导进行报告，只有顾和一言不发，王导便问他："卿听到了什么？"顾和回答说，所有那些对郡守的议论，都不过是一些道听途说，站在王导的角度，没有必要搜集、听信这些传言，并以此来管理和监察郡守。

实际上，顾和所谓的传言里面未必没有事实，只是他觉得没必要进行追究和苛察而已。为此，顾和还提出了两个名词："网漏吞舟""察察为政"，前者是说要让法网宽松到足以漏过大鱼，后者是说以斤斤计较的态度和方法来治理政事，顾和明确主张"网漏吞舟"，反对"察察为政"。

听了顾和的话后，其他从事面面相觑，若有所失，但王导却对顾和大为赞赏，他认为顾和说到了自己的心坎上——王导施政，以"四谏"即"谦以接士，俭以足用，以清静为政，抚绥新旧"为纲，顾和的"网漏吞舟"，正是对其中"以清静为政"的极好诠释。

东汉时期，班超治理西域，取得极大成功，晚年他对继任者任尚谈及自己的经验时，直言西域外有匈奴威胁，内部各国心散，很容易叛离，而汉朝驻西域军队的士兵原本又多为流放过来的犯人，因此对西域的管理不能太严太急。他建议任尚，采取宽松简易政策，"宽小过，总大纲"，也就是只要驻军和西域各国不造反，不犯大错，就不妨睁一只眼，闭一只眼，这就是所谓的"清水无大鱼"。

可惜的是，任尚没有听取班超的意见，继任后为政严苛，激起西域动荡，最终他自己也被朝廷罢免。

顾和所主张的"网漏吞舟"，与班超当年在西域采用的"宽小过，总大纲"可谓一脉相承，如出一辙：就江左政权的实际情况来说，"宽小过，总大纲"就是求得内部的稳定，以便集中力量对付北方胡族。

镇之以静

东晋建立时，依旧面临着既有外患，又有内忧的严重状况，如何协调和安定内部，是东晋之初迫切要解决的问题。作为东晋首任宰辅，王导的对策是继续坚持"四谏"，并围绕"以清静为政"，将其重新诠释为"镇之以静，群情自安"。

"镇之以静"落实到人，强调的是"网漏吞舟"宽和容忍。《世说新语》中记载，王导的主簿有一次要核对各办公衙署的公文账簿，王导则对主簿说："我就是想与你多谈谈，交流一下，没有兴趣知道其他人公文案卷的琐碎小事。"在这里，王导实际是以一种温婉的方式，劝属下不要窥探、干预官员案牍间的事务，言下之意，就是尊重他人隐私、人格，不为"察察之政"。

江东名士陆玩应召进入东晋政权为官，他常常到王导那里去征询意见，但王导过后发现，陆玩往往并不按照他们共同商量好的办法进行处理。王导觉得很奇怪，就问陆玩为什么要这么做。陆玩的回答让他啼笑皆非："您的地位高，我的地位低，当时我和您商量时还没想好怎么办，可是过后又觉得那样做（即与王导商量好的办法）并不妥当，所以我就按我自己的想法行事了。"

王导是陆玩的上司，朝廷的辅弼之臣，换成别人，见陆玩如此，就可能会非常生气：你既然还是按你自己的那一套做，为何还要来跟我商量，敢情你是在消遣我？觉得我每天都无事可做？

然而王导却很自然地接受了陆玩的解释，下次陆玩来找他议事，仍然一切照旧。

必须指出是，王导的宽和容忍，并不是一味迁就、纵容，任由佐吏、官员和豪族胡作非为，他的"网漏吞舟"是有原则的，这个原则就是挡住北方胡族政权的进攻，进而"勠力王室，克复神州"。站在王导的角度上，任何人只要不违反或无害于这个原则，不仅一切都好商量，而且他还要尽可能把这些人全都拉到东晋朝廷周围。

陆玩和顾荣等人都是江东士族的代表，他们的态度在某种程度上关系到东晋的存亡。只有让他们参政，才能稳定大部分江东士族，包括以周氏等武力强宗为代表的地方豪族，一旦这些人与东晋政权疏离，东晋内部就注定安定不了，也因此，王导从踏足江南之初，就把力邀陆玩等人入仕视为紧要的一招。对他来说，陆玩等人入仕东晋就好，只要不犯大过，想怎么做就怎么做，至于不把自己这个上司当回事，自作主张之类的细枝末节，完全可以不予计较。

这实际上也是原"四谏"中"谦以接士""抚绥新旧"的体现，它使得东晋得以在外部形势极为紧张的情况下，营造出一种相对宽和轻松的政治氛围。

距东晋建立半个多世纪后，北方为前秦所统一，前秦皇帝苻坚欲举兵"讨伐"东晋，但当他召集群臣开会商议时，却遭到了几乎所有大臣的反对。大家的共同意见是，东晋内部和而不乱，"君臣和睦，上下同心"，因而伐不得。从这个时候往回看，东晋之所以能够出现 "上下同心"的政治局面，就是王导及其继承者，能够针对自匈奴刘渊起兵以来的南北客观形势，合乎时宜地采取"镇之以静"政策的结果。

东晋建立不久，在王导的推动下，元帝发布诏令，提出要"宽众息役，惠益百姓"。所谓"宽众息役"，也就是减轻农民的税役负担，让老百姓得到实惠，休养生息，这既包含了原"四谏"中的"俭以足用"部分，更是"镇之以静"在经济政策方面的集中表现。

因为坚持"镇之以静"，当时以及后世，都有人认为王导"并无一事"，是个甩手掌柜，但其实王导并不是什么事都不管，只是他不事张扬，不爱折腾，强调一切从简从易，无为而治，同时又往往能够于无声中，把政务处理得恰到好处。老子所谓"治大国，若烹小鲜"，正是此意。

当时人们认为，东晋是晋朝的"中兴"，是中原政权在南方的自然延续，东晋政权本身也是这么自我定位的，然而实际上，就立国的历史过程而言，东晋名为"中兴"，实则"新创"。这个新生政权从萌芽到始建，再到发展，可以说，无时无刻不面临着生死存亡的考验：自匈奴汉国起，虽然北方胡族政权转易频繁，但每一个政权都对东晋构成严重威胁，而东晋根未立，势未举，在很长时间内都处于"寡弱"状态，稍有不慎，别说"克服神州"，自身都有迅速覆灭的危险。

西晋灭亡前鉴不远，王导一边以"镇之以静"稳定内部，维持东晋政权的生存，一边积蓄力量，"立根举势"。这需要政治家具有相当的识见和定力，而时间也终究会给予丰厚的回报：前秦苻坚当政时期，东晋与前秦爆发了著名的淝水大战。在这场决定东晋命运的世纪大战中，东晋完胜，从此在江东生存下来。史家认为，东晋能够赢得淝水大战，正是王导及其后继者相继执行"镇之以静"或类似政策的结果。

毫无疑问，王导对于东晋建立及稳定的功绩，无人可与之比肩。差不多与王导生活在一个时期的东晋史学家邓粲指出："晋中兴之功，导实居其首。"

站在文明延续和发展的角度，王导的历史功绩远不止于此，概因东晋立国不仅仅是一家一姓政权的得失，还与华夏文明在南方的延续有关。陈寅恪在一块晋墓碑文上，曾看到过这样的文字："永嘉世，天下灾，但江南，皆康平。"这让他大发感慨："呜呼！当永嘉之世，九州空荒，但仅存江南吴土尚得称康平丰盛者，是谁之力欤？"——永嘉之乱后，天下灾荒，一片黑暗，只有江南吴土繁荣昌盛，何以至此？

陈寅恪的结论是：王导之力。他也由此给予了后者以史家所能给予的最高评价："民族之功臣！"

第六章 暗流涌动

公元 317 年，刘琨派温峤南下建康，向当时还是晋王的元帝上《劝进表》。据考证，刘琨在当年其实不只写过一篇《劝进表》，但最有影响力的还是通过温峤所上的这一篇。后者在那个人心动荡的年代里，既给予元帝以强有力支持，帮助尔后正式建立的东晋政权树立了合法地位，同时也使刘琨本人的政治影响力达到了高峰。

在收到《劝进表》前，江表君臣曾有意劝说刘琨南下，刘琨没有同意。与此同时，因为司马保也有在北方称制的意向，而与刘琨结为兄弟之盟的"幽州刺史"、段部鲜卑酋长段匹磾，又遣使推奉司马保，有人因而担心刘琨可能另有想法，王敦为此还酸溜溜地说了一句"江东地狭，不容琨气"——恐怕刘琨是觉得我们江东地方太小，容不下他这尊大佛吧！

其实刘琨不肯南下的原因，根本不像外界所猜测的那样，在元帝和司马保之间首鼠两端，甚至想搞政治投机，而是他早已下定决心，要留在北方抗胡到底。正如他先前写给晋愍帝的奏表中所言，虽然北方抗胡形势严峻，"东北八州，勒灭其七，先朝所授，存者唯臣"，然而唯其如此，作为仅存不多的北方抗胡力量，他才更要"身先士卒"，并且只要不消灭刘聪、石勒，就绝不退回后方（"聪、勒不枭，臣无归志"）。

冷　箭

东晋建立后，元帝拜刘琨为侍中、太尉，赠宝刀一把，对其寄望甚殷。刘琨答谢称，他要把元帝所赠宝刀佩带在身上，并且用它取下刘聪、石勒的首级。

刘琨是这么说的，也是这么做的。他和段匹磾一致决定将段部鲜卑的力量聚合起来，对盘踞于襄国的石勒发起大规模攻势。段匹磾随即传檄其兄、大单于段疾陆眷，以及叔父段涉复辰、堂弟段末杯，让大家会师于固安，之后，刘琨、段匹磾率部先行进驻固安，以等待各地义师。

消息传出，石勒大惧，赶紧派使者送了许多财物给段末杯，希望段末杯能设法从中阻挠。段末杯先前受过石勒的不杀之恩，接受厚贿后，他既有向石勒报恩的想法，又想趁段匹磾与刘琨进驻固安的时候夺权，于是不仅自己不肯出发，还在段疾陆眷、段涉复辰面前进言挑拨，说以单于兄长和叔父之尊，不应该听从和依附于段匹磾，否则就是一种耻辱。他又指责段匹磾以刘琨为号召，名为光复晋室，实则是意图独霸段部，"（此次讨伐行动）即使侥幸有功，功劳也一定会被段匹磾一人独占，于我们有什么好处？"

段疾陆眷、段涉复辰一听，觉得是这个理儿，便都随着段末杯引军而还。刘琨、段匹磾在固安左等右等，友军不至，他们自己势单力薄，无法单独与石勒相抗，无奈之下，也只好撤兵返回幽州治所蓟城。

刘琨没有想到，这成了他一生中所策划的最后一次军事行动，自从这次行动流产后，他在北方复兴晋朝，为朝廷建立大功的努力和希望，变得越来越渺茫。

公元318年，大单于段疾陆眷病死，因其嗣子幼小，段涉复辰自立为大单于。段匹磾得报后为兄长奔丧，而段末杯却以段匹磾此行必是回来夺权为由，唆使段涉复辰发兵阻拦。

就在段涉复辰被当枪使，只知道往前冲的时候，段末杯突施冷箭，从背后袭杀段涉复辰及其子弟两百余人，自己篡了大单于的位。接着，他又率军半路伏击段匹磾，段匹磾不敌败走，而奉父命护送段匹磾的刘琨嫡长子刘群，则被段末柸俘虏。

段末柸为争夺权力不惜骨肉相残，其内心之阴鸷与狠毒可见一斑，但对于刘群这个俘虏，他不仅不予伤害，还盛情礼待，又许诺说他要推戴刘琨为幽州刺史，结盟共同击败段匹磾。

事后来看，段末柸倒真是把刘群当人才看待的，之所以予以优待，有收之于麾下，为己所用之意，不过他对刘琨的所谓拥戴，却未必出自真心。概因段末柸一向与刘琨的死敌石勒眉来眼去，其依附石勒而疏远晋室的政治态度昭然若揭，此前他又煽动段疾陆眷、段涉复辰临阵哗变，致使刘琨进攻石勒的军事计划胎死腹中，故而这很可能只是针对段匹磾的一个计策：若刘琨与之结盟，便可以刘琨为内应，借其力除掉段匹磾；即便结盟不成，也可离间刘琨与段匹磾，以削弱段匹磾一方的政治号召力。

刘群虽然在年轻士人中早已拥有声名，但毕竟年少缺乏政治经验，他听信了段末柸的话，当即写信给刘琨，劝他内应段末柸。

刘群完全不会预料到，此举将给父亲带来怎样巨大的风险。段末柸派密使为刘群送信，结果送信的密使被段匹磾的巡逻骑兵查获，并从他身上搜出了书信。

刘琨对此自然一无所知，他因为有事来见段匹磾，段匹磾便把书信拿出来给他看，带有几分探试的口气对刘琨说："我没有怀疑明公（此处指刘琨）之意，只是将此事告知您。"

刘琨览信后，神情凝重，良久，他才推心置腹地对段匹磾说："我与明公（此处指段匹磾）歃血为盟，立志共佐晋室，我只有仰仗明公威望和力量，才有希望洗雪国家沦亡之耻。即使此信能够秘密送交给我，我也决不会因一子之故而辜负明公，丢掉信义！"

段匹磾连连点头，对刘琨的回复表示满意。

既然第一时间主动向刘琨出示了书信，继而双方又互表信任，按理就应该把刘琨放还驻地了，一开始段匹磾的确也是这么想的，但是等他一转身，却又马上改变了主意。

何意百炼钢，化为绕指柔

段匹磾有一个弟弟，名叫段叔军，此人在部落高层素称好学有智谋，很受段匹磾的信任。这个相当于段匹磾帐下军师的家伙，见兄长似乎有意放还刘琨，便把他叫到厅外，对他说：“我们本来是胡夷外族，能够令晋人畏服，不过是仗着人多势众。如今，我们家族内部骨肉相残，正是晋人起事的好时机，如果这个时候有人拥戴刘琨从中起事，恐怕我们家族会尽被屠灭！”

鲜卑虽不像匈奴、羯等内迁胡族那样，对汉人持有强烈的排斥和报复心理，且政治上多数附晋，但正如段叔军所言，他们终究也是胡族，对汉人多少也有点“非我族类，其心必异”式的怀疑。段匹磾虽与刘琨结盟，然而乱世结盟，安有情义？刘群的书信其实已经让他有了心病，像段叔军一样害怕刘琨对己不利，只是还没有完全拿定主意，在“放”与“杀”之间不停摇摆而已。

刘琨的光明磊落，让段匹磾当面无言以对，心里的一杆秤也就向“放”稍稍偏了一点，但段叔军的提议却正中要害，他的秤杆随之完全倾斜于“杀”，于是段匹磾随后便下令将刘琨软禁。

刘琨从失去人身自由的那一刻起，就已预感到了自己的结局，他矢志抗胡，早已将个人生死置之度外，“自知必死，神色怡如”，唯一感到不甘心的，就是自己没有倒在讨伐石勒的疆场之上，却即将冤死于盟友之手。为此，刘琨写了一首诗赠予其部属同时也是他的外甥卢谌，暗示和激励卢谌，希望对方能明白自己的处境，设法予以援救。然而卢谌居然没弄明白刘琨诗中真意，收到赠诗后，只是写了一首不咸不淡的和诗。

刘琨哭笑不得，只得又写了一首五言绝命诗送给卢谌，这就是著名的《重赠卢谌》。在诗中，他除了引用张良在鸿门宴、陈平在白登解救刘邦等典故，继续表达希望卢谌能施以援手的心曲外，也倾诉了自己壮志未酬而忽遭摧残的遗憾和忧愤，其中最后一句尽显其悲愤之情，成为千古传诵的名句：“何意百炼钢，化为绕指柔！”（没想到百炼而成的精钢，竟变成了柔软无用的线团）

卢谌此时才有所领悟，可惜他只是个书生，并非温峤那样的干练之才，即便知道刘琨身陷囹圄也无计可施。

就这样，刘琨被段匹磾软禁了一个多月，能够暗中营救的时机已过，但是远近也都知道了此消息。刘琨的庶长子刘遵害怕段匹磾加害自己，遂与刘琨的僚属杨桥等一起闭门自守，可是由于兵少，其营垒很快就被攻破，刘遵遭到逮捕，杨桥等被杀。

刘琨在其汉人部属中享有极高威望，闻知刘琨父子的遭遇，人们无不为之愤慨叹息，就连段匹磾任命的代郡太守辟闾嵩、刘琨任命的雁门太守王据等人，也都一起密谋，准备召集兵马，袭击段匹磾，救出刘琨。不幸的是，因机事不密，走漏了风声，诸人皆被段匹磾捕杀。

在段匹磾眼中，刘遵、杨桥、辟闾嵩、王据等人的强烈反弹，恰恰证实了刘琨与段末柸之间的确存在里应外合的阴谋，这使得他彻底抛弃了过往与刘琨的情谊，并更加确信，只有杀了刘琨，才能阻止部属反叛，永绝后患。不过，刘琨毕竟已经是东晋政权正式委任的政府要员，对于附晋的段匹磾来说，他也担心在无朝廷背书的情况下，对刘琨痛下杀手，可能会引起东晋的不满甚至震怒。

就在段匹磾犹豫不定之际，有人帮他做出了决定，这个人就是王敦。

绝　唱

在元帝兴于江左的过程中，王敦所起的实际作用，可以说仅次于王导。正是王敦在上游领兵作战，为元帝扫除了许多障碍，如此，江东才能确保无虞，元帝也才有条件扩大其势力范围乃至立国。元帝对王敦亦甚为倚重，授予其都督六州军事以及荆、江二州刺史，将上游军政大权全部交付于他。实际上，在东晋建国前，王敦在江左官吏中的名位就已经居于王导之前。

然而与以恭谨见称的王导不同，得势后的王敦，自以为名声响，功劳大，统兵在外，手控强兵，日渐唯我独尊，做事也越来越霸道，这一点从擅杀王澄、暗杀王棱开始，就已出现苗头。以后他身边被沈充、钱凤之徒包围，更是逐渐开启了顺我者昌、逆我者亡的模式，以至于陶侃差点被杀，最后被逐广州。

排斥陶侃，也同时显露出王敦强烈的权力欲，在此过程中，王敦既扩张自己的权势，也扩张家族也即琅邪王氏的权势，以王廙代替陶侃，即为此类。

要说起来，王敦与元帝堪称发小，王氏兄弟与元帝本人在述及他们之间的关系时，也总是用手足之谊来形容，元帝就曾亲口对王敦说："吾与卿及茂弘（王导字茂弘）当管鲍之交。"不过在王敦眼中，个人情谊再深，也敌不过利益二字，就在愍帝被害、元帝将立之际，他居然以元帝贤明，将对琅邪王氏未来不利为由，私下向王导提出，要另立他人为帝。好在王导头脑清醒，一再坚持必须立元帝，王敦这才作罢。

元帝在军事上高度依赖王敦，又正值开国江东的关键时刻，因此就算他知道了王敦的私议，也只能佯装不知，并继续加以重用。元帝即帝位后，在加封大臣时，王敦的名位仍领先于王导。接着，王敦被元帝拜为江州牧，王敦推辞不受。几个月后，元帝再拜，王敦再辞，最终保留了原先江州刺史的职位，而没有领江州牧。

其实，王敦当不当这个江州牧，都不影响他对江州的实际控制，之所以要两次辞牧，说穿了，不过是一种策略：在确保自己握有大权的前提下，以退为进，博朝野时望而已，同时又利用这种声誉，借机抑制他所认为的内部敌对势力。

谁是王敦的"内部敌对势力"？在外征战，懂军事，能打仗，而又非其一党的东晋将领，祖逖、刘琨皆在此名单中。当初刘琨未同意南下江表，王敦嘴上说刘琨架子大，不愿意来和我们一起干，其实他内心巴不得是这一结果，因为他知道，刘琨如果南下，不管是直接入朝还是在江北与祖逖兵合一处，对他争夺朝权而言，都会形成严重威胁。

获悉刘琨被段匹磾软禁，王敦可谓既喜且忧，喜的是有人已经在替自己收拾刘琨，忧的是刘琨会不会又得以脱身，然后东山再起，甚至南下与祖逖等会合？

论心狠手辣，朝臣中王敦排第二，没人敢称第一。他随即派遣使者秘密拜访段匹磾，以朝廷的名义让他杀掉刘琨。段匹磾缺的就是朝廷给他带话，遂立即宣称他得到了元帝旨意，命他以"窥测神器，图谋不轨"之罪诛杀刘琨。

此时刘琨已与刘遵等子侄四人被关押在一起。刘琨深知王敦为人，一听说他派来密使，又只见段匹磾而不见自己，就知道对方不怀好意。他对刘遵说："处仲（王敦字处仲）派来使节，却又不告诉我，是要杀我啊！生死自有天命，我恨的就是大仇未报，从此不能为国雪耻了，九泉之下，让我怎么去见双亲大人呢？"一想到当年为匈奴兵残害的父母及其家人，刘琨悲愤不能自已，当场泪下如雨。

未几，段匹磾果然派来士兵，缢杀了刘琨及其子侄，一代英雄就此谢幕。"何意百炼钢，化为绕指柔"竟成绝唱。

刘琨被害时，距离元帝正式登基刚刚过去两个月。东晋朝廷本来倚仗刘琨与段匹磾在北方合力抗胡，对于刘琨之死，自然痛惜不已，亦不满于段匹磾矫诏杀之，可是因为考虑到人死不能复生，而段匹磾仍是北方抗胡联盟的中坚力量，可以继续替朝廷讨伐石勒和平定河朔，所以也就把这件事压了下来，没有立即为刘琨举哀祭奠。直到几年后，段匹磾也死了，经温峤及刘琨旧部上疏力争，刘琨才得到他在人间应该得到的所有荣誉。

怕什么来什么

青年时代的刘琨、祖逖，皆一身肝胆意气，后来他们萍飘蓬转，各奔东西，刘琨曾经对亲友说过："我天天枕戈待旦，立志消灭敌人，就这样，还常常担心祖逖走到我的前面。"成语"枕戈待旦"即源出于此。

现在，当刘琨以悲情英雄的形象消失于历史舞台之际，只能将其未竟的事业留给挚友去完成。在这一时期，经过一年多的苦战，祖逖终于解决了实力雄厚的拦路虎张平、樊雅，攻占谯城，之后便以谯城为根据地，且战且耕，逐步扩大战果。

在谯城之战中，蓬陂坞主陈川的部将李头参加讨伐樊雅的战斗，奋力作战并立有战功，祖逖遇之甚厚。祖逖军中当时缴获了樊雅的一匹骏马，异常骠骏，李头非常喜欢这匹马，但又不敢对祖逖说，祖逖看出了李头的心思，就主动将马慨然相赠。李头很是感动，经常对人感叹说："要是能够侍奉祖将军，我虽死无憾！"

这话传到陈川耳朵里，让他又妒又恨又急。陈川是和张平、樊雅一样的大坞主，坞主本来都是像祖逖那样临时推选出来的，陈川这一支源自"乞活军"，由并州大饥荒时的流民组成，陈川当然就来自流民的公推。后来随着坞主与坞民之间人身依附关系的加强，在陈川等坞主的治下，除武装坞民成为坞主的私家部曲外，其余坞民事实上也都失去原先的平民身份，沦为坞堡的农奴。对于陈川等人而言，坞民就是他们的私有财产，任何人都不得染指。李头无心之言，恰恰触犯了陈川的大忌。

眼看祖逖的军威越来越高，连部将都已倾向于他，狭隘自私的陈川一怒之下，竟然杀掉了李头。按其本意，是想来个杀鸡儆猴，以免祖逖动摇其军心，收走其坞民。结果却适得其反，李头的部属一看陈川如此横暴，当即便有四百人愤然逃离陈部军营，投奔了祖逖。

这正是怕什么来什么，陈川更加怒不可遏，旋即大掠豫州诸郡县以为报复。祖逖马上针锋相对，通过发起一场漂亮的伏击战，迅速击败了陈川，并下令将陈川部所抢掠的车马和财物全部归还百姓，对于郡县被其俘掠的人口，则各回原住家园。

祖逖在情况紧急时，也曾积极争取陈川等外援，但与刘琨不同，他并不一味依赖外援，一旦发现对方突破底线，胡作非为，照样该打就打，该揍就揍，绝不惯着。与此同时，祖逖北伐的历史使命之一，就包括变坞堡为郡县，恢复全国的统一，这也使得祖逖在豫州境内的行政，势必要与坞主的既有特权和利益发生抵触。祖逖与张平、樊雅直至陈川，最终都发展到兵戎相见的地步，此为最根本原因。

对于坞民来说，他们或因战乱或因饥荒而不得已才投靠坞堡，成为农奴并非所愿。作为郡县的编户齐民，虽然也必须承担租调徭役，但毕竟是自由之身。可以这么说，如果让坞民自己选择，在异族营户奴婢和坞主农奴之间，他们一般都会选择后者；而在坞主农奴和编户齐民之间，他们也总是更愿意选择后者。祖逖能够连续击败张平、樊雅、陈川等大坞主，人心向背，或者说，坞民渴望变坞堡为郡县，取消坞主的特权，进而使自己摆脱农奴身份，也是一个不得不提的客观因素。

值得注意的是，陈川的"乞活军"素以战斗力强著称，论实力还在张平、樊雅之上，想那谯城之战时，就是张平、樊雅与祖逖单打独斗，也都没有一个落于下风，不然祖逖也不至于要遣使求援于陈川。然而到这个时候，祖逖击破"乞活军"却已不在话下。由此可见，由于得到了东晋政府的军援，同时祖家军自身也在不断壮大，祖逖的军事力量已今非昔比。

说到底，陈川对于向他求援过的祖逖，原先也不是那么在乎，否则他就不敢冒天下之大不韪，公然大掠郡县了，现在一看祖逖突然变得如此能打，不由大为胆寒。陈川原本就反复于晋朝、石勒之间，情急之下，便干脆扔掉面具，举"乞活军"投降石勒。陈川的据点蓬陂坞，位于浚仪县（治所为今河南开封），于是浚仪之地也被他献给了石勒，用以引石勒军南侵。这是公元319年4月的事。

在此之前，北方胡族政权出现大动荡，先是刘聪病卒，其子刘粲即位，但刘粲刚登上皇位，屁股还没坐热，就死于政变。也就在公元319年4月，刘粲的堂叔刘曜继承匈奴汉国衣钵，并迁都长安，将国号由"汉"改为"赵"，史称前赵。这时原本作为匈奴汉国大将的石勒，则开始与刘曜交恶，两人一东一西，等于把匈奴汉国的力量分成了两半，而石勒的这一半力量，仍是祖逖北伐收复失地的最大阻力和最主要对手。

反败为胜

获悉陈川投敌，祖逖亲自率部讨伐，兵进浚仪，陈川忙向石勒告急，石勒立即派石虎率五万兵马救援。

石虎领兵五万，加上陈川"乞活军"的五千，共达五万五千之众。祖逖的本军祖家军此时充其量不过万人，东晋政权所发并由祖逖统一节制的九路江东军，就算全都在河南前线（由于司马裒被召回，至少他这一路可能也已被朝廷召回），也不过三万人，总计不到四万人，尚少于石虎军。

这还只是表面数据。石虎军是清一色的骑兵，祖家军和江东军则都以步兵为主，只有少量骑兵。当时骑兵对步兵已形成绝对的优势。史料显示，早在东汉末年，一个骑兵的作战效率就已相当于八十个步兵，从西晋末到东晋初期，随着马镫的大量普及，甲骑具装（即重骑兵或称重装骑兵）得到极大发展，对步兵的威胁更大。换言之，胡人骑兵在野战能力方面是晋军的十倍乃至百倍，而石氏的羯族骑兵又是胡骑中的佼佼者，即便在北方，也鲜有其他部落（包括鲜卑）能与之匹敌。

在之前的谯城之战中，石勒虽也曾派石虎救援樊雅，但当石虎军赶到时，樊雅已经归降祖逖，祖军得以据坚城以守，所以石虎才主动退兵了事。现在攻守易位，祖军屯兵于蓬陂坞坚城之下，陈川、石虎里应外合，一个在城内坚守，一个从城外冲击，内外夹击之下，祖军自然非常吃亏。

毫不奇怪，浚仪之战祖军落败，祖逖被迫向梁国（今河南省商丘市）南撤。石虎当然不会轻易放过口中的猎物，他命令战将左伏肃率突骑先行，自己率大部队随后，对祖军发起凶猛的追击。

左伏肃是石勒麾下老将，早在多年前的葛陂之战前，此人就曾奉石勒之命，率部越过淮河劫掠淮南，最后至长江方还。左伏肃所率突骑，乃石军精锐，营中有不少甲骑具装，后者长于对步兵攻坚陷阵，步兵即便结成方阵，都很难从正面进行抵御，称得上是步兵"克星"。

如果祖军不能成功摆脱左部，所面临的后果将不堪设想，全军覆灭都有可能。好在祖逖临危不乱，他动用船只，沿着睢水，将部队徐徐后撤。

左伏肃一看，我虽然下不了水，上不了船，到了梁国，你不还得上岸吗？于是他便挥师顺着岸边倍道兼行，准备等祖军弃船登岸时来个一网打尽。殊不知祖逖已预先在其必经之路设伏，当左部即将到达梁国，得意忘形，失去戒备之际，伏击部队突然杀出，将其阻于平野之上，然后强弩齐发。左部猝不及防，乱成一团，左伏肃被当场射杀，所部损失殆尽。

这就是史料可查的梁国之战，以祖军歼灭整编制的石军突骑而告终，祖逖得以反败为胜。伏击、骑射本是胡族的拿手好戏，尤其在平原之上，历来都让汉人部队不寒而栗，可是这回大吃苦头的却变成了胡骑。

祖军士气大振，随即对从后面赶上来的石虎本部发起反击。石虎没料到祖逖会杀他的回马枪，更没想到，连左伏肃那样有着丰富作战经验的老将都会失手折戟，自己最精锐的先头骑兵竟已被对方一口吃掉，气势上首先就输了。史书用"季龙（石虎字季龙）大败"交代了此战的结局。不过石军的实力终究远在祖军之上，祖逖发起反击，也主要是为了防止石虎继续穷追，所以在石军败退后，见好就收，暂时退屯梁国。

祖军在梁国之战中的以寡击众，以少胜多，足以令羯人为之夺气。石虎不敢再南侵梁国，他先在豫州进行了一番洗劫，之后便将陈川连同"乞活军"及坞民迁往襄国（今河北省邢台市），只留下将领桃豹戍守蓬陂坞。

被石军洗劫的豫州百姓不提，引狼入室的"乞活军"及坞民也相当于被胡人俘掠，从坞主农奴沦为异族营户奴婢。坞民本依赖坞主保护，谁知反被其推进了火坑，坞主的弱点由此暴露无遗，北方民众因此更加拥护祖逖军，并希望祖军能够继续北伐。

设 计

在最初浚仪战报传至建康时，得知祖逖为石虎所败，元帝派晋将司马飏率众两千，增援祖逖。研究者有理由相信，当时东晋政府派去增援祖逖的部队非司马飏一支，只不过史书未留下明确记载而已。与此同时，因为在尔后的梁国之战中反败为胜，祖军的兵力损失实际极小，故而在得到东晋政府的支援后，所部即迅速得以复兴，重又具备了北伐的条件。

公元 319 年 10 月，祖逖再举北伐大旗。一个月后，石勒公开从以前的匈奴汉国、现在的前赵政权中分离出来，他在襄国自称赵王，史称后赵。祖逖与后赵对于河南各地的争夺至为激烈，祖逖先派部将陈超袭击桃豹，但此战受挫，陈超兵败牺牲于战场之上。不久，祖逖又派将领韩潜进击，这次韩潜击败了桃豹，并夺得了蓬陂坞的东台。尔后桃豹退居西台，韩潜继续攻击，但桃豹死守不退，由于敌众我寡，祖军难以攻克全城，战斗未能取得进展，而守敌亦无法逼退祖军。至此，敌我各占了半座城池。同在一座城中，胡兵出入放牧皆走西半城，由南门出入；祖军据守东半城，从东门出入。双方隔台相望，形成了对峙。

继浚仪之战后，蓬陂坞再度成为北伐的中心战场。一晃四十天过去了，蓬陂坞仍处于胶着状态，祖逖决定设计打破僵局。此时两边都因粮饷供应紧张而感觉难以支撑，针对这一情况，祖逖命令把沙土装在盛粮的布袋里，然后安排一千多人，故意在敌人的视野范围内，像运送军粮一样，忙忙碌碌地把这些布袋运上东台的己方阵地，为的就是使敌人误以为己方已得到了大批粮食。

与此同时，祖逖又命令几个士兵扛着真的大米（也用同样的布袋盛装），走在运"粮"队伍的后面，而且中途还佯装累得走不动了，放下担子在半道上喘气歇息。桃豹缺粮已久，以为有机可乘，突然派精兵来袭。那几个士兵要的就是这个效果，当下便按照祖逖所定之计，假装害怕的样子，在扔下担子、弃粮于路后，"落荒而逃"。

桃豹抢粮"成功"，但是区区几袋大米，自然无法缓解其严重缺粮的状况，反倒是让胡兵从此对祖逖的把戏信以为真，不再怀疑祖军营中真的粮食充足了。

祖军那边可以源源不断地送来粮食，士兵起码吃饱饭没问题，我们怎么办？吃不饱饭已经很久了，这样下去，就是不被打死也得饿死啊！胡兵由此开始个个心慌，人人胆怯，大家都失去了与祖军持久对抗的斗志。

压力给到了桃豹那里，桃豹向石勒告急，石勒连忙组织了一支由上千头驴组成的运粮大队，昼夜赶往浚仪。祖逖知道敌人中计后，必然会有异动，因此一直密切注意着其动向，在得到敌人运粮的情报后，不失时机地派出重兵，采用夜袭战术，将石勒的运粮大队拦截下来，悉数缴获了这批粮食。

粮草被截，成为压倒桃豹及其所部的最后一根稻草，桃豹连夜下令退兵，从西台撤出，祖军趁势控制了蓬陂坞全城。公元 320 年 6 月，祖逖乘胜进军，不仅牢牢钳制住了桃豹，而且还一口气攻占了两处要地。这是自北伐以来，他所取得的最为重大，同时也是决定性的一次胜利。

祖逖没有就此止步，而是继续对石勒发动进攻。在祖军的强大攻势下，后赵的镇戍士卒归降者甚多，石勒在河南的地盘日益缩小。至此，经过三年多的艰苦奋战、反复争夺，祖军终于得以将黄河以南豫州地区内的大部分石勒军清扫净尽。

石勒不甘就此落败，7 月，派遣一万多精锐骑兵向豫州反扑，然而却在汴水被严阵以待的祖军所败。汴水之战显示出祖军战斗力突飞猛进，足以与石勒军相抗衡，祖逖亦以此战之功，被朝廷擢升为镇西将军。

攻心为上

祖逖智勇兼备，具备很高的军事才能，尤其深悉"攻心为上"的道理，他对外懂得瓦解敌人的军心，离散敌人的营垒，对内则善于团结可以团结的一切力量。

河南的大小坞堡实际都是一个个独立王国，他们彼此孤立，互不统属，为了保住自己的地盘和利益，经常互相猜疑，乃至兵戎相见，搞窝里斗。祖逖在扫荡豫州境内的石勒军，并击退其反扑后，军威大震，于是便利用自己业已建立的威望，多次派人从中调解，晓以大义，剖析利害，帮助坞主们消除相互之间的矛盾。

在祖逖的感召下，河南各地的坞主最后全都捐弃前嫌，将矛头一致对准外敌，并自愿接受祖逖的调度。荥阳一带的李矩、郭默等，洛阳一带的郭诵、赵固等，原先都曾相互攻打、火并，改变态度后，即多"阻水筑垒，且耕且守，为灭贼之计"，郭诵还创造了大败石勒一部的纪录。

黄河沿岸另有一些小坞主，迫于后赵强大的势力，不得不臣服于石勒，送其子弟到襄国为人质。祖逖理解他们的难处，只要他们不阻挠北伐，即采取灵活政策，允许他们"两属"，即同时听命于后赵和晋，对其表面上顺从石勒，送质子于后赵的权宜之计也不追究。

除此之外，祖逖还不时派出小股巡逻队，假装抄略这些坞堡。石勒方面被此假象迷惑，想当然地认为这些坞主都是忠于他的，对之不再怀疑。坞主们的处境大为改善，感恩戴德之余，他们常常向祖逖暗通消息，后赵胡军若要与祖军交火，胡军的行军路线和意图，都会通过坞主们的密报，被提前送至祖逖案头。这也成为祖军能够击退胡军，坚守黄河以南的一个重要条件。

祖逖甚至把他的反胡统一战线，延伸到了后赵控制下的河北。祖军的侦察骑兵经常捉到一些濮阳人，这些濮阳人都是河北坞堡的军民，当然都已属于石勒一方，但祖逖均以礼相待，把这些人都放回了家，后者很是感动，结果五百户人家南下投奔祖逖。

当初刘琨出任并州刺史时，也曾在晋阳迎来自己的辉煌，只是好景不长，就开始走下坡路，未能做出更多的功业。古人在分析时，将刘琨善于招怀军民，却不善于安抚驾驭，归结为其最终失败的根本原因。应该说，此认识确有见地。刘琨正是因为很难深得军心民心，故而其实力才会在严酷的战斗中被日益削弱，而这样的情况，又逼得他在军事上走上歧途，不得不单纯依靠外援和贪图"侥幸万一"。

与刘琨相比，祖逖不但善于招怀军民，而且擅长御军抚民。在北伐过程中，他爱惜人才，礼贤下士，部下即使只是取得很小的功劳，他也必将奖励措施在当天就落实到位（"其有微功，赏不逾日"），就算是与无深交或身份低微之人共事，亦能以恩义相待。在陈川事件中，祖逖向李头赠马，李头发出愿意追随左右的由衷之言，即可见一斑。

祖逖与刘琨都出自富贵之家，刘琨身上有纨绔子弟的影子，贪恋奢华，嗜好声色，他最终兵败身亡，这也是一个很重要的原因。祖逖在私生活方面则较为自律，他在江左时放纵部曲劫掠甚至参与"分赃"，只是维持所部不致因困顿而离散的无奈之举。北伐开始后，祖逖从一开始就非常强调军纪，尤其在他进军中原的过程中，目睹经受战乱灾祸后百姓生活的悲惨，对自己和部下的要求更加严格：祖逖本人自奉节俭，不蓄私财，家中子弟都与普通士兵一样参加耕种，背柴负薪；祖军纪律严明，秋毫无犯，而且一直且战且耕，以战养耕，尽可能自己生产一部分军粮，用以减轻后方及当地百姓的负担；战乱期间，横尸遍野，且无人收敛，祖军将这些暴露于野外的尸骨予以收葬，并为祭奠，百姓见到后，无不感戴恩德。

祖逖由此深得河南民众的拥护和爱戴。有一次，祖逖摆下酒宴，招待当地父老。一些老人热泪纵横，对祖逖说："我们老了，没想到还能遇到你这样好的父母官，死也无怨。"人们即席作歌，感谢祖逖的恩仁德政，歌中唱道"幸哉遗黎免俘虏，三辰既朗遇慈父"（我们这些劫后余生的百姓，之所以侥幸没做俘虏，都是因为日、月、星三辰的朗照，让我们遇到了关爱我们的父母官）。

刘琨在其生命的最后时光里，也听到了河南民众对于祖逖的赞美。这个时候，刘琨的心情应该是很复杂的，一方面，他为挚友和其所取得的成就感到自豪，给亲朋故旧的书信中，极力对此进行称赞；另一方面，他恐怕也会为自己当初在晋阳犯下的过失感到悔恨。

确实，抛开朝廷支援等客观因素不谈，光祖逖深得军心民心这一项，就已在很大程度上造成了他与刘琨不同的奋斗结果：同样都置身于严酷的战场，同样都处于最靠近死亡的地方，刘琨的实力越来越弱，直至失地丧命；祖逖虽不能说是一帆风顺，甚至也屡遭挫败，但其实力却像滚雪球一样越滚越大，到最后，即便从正面与石勒的主力精锐部队对抗，也毫不怯场。

练兵积谷

军事和政治上的双重成功，使得祖逖的恢复事业日益发展，收复失地愈加扩大。至公元 321 年，"黄河以南，尽为晋土"，黄河以南的土地，已全部为祖军占领。

控制黄河以南并非祖逖北伐的最终目标，他的最终目标是要收复黄河以北的广大地区，但祖逖在收复黄河以南地区后，却并没有迅速渡河北进。

祖逖北伐，事实上离不开江左政权的支持，兵援倒尚在其次，特别是到中后期，祖家军靠着自身的发展壮大，已逐渐能够满足作战需要，最主要的问题，其实还是出在后勤支援上。

祖军北上之初，兵马不多，战线较短，战事较疏，后勤支援对前线的影响尚不明显。进入河南后就不一样了，随着战线的延长，战事的发展，兵力的增多（也包括东晋政府派来的援兵），后勤供应越来越成为推进北伐的瓶颈，祖逖在豫州的几次大战，都差点因缺粮而导致功败垂成。

后勤不济，运输不畅和物力不足，是两大主因。当时江南驴马极少，军运唯有走水路，而水运较慢，加上河道雍塞、天气变化等，往往使得粮食不能及时运到前线，以致"道远不至，军中大饥"。这是其一，其二就是即便运力能够勉强跟上，南方限于其薄弱的经济，也无法持续稳定地为北伐军提供充足的粮饷。

根据史料，东晋从建立之初开始，江东就爆发了一场集旱灾、水灾、蝗灾于一体的自然灾害，且绵延达四年之久，直到公元 321 年方告一段落。即便在多灾多难的魏晋灾害史中，此类大灾害亦属特出，元帝在诏书中承认："天下衰敝，灾荒又生，百姓贫困，国用匮乏，吴郡饥民饿死者以百数。"江南此时的财政经济状况可想而知。所能给予前线的物质支援必属微薄，很多时候，祖军都不得不依靠当地民众和部分坞堡提供援助，来维持自身的生存和作战。但河南饱受战争之苦，无论是郡县的编户齐民，还是坞民，生活都很困顿，能够给予祖军的后勤支持非常有限。更不用说黄河沿岸的那些小坞主，慑于后赵石勒的军威，还得向其定期纳贡，根本不可能再额外给祖军提供粮饷。

在蓬陂坞争夺战中，祖逖曾"因粮于敌"，将截获石勒的粮草作为己方之资，但这种办法亦只能偶尔为之。北伐终究是长期战争，只有军粮供应稳定，储备充足，才有持续进行下去的可能，也才有取胜的把握，尤其祖军渡黄河北上后，就将孤军深入，后勤若是跟不上，前景必然堪忧。

除了粮饷物资，祖军在战斗力方面也还有很大的提升空间。从八王之乱后期，胡马铁骑出现于中原战场开始，总的来说，都是胡骑压倒汉人军队，羯族石氏向南方进攻也是如此。祖逖能够对石氏战而胜之，不是祖军的战斗力已超过石军，而是石军远道而来，居于客战地位，以及祖逖善用智谋，加上北伐将士士气高昂，民众支持之故。一旦祖军深入到黄河以北的后赵腹心地区，不仅主客易位，而且石氏也必定要选择跟你死磕到底，如果功底不够厚实，别说取胜，恐怕连站住脚跟都难。

基于此，祖逖在看似形势大好的情况下，没有急于渡河北进，而是抓紧时间在豫州"练兵积谷"，即一面招抚流民，训练士卒，一面鼓励生产，储积粮食，为北渡黄河做好充分准备。

将计就计

公元319年，祖逖再度北伐。石勒建立后赵，两人围绕河南激烈争夺，但也就在那一年，石勒做了一件出人意料的事：祖逖本北方士族，祖坟在幽州，石勒亲自给他控制下的幽州属官下令，对祖逖祖父、父亲的坟墓分别进行了修缮，并安置了两户人家看守坟冢。

石勒可以将他的行为，解释为是单纯出于对祖逖的敬畏和尊重，但祖逖马上就敏锐地察觉出了其中所包含的特殊含义，那就是对方在"施感恩，辍其寇暴"——石勒这一举动不仅是在直接作出让步，而且意在释放其即将调整对内对外政策的信号。

果然，当年石勒即宣布对河北农户免除一半田租。公元 321 年春，石勒更释放流民三万余户，让他们恢复本业，成为编户齐民。如果说前者是争取了河北郡县的编户，后者则对北方后赵统治区域内的坞堡起到了瓦解作用。很快，冀州、幽州、兖州、并州等地坞堡的部曲和坞民，便都从坞堡里走出来，成了石勒的治下之民。

与此同时，石勒还在汉人中选拔人才，任用汉人士族进入其政权为官，并发出通告，禁止胡人对汉人士族进行侮辱。后世将当时的北方政局称为"五胡十六国时代"，石勒在政治上如此重视士族，在五胡十六国时代是比较突出的。

石勒过去在汉人心目中的形象，与从地狱中跑出来的大魔王可以画等号，尤其宁平之难后，几乎能起到令小儿闻其名而止哭的效果。不过在后赵建立后，北方形势已发生很大变化，一方面，中原要地多为石勒所据，另一方面，石勒又同时面临着与刘曜分庭抗礼，以及祖逖北伐的威胁。这个时候，他转攻为守，换一套政治策略，重点加强对现有地盘的经营，从长远来看，对他是有利的。当然，这也证明石勒的头脑并不简单。

作为政治策略调整中的重要一环，在祖军完全控制黄河以南后，石勒不仅没有轻易派兵南下争夺，而且还继续向祖逖示好：祖逖母亲的墓地在成皋县，他特地派人前去进行修缮，又写信给祖逖，要求通使和开放互市（即互通贸易）。

祖逖显然接受了石勒的一系列示好，他虽然没有给石勒回信，但却实质性答应了石勒在信中提出的要求：派参军王愉带着礼物出使后赵；听任黄河南北岸民间互市，交换各自所需。

在外界眼里，祖逖和石勒自此"修结和好"。有一次，祖逖的牙门（牙门系武将名号）童建，在杀死东晋官吏后投降了后赵，谁知石勒却将来降的童建予以斩首，并把首级送给祖逖，说："天下丑恶的人和事都是相同的，将军（指祖逖）肯定痛恨这些叛臣逃吏，我也一样。"祖逖对此表现得很是感动，自此以后，他也投桃报李，对于从后赵叛降归附的人，也一律不予接纳，并禁止众将对后赵进行攻掠。

"修结和好"达到这种程度，以致造成了当时"二州之人，率多两属"的奇特现象，即豫州与其北邻的兖州民众，多数在身份上既属于东晋，又属于后赵，双方政权都予以默认。

祖逖的做法在当时和后世，都引起了很大争议，有人说祖逖受到了石勒的欺骗和牵制，甚至还有研究者认为，"把祖逖称为民族英雄，显然是不合适的"。

事实上，祖逖北伐的决心从未懈怠，他也始终是王导"勠力王室，克复神州"在前线的代表和核心人物。要理解祖逖，不妨看一看历史上的"羊陆之交"。

所谓"羊陆之交"，是发生在西晋时期的一个著名典故。"羊"是指西晋名将羊祜，"陆"是指东吴名将陆抗，羊祜奉晋武帝之命伐吴，但他发现当时东吴的国势虽然已经衰退，但实力尚存，特别是其军事在陆抗的主持下，很难找到破绽。在这种情况下，羊祜认为平吴不宜操之过急，而应积蓄实力，耐心寻找合适时机。

为了达到自己的目的，羊祜严格约束部下，不许越过晋吴边境，对于主张偷袭东吴的部将，就用酒灌醉，不让他们再说。有时吴国人打猎，猎物受伤跑到西晋这边，为晋兵所获，羊祜也都下令送还吴人。

陆抗深知羊祜的用意，他亦采取同一策略，经常告诫将士守住己方边界即可，不得与晋军争夺。在此期间，晋吴虽都集重兵于边境，双方却不仅不互相攻伐，还不时派使者往还。有一次陆抗生病，羊祜闻知后，马上派人把他亲自配制的药送给陆抗服用。吴将担心其中有诈，劝陆抗勿服，陆抗则说羊祜不可能用毒药害他，然后一仰脖子就把药服了下去。

祖逖和石勒的教育以及文化背景相差悬殊，祖逖更是怀抱着与当年晋吴完全不能相比的国仇家恨，这与"羊陆之交"有着很大区别。相同之处则是祖逖所采取的策略，即他明知石勒采取的是缓兵之计，同时又必须面对石氏主动调整政策，其在河北的势力也随之渐趋巩固的现实，在这种情况下，他也只能将计就计：军事上暂取守势，派兵将修缮边防设施，加强黄河沿河防御；政治上回应石氏，与其维持一种"睦邻关系"，以便为练兵储粮，实现粮饷自给创造条件。

王夫之在评价这段史料时，称祖逖的这一策略为"善谋"，是两军对峙状态下，"赡财用、杜奸人之善术"。事实上，仅开放民间互市一项，豫州方面就从中获取了高达十倍的利润，黄河南北两岸的休养生息，更使得公私都增加了收入，再加上对农业生产的鼓励、督促，可供北伐的粮饷逐渐变得充实起来，祖军所招兵马和训练纯熟的精兵强将，也日益增多。这些都让祖逖对于下一阶段北伐抱有极高期望，只待时机一到，便挥戈北上，荡平黄河以北的敌军，所谓"推锋越河，扫清冀朔"。

周 访

东晋建立后的开始几年，虽然遭遇大灾，但总的来说，势头还是相当不错的。祖逖北伐，收复河南之地，减轻了石勒南下的压力，使得朝廷得以放手巩固南方，同时随着祖家军自身的壮大，元帝这时也已有条件将前期陆续增援北伐前线的部队，包括"锐卒三万"等转调至长江上游，周访所部因此实力大增。公元 319 年春，周访再次大破杜曾。杜曾部将马隽等人原先都是陶侃的部下，投降杜曾，跟着他吃饭纯属不得已，现在见杜曾大势已去，便又反戈一击，把他抓起来，向周访投降。与杜曾一起被抓获的还有第五猗，随着第五猗势力的败亡，由此衍生出的一系列问题至此也都得到了完满解决。

杜曾是长江上游一系列祸事的罪魁祸首，周访自然不可能再留着他，遂将其斩首示众；第五猗则被送往武昌。周访认为，第五猗毕竟是愍帝生前正式任命的荆州刺史，而且在荆州一带已有一定声望，因此建议王敦不要杀他。然而王敦却将周访的建议置之脑后，就像以前擅杀王澄那样，在不向元帝请示的情况下，就擅杀了第五猗。

王敦如此不尊重周访，与他先前对第五猗势力束手无策，眼巴巴地指望周访出来救场的样子，简直判若两人。王、周由此心生嫌隙，关系逐渐趋向恶化。更让周访感到不满的是，在他出山之初，王敦曾亲口许诺，只要擒获杜曾，就论功让他担任荆州刺史，可是直到杜曾已被处决，也没见王敦兑现其承诺，就好像这话他从来都没有说过一样。

王敦不是记忆力不好，他是忌惮周访的威名，害怕周访据守大州对他构成威胁，故而他才宁可出尔反尔，食言而肥，也要把荆州刺史的位置继续留给堂弟王廙。可惜王廙终究是个"扶不起的阿斗"，杜曾叛乱期间，不少陶侃的部将因替其鸣不平而加入过叛乱，周访平叛后，王廙为了消除"前任"陶侃的影响，不分青红皂白，将这些人都杀了。荆州名士皇甫方回，素为陶侃所敬重，王廙竟以皇甫方回不拜谒自己为由，将其拘捕并杀害。这些事导致荆州士民对王廙很不信任，虽然叛乱已经被平定，但当地依旧人心惶惶，上下关系非常紧张。

元帝听闻后，出于稳定荆州的考虑，以王廙滥杀，引起民怨为由，下诏改任王廙为散骑常侍，将其调入建康，而以周访为荆州刺史。

皇帝都出具了正式任命，白纸黑字，怎么办？王敦一时拿不定主意。他的心腹郭舒见状，便对他说，荆州虽然历经战乱，变得一片荒凉凋敝，但作为用武之地，还得自己掌控，不能让给他人，至于周访，可以另外安排他去梁州（今陕西省汉中市及附近地区）。王敦一听，正中下怀，于是便动用自己在朝中的影响力，百般阻挠，最后使得元帝的这一纸任命，落了个半途而废的结果。接着，他又上表元帝，以"荆州用武之区，不可轻易假人"为由，表示要自领荆州。

元帝虽不情愿，但也不能明确驳回王敦的表奏，只得按其请求，以王敦领荆州刺史，周访领梁州刺史，同时又给周访另加了一个安南将军的名号。

王敦年轻时即有高名，然而据说其族兄王戎却非常讨厌他，每次王敦去看望王戎，王戎总是假托有病，拒不见面。当年的王戎被认为擅长识人，有先见之明，他讨厌王敦，应该是看出了此人骨子里人品和格局的低下——陶侃、周访都对王敦有很大贡献，王敦在不断加以利用后，给予他们的回报，则是将二人先后逐至广州、梁州。

周访收到诏书，发现给予自己的官职，并不是先前所传的荆州刺史，立刻明白是王敦从中作梗，不由勃然大怒。王敦失信在先，捣鬼在后，自己也多少有些内疚和羞愧，于是便亲自写信给周访进行劝解，安抚他的情绪，并赠以玉环、玉碗，虚情假意地向其表示看重之意。

周访久历人世风霜，岂是几句鸡汤和几个小玩意所能搪塞的？他当即将玉环、玉碗扔到地上，愤然道："我难道是商人和幼童吗？怎么可以用宝物来哄我高兴呢？"

周访、王敦从此公开决裂。周访早在元帝初下江东，建立安东将军府时，即为其府中佐吏，之后受元帝重用，战场上多有建树，这让他一直持忠于元帝、"尊奉朝廷威灵"的立场。相比之下，王敦对于元帝和朝廷则常常阳奉阴违，因此于公于私，周访都对王敦恨得牙痒。

另外，周访与祖逖一样，皆力主北伐，"慨然有平河、洛之志"，时论亦有祖、周并举，一东一西，共同北伐的意见。对周访而言，无论是大举北伐，还是钳制王敦，都必须建立一个巩固稳健的基地，而出任梁州正好给予了他这样的机会。

元 帝

梁州治所襄阳（今湖北省襄阳市）乃军事重镇，向下，它可对下游的荆州造成威胁；向上，早在三国时期，诸葛亮推出"隆中对"，即将襄阳视为从荆州方向北伐中原的前进基地。王敦之所以没看上梁州的一个重要原因，是在当时的襄阳及全部梁州非产粮区内，驻军都必须仰赖"荆湘之粟"，也就是靠荆、湘二州提供粮食。不过这都难不倒周访，他到达襄阳后，即招抚流民，用以发展农耕，训练士卒。

在大力提升自己实力的同时，周访还跟王敦唱起了对台戏。王敦以镇东大将军的身份辖六州军事，梁州军中任免官员，按照程序，都应通过王敦，但周访不管这一套，麾下官吏一有缺员，就先自行补录，然后再上报，觑王敦如无物。

这种事如果放在别人身上，王敦必会置其于死地而后快，都不带隔夜的。然而周访可不是好捏的软柿子，他指挥打仗的本事和祖逖、陶侃属于一个级别，比王敦要高明得多，同时周访也像祖、陶那样善于御军抚民，以致士卒皆乐于为其效死，如果王敦真的要动手攻打周访，最后被按在地上摩擦的，很可能不是周访，而是王敦自己。更不必说，周访的姻亲陶侃也在广州统兵，一旦把周访逼急了眼，两人联手，从南北两面进行攻击，无论是谁，都足够他喝一壶的。

王敦不傻，他惹谁都行，唯独不敢惹周访，对于周访所为，虽深为忌惮，也只能听之任之。

在传统史学研究中，史家对于元帝的评价不高，一般都将他视为雄武不足的仁弱之主，甚至有"庸主"之谓。东晋名为西晋的延续，实际已是重建的一个新的王朝，作为实质上的开国之君，说元帝"雄武不足"有一定道理，其手中的军政力量一直都比较薄弱，个人性格也比较谦逊、隐忍，这一点亦与"仁弱之主"基本相符，但要说元帝是"庸主"，那就太小看他了。

元帝是一个有着很强意志力的人。这一点，仅从"过江断酒"就可以看出来。要知道，那个时候的元帝，应该已经有一定程度的酒瘾了，有酒瘾的普通人要自己戒酒，都殊非易事，如元帝这样的王公，则更需决心和毅力。

西晋司马氏立国，以奢靡相高，与曹魏崇尚节俭大异其趣。按照陈寅恪的研究，这是因为司马氏出自士族，那时的士族在生活方式上讲究繁文缛节，过于注重形式，故有奢侈化倾向，所谓"寒门重节俭，士族尚奢侈"。元帝认同王导关于奢靡造成西晋衰亡的分析，自南渡之初即接受其"俭以足用"的主张，一改前朝奢靡浮华的风气，始终身体力行地倡导节俭，直到登上帝位后依旧如此。侍从官奏请在宫殿里挂绛帐（一种红色帷帐，比一般帷帐贵）以作装饰，元帝说西汉的时候，汉文帝曾把群臣用以上书的黑色书袋收集起来做成帷帐，意思是可以挂帷帐，但没必要专门制作绛帐。在他的吩咐下，宫里面冬天用青布，夏天用青纱布做帷帐，而青布、青纱布在当时都是相对便宜的布料。

除了自己能省则省，元帝对后宫、戚属也要求甚严。宫中将封贵人，侍从官请示购买雀钗作为贵人的头饰，元帝认为费用太高，没有同意。他所宠爱的郑夫人衣着朴素，元帝姨母的弟弟给母亲造房子，元帝认为房子造得过于奢华，便流着眼泪加以劝阻，将工程叫停了。

历来能被归入"庸主"一类的，不是品行不端，遭到当时及后世指摘，就是平平庸庸，浑浑噩噩，天天处于躺平状态。元帝并非如此，在东晋创建的过程中，不管是对王导等人的知人善任，从谏如流，还是元帝自己励精图治，针对内外部局势，发布或实施的政策措施，都颇有开国帝王的气度，也基本符合中国古代对于有为君主的界定。

可想而知，这样一个君主，不可能任人摆布，而王敦却恰恰就想控制元帝，大权独揽。这种矛盾在元帝登基之后，终于被摆上了桌面，其起始点就是王敦擅杀第五猗。事实上，此事不仅让周访，也让元帝感到完全不被尊重，因为王敦事先根本就没向他请示过。

之后王敦阻挠元帝对周访的委任，自领荆州刺史，对于元帝而言，更不啻强按着他的手，在委任状上盖印，其内心感受可想而知。王敦自领荆州起，在朝廷面前变得比以往更加飞扬跋扈、不可一世，根本就不把皇帝放在眼里，史载，"王敦并领荆州，苛暴之衅自此兴矣。"

在传统的政治伦理中，王敦这么做，就叫作"欲专制朝廷"，有不臣之心或问鼎之心，属于大逆不道，他本人毫无疑问可归入居心叵测的权臣之列。历来皇帝对付此辈通常只有两种途径，其一是直接将对方拿掉，其二就是进行制衡。元帝自知威势不足，本能地首选了后者——周访在梁州任上，自行补录官员，本有割据之嫌，但因为他在客观上制约了王敦，让其不敢妄动，所以元帝也就乐得对此睁一只眼闭一只眼了。

较　量

元帝借周访之力抑制王敦，自周访出镇梁州后，王敦忌惮其雄厚实力，也只能暂时消停。然而天不假年，公元320年8月，周访病逝，其子周抚、周光虽仍掌握着一部分兵马，但二人均无父亲的风骨和豪气，周访一死，他们便投靠了王敦。如此一来，元帝陡然失去了在长江上游制衡王敦的一大利器，而王敦则消除了一块心病，重又活跃起来。

周访虽死，生前所治之梁州，经过其生前的苦心经营，战略地位直线上升，尤其治所襄阳正逐渐成为汉水领域最重要的中心城市，甚至超过王敦所据之夏口（今湖北省武汉市汉口）、武昌（今湖北省武汉市武昌区）。于是对于梁州军政大权的争夺，又成为新一轮博弈的焦点，王敦首先派心腹郭舒去襄阳接管军队，元帝也一刻不耽搁地将原湘州刺史甘卓调任襄阳，接替周访为安南将军、梁州刺史。

甘卓与周访差不多是同时期出道的大将，见甘卓到任，郭舒只得返回荆州。朝廷紧接着征调郭舒入朝为官。你可以说此举是对王敦、郭舒的安慰，但也可以说是对王敦势力的分化。王敦相信的是后者，他置朝廷诏书于不顾，愣是把郭舒留了下来。

元帝以甘卓继周访之后，继续制衡王敦的意图非常明显，此番他还给甘卓另加了"督沔北诸军事"一职。这项职能是先前连周访都没有的，所谓沔北，在地缘上涵盖了有"荆州东大门"之称的江夏郡（今湖北省武汉市江夏区）与要地竟陵郡（今湖北省天门市），其时王敦正领沔南都督，元帝这么做，等于是把王敦的大本营荆州按沔水一分为二，由甘卓与王敦分据，其牵制和削弱王敦势力的意图，清晰可见。

经过这一回合的较量，元帝似乎才真正找回了自己作为皇帝的感觉。

元帝的心态，其实也是一点一点地变化着的。回想南渡之初，登基坐龙床对元帝而言，都还是一件可望而不可即的事。在司马睿与顾荣"寄人国土，心常怀惭"的那段对话中，陈寅恪认为所谓"国土"系指三国孙吴的国土，但现代也有史家从晋人习语和元帝彼时身份出发，认为此"国土"更可能是指吴王司马晏的江东封国。

元帝也有他的"国土"，即琅邪国。元帝以安东将军的身份南渡，远离自己的封国琅邪及其国都临沂，来到从兄弟吴王晏的"国土"，而吴王晏却因任职洛阳，不能归国。元帝是从这个角度出发，觉得有些尴尬和不安，故而"心常怀惭"，顾荣"王者以天下为家"的回答，则多少带点安抚意味。

南渡之初的元帝，子身处于南北士族之间，除了一个皇家血统和安东将军的名号外，基本上是两手空空，当是时，如果没有琅邪王氏的竭力扶植，元帝可以说毫无存在感。对于彼时的元帝而言，核心问题是借助王氏兄弟之力，在"寄人国土"的情况下立足江东，其他都可以算作是细枝末节，他既顾不上也没办法多作考虑。

琅邪王氏亦然，即便是王敦，一心想的也是如何帮着元帝打天下，而不是凌驾其上，故而此时期完全可以被看作是昔日琅邪国两大家族的合作黄金期：在这一时期，司马家既肯对王家言听计从，王家也对司马家"同心翼戴"，双方的一致远大于分歧，就算偶有矛盾，也并不突出。

数年间，元帝逐渐在扬州站稳了脚跟，安东将军府先后变成镇东大将军府、左丞相府、丞相府。随着地位的巩固和建康政权统治范围的不断扩大，元帝的自信心也大增，这个时候的元帝，你要再指望他还像从前一样，只安坐于一隅，静看别人指点江山，自然就不太现实了。

元帝虽于渡江之初就全部接受了王氏"四谏"，但就内心来说，他对"四谏"并不完全认同。

晋室南渡后，因西晋京都在中原地区，故称西晋为中朝。王导把骄奢淫逸所导致的法治和道德大衰退，归结为中朝出现大乱乃至覆亡的一个重要因素，同时主张像当年刘邦建立汉朝那样，实施"无为政治"，从而达到由乱到治的目的，这也是"俭以足用"和"以清静为政"的源起。然而也有人对此持不同意见，元帝幕僚出身的陈頵就认为，中朝士风浮虚，崇尚老庄学说，以及赏罚不明，吏治废弛，才是其垮台的主因。他为此还给王导上书，建议王导厉行改革，加强对官吏的考核，并从下层而不是士族中选拔人才。

与陈頵观点基本一致的，还有同样出自元帝幕僚的熊远，他也主张加强对官吏的考核，"明试以功"，甚至还提出应摒弃官吏队伍中那些任诞放达的士族名士，转而从寒门中选拔官吏。

陈頵、熊远等人的观点，除了"俭以足用"，很明显与王导"四谏"中的"谦以接士，以清静为政，抚绥新旧"都不在一个调上，王导自然不会听从和采纳，可问题是元帝很听得进去，而且心有戚戚。

隐秘心思

陈頵、熊远之说，其实都可以用"申韩之说"来加以概括。所谓申韩之说，"申"是指申不害，"韩"是指韩非子，二人皆为战国晚期法家的代表人物，"申韩之说"也就是法家所主张的以法治国，甚至是以苛法治国之术。

元帝所倾心和推崇的正是申韩之说。申韩之说强调如何驾驭和管理群臣百官，就其本质而言，就是通过厉行督责之术，借以伸展君权，直至实行君主集权专制。

自秦汉以来，君主集权专制被视为正统的政治模式，元帝从小接受的就是这种思想意识，他生于洛阳，青少年时期也都在洛阳生活，武帝时期皇帝如何威风，如何专断，皆耳濡目染。对于元帝而言，他自然而然地更愿意相信，自惠帝以后，中朝之所以败亡，都是因为皇帝手中无权，对百官控制松弛所致。

截至元帝被中朝任命为丞相，他的风头已是一时无两，可是元帝也明确地知道，其中枢要权皆由琅邪王氏所掌握，他自己虽非傀儡，但实权并不太多。对此状况，元帝自然不会满意，而他越不满意，吸取中朝教训，"用申韩以救世"的想法也就越加迫切。

除了陈頵上书王导外，时任丞相府主簿的熊远也曾直接上书元帝，建议整肃吏治，强化考核，元帝当时给予的答复是"权宜从事，尚未能从"，意思是你说得都不错，但现在只能将就一下，暂时还没法将你的意见付诸实施。

元帝只是囿于形势，出于安定人心、立国为先的需要，才作此表态，一旦他确信自己有能力掌控局势之后，便马上在政务中贯彻了熊远所言。不唯如此，根据相关史实，元帝施法执政颇为严酷，表现出"刑法峻重"的倾向。当时影响很大的淳于伯漕运误期案，即为其中一个较为典型的案例。淳于伯作为粮草督运官员，只是漕运误期而已，但丞相府具体负责此案的周筵等人，不仅对其行刑逼供，而且最后还导致淳于伯屈打成招，被处以极刑。

淳案成因固然非常复杂，不过若仅就量刑而论，还是源自元帝的严刑治吏政策，正如淳于伯之子淳于忠上诉喊冤中所称，其父督运军需物资，纵然不无过失，可也罪不至死。实际上，那一时期，在元帝任刑重法政策的影响下，被苛酷刑杀的地方官员远非淳于伯一人，有的虽非直接出自元帝本人之手，但也与其倡导法术之治有一定关联。元帝不是完全心中无数，不然他也不会在舆论压力下，被迫说出"刑政失中"的话，也就等于承认了他所制定的政令刑罚已经不合准则，走偏了。

元帝崇尚刑名的吏治风格，显然与王导的施政原则是不相容的，但很多官员因畏惧严法，又不得不跟着上面的指挥棒转，周筵等人在处理淳案时，从头至尾都很难看到一点"以清静为政"的味道。

元帝这么做，不单单是为了整肃官员和加强考核，往深里说，他其实就是想要借此抑制王氏等门阀士族，以便施展自己的君权。毕竟在当时的环境和条件下，至少在元帝能够稳居皇位之前，他是离不开琅邪王氏和士族拥护的，不可能像陈頵、熊远所主张的那样，公开摒弃士族，任用寒门，但厉行法术之治，作为自秦汉以来就通行的政治理念，甚至是某种"政治正确"，却可在最大程度上避免君主可能面临的风险，既打击和削弱了门阀士族，又不致激起对方的强烈反弹。

最早体察到元帝这一隐秘心思的，是刘隗。刘隗善于捉摸元帝的旨意，同时作为因永嘉之乱而避乱南渡的北士，刘隗曾在西晋担任掌管图书著述的秘书郎，又当过地方官，有着兼通文史、习于政务的长处。这两个特点，使得刘隗既能知道元帝想要什么，又往往能在他还没开口发话前，就主动采取行动，满足其愿望。

刘隗在南渡之初，还只是官职并不算很高的从事中郎，但不久就被元帝引为心腹，元帝任左丞相时，即任命他为丞相司直，职责主要是监察百官和检举不法。

有声有色

刘隗新官上任后，其履行职责的认真和忠实程度，甚至超出了元帝的预期。满朝文武，凡有不遵礼教、不依法度、上侵君权的行为，都会被他坚决予以举劾。

元帝世子司马绍的文学侍从官王籍之，在为叔婶服丧期间结婚，刘隗对此上奏批评。元帝说《诗经》里就有关于男女结婚所要讲究的规矩，王籍之的做法显然与之不合，不过这事就算了，下不为例。

古代居丧期间，不但不能娶妻纳妾，也不能嫁女，东阁祭酒颜含素以孝友著称，结果却在为叔父服丧期间，把女儿嫁了出去。刘隗把这件事公开捅了出来，弄得颜含脸面扫地。

王、颜只是没有严格遵守礼教，如果知道有人不但不遵礼教，而且还践踏法规，刘隗对此更是毫不留情。

丞相行参军宋挺，原为扬州刺史刘陶的门生，刘陶死后，他不感念其恩不说，还强娶刘陶爱妾为妻，另外又偷盗官布六百多匹。偷盗事发后，宋挺依律应被斩首弃市，结果运气好遇上大赦，才保住了性命。此事本已事过境迁，但刘隗获悉，奋武将军、太山太守阮抗想要召宋挺为长史，于是他马上将二人一道予以弹劾：宋挺霸占恩主之妻，有悖大义，伤害人伦，且又贪赃枉法，就算已经被赦免，也应除名，禁锢终身并发配至边境充军；阮抗明知宋挺劣迹斑斑，却仍欲举荐其为官，应给予免官和下狱问罪的处分。

这时正好宋挺病亡，元帝觉得人死都死了，便打算不予追究，没想到刘隗不依不饶，坚持该给的处分一个也不能少。最后元帝还是按照刘隗的建议，将宋挺除名为民，并将他强娶的刘陶爱妾送回原来家室。

倘若刘隗只是止步于此，那你就太小看他了，事实上，将宋挺乃至于阮抗这一类人物揪下马来，对于刘隗而言，不过是一碟开胃的小菜，能够跟当朝权贵对着干，大家来个硬碰硬，才谈得上有声有色。

禁军高级将领、护军将军戴渊首先遭到炮轰。戴渊所辖的护军军士因违纪而被建康尉收捕，但戴渊的府将又从建康尉手中抢走了违纪军士，刘隗认为戴渊应为此负责，于是进行弹劾，奏免其官。

第二个倒霉蛋是丞相长史周顗。本来这事跟周顗并无直接关系，庐江太守梁龛为妻子服丧，就在服丧期满的前一天，这位仁兄打熬不住，"提前"请客吃饭，还雇乐伎奏乐。千不该万不该，他还邀请了周顗等朝官赴宴。事发后，在刘隗的奏劾下，不但梁龛被免官削爵，周顗等人也被各自取消了一个月的俸禄。

此事发生不久，周顗的弟弟周嵩触犯法度，先是砍伤两名门生，继而又砍伤了前来纠察的建康左尉。弟弟犯法，做哥哥的也跟着受牵连，刘隗因此再次弹劾周顗，周顗被坐而免官。

周顗出自北方高门士族汝南周氏，是被王导认为可与顾荣、贺循、纪瞻三人并列的"四贤"之一，元帝身边当仁不让的台辅重臣。在江东政权内部，无论声望还是权势，周顗都是仅次于王氏兄弟的那一拨，刘隗此举着实动静不小。

接下来，刘隗便顺理成章地将矛头直指王氏。王敦的亲哥哥、南中郎将王含，仗着自己宗族权倾朝野的显赫地位，日益骄傲专横。一次，王含辟召僚佐以及地方官吏二十多人，其中多数缺乏真才实学，才不堪任，只不过是王含的佞幸心腹而已。刘隗为此上奏弹劾王含，文辞非常刻薄辛辣，没有给王氏留一点情面。

虽然元帝将此案按下未予审理，但刘隗并未罢手。等到淳于伯案爆发，刘隗公开为淳案审理冤情，指责具体负责淳案的周莚等人刑杀失于公允，不能胜任其职，请予免官——他表面上针对的是周莚等人，实际却直奔王导而去，因为后者向来被视为周莚等人的后台。王导也确实避无可避，只得主动站出来上疏引咎，请求辞职，最后以元帝未接受辞呈，主动承揽责任了事。

从让王籍之、颜含丢脸，到处分宋挺、阮抗，再到奏免戴渊、周顗，直至剑指王氏，刘隗的这些做法，既是他作为丞相司直的职责所在，更是因为他要为元帝所欲，可又不便直接出手之事。换句话说，元帝为了更好地维护自己的权威和地位，必须借机对当权的门阀士族，特别是一家独大的王氏敲打敲打，可是他又不敢弄到与对方决裂的程度，故而将自己撇开，由刘隗出头做恶人。这种处理方式以点到为止，见好就收为上上之选。当然，这里面也免不了会有伤及友军，以及处理不够周密慎重的地方，比如戴渊、周顗，其实都是元帝比较信任的大臣，又比如淳案本是元帝、王导为不能立即倾师北伐所找的借口，刘隗对此可能并不知情。然而即便如此，也基本都达到了元帝想要的某种效果。

暗流涌动

刘隗并不是一个人在战斗，他身边还站着刁协。

刘隗、刁协二人堪称元帝用于前驱的哼哈二将。刁协与刑宪事务本不沾边，但他熟悉礼仪制度，知道如何从制度设定上，明尊卑、辨贵贱、别等级、防僭越、崇皇权、抑权臣。与此同时，刁协的行事作风又与刘隗相仿，朝中公卿大臣，除了被他引为同道的刘隗等个别人外，其余几乎谁都看不惯，并常常借醉酒之机，进行指责辱骂。

需要指出的是，不管是倡导申韩之说的熊远、陈頵，还是付诸行动的刁协、刘隗，原本都非高门士族。熊远、陈頵均家世寒微，相比之下，刁协、刘隗要好一些，但家族势力也都不强，刁协出身于二流的次门士族，刘隗父祖在魏晋时的官爵并不显赫。

作为寒门人士代表的熊、陈，很难在门阀士族的包围中显山露水，主张君主集权专制，进而通过皇帝的青睐以晋身，自然就是他们认为的最好出路。刁、刘虽已被元帝引为亲信，但二人也都清楚，他们所依附的还是个弱主，只有尽心协力地扶植皇权，帮助元帝抑制和打击门阀，自己才会拥有蒙被显贵的更多机会。

研究者注意到，即便在元帝与王氏合作的黄金阶段，彼此之间的关系也有些微妙。元帝对王导素以"仲父"相称，而不敢以臣僚视之，仅此一点，事实上就已破坏了朝廷政治中正常的权力均衡和礼制规范，属于君臣名分失序。元帝本人对此其实是非常在意的，有人分析史料认为，元帝说王导是自己的萧何，就含有两层意思，其一是表彰王导的功勋，赞赏他的能力，其二却已是在有意彰明两人应有的君臣秩序。

元帝采纳陈頵、熊远建议，推崇申韩，又重用刁协、刘隗等人，"以法御下"，力图排抑、削弱以王氏为代表的门阀势力，从那个时候开始，朝廷之上早已暗流涌动，王导因淳案而被迫辞职，更使之达到高潮。一些研究成果表明，至元帝正式称帝前夕，元帝与王氏兄弟虽未爆发直接的冲突，但在貌似和谐的背后，情况已经变得甚为复杂。元帝邀请王导"御床同坐"的"佳话"，也由此拥有了另一副面目和真相：跟当年刘备白帝城"托孤"诸葛亮相仿，这在很大程度上不过是一种帝王术式的表演，即表面示以尊崇，实质却是在暗示王导应该有所收敛，其结果就是使得王导在猝不及防的情况下，不得不就自己处于臣僚地位这一点，诚惶诚恐地对外公开表明态度。

王导一向谨慎持重，为政也务在虚静，可辅政期间所出现的权逾宗室、位遇超常问题，又确实存在。追溯前事，曹魏及西晋政权都是强臣辅政尔后篡权，王导经略江左，是否亦曾想进入同一轨迹，后世对此是有分歧和争议的，这甚至还影响到了对王导的历史评价。

编撰于唐代的《晋书》，指出自晋惠帝以后始设丞相、相国一类官职，后者因实权超过了皇帝，因此"皆非寻常人之职"，《晋书》同时点名"王敦、王导之徒"，与八王之乱的罪魁祸首赵王伦、成都王颖，以及在北方自称晋王的南阳王司马保都担任过这类"非常之职"。这意思，不啻在说王氏兄弟其实就是和司马伦、司马颖、司马保无异的一类权臣。

清代史学家王鸣盛对于王导亦不以为然，他说史书中的王导传记，洋洋洒洒六千余字，又是"煌煌一代名臣"，又是"门阀显荣，子孙官秩"，可他读传记时，却愣是没能从中看出王导做过什么了不得的大事，因而他断定，王导传之中多为对传主的溢美之词。

由此出发，王鸣盛对王导拥戴元帝，建立东晋的"翼戴中兴"之功，以及"江左夷吾"（即"江东管夷吾"）的盛名也都表示质疑：真的不知道王导的中兴之功究竟体现在哪里，又凭什么能像三国的诸葛亮那样，被冠以管仲之名？

史学本身允许百家争鸣，有王鸣盛这样的"反导派"，就有东晋邓粲、近代陈寅恪那样的"拥导派"。不过抛开对王导功业的评价，或许不难发现，明清作为君主集权专制、皇权政治发展至高峰的时代，生活在这一时代氛围下的部分学者，很自然地会对王导职盛权重，进而造成君臣失分产生反感情绪。王鸣盛之所以"反导"，不能说没有受到此情绪和观念的影响。

齐 斧

东晋建立后，王导的特殊地位愈加突出。别的不说，仅就他所担任的扬州刺史一职，就很能说明问题。在东晋政权中，扬州的意义非同小可：军事上，扬州直接处于南北交界线，此处有个三长两短，整个东晋政权都将不复存在；政治上，东晋都城建康就在扬州境内，为名副其实的国家政治中心；经济上，扬州乃东晋所辖八州中，最富庶、最繁华的一个州。

可以这样说，谁能当扬州刺史，谁就掌握了东晋政权的命脉，即便想要篡位称帝，也不是不可能。

关键是王氏不是只有一个王导，还有执掌长江中上游军政大权的王敦，甚至还不止王导、王敦兄弟，王氏其他家族子弟居内外之任，布列显要者也不胜枚举。当时有个叫竺道潜的高僧，因经常受到元帝接见，出入宫省，便被民间认为是王敦或王导之弟，足见王氏政治影响力之大。

整个东晋大地都挂满"王"的族帜，"王与马，共天下"也随之越传越广，表明人们已不约而同地形成这样的集体潜意识：东晋的皇帝只有司马氏一个，但是东晋的江山，却为王氏与司马氏所共同拥有。

这是门阀政治的基本特征，即皇帝与门阀士族共有神器，共同治国。过去迫于形势和现实需要，元帝也只能表示容忍接受，所以才有了登基当天邀王导同升御床的惊人一幕。问题是，对于一个人而言，凡其心不甘情不愿的事，终究都只能是忍得一时是一时，忍得一日是一日，元帝独自在御床上坐得越久，便越无法接受眼前的现实。

早在登基之前，元帝便做出过扩张自身君权的尝试，说白了也就是两条，即"用申韩以救世"和引用近臣。登基后，元帝开始老调重弹，他将一部《韩非子》送给太子司马绍，以明其用心，同时又任命刘隗为侍中，赐爵都乡侯。不久，刘隗外调任丹杨尹（东晋郡的最高长官一般称内史或太守，东晋建立后，元帝将丹杨内史改为丹杨尹），虽不在中朝，但仍兼侍中。

从这时候开始，凡重要的军国大事，元帝都只与他的这两个左膀右臂，即任尚书令的刁协和刘隗进行密议。根据刁、刘一起制定的所谓"万机秘密"，元帝在登基的当月即下达诏书，诏书中表面对王导力主的清静为政加以肯定，但实际却是要求加强对官吏的考核，乃至提出要对查无政绩的官员予以惩处。仅隔数月后，元帝再次下诏，这次不仅语气变得极为严厉，而且随诏书而来，他还亲自下令处决了桂阳太守、徐州刺史等几个官吏。

只是因为考核不过关，就要人头落地，这基本就是淳于伯案中主角的下场，看到元帝又要重蹈之前"刑法峻重"的覆辙，朝中有识之士皆忧心忡忡。王导派遣八部从事巡行扬州诸郡，在听取汇报时，对顾和大加褒扬，就发生在这一时期。顾和反对朝廷对各级官吏进行苛刻的考核和调查，主张"宁可网漏吞舟"，也不能搞"以察察为政"的言论，可谓深得王导之心，他实际上也是在通过这种方式，对元帝进行委婉劝谏。

朝中官员郭璞的劝谏方式则更为特别。郭璞是个奇人，三国魏晋时期有很多著名的术士，郭璞即为其中之一，他结合太阳中出现黑子等所谓天文"异象"，从"水至清则无鱼，政至察则众乖"的角度，对元帝"法令太明，刑教太峻"提出批评，劝导元帝修正过度任用刑法的政策，力行赦免，以宽慰人心。

劝谏没有作用，因为说到底，元帝力推申韩法术，已经偏离了国家治理的初衷，而被他纳入到了政治权力斗争的范畴。《晋书》在元帝传记中用了"齐斧"一词。"齐斧"象征帝王权威，是用以征伐的黄钺（以黄金为饰的斧），从元帝的角度来看，刁协、刘隗就是他扩张皇权，削弱和驾驭强臣的齐斧，而申韩法术只不过是挥动齐斧的一个由头而已。

强臣谓谁，不正是王导之流吗？齐斧要砍的就是你们，你们一个劲地说不要砍，不要砍，可那不正好说明你们怕了，有效果吗？所以斧头不要停，继续砍！

刻碎之政

在元帝的支持下，刁协、刘隗打着"用申韩以救世"的旗号，推行了一系列以"排抑豪强""崇上抑下""弱枝强干"为中心内容的政策，这就是所谓的"刻碎之政"。

刻碎之政与王导"务在清静""不以察察为明"的政策完全对立，在元帝不纳其谏的情况下，王导仍一再坚持为政不应"采听风闻，以察察为政"，同时他在对当朝人物进行品评时，曾评价刁协为人"察察"，显见得对于刁协、刘隗的所作所为，相当不以为然。

因为深知自己正是元帝和刁协、刘隗"以法御下"的首要目标，故而王导除了说刁协"察察"外，对刁协、刘隗再无任何直接贬斥的语言，但其他士大夫就不一样了，他们大多对刁协、刘隗侧目而视，认为二人是一意攀附元帝而不顾后果的佞幸小人。

当然朝臣中也有折中性质的人物，吏部尚书周顗大概可算作一个，从史料上看，他和刁协的私交应该是不错的。有一次，周顗在尚书省内当值，夜里突然发病，十分危险，刁协正好在场，他懂得医术，马上采取措施进行救治，并百般照料，到天亮时，周颛的病情终于有所好转，刁协遂让人通知周颛的弟弟、御史中丞周嵩。周嵩闻讯急忙赶来，刁协一见到他，就哭着向他讲述了其兄前一天晚上病危的情况。照理周嵩应该大为感动，可他的表情却十分冷淡，只是挥了挥手，让刁协退出室内，以便他们兄弟自己叙谈。刁协一出去，周嵩看到周颛，连病情都没问，就气呼呼地说："你在中原时曾与和峤（晋武帝时代名臣）齐名，现在怎么与佞幸小人刁协都有了交情？"说完之后，便扬长而去。

尽管遭到大臣们几乎一致的非议和反对，但刁协、刘隗既将其命运系于皇权之上，对于推行刻碎之政也就丝毫不肯松懈。与之相应，元帝对于刁协、刘隗愈加信任和重用，对王导则日渐疏远，态度上开始变得十分冷淡。

第一次，王导面临着其一生中重大的政治危机，但他既没有因此而惊慌失措，更没有对元帝流露出丝毫不满，每天该上朝还是上朝，该议事还是议事，就好像什么事都没有发生一样。其实王导对于自己的境遇和时局，内心也"甚不平之"，然唯因如此，其气度和胸怀才更加令人感佩。当时的有识之士也都称赞王导真正具备一个名士的品格，即任何情况下都能听其自然，随遇而安，把个人的升沉荣辱看得很淡，所谓"善处兴废"。

王导自己不方便说，其他知情者就忍不住要为他鸣不平。周嵩上疏元帝，把王导比作诸葛亮，力谏元帝切勿疏远王导，并且直言元帝的过失，说他"以危为安，以疏易亲，放遂（逐）旧德，以佞为贤"。元帝看了奏疏很不舒服，对周嵩的意见也未予理睬。

接着中书郎孔愉又替王导说情，称赞王导忠诚贤明，皆有辅佐的功勋，应该继续委以重任。这次元帝不但听不进去，还把孔愉贬为司徒左长史。

至此，王导与元帝之间的政治裂痕已清晰可见，朝野上下皆有目共睹，远在荆州的王敦听闻之后，腾地就跳了起来。

自汉末三国到魏晋，在急剧的社会动荡中，传统儒家道德标准日渐失去威权，较之忠臣义士，英雄豪杰甚至奸雄，反而更受人看重，由此也形成了魏晋的一个特殊风尚，即相当推崇人物身上的"豪爽"。

此处所谓的"豪爽"，在豪放爽直的字面意思之外，还含有政治意味，以曹操为典型，他的"豪爽"，其实就是说他不把自己的野心藏在肚子里，而是直接放在脸上。王敦心狠手辣，敢作敢为，同时也视曹操为自己的偶像，平时就追慕其人，仿效其事，故而亦有"豪爽"之名。据说王敦每次喝酒以后，都会吟咏曹操的乐府歌："老骥伏枥，志在千里，烈士暮年，壮心不已。"一边吟咏，还一边用玉如意敲打唾壶当作节拍，因为敲打的次数多了，原本好好的壶边都被弄得尽是缺口。

在魏晋时代，王敦的这种形象反而让他受到了很多人的追捧，被誉之为"可儿"（意即称心如意的人）。较之于以恭谨见称的王导，"可儿"与元帝的关系也变得越来越紧张：本来在周访死后，元帝以甘卓制衡王敦，就已令王敦如鲠在喉。现在一听王导又被元帝疏远、排斥，王敦便认定元帝是在对他们兄弟过河拆桥，于是更加愤愤不平。

王敦手下那两个心腹幕僚沈充、钱凤，向来是无事都能生非的主儿，当下趁机在旁边煽风点火。在他们的鼓动下，王敦决定上书元帝，此奏疏送到建康后，被王导首先看到，王导意识到不妥，封好后退了回去，但王敦又第二次上书，奏疏终于还是被放到了元帝的桌案之上。

在王敦的奏疏中，他先夸耀了一番他们兄弟在草创东晋政权中的功劳后，继而指出王导一向"虚己求贤，竭诚奉国"，提醒元帝不应当忘记王导的功绩，更不能违背当初"管鲍之交"的承诺，"前恩不得一朝而尽"。

如果仅仅是为王导在朝内所受冷遇鸣不平，倒也罢了，关键是王敦还通过奏疏，毫不隐瞒地发泄了自己对元帝的强烈不满，甚至还威胁说："圣恩不终，则遐迩失望；天下荒弊，人心易动。"言外之意，你不仁我不义，真要把我惹急了，可就不要怪我采取适当行动了。

元帝坐不住了。他连夜招来谯王司马承，在出示王敦的奏疏后，说："近年来，即便以王敦的功劳而论，他所得到的权位也已经足够高了，照理他对此应该感到满足，可是仍然欲壑难填，以致说出如此傲慢无礼的话，我们现在该怎么办？"

司马承回答得很干脆："陛下不早做裁决，大祸将要临头！"

第七章　铅刀一割

东晋有一种前后朝代都没有的特有现象，即士族专兵，也就是由高门士族代表总辖军事。东晋士族专兵，始作俑者便是王敦，而王敦之所以能够跟元帝叫板，一个重要原因就是他凭借着收拾荆襄、剿灭杜弢等人之功，获得了对上游强藩军事力量的控制。

当初元帝听取侍郎王鉴的建议，曾计划亲征杜弢，后因杜弢不久败亡而未果，实际上，元帝当时有意亲自出马，除急于平定荆湘外，争夺军事领域的控制权，也是其潜在动机之一。试想一下，如果当时元帝真的出马，而且如其所愿掌握了前线兵权，"王与马，共天下"的门阀政治便很可能是另外一种格局了。只可惜世上没有如果，立国前后，面对王敦军事势力的不断膨胀及其对皇室的威胁，元帝就只能另外想招了。

以甘卓等将领制衡王敦，当然是一个办法，但元帝对此并不放心，他更希望宗室人物中能够涌现干将——自古"打仗亲兄弟，上阵父子兵"，晋朝开国，晋武帝分封宗王，本意也是靠宗王们来拱卫皇室。

宗王南渡者其实甚少，他们中最有名的，莫过于"南渡五马"。早在东晋建国前，元帝即"承制"（秉承西晋皇帝的旨意而便宜行事），拜西阳王司马羕为抚军大将军、开府，配给一千余士兵及马百匹，把他与南顿王司马宗一起派到了上游荆襄。

司马承

按照元帝的命令，二马须统领流民，充实中原，其实就是要他们效仿王敦，通过不断招抚南来的北方流民，将那一千余基干武装扩展成为具备一定实力，并且能够为皇室所直接控制的生力军，进而在上游与王敦相争。

问题是二马皆不济事，司马羕到了上游后，因苦于到处饥荒，军需无着，居然放弃宗王之尊，如一般流民帅那样，纵使部属抢掠。其时陶侃正任武昌太守，他得到报告，山贼水匪经常在江上明火执仗，拦截和抢劫船只，长江水道亦因此被人们视为畏途。于是陶侃便命令手下诸将假扮商人，乘船引诱水匪，一伙水匪中计，被当场活捉数人，一看，全都是司马羕的部下……

陶侃也不客气，他一面给司马羕下通牒，限其交出其他有过打家劫舍行径的部下，一面亲自率部，陈兵于钓台，摆出不主动交人就发动进攻的架势。司马羕一看陶侃人赃俱获，知道抵赖无用，而真要动武的话，他又哪里是陶侃的对手？当下便只好低头服软，将帐下二十人捆绑起来，全部给陶侃送过去抵罪。陶侃二话不说，将涉案者全部明正典刑。这一下子，不但司马羕的部下再不敢胡作非为，就连其他真的水匪也全都闻风丧胆，或者挪窝，或者干脆收手不干了。陶侃治下从此肃清，北方流民闻讯纷至沓来，以致把通往江、荆的道路都给堵塞了。

闯荡江湖，靠的是本事，司马羕、司马宗实在没这个本事，因为名声臭了，跑来荆襄的流民就算再多，也不肯归附他们，最后二马只得以当地荒芜阻塞为由，灰溜溜地离开上游，返回江东。建康有关部门以司马羕治军无方，纵兵抢掠，向元帝上奏，欲将司马羕免职，被元帝压了下来，但到此地步，元帝也对司马羕等"南渡四马"失去了信心。

除了"南渡四马"，还有一位很有影响力的南渡宗王，这就是谯王司马承。司马承是元帝的叔父，他原本并非宗王，在随元帝南渡后，最初在元帝手下任军谘祭酒。愍帝曾征召司马承为龙骧将军，他没有赴任，跟着元帝干到底的决心一览无余，等到元帝做了晋王，便"承制"改封司马承为谯王，东晋建国后，又授之以左将军等要职。

在当时的宗室人物中，司马承颇有干能，而且生活节俭，素不纳妾，所谓"居官简约，家无别室"，这些都深得元帝之心。司马承因此成为继"南渡四马"后，唯一被元帝寄予厚望的宗室皇亲，元帝在看到王敦的奏疏后，连夜将他招来相商，即缘于此，而司马承的回答和表态，也让元帝感到非常满意。

元帝接着又找刁协、刘隗密谋。刘隗最懂得元帝的心思，他对王敦奏疏的解读是，此辈威权过于强盛，咄咄逼人，会越来越难以控制，终将成为祸乱之源。

看来仅仅实行"以法御下"已经不够了，还必须削弱乃至剥夺这些门阀的兵权。刘隗建议元帝，应该赶快派心腹出任外藩方镇长官，以收兵权，否则不足以遏制王敦。

刘隗此议刚刚提出，元帝就收到了王敦的一封表请，原来湘州刺史出现空缺，王敦欲推荐沈充为新一任湘州刺史。

沈充系王敦的亲信同党，王敦急于为其谋得湘州刺史之位，毫无疑问是奔着扩大自己势力范围而来的。在东晋诸州中，湘州不算大州，但它地势险要坚固，号称南楚险国，就战略位置而言，既据长江上游之势，又位于荆、广、交三州的交汇处，必要时可直接控驭此三州，乃是公认的"用武之国"。

元帝认识到，湘州绝不能再落入王敦之手，反过来如果他能趁此机会拿下湘州，则不啻在王敦的势力范围内打入了一个楔子。刁协、刘隗等人也竭力劝说元帝，将王敦的表请丢到一边，派自己人出镇湘州。

身边正有皇叔可用，元帝遂再招司马承，在讲清楚湘州的重要性后，他试探着对司马承说："假如让叔父前去镇守，怎么样？"司马承也很坦诚，指出湘州经受了长期战乱，此州土地荒残，官府和私人均财用短缺，要想经营好甚为不易。如果让他去治理湘州，必须得等到三年之后，才有能力参加战事，倘若留给他的时间不及三年，即使他司马承粉身碎骨，也不能对局势起到太大的帮助。

元帝一听，事不宜迟，遂于公元320年12月下达诏书，以宗亲屏藩皇室为由，将湘州州任授予了司马承。

司马承临行之前，元帝又一次对他郑重交代，说王敦图谋不轨的意图已经公开暴露，一旦其阴谋得逞，当年晋惠帝受制于强臣的悲惨命运，也就离他这个新皇帝不远了，因此他希望司马承到任后，能够励精图治，最大程度地牵制王敦。

手　腕

元帝敢于在人事任用上针锋相对，不顾王敦所请，以宗王刺湘，其掣肘王敦的用意，可谓昭然若揭。

王敦当然也不是省油的灯。当司马承西行到达他所直辖的武昌时，王敦便以设宴为司马承接风为名，首先对这位元帝派来的对手进行近距离观察。席间，王敦单刀直入，对司马承说："大王虽然是雅素有才之人，但恐怕不是将帅之才。"司马承立即答道："您恐怕有所不知，即便柔软如铅刀，难道就不能奋力一割吗？"

在外人看来，司马承的临场表现完全可以用不卑不亢，应对得体来形容，然而王敦的判断却是此人不难对付。他的证据有二，其一，司马承既轻易答应赴宴，赴宴时又未带武装，这说明他尚未自觉地进入武人角色，也没有做好与敌人拼死相搏的足够心理准备；其二，针对他王敦故意发出的挑衅之辞，你司马承如果实力强劲，固然可以发狠话，但如果实力不济，就不能硬撑，否则说什么都只有吃亏的分儿，但偏偏司马承以"铅刀一割"的回答，做了后一个选择。宴会结束后，王敦不无轻松地对钱凤说："他（指司马承）不知道害怕，还跟着别人学说豪言壮语，可知其不通军事。这样不懂武的人，能干什么呢？他不会有什么作为的！"

客观地说，司马承也确实就是在宗室人物中显得突出，与王敦这样的老江湖相比，还差着意思。王敦断定，司马承将才不足，能力较低，加上湘州又是那样一副样子，短时间内必然难以翻起大浪，于是决定按下心中的不满情绪，听任司马承出镇湘州。

司马承上任后，如元帝所期望的那样，平时生活非常节俭，身为一州之长，出入所乘皆为由苇草所编织的简陋柴车，同时他对士民也倾心安抚，故而很快就在当地拥有了很好的声名。

然而王敦所料也是对的，司马承终究无法在短期内立刻改变湘州的面貌，更不可能在军事上立即对王敦构成直接威胁。在方镇级别上，湘州又从属于荆州都督区，王敦为了防止司马承扩大军势，便利用自己掌管荆州都督区的条件，故意不给本来就没有多少军队的湘州增加兵员，也不供给军事器械。在此过程中，他甚至还假称北伐，提出要征用湘州境内的全部船只，司马承虽明知是诈，但也只能分出一半船只给他。

王敦能到达如今这个地位，擅长耍弄手腕，至少得占一半功劳。他明知元帝和朝廷不信任自己，便上表要求将其部下在扬州的家属接到荆州，其如意算盘是，如果朝廷同意，便可用以收买人心，以防来自建康的不虞；如果朝廷拒绝，亦可因此煽动麾下将士对朝廷的不满，为日后起兵提供口实，总之是左右逢源，你选哪个都免不了着他的道。

元帝收到表奏后，让刁协、刘隗商量对策。刁、刘认为，王敦此表证明其奸逆之心已经昭著，若是让王敦得逞所欲，将其部下家属全都接到荆州，王敦一旦反叛，他们岂不是就无后顾之忧了？

按照刁、刘所议，元帝断然拒绝了王敦的要求，以期用王敦部下家属作为人质，对王敦进行牵制。

刁、刘估计，王敦迟早要反叛，朝廷把人质扣在手上，和派司马承治湘一样，都只能起到延缓其发难的作用，只有尽快掌握兵权，才能确保在王敦万一反叛，不至于坐以待毙。

东晋自立国之初，就有一个明显不同于曹魏、西晋之处，就是所谓内轻外重，即兵力分布上中央既少且弱，方镇则既多且强，京师不仅总兵力与方镇有差距，而且可直接调拨的机动兵力也不及方镇。这里的京师兵力主要是指宿卫六军（即禁军），方镇兵力主要指都督区军，本来二者都源于元帝创业时期所组建的江东军，但因为前线战事不断，至东晋开国之初，江东军中的精锐之师早已被抽调一空，如今他们大半都掌握在各都督区也即外藩手中，王敦的荆州都督区尤盛。相比之下，建康的宿卫六军则兵力不盛，有"宿卫寡弱"之说，力量对比的话，与荆州兵相差甚远。

　　显然，赶紧着手建立一支由朝廷直接掌握的新军，才是解决问题的关键。在刘隗的建议下，元帝决定设置新的军镇，并以军镇为单位扩充兵力，但这个时候兵源该从何处而来，就又让人伤起了脑筋。

以奴为兵

　　从曹魏开始，流行所谓世兵制度，即将部分乡民设为兵户，兵户子弟须脱离民籍，世袭当兵，称为世兵。西晋平吴后，江南本驻扎着从北方调来的世兵，但他们在中原纷争时，就已被陆续调回北方并逐渐消耗殆尽，元帝南渡时也没带来多少兵，于是只能重新招兵。

　　其时天下大乱，建康方面已完全丧失了对旧有兵户的控制，自然招不到世兵。需要说明的是，魏晋除世兵外，也招募自耕农参军服役，故而元帝和王氏兄弟等人起初所创建的江东军，战将擢选于吴姓士族，士兵则主要靠向当地自耕农征发。

　　然而由于扬州多数郡县的经济，都处于待开发状态和正在开发状态，可供征发的自耕农并不多，因此按照常规渠道征兵，到后来就变得越来越难以为继了。有一段时间，王导曾倡设军校，但因为招不到兵，结果这些军校全都成了有名无兵的"空校"，而这也是祖逖北伐时，政府方面不拨士兵，只给军资，让祖逖自己招募士兵的一个客观原因。

　　无法让本地农民服兵役，就只能考虑从北方而来的流民了。当时涌入江南的流民，其中能够独立定居营生的侨人，已被编入白籍，享有减免租税赋役的待遇。至于那些尚在路上奔波，生计未立的流民，其旧籍无从稽查，你也不知道他在北方时，究竟是兵籍还是民籍，自然亦无理由将其征发为兵。被朝廷打上主意的，是这部分流民：他们南渡后，因迫于生计，不得不庇托于大族，或租种其庄田土地，称为"佃客"，或成为其家仆，称为"僮客"。

　　公元 321 年 5 月，元帝下诏实行给客制度，规定大族要向政府申报其佃客、僮客的人名和数量，同时政府还要给佃客、僮客"注以家籍"，即将他们附籍于主人户中。

给客只是第一步操作，其隐含用意在于，这些庇托于大族的流民，既已被著籍，朝廷征发他们也就有了依据。同年，元帝再颁诏令，宣布在扬州诸郡范围内，凡已沦为私家僮客的北方流民，均可放免，"以备国家征战徭役之用"。

这就是所谓的发僮客为兵，也称"征客为兵"或"以奴为兵"。僮客在恢复平民身份后，随即便被编为兵户，成为另一种形式的世兵，由此得到的大量兵员，算是暂时缓解了东晋政府所面临的兵源困境。

公元 321 年 5 月，元帝接受刘隗的建议，增设两大军镇，以他的另一名亲信戴渊和刘隗，分别镇戍合肥、淮阴，并各领以奴为兵者万余人。

在戴渊、刘隗临行前，元帝亲自来到他们的营地，对将士进行慰问勉励，又为戴、刘设宴饯行，席间大家开怀畅饮，赋诗励志，君臣皆踌躇满志，对前景充满了憧憬。

戴、刘二人假节领兵出镇，名义上是防御北方胡族入侵，实际目的却是一目了然，那就是欲使合肥、淮阴、建康形成掎角之势，以应付他们认为随时可能发生的王敦叛乱。这也是元帝继派司马承出镇湘州后，为了防范王敦所做出的另一重大军事部署，所谓"外以讨胡，实御敦（王敦）也"。

至此，政治上的暗斗终于发展为军事上的明争，湘州的司马承部、合肥的戴渊部、淮阴的刘隗部，三路兵马，对居兵武昌的王敦形成了钳制之势。王敦不甘示弱，暗地里也加紧扩充实力，谋篇布局，一时之间，东晋内部的空气十分紧张。

就对手而言，王敦并不把司马承、戴渊、刘隗放在眼里，甚至就连早先被元帝安排，用以制衡他的甘卓，虽然是很早就打出声誉的名将，但王敦以其年老多病，性格犹疑，也从未拿对方当回事。

在外任方镇又掌握重兵的强藩中，陶侃是个谁都不敢小看的人物，但他现已被左迁广州，走之前，王敦不仅将其旧部大部分都留在了荆州，而且还留陶侃之子陶瞻为帐下参军，实际上是扣作了人质。陶侃一方面力量不足，另一方面又顾忌儿子的安全，因此轻易不敢与王敦决裂，对荆、扬事态也向来都不参与。

除此之外，王敦真正畏惧的其实就只有两个人，一个是甘卓的前任、原梁州刺史周访，另一个就是现任豫州刺史祖逖。

周访、祖逖皆为强藩，在对待王敦不臣之迹的态度上，两人也都表现出了零容忍的高度一致性。必须指出的是，他们的这种态度，不应简单地看作是重镇边将与权臣之间的各不信服，而更应归结于他们对于晋室的忠心和支持。

周访生前有北伐之愿，惜未实现；祖逖则是真正扛起了北伐大旗。通览东晋历史，北伐一直属于政治正确的命题范畴，所以就连王敦为了从司马承手中抢夺船只，也诈称北伐。祖逖与之不同，他在江左既无多少家族利益的牵连，对于建康政局亦无参与其中的兴趣。这位赤心报国者，唯一的信念就是要收复中原，取得北伐的彻底胜利，为此可以不计成败利钝，死生以之。

祖逖既以收复中原为己任，自然深知，只有维护东晋政权的内部团结和元帝的权威，他才能在前线一心一意地推进北伐。倘若东晋内部不和，发生内争，别说收复中原，能不能保住江南半壁江山，都未可知。基于这样清醒的体会和认知，祖逖对于窝里斗向来深恶痛绝，在他眼中，任何人的反晋行为都是倒行逆施，是断然不能容忍的。

"戳脚令上"

据说，王敦曾有前往建康，对朝中的政务人事重新做一番安排的打算，换句话说，他想要回朝干政了。在亲自率部出发之后，王敦派手下参军向朝廷报告了自己的这一行动，同时又故意将消息透露给当时的贤达名流，以期为干政制造舆论。

其时祖逖还没有前去镇守寿春，王敦派来使者向他打招呼，祖逖当即怒目圆睁，高声对使者说："阿黑（王敦的小名）怎敢对朝廷如此不恭顺！你回去告诉阿黑，叫他赶快把部队带回去，稍有迟疑，我马上就率领三千士兵过来，用长矛戳他的脚，把他赶回上游（'戳脚令上'）。"使者回报王敦，王敦一听，马上就乖乖地停止了东进。

此事见《世说新语》，有学者考证并不属实。原因是寿春为豫州治所，若按《世说新语》所记，祖逖还未出镇寿春，说明事件发生的时间是祖逖

"中流击楫"，渡江北上的北伐初期。那个时候元帝与王氏兄弟包括王敦相安无事，王敦既无必要入都干政，也没有明显表露出反晋逆谋。更重要的是，彼时的祖逖，手下最多只有五百余部曲，即便尔后经过三年的努力，完成了祖家军的最初组建，所部亦不过两千余人。祖家军的战斗力也还不突出，想要摆平张平、樊雅一类的坞主，都得找王敦的哥哥王含帮忙。反观王敦，当时已掌握着江左政权的主要军事指挥权，江东军主力尽在掌控。很显然，仅从双方军事力量的对比来看，北伐初期的祖逖并不具备威慑王敦，甚至"戳脚令上"的条件。

如果我们把时间线往后推移，放到元帝派戴渊、刘隗出镇的这个阶段，《世说新语》的故事逻辑才可以成立：此时的王敦已公开对元帝表示不逊，其逆谋也逐渐显露；而祖逖则不管威望、影响，还是军事实力，都已达到鼎盛，集中在北方前线的祖家军，士马强盛，粮储丰足，对王敦所形成的巨大震慑力不言而喻。

宋人汪藻在整理和研究《世说新语》的各种抄本时，特地收集了祖逖同时代的两个说法，其一就是王敦极为忌惮祖逖，其二是说在发现王敦怀有异志后，祖逖放言："我在，他（指王敦）怎么敢！"王敦听闻后，马上就不敢动了。更早的《晋书》，与之持相似观点。这些材料都表明，"戳脚令上"虽然有可能并不存在，然而故事本身还是反映了当时的某种实情。

事实上，为了与王敦抗衡，元帝也早就将眼光投向了祖逖。据估计，此时的祖家军为控制粮饷，兵员数量只可能控制在万人左右，大大少于王敦的荆州兵，但祖家军的能征善战，祖逖的善于用兵，早已在北伐战争中得到了充分证明。这显然不是仓促增设的两大军镇，大批未经训练的新兵，以及此前未经战阵的戴渊、刘隗所能比的。

另外，朝廷对于祖逖的使用，却又不得不受到一定限制。在这方面，周访、祖逖还有着某种相似性。周访早期出自元帝幕府，由元帝一手提拔，元帝、王导派祖逖北伐时，也有着借此解决兵源，发展江左军力的考虑。问题在于，周、祖常年在外征战，他们自己以及所部都与朝廷渐渐脱离开来，成为控制一方的强藩，而中央政府与具备独立性的强藩之间，关系向来都很复杂微妙，毕竟谁也不能保证周、祖不会摇身一变，成为王敦第二……

除此以外，祖逖还有着流民帅的特殊身份。朝廷对于流民帅的态度，虽视其效忠程度而有所不同，但总体都是严密防范的。祖逖也不例外，甚至因为他战功卓著，在阻滞石勒南下、保护东晋政权方面起着重大作用，朝廷反而更要提防，唯恐有朝一日，突然生出恃功反噬的念头。

当然，从流民帅的角度来说，对于朝廷同样也有猜忌之心。流民帅的价值所在，无非是手上有兵，所以他们最担心的，就是被朝廷夺兵。即如祖逖，他在过江之初，虽然一个哥哥、一个弟弟都居官建康，他本人也已被元帝征为军谘祭酒，可仍要居于京口，为的就是不脱离部众。即便坐镇豫州，睥睨群雄，祖逖也决不敢随随便便脱离部属，贸然过江入都，同时亦不会出现祖逖将祖家军交给朝廷，以为缓急之用，自己坐视的情况。在《世说新语》中，祖逖维护朝廷，威慑王敦，也无非是直接与王敦对话，让其知难而退，"戳脚令上"。

元帝与祖逖之间这种既互相倚重，又互相提防的关系，决定了祖逖在元帝那里，不可能得到如戴渊、刘隗那样的信任度。与此同时，元帝又需要将祖逖和祖家军抓在手中，进而对王敦形成威慑，如此他在启用戴渊时，就琢摸出了一个他自认为高明的政治设计。

限　度

元帝派戴渊出镇合肥，同时授权他都督北方六州军事，这六州就包括祖逖所在的豫州，也就是说，戴渊成了祖逖的顶头上司。

过去人们在评论这段史实时，往往将其诠释为是元帝不信任祖逖，怕他功高难制，故而才要通过这种方式，监视和限制祖逖势力的发展。有人还发现，在这段时期，东晋政权对于祖逖的援助在不断减少，甚至停止，这也被视为元帝和戴渊限制、阻挠祖逖北伐事业的一个重要证据。

其实，祖逖矢志北伐，元帝、王导亦都怀抱恢复中原、"克服神州"的理想，二者是完全相符的，也从来没有改变过，但基于"先南后北"的统一路线，一直以来，江左政权对祖逖北伐支持与否，以及支持到什么程度，都要视南方的形势而定。概言之，若南方相对稳定，则政府给予祖逖北伐的支持力度就会增大，反之，则政府就不得不将注意力转向南方，从而减少或者停止对祖逖北伐的援助。

眼前就是这样的情况，对元帝及其亲信而言，王敦叛乱之迹已经非常明显，南方再一次出现危机。元帝遂派戴渊、刘隗出镇，但一下子又因此多出了两万多新兵，建康方面必须为之筹运粮草。其时江东地域大灾刚过，压力之大，显而易见，这种情况下，自然就很难顾及北伐前线了。

同样，此时的元帝根本抽不出精力打压祖逖。戴渊出镇合肥之举，与其说是监视祖逖，限制祖逖势力的发展，倒不如说是元帝出于遏制王敦的需要，企图将祖逖纳入"反王敦统一战线"的一个重要举措。

戴渊北上，"实防王敦"，他对祖逖的节制，令祖家军的锋芒明确指向了王敦。作为长期混迹江湖的老油条，王敦对此不能不心存顾虑，史称"王敦久怀逆乱，畏逖（祖逖）不敢发"，说明元帝的这一措施的确起到了效果。

可是还有一些东西，是元帝想不到或者不愿顾及的，而日后又会让他悔恨莫及，其中之一，就是对祖逖由猜疑所生发出的不尊重。

祖逖的豫州刺史一职，还是元帝在他渡江北上前所授予的。这么多年来，他在疆场上披荆斩棘，备尝艰辛，好不容易才收复大片领土，取得了北伐的阶段性胜利，其间未见朝廷有任何大的封赏。现在元帝授戴渊督六州军事，刘隗督四州军事，这十个州都是北方之州，哪怕不是论功行赏，是为了方便全面指挥北伐，其军事职权也应该放在祖逖头上才是，结果祖逖不仅毫无所得，到头来自己还要受人节制。

又或者，祖逖的这个新上司是能够服众，且与祖逖一样热心北伐的资深名将，比如周访那样的，倒也罢了。然而戴渊作为一个缺乏军事经验和才能的行政官员，只是倚仗着皇帝的宠信，才得以从从容容、空降式地突然跑到前线来坐享其成，这种事无论如何都难以让人信服，而以祖逖此时在军界所拥有的声望和才能，居然还要反过来受其节制，更是不知从何说起。

再者，出自吴姓门阀的戴渊，虽在南士中具有较高名望，陆机生前也曾称赞他为"东南之遗宝，宰朝之奇璞"，但其实只是金玉其外，本人并无多少远见卓识。相应地，祖逖不能不产生一个很大的顾虑，那就是戴渊作为南人，对于中原沦丧的国难家仇，恐怕缺乏彻骨之痛，到任后，对于北伐事业能不能真正理解和关心，能不能如他祖逖一般全身心投入，这都是个问题。

祖逖如此质疑的基本前提，是他尚不了解朝廷派戴渊北来的真正用意。不过很快，他就知道了：原来戴渊出镇，与北伐本就没有一丝一毫的关系，人家是专为对付王敦而来的。

祖逖是有大格局、大胸怀之人，相对于朝廷对其个人进退上的不公，只有这个才真正让他感到痛苦和难以接受。

对于王敦，祖逖最大的限度就止于"戳脚令上"，也就是通过威慑，让对方老老实实地待在上游，在稳固南方的同时，从西面对后赵政权进行牵制，如此北伐或阻遏石勒南下，方有胜算。后世学者对此的认识是，"具有江南势力的王敦和中原游击的祖逖共同努力，才能抵抗石勒"。

然而朝廷调兵遣将的行动，却大大超出了祖逖所能预想的范围。实际上，祖逖对王敦的威慑作用，固然是王敦迟迟不敢和朝廷掀桌子彻底翻脸的重要原因，但也不是唯一原因。在《世说新语》"戳脚令上"的故事中，王敦回朝干政，不忘获取贤达名流的支持，说明王敦懂得舆论造势的重要性。简单来说，就是他必须为自己找到足够理由，在此前提下才敢叛乱反晋。

正确的做法，应该是朝廷表面不露声色，至少不能采取任何明显针对王敦的军事动作。当然，如果能在政策上改弦更张，叫停"刻碎之政"，重新信任王导就更好了。如此，配合祖逖的威慑，方能起到"不战而退王敦"的作用和效果。元帝却是相反，以奴为兵以及派戴渊、刘隗出镇，表明他已不惜与王敦一战，对局势而言，这不啻火上浇油，结果只会让双方的矛盾愈来愈大，直至发展到不可收拾的地步。

摊了牌

这一年，元帝对刁协、刘隗、戴渊等一干近臣的宠任已达极致，王导则备受冷落，郁郁而不得志。御史中丞周嵩实在看不下去，于是再次上疏，指出王导"一向尽忠竭力，辅佐陛下，以成大业"，他劝谏元帝不要因为被个别人（暗指刁、刘等）似是而非的说法所迷惑，从而疏远王导，这样不但有损于元帝自己的形象，弄得不好，还会招来祸患。

在元帝派戴渊、刘隗出镇八天后，王导被拜为司空，录尚书事。王导自此进入了"三公"之列，朝中为他鸣不平的一些大臣，在欣喜之余，认为这是周嵩力谏的结果，皇帝终于醒悟过来，又开始信任和重用王导了。

然而事实上，元帝这么做，不过是他在处理王、马关系问题上所采取的一项平衡措施，用意就是安抚王氏家族：你们不要认为我从此不把你们王家当回事了，更不要以为我派戴渊、刘隗出镇，是用来对付你们的。看，我不是还拜"仲父"为司空，对他特加尊崇吗？

结果是，元帝的欲盖弥彰，既骗不了王敦，也瞒不住王导。王导在被拜为司空时，慨叹："假如裴道期、刘王乔还健在的话，我是不可能独自一人晋升此位的。"

道期是裴邵的字。想当初元帝被东海王越任命为平东将军时，王导是其府中的司马，裴邵是长史，两人是私交很好的同僚。王导正是让裴邵出面，请他的妹妹、越王妃裴氏进行运作，才使元帝得以被东海王越派到江东，从此开启了其崭新的事业。裴邵本人则未南下，后来跟随东海王越、王衍死于军中。

王乔系刘畴的字。刘畴乃晋怀帝手下大臣，怀帝被俘后，刘畴等拥秦王邺（即愍帝）为储君，在究竟立王业于何处的问题上，他们与当时握有兵权的豫州刺史阎鼎产生了严重分歧，并被阎鼎所杀。

刘畴是刘隗的堂兄弟，但与刘隗在东晋朝臣中"声名狼藉"不同，刘畴颇受时人推崇。大臣蔡谟每次提到刘畴，都会叹息说若是刘畴能够南渡过江，"肯定是司徒的最佳人选"。

王导念及裴邵、刘畴，自然是觉得人才难得，惋惜这些栋梁之材不能为东晋所用，不过值此特殊时期，又不免弦外有音。有人推测，王导在这里主要思念的其实是裴邵，提到刘畴，只是作为陪衬，为的是不致因此授人以柄，而思念裴邵，又与王导其时的处境有关：以裴邵的能力才望，是否足以与王导同登三公姑且不论，但以王导与裴邵的旧谊，以裴氏兄妹在东海王越时期积累下来的人脉和资源，如果两人能在江东共事，也许王导现在的日子，就不会过得如此憋屈和艰难了吧？

拜为司空，果然并没有缓解王导所处的困境。元帝依旧"外尊而内疏"，凡朝廷重要事务，如选举用人等，大多把王导甩在一边，只与刘隗等人密谋后作出决定，这使刘隗虽为外藩，却能遥控朝政，而本有宰相之名的王导，则被完全架空。

元帝拜王导为司空的另一用意，应是和派戴渊节制祖逖一样，都是指望将二者纳入反王敦的阵营，实际效果当然是另一回事。王敦也并没有因此就把注意力转移到王导、祖逖身上，刘隗之辈仍是他最直接的靶子。

王敦给刘隗写了一封信，此信颇具王敦一贯的权谋特点，将威胁、利诱相结合，主动抛出希望刘隗、周顗等能与自己一道，"勠力王室，共静海内"的方案，向对方进行试探。

刘隗在回信中引用庄子的一句名言"鱼相忘于江湖，人相忘于道术"，作为给王敦的答复。所谓"鱼相忘于江湖"，是说两只鱼被带到陆地上，因为没有水，它们只能"相濡以沫"，用吐沫的方式互相润湿彼此。于是庄子就说，你们快忘掉对方，各自去找江河湖海吧，那样最后才能生存下去。至于"人相忘于道术"，则是前一句的衍生，意谓人在遇到不如意的时候，不要总是停留于过去的生活模式（"相忘"），而应主动调整自己，适应新的变化（"道术"）。

刘隗以此正告王敦，人各有志，大家不是非要意见一致，也不是非要在一起干事，不如大路朝天，各走一边。与此同时，他又声明，古人所说的"竭股肱之力，效之以忠贞"，也正是他刘隗的志向，以此含蓄地指斥王敦怀有不臣之心。

刘隗的回答，和司马承"铅刀一割"好有一拼，都是虽然话术上佳，然而看在王敦眼里，却是既不知我，亦不知彼情况下的硬逞匹夫之勇。王敦认为刘隗、司马承这些人，根本不足以与之较量，只是因为中间还碍着一个祖逖，他不得不暂时按捺自己，一边静观形势变化，一边进行军事准备。

九月当死

王敦、刘隗针锋相对，互不相让的种种情形，自然会在朝野传得沸沸扬扬，祖逖想不知道都难，再结合朝廷调兵遣将的行动，凭借他一个高级将领的眼光和直觉，很容易便能推导出大规模内战即将到来这样一个信息。

祖逖以近似于羊陆之交的策略来镇守边防，不是就想止步于此，而是蓄势待发，随时准备再度发起北伐。与此同时，审视羊陆之交的前事，不难发现，在此过程中，哪一方内部先出问题，哪一方就必然完蛋：西晋在晋武帝的主持下，一直立足于稳定内部，增强军事经济实力；反观东吴一方，吴主孙皓却不修内政，暴虐无道，此消彼长之下，东吴很快为西晋所灭。

若以当年的西晋比拟东晋，以东吴比拟如今的胡人政权，祖逖很希望自己能成为东晋版的羊祜，即便本人健在时不能完成北伐夙愿，也要为此创造条件。

可是现实却给予祖逖狠狠一击。事情很清楚，内战一旦爆发，祖家军为维护朝廷，必然只能回师，被动卷入内战。反而北方的胡人政权，迄今为止，不仅尚未出现动摇迹象，而且在军事政治的双重攻势下，晋朝的残余势力一个个都已支撑不住，相继走向绝境：公元 321 年春，自称晋王并继续采用愍帝年号的司马保，深陷匈奴的重兵包围之中，在前赵刘曜的逼迫下，最终走投无路，被自己的部将杀害。同月，后赵石勒攻占了西晋在北方的最后一个据点厌次（今山东省德州市陵城区），段匹磾战败投降，不久便因其忠于晋室的立场而被杀。至此，曾在刘琨《劝进表》上劝进的北方实力派，除少数做大独立，与晋朝脱离关系外，其余皆已被消灭。

司马保、段匹磾身死之际，正是元帝派戴渊、刘隗出镇，东晋内斗逐渐走向高潮之时。眼看北伐难期，自己多年追求的目标——"推锋越河，扫清冀朔"终将化为泡影，祖逖在灰心丧气之余，悲愤万分，难以自抑。

因为情绪得不到排遣，祖逖忧愤成疾，生了病。他思来想去，还是不甘心北伐就此夭折，于是一咬牙，将妻儿都送往汝南大木山下。汝南和后赵接壤，大家虽然都期冀祖逖向北进取，但谁也没想到祖逖居然会把家眷安置在如此敌情险恶之地，有人劝祖逖没必要这样做，祖逖则充耳不闻。

把家眷移至最前沿，是不想给自己预留任何后路，紧接着，祖逖就下令营建修缮北伐据点——武牢城，后者的北面紧依黄河，四周开阔，远方一览无余。祖逖在视察工地时，看到城南缺乏坚固屏障，他担心敌人会从此处进行袭击，遂又派侄子祖济等人率兵在城南修筑堡垒。

祖逖急于在北伐上有所建树，但心里又清楚地知道，只要东晋内战不免，北伐事业就难以成功，驱除胡虏、恢复故土、重返家园终将是南柯一梦。一急一忧，一愤一悲，武牢城工程还没有完成，祖逖就病情加重，卧床不起了。

祖逖病情如何，以及是否能够痊愈，迅速成为人们关心的话题。有大臣向术士戴洋探询，戴洋的回答让大家的心都凉透了："祖豫州（祖逖）九月当死。"

这时豫州上空又出现了一颗"妖星"。所谓"妖星"，是指彗星等古代认为预兆灾祸的星，早在孙吴时期就以善观阴阳天象著称的名士陈训，在观测到这颗"妖星"后，预测有"大将将亡"。这个"大将"，说的就是祖逖。其实祖逖本人也是懂一点星象的，他也看到了"妖星"，并且认为乃不祥之兆，不由叹息道："（妖星）这是为我而来！我正要进军平定河北，可是上苍却要让我离开，这是天不佑国呀！"

当年阴历九月，祖逖果然发病而卒，终年仅五十六岁。作为那个时代最杰出的民族英雄、爱国名将，祖逖深孚民心。他不幸去世的消息传开后，豫州士民如丧考妣，在豫州所属的谯、梁两郡，百姓都为祖逖建立了祠堂。

东晋史家袁宏撰《祖逖碑》，提到：祖逖死后尚未安葬，后赵胡骑就杀奔边境，包围了边城。在边将已经出城投降的情况下，城中仍有五百勇士不肯放下武器，他们流着眼泪说："我们这些人不为祖逖将军死，还能为谁而死呢？"于是众人一同杀出城去，冲入敌阵，把敌人杀了个人仰马翻，之后才返回城内。

《祖逖碑》中所提事件，虽属于史料孤证，但亦可见祖逖人气声望之高。祖逖死后，其弟祖约按照流民帅的常例，成为下一任豫州刺史，在名号上基本继承了祖逖生前的待遇，然而祖约无论声望还是资质，都远不如乃兄，也缺乏安抚和驾驭士众的能力，不受部下拥戴。至此，祖逖的北伐事业因为后继乏人，终于无可避免地走向了终结。

清君侧

祖逖成为东晋内乱的第一个牺牲品。祖逖之死，使东晋政权失去了一个主要的力量，而王敦则少了一大劲敌，对于发动兵变，再没有什么可顾忌的了。

王敦如释重负，他一边在荆州集结军队，正式筹划东征京师建康，一边以沈充为宣城内史，派他回到扬州，通过其吴姓士族的身份，组织和发动反朝廷势力，以便配合即将发动的东征。

在此期间，王敦集团内部并不是没有不同的声音。当王敦以"诛刘隗，清君侧"为名，向自己的幕府长史谢鲲征询意见时，谢鲲就表示，即便刘隗可恶，但投鼠忌器，不应因此就起兵进犯朝廷。

王敦反意已定，听了这番话后恼羞成怒，当即斥责谢鲲："你这庸才，哪里懂得事关大局的道理？"

见谢鲲反对其起兵，王敦便将他从幕府调出，改任豫章太守。谢鲲倒是愿意借此脱身，可由于王敦仍需要借重其名望，在发了委任状后，并不放他到豫章实际赴任。谢鲲没办法，只得随波逐流，继续留在王敦军中。

参军熊甫眼看王敦将有异图，起兵反叛的迹象越来越明显，也劝说王敦要远离小人。王敦听出话里有话，板着脸追问道："你说的小人是谁？"熊甫见话不投机，赶紧辞归。因熊甫只是普通僚佐，王敦也就听任他脱离了是非圈。

原在建康任职的郭璞，其时正在王敦处任掌管文书的记室参军。这位奇人的卜筮之术闻名遐迩，据说非常灵验。他早已预测王敦必定会作乱，而以他的身份和地位，要想像熊甫那样退出，亦不可得。王敦的僚属陈述恰于此时去世，郭璞想到，与其自己被牵连进灾祸之中，还不如和陈述一样，在王敦尚未发动叛乱前就告别人世了，他因此触景生情，痛哭欲绝，说："陈述，你的辞世焉知非福呢！"

王敦已是箭在弦上，而元帝及其阵营因为自恃建立了新军，对于祖逖之死的严重性，则明显缺乏足够认识。比如由于这一年的春天，段匹磾已殁于石勒军中，朝廷不用再碍着他的面子，于是便决定追赠刘琨以侍中、太尉，谥号愍，并于当年秋天派使下幽州吊祭。应该说，给刘琨平反这件事，是应该要做的，也是迟早要做的，但它出现在这个时候，某种意义上，也是在对王敦示威，因为刘琨当初就是被王敦借段匹磾之手杀害的。

公元 322 年正月，借皇孙司马衍出生之机，元帝宣布大赦天下，同时改年号为"永昌"。这是元帝第二次大赦，上一次大赦还是他即晋王位之时。至于年号，在元帝做皇帝以来，已经是第三个了，"永昌"二字，所寄寓的正是他欲建立宏图伟业，以确保王朝昌盛的美好愿望，然而元帝不知道的是，他的事业乃至生命，此时却已经站在了命运的十字路口。

当月，王敦打着"清君侧"的旗号，以讨伐刘隗、刁协为名，在武昌起兵，顺流直逼建康。此时距祖逖之死仅三个月，距元帝派戴渊、刘隗出镇，也只有半年时间。

王敦蓄谋已久，起兵伊始，开列了刘隗的大量罪状，以奴为兵、刑罚失度、拒绝荆州将士迎接妻小等都赫然被列于其中。王敦声言，自己身为宰辅，不能坐视刘隗误国，同时他还公开指斥元帝"忽视忠言，相信奸邪"，表示他此次出兵，不杀刘隗决不罢休，"刘隗的首级早上挂出，诸军晚上退兵"。

在王敦起兵的同时，沈充按计划在扬州起兵进行响应。沈充集结了一万兵马，他先拿其家族所在的吴兴郡开刀，吴兴守军抵敌不住，内史弃职逃往建康。接着，沈充又进攻吴郡，吴郡也应声而下，内史被杀。

沈充的势头如此凶猛，是因为先前做足了功课，而他用以策动和蛊惑扬州南北大族的话术，也正是王敦所列举刘隗罪状中最主要的那一条，即以奴为兵。

站在大族的角度，由流民而来的僮客、佃客，事实上都已为他们私人占有，元帝发僮客为兵，等于在不给予任何补偿，不付出任何代价的情况下，强征了大族的私占人口。许多大族为此蒙受损失，自然而然引起了他们普遍的怨愤，沈充一煽动，便有人加入了他的反朝廷队伍，其余大族虽还看不清局势，一时不敢有支持沈充的实际行动，但当沈充起兵时，也大多持默许或观望的态度。

眼看吴兴、吴郡接连失守，幸好会稽内史是熊远，此人乃申韩之说的倡导者和主持者，在政治立场上属于元帝阵营，而且也颇有胆量和谋略。面对严峻形势，熊远拒绝向沈充投降和输送军资，坚持固守会稽，保境安民，沈充亦奈何他不得，这才使"三吴"中最重要的大郡没有落入叛军之手。

尽管如此，沈充从东面与王敦合击建康的形势已成，沈充也被王敦任命为大都督，督护东吴诸军事。

舆　论

在起兵之前，王敦从未与王导商量其密谋，王导获知王敦起兵的消息，在时间上并不会早于其他人。按照魏晋法律，叛逆之罪应诛九族，王敦此举，不仅使王导处境困难，而且也把尚在建康的王氏族人推向了覆族危境。王导深感震惊，但他仍竭力保持冷静和克制，既没有选择逃跑，也没有为自己做无谓的辩解和澄清，而是每天一大早，就率领堂弟、中领军王邃等在朝为官的王氏子弟，以及其他本族兄弟子侄二十余人，到御史台前请罪。

幸好元帝并没有就此怪罪于王导及其族人，当然也不排除他对于平叛尚无百分之百的把握，不株连王氏家族乃是为了给自己留条退路。总之，虽然王导每天天亮时都会带着族人，上朝等待议罪领罚，但元帝未予以处分，甚至连王敦兄长王含等王敦的直系家属都没被殃及。

应该说，元帝对于王敦的反叛其实早有准备，但对方如此迅速付诸行动，还是令他有猝不及防之感。作为应变，元帝急忙下诏封幼子司马昱为琅邪王，以会稽、宣城两地作为司马昱的食邑。

"琅邪王"的设定地盘为琅邪，此乃元帝与王氏合作的起点，会稽是眼下"三吴"独存之郡，沈充在扬州的职务是宣城内史。由此来看，元帝这次册封至少应有两个目的，其一，是跟王氏兄弟叙旧讲交情，其二，是争取保全会稽，并从名号上试图控制住沈充。

然而此举收效甚微，公元322年3月，王敦已带兵行至芜湖。元帝闻讯，忙派大臣庾亮前去与王敦会晤，旨在化解与王敦的矛盾，缓和紧张局势。可是王敦并不买账，他的回应是继续上表罗列刁协的罪状，要求对刁协进行惩办。

元帝再也按捺不住，不由得勃然大怒，他当即下诏，指责王敦"犯上作乱，是可忍，孰不可忍"，同时宣布自己将亲统宿卫六军讨伐王敦，"有能杀掉王敦者，封五千户侯"。

元帝旨意一出，王含就因为害怕受到牵连，偷偷乘上一叶小舟，逃出建康，投奔了王敦。王导则还与以前一样，一早就亲率群从昆弟子，诣台待罪。他的镇静和谦卑，让怒气冲天的元帝一时都难以找到下手的理由，加上朝中多数大臣皆认为王导无辜，元帝也就仍保持着之前的处理方式：既不表态，也不加罪。

耐人寻味的是，对于王敦起兵这件事，朝中大臣的心情其实普遍都很复杂，温峤就悄悄地对周顗说："大将军王敦这么做，似乎有一定原因，应当不算过分吧？"

出现这种情况，其实也并不奇怪。元帝登基前倾心申韩，强调刑名，以至于"用刑失理"，当时就已经给他带来了很不利的影响。登基之后，元帝变本加厉，日渐疏远和冷落王导，转而趋向于过分倚重在朝中素无威望的刘隗、刁协之辈。与此同时，王导为南北士族所拥护的"务在清静"政策，则被刻碎之政替代，以奴为兵等一系列措施也随之推出。

元帝的这些相关政策和措施，不过是他们自己看着挺好，其实并不成熟，不仅增加了社会内部不安定因素，而且导致群从离心，内部分化，上上下下皆对此不满。周嵩、孔愉、郭璞等人屡谏，然而他们的意见不是被束之高阁，就是本人也被贬官或外放。

在这种情况下，王敦起兵很自然地得到了大家的理解和同情，别的不说，仅就王敦所列刘隗、刁协罪状而言，元帝自然是觉得特别刺耳，可是大臣们却都认为有理有据，相当于王敦是在代表他们发言。另外，由于王导在逆境中始终处之泰然，由此也博得了士族同僚对他的敬重，刘隗、刁协等人则更加孤立。众人敬重王导，连带对王敦也另眼相看，很多人都觉得王敦起兵的目的不是推翻晋室，而只是因为言路被堵塞，才被迫"兵谏"。概言之，虽然元帝将王敦起兵定性为叛乱，但朝野舆论却对其赋予了一定的正当性——既然不管我们怎么说，皇帝都听不进去，那找个人在门上敲打敲打，让皇帝警醒一下，也未必不是一件好事吧？

温峤对周顗所言，正是这种舆论的反映。周顗是怎么回答的呢？他说你讲得不对，你不能拿国君与尧、舜那样的圣人相比，国君怎么能一点过失都没有呢？难道有了过失，做臣子的就可以举兵来胁迫君王吗？

周顗认定王敦起兵就是叛乱，并指出"王敦傲慢暴戾，目无主上，他的欲望是无止境的！"

从周顗的话里，可以看到两点：其一，相对于一般大臣，周顗能够看到王敦的本质，知道王敦只是以"兵谏"作为其叛乱的理由；其二，周顗承认元帝有过失，而在王敦起兵前，他也没有特别好的办法予以纠正。

与周顗、温峤等人相比，人们更感兴趣的，恐怕还是王导的态度。自王敦起兵起，王导即举族向朝廷请罪。不过在很多人看来，此举主要是为了避免举族被诛，并不能代表王导内心的真实想法。

从相关史料上看，王导从始至终都未参与王敦起兵的谋划，亦未见其有怂恿王敦起兵的言行，但《晋书》中却载有一封后来王导写给王含的信件。就在这封信中，王导提到了已经时过境迁的王敦起兵事件："昔年佞臣乱朝，人怀不宁，如导之流，心思外济。"在这里，王导明确承认他曾"心思外济"，也就是借助于王敦起兵的外部力量，以驱逐刘隗、刁协等"佞臣"，进而恢复之前的清静政治。

以此为证，再联系王导之前所受的不堪遭遇，似乎有理由认为，当王敦以"清君侧"为名起兵叛乱时，王导实际是站在王敦一边的，或至少是持默许和姑息迁就的态度。

应该说，这种推测虽情有可原，但却低估了王导对元帝的忠诚和他的政治水平。

心思外济

从决定追随元帝创业起，王导即倾心推奉元帝，并把自己个人的发展、家族利益与元帝的事业紧紧捆绑在一起，这是他与王敦的一个重要区别。概因王导深知，只有衷心辅佐元帝，他才有施展才华的机会，王氏家族也才可以继续兴旺下去。

事实也是如此。就在五年前，元帝将立的敏感时刻，王敦曾提出由别人取元帝而代之，如果王导当时犹豫，东晋很可能就会因此陷入混乱不堪的境地，原来便称不上稳固的王朝基业，也将更加虚弱而导致不堪一击。相应地，王家兄弟包括整个王氏家族，若要想拥有如今这样显赫的权势和地位，又岂可得哉？

这是在内。在外，王导向以积蓄力量，"克复神州"为宿志。西晋灭亡后，中原沦丧、人心离乱，要想驱逐胡虏、恢复家园，该由谁来组织抗敌，维系人心？答案只有一个，那就是代表东晋政权的皇帝，即元帝。

一言以蔽之，在当时的历史条件下，元帝就是一面旗帜，寄托着人们复兴晋朝的希望，祖逖在世时如此，死后亦然。可以想见，如果有朝一日，作为皇帝的元帝不能或无力执政，在后祖逖时代，东晋只会更无抗衡北方异族的条件和可能，后者必然要乘虚而入，一举灭掉东晋，那样的话，别说"克复神州"，连半壁江山都保不住。

基于这样的认识，王导虽然希望改变之前的政治环境，也难免"心思外济"，在他看来，王敦起兵属于玩得太大了。正如周顗所担忧的，"兵谏"一旦开了口子，便很难收拾，这些连周顗都能想到的东西，以王导之老到练达，又怎么会想不到？更何况，作为堂兄弟，他对于王敦的为人和野心，只会比周顗更清楚。

王导不但以王敦起兵为非，而且从情感上也感觉愧对朝廷，愧对元帝，就如同周顗所言，元帝也会犯错，但你总不能因为皇帝犯错，就掀他的桌子，甚至掌掴他的老脸吧。再说，王氏事实上也还是元帝一手扶起来的——没有王氏兄弟，元帝固然当不上皇帝，但无元帝，也必然不可能有他王氏兄弟的今天。

由此就可以看出，王导的举族请罪，并不仅仅出于恐惧，其本身也是主动采取的一种赎罪行动。

王导及族人如今的艰难处境，说到底皆拜王敦所赐，而他们在建康的诚惶诚恐，也丝毫没有影响王敦的进兵。对于王敦而言，他既然连族人的性命都不予顾及，其他自然也都不会放在心上。至于元帝诏书中所谓亲自率部讨伐，以及悬重赏要他王敦的人头。在他看来，更是吓唬小孩子的把戏，他现在一门心思筹划的，是如何才能尽快兵抵建康。

在长江上游，元帝预先给王敦安排了两大牵制力量，即梁州的甘卓和湘州（今湖南省境内）的司马承，他们若是联起手来，会给王敦进兵建康造成很大麻烦，故此，王敦需要各个击破。

甘卓乃久经沙场的名将，军事经验丰富，非司马承可比。更加不容忽视的是，甘卓所据梁州，位于荆州上游，顺汉水而下，足以威胁夏口、武昌，陆道南出，又可指向江陵，对荆州也拥有极大的地理优势。

王敦深恐甘卓成为后顾之忧，但甘卓曾是他的部下，他对甘卓的优缺点还是非常了解的。甘卓这个人，性格不够果断刚毅，决策时容易犹豫彷徨，年老多病后尤为如此。针对甘卓的这一弱点，王敦虽明知甘卓系元帝给他安插的钉子，甘卓本人也持拥护晋室的基本政治立场，但他在起兵时，仍特地派使者去通报甘卓，并约他一起顺流东下。

甘卓不知王敦意欲何为，一开始居然同意了，等到王敦真的起兵，他才突然意识到不对劲，终于还是没有履约，同时又派参军孙双到武昌劝阻王敦。当着孙双的面，王敦故作惊诧地说："甘卓过去和我怎么说的，现在怎么又改变主意了？他是顾忌我会做危害朝廷的事吧！他多虑了，其实我只是想除去奸凶而已。"王敦还说，如果甘卓肯改变主意，前来附从于他，他就会设法将其爵位由侯升为公（甘卓时为都亭侯）。

王敦没指望这番话能打动甘卓，他真正想要达到的效果，是让对方乱了方寸。果不其然，在孙双回报甘卓后，甘卓犹豫了，一时不知该如何是好。

举 义

甘卓派人把王敦的动向告知顺阳太守魏该，征询他的态度。魏该是出自刘琨系统的流民帅，他当即说："我之所以起兵抗击胡贼（指北方胡人），乃是因为欲效忠于王室。现在王敦发兵，将矛头对准天子，我绝对不会参与。"

魏该斩钉截铁，公开跟王敦划清界限，仅仅这一点，就不是甘卓有勇气做到的。有人就劝甘卓说，要不然，您就暂且伪装答应王敦，等到了京都，再反戈一击，对他进行征讨。

这种类似于"笑里藏刀"式的计策，可以给王敦来个冷不防，但甘卓也有顾虑。他回忆起当初陈敏在江东发动叛乱时，自己曾参与其中，后来认识到陈敏的问题，又图谋反击。有好事者便评论说，甘某只是发现陈敏将败，害怕自己会跟着倒霉，因形势所迫，才改变了立场。

甘卓的顾虑就是，如果他这回再像陈敏叛乱时那样，把自己安插在王敦身边，以后该如何剖白呢，别人会不会又说他是个见风使舵的投机分子呢？

甘卓既不接受王敦的诱惑，又不敢公开与之翻脸，"笑里藏刀"之计也不好意思用，只能一动不动地静观事态的发展，而这正是王敦所想要的。

在确定甘卓将作壁上观后，王敦得以腾出手来，全力解决司马承。他派参军桓照前往湘州，向司马承游说，以刘隗专宠，如今要去讨伐为由，让司马承给他担任军司（即监军），并按军期即刻随同上路。

作为屏藩皇室的宗亲，司马承自然决不能同意王敦出兵建康，更不可能附从，但事情也很清楚，如果他要是这样和王敦摊牌，后者决不会放过他。

当初司马承奉命出刺湘州，曾向元帝提出，只有给他三年时间治理湘州，他才有能力参加战事。可怜自司马承从踏上湘州的土地算起，满打满算，前后也仅一年零四个月，不管司马承怎样殚精竭虑，要让他在这么短的时间里，就改变湘州荒残凋敝的面貌，是不可能做到的，也因此难以建立起一支足够强大的军事力量。就这样，湘州现存军力还遭到了王敦处心积虑的削弱，一直得不到所在都督区兵员武器的调拨不说，此前还被王敦以"北伐"的名义分去了一半战船。

土地荒芜，人烟稀少，势单力孤，后援断绝，这就是司马承所面临的现状，以及他一旦决定与王敦抗衡的后果。司马承对此心知肚明，他叹息着说："我怕是要死了……怎能挨得过去呢！"

虽然知道自己的反抗相当于以卵击石，但司马承并不像甘卓那样优柔寡断和畏惧不前，他当众表明心志："为君赴难，这是忠；为王事而死，这是义。能为忠义而死，足矣，还能有什么其他所求呢！"

司马承决心与王敦对抗到底，为此哪怕慷慨赴死。这时鉴于荆湘实力差距之大，众人对于司马承的态度还多少感到有些疑惑，觉得司马承只是在硬着头皮唱高调，临到头来可能还是要率先跑路。司马承因此再次重申："我受国家恩典，举义没有二心。"

司马承首先以文书征召湘州名士虞悝为长史。恰逢虞悝的母亲去世，古人有守丧不出仕和做事的规矩（谓之"丁忧"），司马承亲自前往吊唁，动员虞悝在王室遭受危难的情况下，打破服丧常规，辅佐他投身战事（谓之"夺情"）。

虞悝是一个慷慨有志气，节操很高的人，他既感动于司马承的折节相邀，又对司马承的举义表示高度认同："王敦以朝廷大员的身份管理地方，一旦作乱，天地不容，人神共愤。大王是宗室的藩篱屏障，难道可以顺从他的不义之举吗？现在就应该立即发奋，存亡在此一举！"

虞悝决定"夺情"接受重任。司马承也非常诚恳地向他交代了自己如果要讨伐王敦，将要面临的军力不够、粮食匮乏以及新到任湘州不久，民心尚未完全归附等困难。

面对司马承的虚心求教，虞悝思忖后认为，以湘州当下的条件，难以直接出兵讨伐王敦。他建议，不如暂时聚众固守，同时把讨伐王敦的檄书传布出去，以争取各界的支持，最好的结果是四方响应，这样王敦就不得不分兵应付，而湘州则可以待其兵力分散之后，再图攻击，如此才能争取到取胜的一丝机会。

劝 说

在为母亲办完丧事后，虞悝应邀出任长史，司马承同时任命虞悝的弟弟、与虞悝同有"南夏之翘楚"声名的虞望为司马，总领、监护诸军。除虞氏兄弟外，其他楚湘地方大姓与俊杰人士、忠义之士，也多被司马承延揽进入幕府，分别担任佐吏、属官。这些人加上一些亲近司马承的太守、县令，大家与司马承共同盟誓，相约举义。

接着，司马承当机立断，扣押了王敦派来的说客桓照，并按照虞悝之计，迅速在湘州传布檄书，罗列王敦的罪状，请各方义兵在指定日期内前来会合。零陵太守尹奉首先接受司马承的号召，出兵营阳（今湖南省衡阳市），随之而来，整个州内，郡县大多云集响应，只有湘东太守、王敦的姐夫郑澹依旧站在义军的对立面。司马承遂派虞望前去讨伐，在处斩郑澹后，将其人头晓示各地，在进一步凝聚人心士气的同时，也向王敦展示了与其势不两立的决心。

对于司马承而言，单是将湘州一州调动起来是不够的，要抗衡王敦，还必须取得外部其他力量，特别是甘卓的支持。奉司马承之命，主簿邓骞兼程赶到襄阳，希望能够说服甘卓，让这位如同局外人一般在坐观形势的"名将"也赶紧行动起来。

"刘隗虽然傲慢不驯，有失众望，但毕竟还没有到有害于天下的程度。倒是大将军王敦因个人私仇便对朝廷用兵，才是为害国家之举。"邓骞在挑明事情性质后，强调忠臣义士尽忠职守的时候到了，甘卓既受朝廷之命，为一方统帅，若能秉承君命，讨伐王敦的罪行，其所建功绩，将不亚于春秋时代的齐桓公、晋文公。

齐桓公、晋文公乃春秋霸主，最大的功绩就是"尊王攘夷"，在这里邓骞把朝廷比作了要尊奉的"王"，把王敦比作了要讨伐的"夷"。在政治态度和立场上，甘卓其实与司马承是一致的，他一面谦称自己无法与齐桓晋文相提并论，一面表示，为国尽职效忠也是他的夙愿，愿意与邓骞就如何展开下一步行动进行探讨。

一看甘卓在邓骞的劝说下，似乎已经心动，甘卓的参军李梁立即发表了异议。李梁以东汉初年的两个人物举例，这两个人物，一为隗嚣，一为窦融，两人都曾是妥妥的地方实力派，只是他们在风云变幻前做出了不同的选择：隗嚣始终都不买光武帝刘秀的账，窦融先是据河西之地自保，继而在刘秀称帝后，决策归汉。

不同的选择，带来了完全不同的结局。在刘秀的征讨下，隗嚣郁郁而终，窦融则因拥戴刘秀，得以飞黄腾达。李梁之意，是不管谁是谁非，若甘卓按邓骞所说，现在就站出来与王敦对抗，希望战场上决胜负、定生死，隗嚣的下场就是前车之鉴。在他看来，只有效仿窦融，按兵不动，坐待事态发展，方能左右逢源，不战而胜。假如王敦事成，他不敢忽略如甘卓这样的强藩，自然还会委任其统领一方；假如王敦事败，朝廷就得拿甘卓当个宝，必定会让他取代王敦，"何愁不会富贵"。

甘卓听了李梁的话，觉得他说得也很有道理，于是又动摇了。

邓骞认为，李梁所言似是而非。他指出，隗嚣、窦融当年之所以都能从容观望，是因为正值光武帝创业初期，诸侯都在割据。现在形势与那时完全不同，甘卓乃是朝廷倚重的大将，岂能坐视朝廷兴败存亡？再者，甘卓所据的襄阳，对于王敦而言，尚不及窦融的河西之地那样险固，人家要想打，是打得下来的。

眼下王敦虽然打着讨伐刘隗的旗号，看似还没有针对梁州，但邓骞预计，他一旦击败刘隗，就必然会回师武昌，切断荆州、湘州通往梁州的粮道，届时梁州将不战自破，"将军（指甘卓）您将何去何从呢？"

"势在人手，却说自己可处于不战而胜的地位，这是从未听说过的事。况且您作为人臣，在国家遇到危难的时候，坐视不救，这在道义上说得过去吗？"

邓骞动之以情，晓之以理，可是都把话讲到这个份儿上了，甘卓却还是左右摇摆，犹豫不决。

你说甘卓忠于朝廷吧，作为一个老军人，却连挺身而出、保卫社稷的勇气都没有，你说他不忠于朝廷吧，但他又并没有加入王敦一伙……邓骞既焦急又无奈，忍不住对甘卓说："您现在既不能为道义而动，又不奉承大将军王敦的檄令，人所共见，一定会招致灾祸的。"

李梁等人反对甘卓与王敦对抗，主要还是出于彼强我弱的考虑。确实，王敦握有重兵，力量相当强大，他的总兵力是甘卓梁州兵、司马承湘州兵的好几倍，但账还有另外一种算法。邓骞这样分析，王敦直接掌握的荆州兵其实也不过一万余人，且超过一半已随其本人离开武昌东下，留驻武昌的还不到五千（此时已由逃出建康、投奔王敦的王廙进行指挥），而甘卓的梁州兵就有约一万人，超过武昌守军的一倍，而且皆为精锐之卒。

邓骞让甘卓不妨大胆设想和展望一下："以将军您之威名，统领精兵，持朝廷符节，鸣军鼓而进，以顺臣身份征讨叛逆之贼，岂是区区王含所能抵御的！王敦军队如要救援，必须逆江而上，势必救助不及。将军攻下武昌，如同摧枯拉朽，还有什么可顾虑的呢？"

在邓骞看来，甘卓出兵武昌，完全有必胜的把握。武昌是王敦的后方大本营，拿下武昌，不仅可借以控制住荆州、江州，而且还将拥有此处所储的全部军事物资，这些物资又可用来加强军队和继续招纳士卒。邓骞指出，三国时期，吕蒙正是通过袭取荆州，断了关羽的后路，才得以战而胜之的。

本性难移

可以看出，司马承帐下能人不少，邓骞的分析和推断都非常精辟。奈何甘卓就是横竖听不进去，邓骞费尽唇舌，不过收获了一个寂寞，他留给甘卓的最后一句话是："现在您放弃必胜的策略，安然坐待危亡的降临，绝非明智之举。"

那边王敦也怕甘卓在其后方有变，王含招架不住，于是又派参军乐道融前去拜访甘卓，邀其与自己一起东进建康。乐道融深明大义，他虽然是王敦的人，却很憎恨王敦悖逆作乱的行为，见到甘卓后，反而劝说甘卓效司马承举义。

"刘隗专权"是王敦此次举兵的理由，乐道融则以事实戳穿真相："主上亲任万机，自己任用谯王司马承治理湘州，并非由刘隗专权。王氏（王敦）专权已经很久，一旦权势被分掉一些，他便说是在夺他的权，遂背叛皇恩，肆行叛逆，对朝廷用兵！"

乐道融对甘卓说："国家给您的待遇不可谓不优厚，如果您与王敦同党，岂不是违背和辜负了君臣大义？如此，您生为叛逆之臣，死为愚昧之鬼，将永远成为宗族、党朋的耻辱，那样的话，不是太可惜了吗？"

"为您打算，不如佯装听从其令，却急速突袭武昌。大将军王敦的士众听说此事，必定不战自溃，大功便可告成。"乐道融向甘卓献出一计。

这一回，乐道融的话居然产生了神奇功效，先前油盐不进的老头儿不但听得颇为动容，末了还表现出了令人意外的果决态度，说："这正是我的本意。"

究其实，倒不是乐道融的话术比邓骞更高明。甘卓本来就不想追附王敦，但他在这个问题上一直疑神疑鬼，患得患失：邓骞既是司马承派来的说客，在甘卓看来，所谓"屁股决定立场"，邓骞说得越入情入理，就越是要把他推到前面去，给司马承挡枪；同理，之前也有人出过与乐道融类似的主意，让他假意答应王敦一同出兵，等到了建康再下手。甘卓没接受，说是怕影响自己的声誉。其实他当时未必真这么想，只不过出主意的即便是他自己的手下人，他也信不过，担心人家是为了在自己面前邀功，才让他去冒险。

乐道融就不一样了，他吃的是王敦的饭，却给甘卓操起了心，对甘卓而言，对方的立场问题就不存在了，那么他所说的话也就具有了可信度。

甘卓决定接受乐道融的意见和计策。他把梁州所辖各郡县的太守等官员召集到一起，共同发布檄书，数落王敦叛逆的罪状，随即点起麾下军队，率部出襄阳，沿汉江南下，讨伐王敦。与此同时，甘卓还派遣参军孙双等人，将自己支持朝廷的亲笔信送往建康，又派人到广州，约陶侃共同进讨。

戴渊镇戍合肥，他先一步收到甘卓的信件，便用表文的形式上奏朝廷。虽然包括大臣在内的士民们，面对王敦起兵的心态普遍比较复杂，但大家也并不希望真的因此乱了朝纲，弄得天下动荡，故而在表文被送至建康后，人们皆欢呼万岁，以为平定叛乱有望。甘卓给陶侃的信件也有了着落，陶侃见信后，毅然抛下儿子尚在王敦军中作人质的顾虑，派部将高宝领兵北上。

最热闹的地方是武昌，虽然梁州兵尚未从襄阳出发，但甘卓大军来袭的传言已经遍布全城，城内的人们纷纷逃散。乐道融关于王敦将不战自溃的预言，已经活生生地呈现于眼前。

然而正所谓江山易改，本性难移，甘卓看上去气势十足，又是出兵讨伐，又是遍撒"英雄帖"，可到了这种在他看来前景尚不明朗的关键时刻，他那多疑和缺乏担当的性格又跑出来坏事了：总想着大家一起上，不敢独自出头。素来兵贵神速，乐道融的计策也是让甘卓急袭武昌，但他却在等待各方反应，以致行动拖延，费了好长时间，才带着梁州兵到达猪口（今湖北仙桃境内）。

此时，甘卓进兵的消息早已在武昌城内传得沸沸扬扬，急袭是根本不可能了。不过猪口距武昌也不过一至两天行程，加上城内人心涣散，取武昌可以说是易如反掌，正向建康疾进的王敦，闻报也被吓得不轻，深恐甘卓就此抄袭其后方，动摇他的根本。

甘卓兄长之子甘仰，正在王敦手下任参军，王敦于是赶紧派他去给甘卓带话，说："您这样做（指出兵讨伐王敦），自然是做臣子应有的节义，我不责怪您，但您也要知道，我们王家现在已经没有更好的办法了，情急之下，才不得不出兵建康。希望您这就回军至襄阳，我将与您重新交好。"

可以看出，这是典型的王敦式伎俩，即一方面咬死了不撤兵，另一方面摆出可怜的样子，向甘卓求和，促其回师。

甘卓……又犹豫了。

兵都出了，就这样接受王敦的求和，两手空空地打道回府，并非甘卓所愿。可是王敦坚决不撤兵的态度，又把他吓住了。其时陶侃所派出的高宝部路远难至，而除荆州外，江州也牢牢掌控于王敦手中，这些都让甘卓觉得独自对付王敦并无胜算。自此，甘卓军便滞留于猪口，一连几十天有如僵立的木偶一样，不进亦不退。

枯鱼之肆

甘卓长时间滞留于猪口，与他待在襄阳，本质上没有任何区别。这下王敦把甘卓完全看透了，也放下心来。鉴于甘卓出兵，多少也让自己出了一身冷汗，王敦决定趁其停滞不前之机，调兵进攻湘州的司马承，以便在最大程度上减少自己后方所面临的威胁。

王敦阵营的武装，由王敦直接掌握的荆州兵是其主体，王敦姨母的儿子、南蛮校尉魏义，以及将军李恒、田嵩所共同率领的两万铠甲兵，亦归附于王敦。既然甘卓已被"定身法"定住，王敦也就可以用魏义军来对付司马承了。

司马承举义后，有几千勇士不待命令就云集于其麾下，大大加强了长沙守军的力量，但兵力仍无法与魏义军相比，而且其中很大一部分已被虞望带去湘东。与此同时，受限于湘州的经济发展条件，长沙的城墙和护城河都还很不完备，城内物资也不充足。面对大兵压境，人心惊恐自然难免，有人劝司马承向南逃往广州，投奔陶侃，或者让出长沙，退守零陵、桂林。司马承临危不惧，他说："我起兵时，就已做好为忠义节操而献身的准备，现在纵然情势险恶，又怎能贪生怕死，苟且活命，当一个败逃之将呢！我要死守长沙，就算战事不济，守城失败，也可以借此向老百姓表明我的心迹。"

司马承一边组织军民环城固守，一边派以义勇著称，因响应举义来到长沙的豪杰之士周该、湘州从事周崎，潜出城外寻求救兵。不幸二周均被攻城的巡逻部队抓获。为了诱使城中尽早投降，魏义让周崎向城中喊话，伪称王敦已经攻克建康，甘卓已回军襄阳，而长沙城的外援也已断绝。周崎假装点头同意，一被带到城下，便大声向城内疾呼道："援兵不久就要赶到了，努力坚守！"魏义又急又气，立即杀了周崎。接着，他又拷问周该，逼周该提供城内防守情报等信息，好个周该，不管如何上刑，哪怕是刀架在脖子上，也至死不肯吐露半个字。至此，连魏义也被二周的浩然正气所折服，下令免周该一死，将他释放了。

当时闻讯增援长沙的救兵，除了从湘东赶回的虞望，就是出兵营阳的零陵太守尹奉。虞望身先士卒，但不久即英勇战死，尹奉更是实力有限，二者都无法突破敌人重兵拦截，以解长沙之困。真正能够起作用的，应是甘卓。然而当甘卓得知魏义军有多达两万铠甲兵，而且虞望已在援救长沙的过程中战死，他盘算了一下得失，终究还是不敢冒死援救司马承。

说到底，对于司马承的生死，甘卓并没有那么在乎，给他留下印象和好感的是司马承派来的邓骞。甘卓觉得这是个能人，他想让邓骞留下来给自己当参军，邓骞则无论如何都不答应，并且坚决要求返回长沙，与故主共存亡。

在邓骞面前，甘卓也自感有些羞愧，遂派自己的参军虞冲与邓骞一同前往长沙，同时致信司马承，让他固守长沙，说自己将从沔口出兵，截断王敦回武昌的退路，这样湘州之围便会不救自解。

甘卓所说方案一听就很不靠谱，王敦现在的目标是建康，他哪天才会回武昌呢？再者，长沙城破粮乏，能撑一天是一天，还能坚持到王敦回武昌？司马承哭笑不得，他在给甘卓的回信中，很不甘心地说道："江东国朝中兴，一切都刚刚草创，谁也想不到会发生这场叛乱。我以宗室之身赴任湘州，本就有以身殉职之志，只可惜到任时间尚短，根本还没来得及理出头绪。"

不管怎样，如果甘卓愿意出手，便仍是长沙当下可以够得着的救命稻草，司马承先是言不由衷地对甘卓说："承蒙您派来使者，与我的意见完全相同。您的神机妙算，让我发自内心深处感到佩服，我把信读了一遍又一遍，高兴的心情无法表达。"随后话锋一转："阁下若能轻装驰援，也许还来得及救我一命；若要是再迟疑，那就只有到'枯鱼之肆'找我了！"

"枯鱼之肆"的原意为卖干鱼的市场，它源自庄子所说的一个故事：路上车辙中有一条鲫鱼，向路人求升斗之水以救命，路人却说自己要去游说国君，派兵开凿运河，引西江之水来救它。鲫鱼气得脸色都变了，说你明明去提个升斗之水就能救我，却居然说出这种话。如果真照你所说的办，那你还不如趁早去卖干鱼的市场去找我呢！

一个"枯鱼之肆"，让甘卓的敷衍搪塞，司马承的悲愤难抑，全都跃然于纸上。在信的最后，司马承直言："书信不能完全表达心意，就把它当作我的遗书罢。"

收到司马承的回信，甘卓依然不为所动。长沙城愈发危急，司马承被困危城，只能寄望于建康方面能够力挽狂澜，从而使形势出现转机。

第八章　步步进逼

　　甘卓的表现令朝野上下大失所望，王敦发兵进攻长沙，更令元帝在怒不可遏的同时，也有了坐卧不宁之感。

　　元帝虽然在诏书中声称要御驾亲征，率领宿卫六军讨伐王敦，但宿卫六军有多大分量，他是一清二楚的，别说出去讨伐了，守城都够呛。考虑到就当下形势而言，保卫建康最为紧要，元帝命令刘隗、戴渊急速率兵回京师勤王助讨。

　　刘隗首先奉旨赶到建康，他进城时排场很大，百官皆列道迎接。刘隗志得意满，在即席作了一番慷慨激昂的演讲后，才与刁协一同入宫谒见元帝。

　　刘隗、刁协谒见元帝的第一件事，就是请求诛杀以王导为首的王氏家族。元帝虽未当场表态，但亦未否决二人所请。消息传出后，人们议论纷纷，都觉得王家此番怕是厄运难逃了。

　　王导平时再有名士风范，到了这个时候，心也不由得悬了起来，毕竟就算他王导可以不惧生死，但也无法置族人的身家性命于不顾。

　　此时此刻，王导很自然地想到了一个人：时任吏部尚书的周颛。

大义灭亲

　　周颛和王导私交极好，好到两人之间经常可以开一些只有挚友才敢开的玩笑。周颛身体肥胖，肚腹滚圆，有一年夏天，王导把头枕在周颛的膝盖上，指着周颛的肚子问他："你的大肚子里面，到底装的是什么？"周颛一本正经地回答道："这里面空洞无物，但是像你这样的人，装上几百个不成问题。"对于周顗这种旁人听来甚至会觉得有些过分的戏谑，王导也只是一笑了之，并没有觉得受到侮辱。

后来因为元帝有意疏远王导，除重用刘隗、刁协外，也逐渐把王导的一些权力分给周顗，故而才弄得两人的关系有些尴尬。尽管如此，王导仍相信以他和周顗的友谊，对方一定会出手相助，而从周顗深得元帝信任，与刁协亦有交情这一点来看，只要他肯出面，当是朝中能帮助王氏走出险境的不二人选。

这天清晨，王导又率族人来到宫廷门外谢罪，正好看到周顗将要上朝。周顗也看到了他们，看样子这位老友很为他们感到担忧，连准备入宫时，脸上都带着忧虑之色，王导心里一动，远远地朝他喊道："伯仁（周顗的字），我把王氏宗族一百多人的性命都托付给你了！"

周顗对于王导的呼喊，没有做出任何回应，头也不回地迈步走进了宫门。王导颇感意外，但他也只能继续在门外等候，希望周顗能默许自己的求援，向皇帝求情并带来好消息。

等了好久好久，周顗才走出宫门，令人诧异的是，他居然喝得醉醺醺的。王导凑上前去，大叫"伯仁！伯仁！"想跟他搭句话，不料周顗却对他置之不理，甚至根本就没拿正眼瞅他，更没有要与之交谈的意思。不仅如此，周顗还在环顾左右后，说了一句："今年杀掉一干乱臣贼子后，将能得到一颗斗大的金印，我要把它挂在臂肘后面。"

听周顗的语气，所谓"乱臣贼子"显然是指王氏，那他这句话是什么意思？是把他们王家统统杀掉，用王家的血来换取象征功勋的斗大金印？原来之前的忧虑之色都是装出来的呀，此人与刘隗、刁协一丘之貉，根本就是要置老王家于死地！

一瞬间，王导的内心如同被一桶冰水浇过一样，凉透了。

就在王导深感绝望，近乎万念俱灰之际，上天突然又给他打开了一扇门。

本来迫于刘隗、刁协奏事的压力，王导已将自己的朝服交出，以示全部交权，但元帝却派人送还朝服，并在自己的居室内召见了他。

见到元帝，王导百感交集，当即跪拜叩首至地，慨叹道："乱臣贼子，哪个朝代都有，但想不到的是，本朝乱臣，如今竟出在了臣下的宗族之中！"

听了王导这番自责的话，还坐在龙床上的元帝来不及穿鞋，光着脚就从龙床上走下来，拉着王导的手，颇为恳切地对他说："茂弘（王导字茂弘），我正要将大任托付给你，让你代为执掌政令，你这说的是什么话呀！"

元帝随即任命王导为前锋大都督，并下诏说："王导以大义而灭亲，可以把我任安东将军时用的符节交给他。"

至此，元帝不仅将王导置于建康方面主帅的位置，而且还"托百里之命"，通过授予符节的方式，显示了他对王导的信任。朝中亲近和拥护王导的人，自然为之欣喜不已，认为早就应该这么做；而另一方则大受震动，以为元帝首鼠两端，并无坚决平叛的决心，特别是在诛杀王氏上嚷得最起劲的刘隗，更是因感到前景不妙而忐忑不安，面有惧色。

其实元帝的态度和做法，从逻辑上是完全说得通的。自南渡以来，虽然元帝为了集中皇权，一度刻意疏远王导，但其矛头主要还是针对王敦，他与王导在君臣关系方面一直都有着很深刻的共识，这种共识甚至远大于王导与王敦之间的共识。正因如此，即便王敦起兵，形势到了最严峻的关头，元帝也始终未将王导当作敌人，否则的话，王导早就人头落地，至少也会沦为阶下之囚。在此期间，王导既未逃跑，亦无任何异动，而是每日率族人请罪的表现，也让元帝在一定程度上消除了对他的猜忌和怀疑，认定王导是能够"大义灭亲"的忠臣。

当然，如果元帝已经用不着王导，一切都另当别论。事实正好相反，这个时候满朝堂看来看去，确实唯有王导能统领全局，担负大任：刘隗、刁协、戴渊等虽受信任，但他们都不受朝中大臣们待见；周顗才望不及王导，早先派他去任荆州刺史，落得了个铩羽而归的结果；顾荣、贺循早已去世；纪瞻垂垂老矣，且其政治影响力更多地局限于南士之中。

元帝是明君，不是昏君，拒绝刘隗、刁协之请而重新起用王导，实乃情理中事。不过明白道理是一回事，从感情上接受，往往又是另外一回事：元帝知道王导与王敦不同，也知道要区别对待，但王敦毕竟是王导的堂兄，当年也是由王导引入元帝圈子的，此后这两兄弟又一文一武，造成了"王与马，共天下"的政治格局。就算王导没有参与王敦之谋，同时还"大义灭亲"，坚决反对王敦起兵，可他对王敦的武力坐大，以致发展到现今这样的地步，难道没有一点责任？

元帝在软硬兼施仍无法阻止王敦进兵的情况下，憋了一肚子火，这股火没地方发泄，多少就会迁怒到王导身上。这些天来，王导日日举族请罪，元帝均冷眼旁观，不加劝阻，足见元帝胸中确实积压着一股怨怒的情绪。

那天周顗出宫门时，就已经喝醉了。周顗本人很爱喝酒，但他要在宫中喝酒而且还喝醉了，只可能是与皇帝在一起喝。元帝很多年前就已在王导的规劝下戒酒，如今故态复萌，留周顗饮酒，自然也是要"借手中之酒杯，浇心中之块垒"。

用理智克服怨怒，需要一个过程，这个过程一结束，元帝当即决定召见和任用王导。

石头城

元帝虽以王导为建康主帅，又以王导的堂弟王邃为尚书右仆射，但并不敢让王导立即掌握兵权，因此王导的被起用，象征意义远大过实际作用。

建康的兵权还在皇帝自己手里。元帝同时加封戴渊为骠骑将军，周顗为尚书左仆射（据说周顗经常连着三天都酒醉不醒，因其担任过尚书左仆射，故而有"三日仆射"之称），让戴、周分别统率军队，以便随时调用。

戴渊统率的是他从合肥带来勤王的一万余兵马，周顗所率则为宿卫六军——元帝下令宿卫六军开到建康郊外备战，他先派刁协出京师督察六军，继而又命周顗直接统领六军，元帝自己也身穿戎装，亲自到郊外对这支部队进行了巡视。

元帝的这一备战姿态，足见其与王敦必欲一战的态度是很坚决的，刘隗等人认为元帝不敢坚决平叛，只想通过保全王导来为自己留条退路的想法，只是他们的主观猜测。事实上，元帝从来都不是一个贪生怕死的懦弱之辈。就其个性而言，他最不能接受的，恐怕就是步惠帝、怀帝后尘，成为一个如假包换的傀儡皇帝。

昔日江东发生叛乱，多为义兴周氏所平定，"三定江南"令人记忆犹新。和平年代，元帝固然视周氏为烫手山芋，但事到如今，也重新想起了这个江左第一武宗家族的好处。在平定徐馥兵变中建立大功的周筵、义兴周氏的现任掌门周札，均被元帝召用，其中周筵被授为冠军将军，任务是统领三千水兵，讨伐沈充；周札被授为右将军，与刘隗分别守卫建康城外围的石头城和金城。

元帝也没忘记调动上游的力量。司马承被困长沙，自顾尚且不暇，是没法指望了，元帝授甘卓为镇南大将军、侍中、都督荆梁二州诸军事，改调陶侃为江州刺史，命令他们各率所部攻打王敦的后方，对王敦进行牵制。

此时由于甘卓坐而望之，陶侃鞭长莫及，王敦军在没有遭到什么抵抗的情况下，沿江直下，进展神速。元帝毕竟没亲自打过什么大仗，眼看形势岌岌可危，心里也禁不住一阵阵发虚，遂派王敦的堂弟、时任左卫将军的王廙晓谕王敦，劝王敦停止进兵。王敦自然不会因此罢手，他不但拒不从命，还扣留了王廙。王廙过去就曾是王敦的死党，曾被王敦推为荆州刺史，于是便也顺势投奔王敦，为其效力。

王敦军推进的速度越来越快，很快就兵临建康城下。建康外围分布着若干分散独立的小城，它们作为军事要塞，共同对建康起着拱卫作用，其中最为重要的就是由周札、刘隗分别驻守的石头城和金城。

按照王敦的本意，他打算先进攻金城，消灭刘隗，以解心头之恨。不过在那个年代，因缺乏后来的器械和重武器，攻克坚城是一件相当不易办到的事，尤其当王敦的部将杜弘了解到，刘隗手下养了许多敢死之士时，他认为金城更难得手，便劝王敦不如先攻石头城。

石头城建在建康郊外的石头山上，其坚固程度只会在金城之上，突破口在守将那里。根据杜弘所掌握的情况，石头城守将周札远逊于其父兄，此人刻薄寡恩，贪图私利，士兵全都不愿为之效命。杜弘相信，如果己方先攻石头城，则必胜无疑，而一旦击败周札，成功拿下城池，刘隗在独木难支的情况下，亦将不攻自溃。

王敦言听计从，立即任命杜弘为前锋，进攻石头城。事实证明，周札不但如杜弘所言，得不到士兵的拥戴，而且因义兴周氏与元帝的恩怨，他对晋室也无忠心可言，这一点在徐馥兵变时初现端倪。元帝并不是心里没数，只是病急乱投医，才把他临时召唤出来。现在周札一看王敦军势大，连打都没打一下，就下令打开城门，投降了王敦。

周札不经一战，即献城以降，连周氏子弟和他的一些部将都为之瞠目。那边周筵奉旨讨伐沈充，部队还没出发，就听到了这个消息，气得他怒形于色。

在周札手下听命的战将侯礼奋起抵抗，然已于事无补，最终战死疆场。

大势已去

在建康的防御和指挥系统中，石头城处于极为重要的位置，石头城既陷，建康城危在旦夕。元帝忙命戴渊、刘隗率军反攻，试图借此夺回石头城，挽回败局。

戴渊、刘隗各自带来的勤王之师，总计超过两万，乃元帝抗衡王敦的希望所系。仅就兵力数量而言，这支新军团要超过王敦军，但打仗很多时候靠的并不是人多。戴、刘部上至参军，中到军吏，下至士兵，清一色都是通过"以奴为兵"的方式，强行征发而来的北方流民。这些流民原来的身份是僮客，做私家僮客固然没有人身自由，但终究可解决温饱，性命亦能基本保证无忧；被政府强征入兵后，名义上恢复了自由，实际却被编为兵户，不仅一样没有自由，而且还要被赶到战场上去送死。再退一步，如果是加入当年祖逖的队伍，在北伐中抛洒热血，那还有得一说，最初政府在组建新军镇时，也是这样忽悠的，可是临到头来，让大家打的还是内战，试问又有多少人心甘情愿地充当炮灰呢？

戴渊、刘隗皆为行政官吏出身，没有多少练兵打仗的经验，除刘隗蓄养了一批敢死之士外，两人均未能对新兵进行有效训练，临阵指挥亦乏善可陈。更有甚者，因为刘隗曾弹劾戴渊，两人之间早有芥蒂，他们在战场上也无法相互配合，形成一致进取的合力。可想而知，这样一支缺乏士气、徒具外形的乌合之众，又如何是王敦军的对手？要知道后者可是江东军的精华部分，近乎个个都是长年在上游平定乱事，身经百战的精锐之卒。

戴渊、刘隗攻城不下，反被王敦所败。元帝又急召王导、周顗、刁协等人，命他们指挥宿卫六军出战，但结果又是大败。太子司马绍闻讯，打算亲率将士与敌人决一死战，坐上马车正要出发，温峤上前一把抓住马的辔头，劝谏道："殿下身为皇储，岂能因逞一己之快而轻弃天下！"说着，他抽出宝剑，刷地斩断了套在马颈上的皮带，司马绍无法驾车而去，这才不得不放弃了决死的念头。

王敦军乘胜攻入建康。王敦在初据石头城时，曾对随军的长史谢鲲感叹，说自己既然已经做了叛臣，以后也就不会再做什么有功德的事了。谢鲲急忙说你何必如此，只要从今以后，一天天有意把这些事（指起兵以来的叛乱行径）淡忘掉，它们自然而然就会从你心里慢慢消失掉的。

谢鲲的意思是希望王敦能止步于此，或至少也要有所收敛，但王敦发出那声感叹，其目的却是要一条道走到黑，要做坏人就做彻底。所部进入建康后，王敦不但不朝见元帝，对之不理不睬，还纵兵四处劫掠烧杀。建康城内顿时乱成一团，皇宫人员、朝中的百官公卿皆奔逃一空，元帝身边最后只剩下两名侍从，宫外也尚有一名叫刘超的将军，仍旧屯兵不动，当值护卫皇宫。

眼看大势已去，元帝决定放弃抵抗，以求尽快恢复秩序，减少士民的损失。他脱去那些天一直穿在身上的戎装，改穿朝服，对左右说："王敦想要取我而代之，可以早点明说！何至于如此残害百姓！"接着，他又派遣使者向王敦传话："你如果还没有将朝廷置于脑后，那么请就此罢兵息战，以使天下尚可维持安定。如果你仍不肯罢休，那么朕将独自回琅邪为王，给贤人让路（意即把皇位让给王敦）。"

元帝此番表态，透露着作为失败者的悲哀，也相当于拱手向王敦交出权力。至此，元帝当初为扩大皇权所做出的种种努力，不但统统付诸东流，而且就连他作为皇帝的尊严也扫地以尽。

刘隗、刁协，这两个在元帝防僭越、崇皇权道路上最为卖力的大臣，到了这个时候，也早已无回天之力。他们兵败后，双双来到宫中谒见元帝。君臣在这种情形下见面，自然是别有一番滋味在心头，元帝拉着刘隗、刁协的手，悲从中来，忍不住泪流满面，呜咽有声。

考虑到王敦此次出兵，打出的旗号就是讨伐刘隗、刁协，二人若是不走，便只有死路一条，元帝劝他们赶紧出逃以避祸。刁协尚不肯离去，表示："臣应当以死节事君，故不敢有贰心而出逃。"元帝悲伤归悲伤，思路却很清晰，他对刁协说："现在局势如此紧迫，事逼无奈，怎么能不走呢！"随后，他不由分说，让左右为刘隗、刁协准备随行人马，让他俩自寻生路，觉得哪里能够容身就去哪里。

刘隗、刁协与元帝洒泪而别。刘隗原想在江淮之地潜藏下来，但行至淮阴时，遭到此地的戍军袭击，不得不带着妻儿老小和亲信两百余人投奔后赵的石勒。石勒还挺器重他，任命他为从事中郎、太子太傅。后来直到元帝离世，刘隗也没有再回到东晋。六十一岁那年，他随石虎征前赵，战死于潼关。

如果说刘隗的结局还算过得去，刁协则只能用一个凄惨来形容了。他因为年老体弱，难耐骑乘之苦，无法骑马，导致行动迟缓，不像刘隗一跑就跑到淮阴，淮阴待不住，又可以马上奔后赵。另外，刁协平时尊上压下，对下属不咋的，结果导致安排随从人员时，大家都推诿不去，勉强被拉去的人，半路上也都一个个弃他而去。

由于走得太慢，加上缺乏保护，当刁协好不容易行至长江边的渡口时，终于被人所杀。凶手将刁协的首级送呈王敦，此时的王敦倒是极为难得地展现了一下他的大度，破例允许刁氏家族可以为刁协收尸埋葬。

元帝本已安排刁协逃生，万不料他仍不免遭遇毒手。联想到刁协离京时宁死也不肯离去的画面，元帝痛彻心肝。为了给刁协复仇，他不顾王敦知情后可能给自己带来的麻烦，秘密下令，派人逮捕并处死了凶手。

计 划

为了继续劝说王敦罢兵，元帝命令公卿百官到石头城拜见王敦。王敦在百官中看到戴渊，便带着讥讽的口吻问他："经过前日交战，你现在还有余力吗？"戴渊答道："岂敢留有余力，只是力量真的不足了。"王敦又试探着问："对于我现在这样的举动，天下人会怎么看？"戴渊这次回答得很圆滑："只看表象的人，会说你这是叛逆；能够体会诚心的人，则会说这是出于忠贞。"王敦满意地笑道："您可以称得上会说话了。"

随后，王敦又看见了周颢，他对周颢说："周伯仁，您辜负了我。"王敦此言事出有因。王敦自己没有子嗣，过继兄长王含的儿子王应为子，王应的哥哥又娶了周嵩的女儿。也就是说，周嵩乃王应嫂子的父亲（"嫂父"），这样周嵩与王敦就成了姻亲。周颢是周嵩之兄，当然与王敦也就可以算是姻亲了，但他这个姻亲，一向不买王敦的账。周颢为人非常豪爽，无惧权贵，敢说真话，早在王敦反叛之前，在别人都不敢对王敦、王导兄弟有所评价的情况下，周颢就敢和王氏兄弟据理力争，加上周颢与刁协亦有交情，从那时候起，他就引起了王敦的忌恨，被其视为刘隗、刁协一党。王敦起兵后，周颢更是不仅没替他说过一句好话，而且还作为元帝阵营的主将之一，参予攻城。王敦说周颢"辜负"了他，就是此意。

别人到了这个地步，知道王敦甚是怨恨自己，很可能还会因此生出加害之心，听了王敦的话，就得忙不迭地认怂赔不是，请求原谅。周颢却丝毫不惧，他不卑不亢地回敬王敦道："您依仗武力，违背事君之德，为此我只能亲统六军与您交战。遗憾的是，我力不能胜任，致使君王之师战败奔逃，这就是我辜负您的地方！"王敦听后虽然心里一百个不爽，但周颢说得义正词严，也让他一时无言以对。

从王敦的内心来说，戴渊、周颢乃是他除刘隗、刁协之外，最想诛杀的两个人。不过王敦在起兵之初，即有一个计划，那就是在从元帝手中成功攫取权力的同时，还要借戴渊、周颢等名士给自己装点门面，资以招收"南北人士之望"，同时淡化其进攻建康，威逼皇帝的叛逆色彩。为此，他还曾对谢鲲说："我将任用周颢为尚书令，任用戴渊为仆射。"谢鲲等人知道后也都很高兴，表示非常支持。

由于有保留并任用周、戴的计划，因此王敦在对二人稍作试探后，并没有拿他们怎样。

过去一直是百官之首的王导，此时的境遇也颇令人瞩目。王敦起兵反叛期间，王导又是举族请罪，又是"大义灭亲"，奉元帝之命，担任抗衡王敦军的主帅，按照王敦一向锱铢必较、冷酷无情的个性，似乎他就算像对待戴渊、周顗那样，出于某种考虑，暂不予以处分，也会在心里暗暗地把王导加入黑名单。然而事实并非如此。王敦虽然在公开场合没有与王导作过交流，但私下一见面，却依旧很亲热，而且他从始至终都没有提及王导"大义灭亲"的那些事，只是埋怨了王导一句："当初就是你不听我的话，结果弄得几乎全族覆灭。"

王敦说的，是在元帝登基之前，他因担心元帝年长贤明而不好摆布，故想违背公议，另立别人，但被王导阻止的往事。按照王敦的意思，如果当年不是让元帝做皇帝，就不会弄成现在这样的局面，以至于变乱发生时，建康的王氏族人差一点全部被杀。

王导并没有因为如今的王敦已经稳操生杀大权，就改变立场，他仍坚持自己当初立元帝的决定是对的。王敦见他如此，也只得作罢。

王敦如此优待王导，固然是因为在王氏子弟中，他们的私人感情一直都非常好，王敦心狠手辣，哪怕是本族的同门堂兄弟，只要谁不合他的意，一样照杀不误，王导则始终是个例外。不过更重要的原因还在于，王敦尽管嘴上埋怨王导，其实心里明镜似的，他知道，让王氏一度面临覆灭绝境的，正是他自己不管不顾的称兵向阙之举，反而是王导在京的费心打理和委曲求全，才把整个家族支撑到了现在，故而到了这个时候，他内心不但不会对王导滋生恨意，反而还有歉疚和钦佩之情——在王敦的理解中，王导"大义灭亲"，当然也是为了保全家族所做出的不得已姿态，如此，他又怎么可能与王导反目成仇呢？

底 气

对于元帝而言，"百官拜敦"只是第一步，接下来，他还不得不做两件事。一是下旨实行大赦，宣布王敦等无罪。二是任命王敦为丞相、都督中外诸军、录尚书事、江州牧，赐封武昌郡公，食邑万户，并派专人到王敦那里拜官，又加羽葆鼓吹。

王敦在假意推辞一番后，即以丞相之名控制了朝政，王敦军也奉其命停止烧杀，建康局面这才得以稳定下来。

在将元帝压于自己的五指山下后，王敦又对元帝的儿子——太子司马绍不放心了。司马绍有勇有谋，特别是当建康城危在旦夕之际，他没有逃走或躲藏起来，而是要驾车与王敦军殊死一战，其表现深得众心。然而唯其如此，王敦也才会感到不爽，他觉得既然司马绍这么有出息，又受到朝野人士的一致拥戴，日后必然不易摆布，终将成为自己篡权道路上的一块绊脚石。

于是王敦借大会文武百官之机，一上来就声色俱厉地问温峤："皇太子有什么德行值得称道呢？"这里，王敦虽然用的是问语，但就其态度和语气，实际是在说："皇太子根本就没有什么德行值得称道！"

王敦的如意算盘是借此诬陷司马绍不孝，然后再以不孝的罪名废黜其太子之位。温峤立刻识破了其用意，他用"钩深致远"一词对司马绍进行了概括，认为太子目光远大，学识渊博，洞察力强，其深邃的程度让他温峤都自觉浅薄。至于司马绍具体都有哪些德行，这一点似乎也不是他温峤所能说清楚的，不过对照礼义关于孝的标准，他认为司马绍是完全做到了，可称"至孝"。

温峤此言一出，大臣们全都点头称是。王敦一看无人附和自己，也只得暂时偃旗息鼓，不好意思再把独角戏继续唱下去。

眼见王敦虽然气势汹汹，但还未有更多实际的过分举动，元帝稍稍松了口气，他在召见周颢时说："近来二宫（指皇帝与太子）未受伤害，众人平安，这是否表明大将军王敦本来就符合众望呢？"周颢答道："二宫的情况，固然与陛下所说的相符，至于我们这些人的遭遇怎样，现在还未可知。"

周颢很清醒，作为一个高水平的政治家，他的观察力和逻辑思维能力也都非常强。先说"二宫"。王敦在占领石头城，并连续击败朝廷各路军队时，事实上离其杀掉或迫使元帝退位，直接取而代之，也就只差一步。元帝不是没有这个担心，他在遣使向王敦传话时，即已隐含此意——按照田余庆先生的解读，元帝此时已根本不敢以君臣名分责备王敦，而只能低声下气地请求对方不要擅行废立之事，不要破坏原有"共天下"的局面。

不过细细推敲元帝所言，他虽然在言辞上显得卑微，但也并非完全委曲求全，他其实还是站在皇帝的位置上，对王敦的"无君臣之礼，无百姓之心"进行了谴责。与此同时，元帝可以说是既防王敦擅行废立，但似乎又料定王敦不敢真的这么干，甚至，他还认为王敦需要他继续留在建康，哪怕是已把他的权力剥夺得一干二净，要不然，他也就不会说出这样一拍两散的话：如果王敦执意要独吞天下，破坏共安，让他无以在建康自持，那他就只有避往琅邪国这一条可走了。

元帝的底气来自何处？来自南北士族对他的支持。王敦起兵后，真正与之势不两立，乃至在战场上短兵相接的，是刘隗、刁协及其武装，最多再加上司马承、戴渊、周顗几个。东晋的其他诸强藩均未立刻与之抗衡，朝中许多大臣包括已经很有影响力的温峤在内，都对王敦起兵抱有一定程度的同情，也未将王敦视为乱臣贼子，否则的话，王敦不可能进兵这么顺利。究其原因，就是刘隗、刁协等人所为以及元帝对他们的过度袒护，引起了众怒，造成南北士族在潜意识里，都希望通过王敦的"清君侧"之举重整朝纲。

可是如果一旦发现王敦有意篡夺皇位，那就另当别论了，这时人们又都齐刷刷地站到元帝一边。为什么？大家实在经不起折腾了。

在先后经历八王之乱、永嘉之乱后，北方士族犹如被重新洗牌，其中仅仅葬身于北方胡族的铁蹄之下，家破身灭的王公士族名士便比比皆是。他们侥幸活下来的亲人或部属在南渡后，因为死者遗体已不可得，只得以其生前所着衣冠而葬，称为"招魂葬"或"断魂葬"。在江左，招魂葬亲曾一时蔚为风气，碍于这种做法不合礼制，东晋朝廷不得不下诏禁止。

有了这种遭遇，自然没有哪个士人愿意再看到由于权臣篡位，导致八王之乱的惨剧重新上演，同时他们远离家乡南渡，乃是为了躲避北方胡族的杀戮，要做到这一点，并保证今后大家都能在江左站稳脚跟，都必须有一个稳定的政府力量加以维系和支持。于是，拥戴元帝，树立、维护和尊重元帝作为皇帝的政治权威，也就成了北士的一种集体无意识。换句话说，对于北士而言，你"清君侧"，除佞臣可以，但不能动皇帝，谁动就要跟谁急。

与北士相比，南士在政治观念上更接近于两汉经学思潮，相应地，也更看重以君主为国家象征的君国观念，所以一俟元帝在江东建立东晋，他们便对司马氏皇族予以了高度认同。另外，吴姓士族虽无北士刚刚经历的那种刻骨铭心的深刻体验，但他们也有过东吴被西晋所灭的"亡国之痛"，也知道如果北方胡族进一步入侵，必将威胁到自己的生存，故而在他们看来，尊重司马氏皇族，乃是保护自己切身利益的最佳选择。

正如现代学者所指出的，以元帝为代表的司马氏皇族，对于南北士族都具有不可替代的价值，"北来的侨姓士族，只有在晋朝旗帜下才能在江南立足；南方士族，也只有在晋朝旗帜下，才能抗拒来自北方的各种势力"。只要元帝愿意放弃他对于皇权的扩张，回到原来"共天下"的政治模式，大家就会重新拥护和效忠于他。元帝在已经一败涂地的情况下，仍敢于责备王敦，并告诫如若王敦真要擅行废立，他将一走了之，让王敦自行去收拾乱局，其关键砝码即在此。

王敦身为一个将军，但他真正的本事其实并不是征战，而是要弄政治手腕，对此岂能不知？所以他在拿到丞相之位，上升至权臣巅峰后，就不敢再贸然前进了。当然，王敦对此也并不甘心，欲废太子事件实际就是一次试探，若太子能够被成功废黜，接下来他就可以动元帝了。结果失败了，文武大臣全都反对，王敦只得知难而退。他倒也不是怕朝中这些大臣，他是怕篡夺皇位的野心暴露后，面对国本即将被撼动的局面，周围的群藩和流民帅会群起而攻之，很可能一顿王八拳抡过，就把他给揍趴下，毕竟以他的实力，还没达到天下无敌的程度。

危险的气息

"二宫"至少目前来看是安全的，无论在事实还是道理上都成立，那周顗为何又认为他们这些人（包括戴渊等元帝信任的大臣）已身处险境呢？

因为王敦固然不敢从名义上直接篡夺皇位，但对于篡权，他不仅一直毫不动摇，而且肆无忌惮。在这种情况下，除王氏成员以外，那些忠心于晋室，倾向于维护皇权的大臣也就在劫难逃了，周顗、戴渊首当其冲。

不是说王敦有个任用名士的计划吗？没错，正是原来有此考虑，王敦一开始才没有拿周顗、戴渊开刀，但他内心其实对实施该计划早已意兴阑珊，这一点在他拥兵不朝，放纵士兵四处劫掠时就看得出来，其间又哪有一点挽回和收拢人心的样子？

　　随着胜券在握，尘埃落定，原有计划实际上早就在王敦心中化为无形。说到底，就和元帝掌权时特别钟情于"申韩之术"一样，较之怀柔，王敦显然更相信暴力和杀戮的效用，也是，靠砍脑壳就能轻松解决的问题，为什么非要抑制自己，假装温情？

　　周𫖮看出，王敦之所以还未对他们采取进一步行动，不过是暂时缓和事态，等待时机而已，犹如拳师在打出重拳前，先要收一收手，缓一缓劲。

　　既然周𫖮自己已嗅到了危险的气息，有人便劝他尽快出逃，周𫖮却拒绝走刘隗、刁协的老路，他说："我既然备充大臣之职，眼见朝廷衰败，难道还能再靠蛰伏草野的方式来苟求活命，出外投奔胡、越等异族吗？"

　　现实中的危险，来得比预想更快。王敦手下的参军吕猗，过去曾经做过尚书郎，戴渊当时任尚书，是吕猗的顶头上司。吕猗奸猾诡谀，戴渊憎恶其为人，两人因此深有过节。吕猗想要报复戴渊，便顺势把周𫖮也给捎带上了，这个小人察言观色，觉得王敦对周𫖮、戴渊始终虎视眈眈，就对王敦说："周𫖮、戴渊都有很高的名望，足以蛊惑士众，近来他们的言谈又毫无悔悟之意，您要是现在不除去他们，恐怕将来他们东山再起，您免不了还要受累再次举兵讨伐一次。"

　　王敦本就起意要除掉周𫖮、戴渊，就只差有人来替他点燃引线了。他素来忌妒周𫖮、戴渊的名望高过自己，听了吕猗的话后，旧恨新忧一齐涌上心头，于是就动了杀机。

　　王敦找到王导，不动声色地询问道："周𫖮、戴渊分别在南北如此知名，应当将他们升任三公之位无疑了。"王导没说话。王敦接着又问："如果不用为三公，只让他们担任令或仆射的职位如何？"王导同样不置可否。

　　在王导倒霉的那段时间，戴渊被外界认为是和刘隗、刁协一伙，与王导作对，王导之所以不看好戴渊，固然不能排除主观上的这一因素，但更主要的还是和祖逖等人一样，觉得戴渊虽然声望很高，但实际才能一般，难以肩负大任。对于周𫖮，王导的感情就很复杂了，本来王导是很推崇这位老友的，早在东晋还未建立时，王导就在元帝面前予以力荐，并将其与顾荣、贺循、纪瞻一齐列为"四贤"。然而之前王导命悬一线之际，周𫖮不但见死不救，反而讥笑他的做法，算是把王导的心彻底伤透了，以致一听到这个名字，他的本能反应就是不予置评，那人的好坏一切，均与己无关。

见王导始终不表态，王敦最后看似很不经意地说了一句："如果不让他们担任那样的职位，就应该把他们全都杀掉！"王导还是没接话。事后分析，王敦是言者有意，王导却是听者无心，他并不知道王敦对周顗、戴渊已有杀机，以为对方只是随口这么一说，也就没有表示附和或者反对。

以王敦的行事作风，杀起人来向来都是很利落的，只是因为他起兵时打的旗号是讨伐刘隗、刁协，而周顗、戴渊原本都不在他所公开针对的目标之列，且为朝中一等重臣，杀此二人确实兹事体大，所以王敦才想到要征求一下王导的意见。不过这一杀人的决心，王敦也已基本下定了，他实际上就是既想听听王导的看法，但又怕王导反对，故而才会用一种遮遮掩掩的方式来进行探询。王导不明就里，其沉默以对的反应，正中王敦下怀，不久他就下令秘密拘捕了周顗、戴渊。

脚痛与颈痛

拘捕行动之后的某一天，王敦忽然问谢鲲："近来民情如何？"谢鲲想着王敦任用名士的原计划该实施了，便答道："明公的举动（指王敦反叛），虽然是为了保全国家社稷，但民间的议论却认为不合大义。周顗、戴若思（戴渊字若思），南北人士之望，明公若是真能举荐和任用他们，则群情自安。"

王敦听后勃然变色，怒气冲冲地说："你这是粗疏不察，这二人名实不符，已被我收捕了。"谢鲲如闻晴天霹雳，呆立在那里，愕然自失。

不但是谢鲲，其他不知情的幕僚部属也多震惊莫名。《诗经·大雅》中有一句话，"济济多士，文王以宁"，意谓只有人才济济一堂，周文王才能放心治理国家。参军王峤出自太原王氏，也是名门子弟，遂引用《诗经》中的这句话，向王敦质疑："怎么能诛戮诸位名士呢？"

王敦不听犹可，一听勃然大怒，当场就要将王峤斩首示众。众人见状，一时之间，竟没有谁敢出言相救，只有谢鲲不顾自己刚刚也遭到斥责，仗义执言道："明公图谋大业，就不应该随随便便地屠戮任何一个人。现在王峤只是因所陈述意见不合，便要杀掉他，这也太过分了吧？"王敦想了一想，这才压下怒气，释放了王峤，但仍予以贬职的处罚。

至此，在捕杀周、戴一事上，再没人敢置一言，未几，周、戴便都在石头城南门外被害。周颚在其生命的最后时刻，表现得大义凛然，当他被押解经过太庙时，不顾一切地高声喊道："贼臣王敦，倾覆社稷，枉杀忠臣。神祇有灵，当速杀之！"捕卒急忙阻止，用戟刺伤了周颚的嘴，周颚流血不止，鲜血一直淌到了脚后跟，但他依旧举止泰然，镇定自若，围观的士民见此情景，无不为之落泪。

王敦执意杀害周、戴，绝不仅仅是因为他看不得这两个人，或者怕他们日后给自己带来麻烦，更深一层用意，其实是要让元帝、朝廷，甚至甘卓那样本来实力尚可，但内心却很虚弱的强藩感到恐惧。这一效果可谓立竿见影，本来还以为已经没事的元帝被吓得战战兢兢，不但不敢抗议，而且为讨好对方，不得不赶紧派侍中王彬前来犒劳王敦。

王彬是王廙的亲弟弟，同时也是王敦、王导的堂弟。他因素来就与周颚交好，便先去哭吊了周颚，然后才来见王敦。因为哭吊时十分伤心，在见到王敦时，王彬依旧脸色凄然，王敦觉得奇怪，便细加询问。王彬也没隐瞒："我刚才去哭吊周伯仁，情不自禁。"

王敦一听就火了："周伯仁自讨苦吃，所以招致刑戮。再说他平时也只不过把你当作一般人看待，他死了，你为什么这么伤心，并且还要去哭吊他？"王彬坦言相告："周伯仁是长者，也是兄长你的亲友。他在朝时虽然算不上正直，可是也从没有结党营私，然而就是这样一个人，却在朝廷大赦天下之后遭受了极刑，我因此为他感到伤痛惋惜。"

说到这里的时候，王彬忍不住又激动起来，他再也控制不住情绪，当场慷慨激昂、声泪俱下地向王敦提出了控诉："兄长违抗君命，有违顺德，杀戮忠良，图谋不轨，这是要将灾祸引到我们王家门户啊！"

王敦闻言大怒，厉声道："你看看你，都狂妄悖乱到什么程度了！以为我不能杀你吗？"其时王导也在座，担心王敦一言不合，真的让王彬人头落地，于是赶紧上前打圆场，劝王彬向王敦跪拜谢罪。

王彬猛醒过来，明白自己把王敦惹怒了，后果严重，但他不愿向王敦低头，便推说脚痛不能跪拜，又嘴里嘟囔着："这又有什么可谢罪的！"王敦冷冰冰地说："脚痛与颈痛比起来怎样？"

面对威胁，王彬仍旧毫无惧色，死活就是不肯下拜。王敦碍于他是自己的堂弟，又是奉旨来犒劳他的，不好公开诛杀，加上还有王导的面子，最终还是放了他一马，没有再与之计较。

我岂能不为你准备刀俎

在对内施暴的同时，王敦没有忘记效仿当年的曹操，"挟天子以令诸侯"，积极对外剪除反对他的势力。

控制建康后，王敦派遣朝廷使者，将一面旗帜送给尚在猪口观望盘桓的甘卓，警告甘卓军勿得再进。这面旗帜的特殊之处，是上面绣着驺虞，是传说中的一种仁兽，生性仁慈，只吃自然死亡的生物，连青草都不忍践踏。王敦显然是在以驺虞比喻甘卓，其中的讽刺意味可谓十足。

真正摧垮甘卓的，却是从建康传来的周𫖮、戴渊的死讯。甘卓为之惊骇莫名，他老泪纵横地说："我所担心的，正是今天这样的情况。"

甘卓决定立即撤兵，返回襄阳。这个怯懦的老头子还硬给自己找了个理由，说他虽然占据着上游，还可以进一步攻打王敦的大后方武昌，但这样做的话，王敦被情势所逼，必定会劫持天子，为了确保元帝和太子不受伤害，故而只有先回襄阳，再图谋后策。

原王敦的参军乐道融，因为反过来劝说甘卓举义并袭击武昌，从那以后就一直留在甘卓军中。见甘卓要自动撤兵，赶快上前劝阻："将军您的部队乃是支持朝廷、讨伐叛逆的正义之师，岂可半途而止？再说您手下的士卒，随您从襄阳出征时，各自都有期待，如今要他们两手空空地跟着您退回襄阳，恐怕不是一件容易办到的事吧？"

乐道融建议甘卓，不但不撤兵，反而还要利用据兵上游的优势，立刻分出一部兵力，用以截断彭泽县的通路。如此，即便不能马上拿下武昌，亦可使王敦军上下脱节，彼此无法救援。时间一长，王敦的部众自然就会人心离散，届时也就有了发动决战，将王敦一举擒获的机会了。

都尉秦康也持与乐道融相同的意见。应该说，如果甘卓采纳二人之策，结果虽然未必有他俩预计的那么乐观，但起码甘卓自己可立于不败之地，元帝父子和朝廷百官的日子亦能好过很多——与甘卓为自己所找的撤兵理由正好相反，他在外面越强势，对王敦的威胁越大，王敦才越会有所忌惮而不致过于放肆。

可是甘卓横竖就是听不进乐道融等人的良言相劝。本来甘卓的性格是比较宽和的，在决策大事前也难下决心，放到以前，若是部属幕僚一致提出反对意见，他就得犹豫了，可是现在对于撤兵这件事，他却像王八吃秤砣——铁了心，态度上突然变得十分强硬，根本无法通融。乐道融为此忧心如焚，日夜痛哭苦谏，但甘卓依旧置若罔闻，乐道融痛苦不堪，忧愤之下，不久就病死了。

乐道融、秦康等人都认为，如果甘卓无功而返，即便西撤襄阳，恐怕都不一定能够做到。事实是，甘卓军最后还是顺利撤回了襄阳，但此举也确实给军心士气造成了重大打击，甘卓本人在军中的威信一落千丈。自此以后，甘卓开始精神恍惚，举动失常，有见识的人都认为甘卓已经方寸大乱，而在这个时候乱了方寸，也就意味着死期不远了。

实际上，甘卓早已斗志全无，如果说他与王敦之前的对峙是一盘棋的话，现在的他，一心想的都是究竟该如何退出，以保身家。回到襄阳后，家人都劝老头子防备王敦攻袭，谁料甘卓不但不听，还把梁州兵悉数遣散，让他们解甲归田。这意思说白了，就是告诉王敦，我不玩了，请你放我一马。

王敦会放他吗？当然不会。大家都知道王敦是一个什么样的人，但甘卓只要一听到有人为此谏净就发火，好像生怕隔墙有耳，让王敦知道后，更会盯住他不放。

你既然自愿躺平做鱼肉，我岂能不为你准备刀俎？王敦连自己的军队都没动用，只以朝廷的名义，秘密指令襄阳太守周虑除掉甘卓。周虑于是诈称湖中有许多鱼，劝甘卓派身边的侍从下湖捕鱼，趁此机会带兵偷袭，将甘卓杀死于寝室，接着又斩草除根，将甘卓的儿子们也都杀掉了。

甘卓死后，王敦自控梁州，同时顺势将甘卓原有的督沔北诸军事一职授予周抚，让他代替甘卓镇守沔中。周抚虽是周访之子，但早已沦为王敦的心腹爪牙。自此，王敦也就完全解决了后顾之忧。

殉道者

在湘州，魏义军对长沙的围攻日甚一日。司马承和城中军民苦苦支撑，日夜苦盼朝廷方面能够大败叛军，向长沙派来救兵。可惜现实终究是残酷的，王敦将朝廷官员的奏疏收集起来，派人送给魏义，魏义又用箭射入城中，示之司马承。

建康失守，朝廷沦陷，这就是无可辩驳的证明。眼看所有的期冀都已落空，大家莫不为之惆怅。此时长沙保卫战已打了一百多天，追随司马承举义的衡阳太守刘翼等高级官吏都已战死，士卒更是死伤相枕，在这种情况下，长沙终于城破，司马承、虞悝等人被俘。

殉道者最后的时刻到来了。虞悝第一个走上刑场，临刑之前，虞氏子弟在为他送行时皆号啕大哭，虞悝留下的遗言是："人固有一死，现在我虞家满门都是忠义之鬼，又有什么可感到遗憾的！"

司马承举义后所延揽的湘州豪杰，尚有易雄、桓雄、韩阶、武延等，其中易雄熟悉西晋时期的律令及其施行，司马承声讨王敦罪状的檄书就是他起草的，魏义遂将他和司马承一同关进装囚犯的槛车，押往武昌。到了这个时候，司马承手下的佐吏大多已逃散，唯有桓雄、韩阶、武延三人对司马承不离不弃，为了继续追随左右，他们甘愿毁去官服，以僮仆的身份跟着司马承同赴武昌。

湘州人居然如此忠义，把魏义看得目瞪口呆。原在司马承幕府任主簿的桓雄有长者风范，进退有礼不说，姿态容貌、言行举止也都与众不同，这让魏义心怀忌惮，于是便杀害了他。韩阶、武延见状，不仅没有退缩，追随司马承的心志反而愈加坚定。

司马承并没有到达武昌，行至半途，就被王廙按照王敦的授意杀害了。韩阶、武延则一直为司马承送丧至京都建康，安葬故主后，这才返回家乡。

易雄被单独押至武昌，明知必死，他依旧意气慷慨，毫不畏惧。王敦派人拿着易雄当初起草的讨罪檄书给他看，问他承不承认檄书是他写的，易雄义正词严地答道："确有此事，就是我写的。只可惜我职位低微，力量不足，不能挽救国难。今日赴死，本所愿也！"

王敦闻报后，害怕公开杀害易雄，会激起舆论的强烈反弹，便下令将易雄释放。易雄回家后，亲友故交都来祝贺，易雄则笑着说道："王敦怎么可能让我活下去！"果然，没多久王敦就派人暗杀了他。

作为司马承幕府中最出色的辩士，邓骞眼下退隐乡里，魏义在将虞悝等人尽数杀害后，便四处寻找他，找得很急。乡人们都为邓骞捏着一把汗，邓骞却笑着对大家说："这是他（指魏义）想任用我而已，此人刚刚统治本州，杀害了不少忠良之士，所以需要找我来替他安定民心。"

邓骞并非自我安慰，他立即动身前去拜见魏义。魏义见到他喜出望外，脱口而出："您是古代的解扬！"随即任命他为别驾。

魏义所说的解扬，是春秋时的晋国大夫。楚国攻打宋国，宋国向晋国求救，晋国国君派解扬为使者前往宋国，捎话过去说晋国的救兵不日就到，让宋兵坚守。结果解扬在半路上就被楚人抓住了，楚王为瓦解宋国的士气，就对解扬威逼利诱，让他传话宋国，就说晋国国内有事，不能相救。解扬假意应允，但在登上城外楚军的楼车后，便改口向城内告知了真相，并称晋国大军不日便将赶到，让守军千万不要投降。

楚王气得要死，他最为生气的不是自己的企图失败，而是解扬失信了：你明明答应我传假消息，怎么一转屁股就变卦了？

可是解扬并不承认理亏，他的理由是自己乃晋臣，若取信于楚王，则必然失信于晋君，他让楚王自己设想一下：如果楚国有一位大臣公然背叛你，取悦他人，你说他这是守信用还是不守信用？

楚王想了想，觉得解扬言之有理，气也消了，在一声"解扬真是一个忠臣"的感慨中，下令赦免了他。

这就是"解扬守信"的故事。其实，长沙保卫战时周崎做了几乎和解扬一模一样的事，周崎才是活脱脱的"古代解扬"，问题是魏义当时可没有认为周崎是忠臣就放下屠刀。如今之所以换了一副嘴脸对待邓骞，无他，正如邓骞所言，魏义虽能凭借武力在湘州攻城杀人，但却无术安定人心，这个州他坐不稳，所以就急了，亟需邓骞帮他收拾烂摊子。邓骞能够主动拜见魏义，并接受他所授予的职务，也绝不是贪图富贵，而是希望能借此减少湘州士民之苦，同时坚信王敦、魏义之辈多行不义必自毙，他只要咬牙忍耐，就一定能够等到黑暗的终结，黎明的来临。

发　现

陶侃应甘卓之约所派出的高宝部，也被王敦以朝廷名义打发回去了。王敦至此更加耀武扬威，不可一世，而元帝则被软禁于宫中，连人身自由都没有了。

在完全架空元帝后，王敦将西阳王司马羕任命为太宰，但这只是噱头，司马羕得到的不过是一个有名无实的虚衔，王敦真正要做的，是在所有重要职位上遍插王氏子弟和亲信。于是，王导被加尚书令，王廙任荆州刺史，除了陶侃那样手中有军队的强藩以及流民帅，朝廷官员和各军镇守将，能换的都被换了一遍，甚至达到了朝令夕改、随心所欲的程度，为此被降职、免官和迁徙的将吏数以百计。

一番猛如虎的操作下来，确信中央和地方大权都已在自己手中，王敦决定返回武昌。他的这一做法，与八王之乱时成都王颖在邺遥控朝政，可谓如出一辙，如此既可坐镇大本营，避免后顾之忧，又不用担心大权旁落。

王敦自入京都建康以来，一直以有病为由不朝见元帝，谢鲲总觉不妥，就坦言这对王敦不利，说："明公您虽然建有功勋，但其实尚未收得民心。"他劝王敦在打道回府前，无论如何也要朝见一次，以便给外界一个交代，"现在如果明公愿意朝见天子，使得君上和臣民都心情舒畅，那么大家自然便会心悦诚服。"

王敦哼了一声，反问谢鲲如果自己朝见元帝，他是否能够保证不会发生变故。谢鲲赶紧回答道："我近日入宫觐见皇上，皇上侧席而坐，正在等待主公，朝中穆然整肃，定然无可担忧之处。"他还说，如果王敦真的肯朝见元帝，他自愿充任侍从，随王敦一起入见。

王敦本意是通过反问，让谢鲲知难而退，立刻闭嘴。现在一看对方居然还在喋喋不休，他顿时就拉下脸来，对谢鲲说："像你这样的人，我就是杀掉他几百个，对时局也不会有什么影响！”

谢鲲在避乱渡江前即为晋朝名士，与王敦一样，都是王衍赏识的“四友”之一，曾几何时，王敦为树立自己形象，也把谢鲲当个宝。然而自起兵以来，王敦不仅完全无视谢鲲的意见，而且动不动就对他甩脸斥责，此番能够抛出如此恶狠狠的话，对谢鲲的极度不满已展露无遗。这也表明，在王敦的心里，谢鲲一类名士的作用和价值已经无足轻重了，他王敦无须听从任何人的劝谏，除了弑君自代这样的事还得考虑考虑外，其他皆不在话下。

公元 322 年 5 月，王敦回到武昌，临行前他又在建康设置了留府，表示他随时还会重返京城。从头至尾，王敦都没有朝见天子，当然也未再瞅过那位曾有“管鲍之交”的皇帝一眼。

在王敦对朝廷官员的大换血中，加王导为尚书令，由其主持朝政，是希望王导能够在京都就近帮他更好地控制朝廷——王敦明知王导忠于元帝和晋室，但就文臣之首这一职位而言，在与自己较为亲近且才望能够达标的人中，除了王导，王敦确实难以找出第二人选。

至于王导，他的思想感情和心理活动注定更为复杂。在王敦刚刚起兵时，他或许也会认为，元帝过河拆桥，想抛开王氏家族的做法是不对的，任用“佞臣”来排挤王家更不可取，让王敦出面适当敲打一下，未尝不可。然而随着王敦逐渐超出出师时“清君侧”的范围，又是杀戮重臣，又是架空皇帝，又是倒行逆施，又是一手遮天，王导对此就无论如何没法予以认同了。

王敦返回武昌后，王导对中书省的旧有档案进行清理，一篇周顗生前的表章映入眼帘。王导吃惊地发现，这居然是周顗为了救护自己及王氏族人，向元帝求情的表章，而其上表的时间，正是在刘隗、刁协奏请诛杀王氏，王氏命悬一线的那段日子。

往事如同做梦一样，全都闪现在王导眼前：宫廷门外，彷徨无助，叫天天不应，叫地地不灵的自己；自己不顾体面，声嘶力竭地向周顗喊出的求助；当醉酒后的周顗走出宫门时，对自己不理不睬，还扬言要杀掉“乱臣贼子”并挂金印以炫耀……

这些都让王导一度认为，周顗已经背弃两人之间的友谊，他不但拒绝出手救护王氏一门，还准备落井下石。王导向以虚静大度著称，然而毕竟也是个有血有肉的凡人，此事令他对周𫖮又怨又恨，故而当王敦就周𫖮的处置征询他的态度时，他才保持了沉默。事后得知周𫖮、戴渊被捕杀，王导固然反对王敦的这种做法，但内心也未尝没有"善有善报，恶有恶报"式的快感。

然而看了这篇表章，王导发现，事实与他想象的大相径庭。实际情况是，在他向周𫖮求助后，周𫖮虽未直接回应，但在入朝后，却在元帝面前极力为王导辩白，说王导对扶助元帝、建立东晋有功，而且一直以来都对元帝忠贞不贰，王敦在武昌受蛊惑起兵，他对此事先完全不知情，不应怪罪于他。

周𫖮费尽唇舌，终于打动了内心一直处于激烈斗争中的元帝。元帝留周𫖮喝酒，周𫖮见事情有了眉目，一时高兴，以致喝醉了酒。退朝后的周𫖮，表面对王导仍然置之不理，甚至他所说的醉话，还把王导着实吓得不轻，然而他一回家，因为怕元帝再次动摇，就又埋头为王导写了陈情书，后者也就是王导在中书省看到的那篇表章。

显然，王导误会了周𫖮，而这一误会又直接导致当周𫖮面临生死关头的时候，王导选择漠然视之，终致其被王敦所害。那么问题来了，周𫖮明明在私下不遗余力地对王导进行救护，却为何偏偏不告知王导，以致造成如此致命的误会呢？

君臣之义

魏晋时期，名教君臣之义趋于沦丧，所谓"德废道衰，君怀术以御臣，臣挟利以事君"，但仍不乏为人公忠并崇尚君臣之义的大臣，周𫖮就是典型。王敦起兵后，温峤在与周𫖮讨论此事时，对王敦表示出一定程度的同情，认为是由元帝的过失所触发，周𫖮当时即以君臣之义相驳：做臣子的，不能因为国君有过失，就举兵胁迫国君。

周𫖮是东晋建国的参与者和见证者，他知道，在元帝和王导同甘共苦，于艰难颠沛中创立东晋基业的过程中，两人的君臣关系或者说君臣之义，也达到了一般人无法企及的高度。可是因为王敦叛乱，元帝、王导之间出现了很大的裂缝，两人对彼此都存有猜疑之心。在这种情况下，周𫖮便想到要做

"无名英雄"，把自己对王导的救护之功，推于元帝，以此调和元帝和王导的君臣关系，维护他们的君臣之义。也确实，当元帝在周顗的劝谏下，幡然悔悟，决定对王氏一族不加惩治并召见王导时，王导根本就想不到周顗在其中做了工作，他满心都是对元帝的感激，两人的关系也重又融洽起来，而且这种和好如初还显得非常自然。

宋代诗人施德操对周顗佩服得五体投地，称此间足见"古人用心处"，"伯仁之贤，正在于此"。

还有学者指出，周氏除了与王氏一族是姻亲外，与司马氏皇室之间其实亦有姻亲关系，这让周顗在处理与皇室、王氏关系时，反而变得颇为困难和尴尬：与王氏过于密切，很可能引起皇室的猜疑；对皇室表现得过于忠心，又免不了在一定程度上引起王氏，特别是王敦的不满。

为了避免元帝的猜疑，从而影响自己劝谏的效果，周顗故意不理睬王导，也就不难理解了。至于周顗所说醉话，显得很是突兀，原话不像是他说的，倒更像是出自平时就爱借酒放肆的刁协之口。很可能元帝和周顗饮酒时，刘隗、刁协也在场。众所周知，周顗和刁协亦有交情，虽然在多数政治见解上，周顗和刘隗、刁协不同，而与温峤、其弟周嵩等人一致，但面对王敦拥兵自重，以致对建康造成威胁时，周顗又与刘隗、刁协等人一样愤慨，并认为王导多少要对此负有一些责任，不说放纵王敦武力坐大，至少也未站在朝廷立场，做出更多的防范。由此来看，作为一个性情中人、不拘小节的名士，周顗说出与其性格和身份不符的醉语，一定程度上是受了刘隗、刁协情绪的感染，其意既是坚决抗击王敦逆行，也是对王导有所责备，提醒他不要再因为与王敦的私人关系，就忽视了君臣之义。

周顗应该料到王导会误会他，但当是时，他既要保护王导，又要维护元帝，也就顾不得这许多了。至此，王导方才恍然大悟，原来在他走投无路之际，前方突然打开的那扇门，其实是周顗冒死为他开启的。

天啊，我都做了些什么！王导痛悔交加，他拿着周顗亲笔所写的那篇表章，禁不住泪如雨下："我虽没杀伯仁，伯仁却是因我而死，黄泉之下，我对不起这样的好友！"

实事求是地讲，就算是王导提前知晓了真相，他也未必能够保住周顗的性命，盖因王敦为了揽权，早就想诛杀周颢等一干重臣了，即便王导当时予以力保，至多也只能延缓一时，王敦还是会向周颢等人举起屠刀。

王导不是不明白这一现实，他对于周颢其实更多的还是出于情感上的歉疚，同时周颢的牺牲及其在此事上的痛悔，也让他对于王敦篡权反叛之害，有了更深切的体会。他知道，自己今后的责任，就是要像周颢那样，坚决捍卫这个王朝和眼前的大好河山，为此哪怕赴汤蹈火、粉身碎骨亦在所不辞。唯此，才能不负老友，不负对方所付出的那一片深情。

如坐针毡

王敦返回武昌后，元帝以为他对自己的控制因此有所松动，故此曾下诏让陶侃兼领湘州刺史职。然而王敦一眼就看出了元帝的意图，马上上书，又让陶侃返回了广州。

连已经下达的诏书，都可以转眼之间变成废纸一张，王敦在直接打脸元帝的同时，也让他结结实实地尝到了做傀儡皇帝的滋味。

王敦自此越发暴虐傲慢，四方向朝廷进贡的物品，大多数都被他放进自己府第享用，朝廷人事权更是被他死死攥在手中，除王敦自兼宁州（今云南大部分地区）、益州都督外，几个重要军镇也都换上了他的人：王廙在当年冬天病死，王敦另派兄长王含都督沔南诸军事，领荆州刺史；委堂弟王邃都督青、徐、幽、平四州军务，镇守淮阴；让亲信任愔都督河北诸军事、南中郎将；派心腹王谅出任交州刺史。

谢鲲等一干有良知的幕僚，皆已靠边站，王敦以沈充、钱凤为谋主，仅对这两个人言听计从。沈、钱皆凶恶阴险兼骄横贪婪之辈，他们借势大肆建造府第军营，侵占他人田宅，甚至还靠发掘古墓、公然拦路抢劫以敛财，弄得到处乌烟瘴气，举国皆知其恶行。正所谓老天要你灭亡，必先让你疯狂，有识之士从沈充等人的倒行逆施中，都已预感到他们行将败亡，只有他们自己还乐在其中，不知收敛。

王敦过去出于内战需要，曾诈称"北伐"，等到大权独揽，便弃之一旁。与此同时，因为祖逖已死，石勒没了他最为惧怕的对手，因而也率先打破"羊陆之交"时期的和平相处局面，派骑兵屡屡向黄河以南进犯。祖逖的弟弟、继兄为豫州刺史的祖约，缺乏乃兄的军事才能以及对士卒的凝聚力，难以抵抗后赵的进攻，不得不放弃祖逖生前浴血攻取并苦心经营的谯城，退守寿春，东晋北部边疆从此变得动荡不安起来。

一个傀儡皇帝的帽子，本来就已经够让元帝窝心了，内忧外患的不断加剧，更让他心力交瘁。距王敦攻入建康仅仅几个月后，321年1月，这位被称为中国古代最少权威的开国之君，因忧愤成疾，病死于宫中。临死前，元帝留下遗诏，仿照曹魏时期曹丕在临终前，安排名臣陈群辅佐魏明帝的先例，令王导辅政，并解除其扬州刺史职务，迁为司徒。

元帝死后，太子司马绍嗣位，是为明帝。元帝在位时，因喜爱次子司马裒，曾有改易太子的念头，赖王导的保护，才得不废，加上正值多事之秋，明帝身边亟需王导这样的重量级元老辅佐，故而他在即位后，对王导非常信任。

明帝面临的形势确实非常严峻：王敦个人野心不断增长，仅仅大权独揽已经不过瘾了，趁明帝新立，尚未完全建立自己的权威，他开始萌生篡夺皇位的念头。

公元323年初，明帝刚刚改元，颁布自己的年号没几天，王敦就向朝廷上书，暗示朝廷将自己召回京师。明帝不敢不从，只好按照他的意思，亲手写了一则征召诏书。为了对王敦进行安抚，明帝接着遣使拜授王敦以黄钺、班剑（班剑是有纹饰的剑，它和黄钺在这里都是作为天子赐予功臣的物品），并允许王敦在奏事时不必通名，入朝不必趋行，可佩剑着履上殿。

可是明帝的这些格外荣宠，并没有让王敦感到满足，在未经请示朝廷的情况下，他即自行从武昌移镇姑孰（今安徽省当涂县），又在于湖（今安徽省当涂县于湖乡）屯兵。姑孰地处建康上游，控扼险要，翼蔽建康。王敦移镇姑孰，相当于撤掉了建康上游最后的屏障。于湖距离建康不足两百里，驻军不管是走水路顺流而下还是沿陆路行军，都可朝发夕至，一天内兵临建康城下。

与此同时，王敦又在此期间自领了扬州牧，其用心何在，呼之欲出。明帝闻讯，忙派使者带着牛和酒前去姑孰犒劳王敦，实际也隐含责问之意，但王敦称病不见来使，仅遣主簿受诏，显见得他根本就不把明帝放在眼里，更无意返回武昌。

眼看王敦利令智昏，在叛逆篡位的边缘不断试探，曾经哭吊过周颛的王彬坐不住了，他来到王敦处，极力苦谏，劝其赶快悬崖勒马。王敦根本就听不进去，他当场变脸，给左右侍从使眼色，示意他们将王彬拿下。王彬见状，也面色凛然道："您当年杀害同族兄长，现在又要杀害同族弟弟吗？"

王彬所说的"同族兄长"是指王澄。其实王敦在同族杀的不止一个王澄，还有王棱，但王棱是王敦借别人之手暗害的，唯有王澄是他亲自让手下杀的，可谓尽人皆知。王敦虽然心狠手辣、不择手段，然而表面上却也以维护家族、和睦兄弟自居，见王彬在公开场合揭了他的这一伤疤，反倒不太好发作，只得悻悻罢手。纵然如此，王敦仍将王彬调任豫章太守，以免对方继续在自己面前碍手碍脚。

王敦的步步进逼，使明帝如坐针毡，而温峤带回的报告，也证明王敦篡晋图谋乃是事实，并非朝廷的主观臆测。

使　命

温峤在东晋政府中是一个比较特殊的存在，他既不同于携家带族南逃的一般士族，也不在元帝所招纳的"百六掾"之列，他当初的身份，乃是代表以刘琨为首的北方抗胡势力，到建康向元帝呈送《劝进表》的使者。

温峤南渡，亦不仅仅是劝进，而是还要在江左建功立业。刘琨在派他出使江左时，他勉强维持十年之久的晋阳（今山西省太原市）已经失守，并州（主要位于今山西省境内）完全沦陷，刘琨本人只能暂时寄居幽州（今北京市及附近地区），依附段匹磾。刘琨那时候就已明白，他已步入死局，只有一个政治身份和江湖声望可以凭借，与段部鲜卑各取所需而已。在主动权已掌握在别人手上的情况下，他不可能将抗胡希望真正寄托在身为异族的段部身上，故而必须寻找新的出路。

在江左一隅崛起的南方政权，由此成为刘琨收复河山的希望所系，支持江左政权便是刘琨能够想到的最新出路。当时刘琨还在北方继续主持抗胡事业，他需要派一个人去做这件事，他征询和勉励温峤出使的那番谈话，实际就是提出了如此设想，即他刘琨在北方继续抗胡，让温峤代替自己在江左政权中建立功勋。

温峤接受了这一使命，但因为温峤南渡的时间较晚，且其出身的太原温氏在北方也仅属于次门士族，所以温峤完成劝进任务后，在留住建康长达一年的时间里，朝廷对他并未有所任命。

另外，又由于温峤是刘琨所遣过江来劝元帝登基的使者，代表着北方抗胡力量对元帝的拥护，一入江左，东晋君臣便对他礼遇有加，其间，温峤曾想北上向刘琨复命，就因元帝的挽留而一直未能成行。

温峤南渡一年后，刘琨被害。东晋政府虽然出于依靠段匹磾抗胡等因素的考虑，暂时未给刘琨发表，但也知道委屈了刘琨。作为一种补偿，大家对温峤更加善待，以琅邪王氏为首的各侨姓大族，均与之倾心相交，东晋政府也正式任命温峤为散骑常侍。

不久，温峤由散骑常侍转为王导骠骑将军府长史，后又转太子中庶子，到当时身份还是太子的明帝身边，做了他的侍从官。在此期间，温峤与明帝结为布衣之交，关系非常好。王敦发动第一次叛乱首入建康时，温峤有两件事给人印象最为深刻：一是阻止明帝犯险，没有让他冲出城外，对王敦军做无谓的自杀式冲锋，这就为司马氏翻盘留下了火种；二是在王敦欲废太子时，不为王敦淫威所动，从容答对，力陈太子"至孝"，最终带动群臣百官，成功挫败了王敦动摇晋室根本的图谋。打这以后，明帝便将温峤视为心腹亲信和栋梁之材，自己一即位，便拜温峤为侍中。

按东晋官制，侍中虽不掌具体事务，却是皇帝近臣，而且但凡国家机密要事，明帝都会召温峤前来商议，诏命文翰也都出自其手。这标志着温峤已经进入中枢，在朝中的地位开始出现显著变化，很快他又被转为中书令，正式成为百官中举足轻重的人物。

王敦掌控朝局后，企图将司马氏的政治优势挪为己用，很多建康方面的政治人才都被其纳入麾下。温峤也被王敦看中，他见温峤深得明帝的信任，也不希望明帝有这样一个智囊相助，于是便上书奏请将温峤调离中枢，到自己身边任左司马，宗其府事。明帝虽不情愿，可又不敢不从，只得依其所请。

温峤本系只身南渡的北方代表，在江左可谓无门无派，而且他还曾任王导骠骑将军府长史，可被视为琅邪王氏故旧。因为这些原因，王敦虽然明知温峤与明帝的关系，且温峤还誓死维护过明帝，但对他的敌意并不深。在王敦看来，"食君之禄，忠君之事"，温峤彼时吃着明帝的饭，自然要帮明帝做事，现在他给了温峤饭碗，自然亦可让温峤为己所用。

温峤"易主"后，如王敦所期待的那样，在他这个新主人面前，果然非常勤勉恭敬，王敦府中的大小事务全都被温峤治理得井井有条。更让王敦喜出望外的是，温峤虽是海内皆知的名士，却与谢鲲等人完全不同，他不但不会"装清高"，在王敦耳边说些让他烦不胜烦的话，反而为讨王敦喜欢，私下还时常会出些主意，帮助王敦满足欲望。

跟着哪个主公，就把自己当作哪个主公的人，一门心思为他卖力。这样的温峤，王敦能不喜欢吗？喜欢！

虎口脱险

沈充、钱凤，向为王敦帐下的两大红人。沈充如今被王敦安插在吴郡任内史，作为王敦控制建康及东部地区的踏板，钱凤则仍随王敦左右。沈、钱皆恶名昭著，有点身份的名士都避之唯恐不及，然而温峤偏偏主动与钱凤结为深交，而且还常常在人前夸赞钱凤，说："钱世仪（钱凤字世仪）活力四射！"

温峤素有善于知人、褒奖后进的美名，想出头的人都排着队，希望得到他的美言。钱凤做梦也想不到温峤居然如此看得起自己，不由大喜过望，便也赶紧讨好温峤。

王敦、钱凤当时并不知道，温峤的这些言行举止其实都是为了迷惑他们进行的表演。温峤进入王敦幕府之初，就敏锐地察觉到了王敦有篡晋的图谋，虽然他也曾试图劝诫王敦效仿周公辅佐成王的例子，不要对明帝取而代之，但王敦并没有接受。

自从得知王敦有意废黜明帝，温峤便心急如焚，急欲回京，但表面却始终不动声色。凭借着善于周旋的高超政治手段和"性聪明，有识量"的个人素质，温峤对王敦、钱凤虚与委蛇，曲意逢迎，只为赢取他们的信任，以便暗中搜集罪证，并寻找机会虎口脱险。

丹杨郡的郡治为都城建康，温峤若能担任丹杨尹，即可借此逃出王敦的魔掌。虽然自从之前担任丹杨尹的刘隗逃奔后赵后，此职一直空缺，但作为丹杨京尹，辇毂喉舌，王敦必然要以自己文武兼能的亲信予以控制。明乎此，温峤便故意提醒王敦关注丹杨尹的任免："丹杨尹守备京城，这种咽喉要职您应当自己遴选人才充任，若朝廷选任，恐怕不会尽心治理。"

王敦当然听得出温峤后一句话的潜台词，也理所当然地认为温峤是为他着想，当下就认真起来，问温峤："谁能够胜任？"

如若让王敦看出温峤自己有意于丹杨尹，就会对他产生疑忌，温峤推荐的是钱凤："我认为没有谁能比得上钱凤。"

钱凤眼馋丹杨尹，但他总也要自谦一下，既然温峤在王敦面前鼎力推荐自己，他便也装模作样地反过来推荐温峤。钱凤此举，本在温峤意料之中——王敦应该非常清楚钱凤几斤几两以及在朝野的名声，在他已视温峤为自己人的前提下，一定会觉得把温峤安排在建康附近，比钱凤更合适。

果然，王敦属意温峤。温峤佯装推辞，王敦不由分说，上表奏请温峤出任丹杨尹，并且交代他要注意替他窥察朝廷动向。

温峤的思虑极为周密。他深知钱凤乃地道的小人，结交于己只是出于纯粹的功利目的，推辞别人当丹杨尹亦非心甘情愿，其实他自己心向往之，现在鸡飞蛋打，必然会又妒又恨。

为了防止自己这边刚一出发，钱凤就在王敦面前嚼舌头，甚至劝其收回成命，温峤特设一计。王敦设宴为温峤饯行，温峤起身来到钱凤面前祝酒，还没等钱凤举杯欲饮，温峤就装作酒醉的样子，突然用手版（即官吏上朝或谒见上司时所拿的笏）把钱凤的头巾打落在地，然后脸色一变道："钱凤，你摆什么架子，我温太真（温峤字太真）给你祝酒，你胆敢不喝？"两人顿时纠缠在一起，王敦以为温峤真的喝醉了，连忙上前劝解，把双方拉开了。

为了防止王敦在最后关头后悔，温峤在临行前向王敦道别时，又加演了一出戏。他涕泗横流，而且先后三次，已经迈出了门又返回身去。王敦乃心狠手辣之徒，但饶是他见此情景，也不能不觉得比之于出任丹杨尹，温峤可能更舍不得离他而去，如此自然也就对温峤不再怀疑了。

不出温峤所料，他刚走，钱凤第二天就向王敦打小报告，说温峤与朝廷关系极为密切，并且与明帝近臣庾亮还有深交，故而不能予以信任。王敦听后不以为然："太真（温峤）昨天酒醉，对你稍有失敬，你怎么能转天就这样诋毁他呢？"

温峤一离武昌，便如同脱笼之鸟一样，直奔建康，把王敦准备作乱的图谋，原原本本向明帝作了报告，请求朝廷加以防备。

王敦在京城内遍布耳目，不久也得知自己受骗上当了，不由得勃然大怒，愤愤地说："我竟然被这个小东西给欺骗了！"他写信给王导："太真（温峤）离开没几天，竟然就做出这种事来！我要派人把他活捉来，亲自拔除他的舌头。"

温峤是王敦奏请出任丹杨尹的，他不能马上就自己打自己的脸，想到不久就要起事，一旦篡晋叛乱成功，处分温峤也只是顺带的事，他才暂时按下胸中一口恶气，没有立即下令活捉温峤。

好好上一课

王敦还不知道，王导的心其实也在明帝那里。

发现王敦蓄意谋叛，大家都紧张起来。王导和温峤一道去见明帝，明帝问了温峤一个问题：前代国君也就是他的先辈，缘何能够打下江山。显然，明帝是想从中汲取成功经验，还没等温峤回答，王导就抢先对明帝说："温峤年纪轻，不熟悉旧事，臣愿为陛下讲述这些过往。"

接下来，让温峤都感到意外的是，王导并没有按照常理大谈司马氏创业的事迹，反而详细叙述了司马懿在创立大业时，如何杀戮名门大族，培植亲信势力，以及司马昭公然杀害曹魏皇帝曹髦的暗黑往事。

明帝对他们司马氏的创业史肯定也不陌生，但他从小接受的是被有意删削处理过的历史，因此王导所讲的这些事，对他而言，可谓闻所未闻。现在一听，原来司马氏的天下竟然就是篡夺而来。一时间，震惊和羞愧的情绪一齐涌来，明帝整个人都不好了，他掩面倒在榻上，非常难过地对王导说："如果真像您说的这样，那我们这个王朝的命运又怎么能够长久呢！"

司马懿、司马昭所处的时代，王导还没有出生，他和温峤一样，实际也不是当年旧事的亲历者，然而王导引以为荣的先辈、他的从祖父王祥，却是与司马懿、司马昭父子同时代的人，而且在曹髦被司马昭杀害后，王祥还曾不顾个人安危，当场痛哭。王祥对琅邪王氏的影响至深至远，他所经历和耳闻目睹的这些旧事，经代代相传，王氏子弟对此早已耳熟能详。只不过既然"忠"并没有被放进王氏祖训，子弟们的感悟以及之后所选择的人生道路，也就各不相同：王导、王彬等人坚持忠孝一体，家族与皇室同命运，为此他们甚至超出了当年王祥所为；王敦则已经不知不觉地沿袭了司马懿、司马昭早年的"创业逻辑"。为此，哪怕和二马一样，极尽巧取豪夺、诡诈凶残、伤天害理之能事，亦在所不惜。

在进入皇位归属的争斗轨道后，胜负归属，主要取决于双方的政治智慧（或者说是权诈之术）和实力对比，而不是上下伦理以及正气、勇气等因素。司马懿时期，辅政的曹爽先是自以为他是皇室宗亲，且已掌握朝中大权，对司马懿不以为意。在司马懿突然袭击打了他一个措手不及后，又以为只要放下刀枪，就仍可做富家翁，最终却被司马懿杀了个一干二净。司马昭时期，魏主曹髦不满自己傀儡皇帝的地位，愤然召集人马，亲自率队往攻司马昭，不料早就有人密告司马昭，曹髦也不幸被司马昭的手下刺杀。

王导跟明帝讲出这些旧事的真相，不是要揭司马氏的伤疤，或者故意刺激明帝，他是要借此给明帝好好上一课。王敦首攻建康之际，还是太子的明帝曾不顾一切，欲与叛军决斗，以此来看，他对着王导所发出的那声哀叹，也只是单纯为祖先所干下的劣行感到羞愧，就其个性来说，绝不会坐视父皇留下的王朝基业在自己手上完结而不顾。然而，对于这位新皇帝而言，光有勇气还是远远不够的，王导想要告诉他的是：你的祖先曾以暴力和阴谋夺取别人的江山，别人自然也会如法炮制，你要想避免步曹髦等人之后尘，则既要百般警惕，又要绝不放弃；既要充分调动自身的政治智慧，又要千方百计地积聚实力。其间必须牢记，哪怕形势再危急，也绝不能单凭一腔血气之勇，以及一时的头脑发热，轻举妄动。

事实证明，明帝完全听懂并接受了王导的教诲，面对王敦咄咄逼人的攻势，他迅速冷静下来，开始认真思考对策。

如若王敦再次兵临建康，究竟拿什么阻止？宿卫六军寡弱无力，难以起到中流砥柱的作用；元帝在世时，曾通过实施"以奴为兵"的政策，组建由戴渊、刘隗所率的新军团，但"以奴为兵"已被认定是一项可一而不可再的弊政，再者，强发之兵也不甘驱使，没有什么战斗力，当初新军团在石头城下一战即溃的情景，至今还留在明帝脑海之中；请强藩援力，目下只有广州的陶侃可用，然而陶侃早已被王敦牢牢盯住，元帝几番欲调其北上均未果，王敦自然也不会让明帝得逞。

朝廷如今可走的棋，只剩下引援江淮之间的流民帅。其实这个法子，元帝也不是没有用过，王敦首次进逼京师时，元帝在情急之下，便曾召流民帅苏峻讨伐王敦，但苏峻当时因为存有顾虑，选择了观望形势，徘徊不进。

父皇没有成功，不等于自己就一定没戏，更何况自古华山一条道，已没有其他捷径可寻了。这次明帝所看中的，是另一个流民帅——郗鉴。

郗　鉴

郗鉴出自高平郗氏，郗氏是东汉以来的儒学大族。魏晋时期，能真正固守忠孝观念，并将儒学以家学形式传承下来的旧族，实属凤毛麟角，如司马懿的司马家族原本也是儒学家族，但从司马懿开始，司马氏的所有儒家道德里面，也就仅剩"孝"好意思拿出来讲一讲了。除此以外，更多的大族则迎合世风，陆续由儒转玄，琅邪王氏、太原王氏等皆属此列。

郗氏可谓是特立独行，不但始终坚持忠孝思想和秉直个性，而且其家学也大体仍沿儒学的方向进行传承。在这样的家族中成长起来的郗鉴，亦与别人不同，他年轻时博览经书典籍，以儒雅著称，世人将其奉为"兖州八伯"（高平国时属兖州，八伯即八名士）中的"方伯"，州府因此对他予以征召，然而郗鉴却一概不应。

郗鉴三十岁左右时，正逢八王之乱，赵王伦辟之为掾，但他察觉到赵王伦有不轨的行迹，称疾离职而去。及至赵王伦发动政变并公然篡位，追随者个个加官晋爵，唯郗鉴闭门自守，誓不同流合污。后来，随着八王之乱愈演愈烈，东海王越和司马越的对手，也都曾召他出山，郗鉴亦未成行。

郗鉴这样做，在他身上产生了两个后果，一是避免了像很多孜孜于禄位的高门士族子弟那样，因为参与宗王权臣之间的内斗而成为牺牲品，二是因为显得与社会上争名趋利、不行礼让的风气格格不入，郗鉴一直难以在政权中显达。

另外，郗鉴虽然很早就已跻身名士之列，但他是清肃的儒士，与挥麈谈玄，并热衷交游士林的玄士大异其趣，这也在很大程度上影响了他在官场上的人脉，进而限制了个人的仕途发展。

八王之乱后期，郗鉴回到家乡。当时正碰上高平闹大饥荒，兖州四方之士或仰慕郗鉴的声名，或感于郗鉴往日对他们的恩义，纷纷对他予以接济。郗鉴倒也来者不拒，但他没有把这些馈赠留给自己和家人，而是分别送给了亲族以及乡里的孤贫老弱。当时很多人都靠着郗鉴接济的物资才得以幸存，郗鉴因此深得人心。永嘉之乱一起，大家便自发推举郗鉴为坞主，洛阳沦陷后，郗鉴带着宗族乡党千余家来到鲁地峄山中避难，据山以自保，此即当时有名的峄山坞。

峄山（今山东省邹城市），又名邹山，控扼着自北向南的交通要道，北方军队只要越过邹山继续往南，便可进入徐州。北方势力特别是刘渊、石勒的胡骑，因此屡屡进攻峄山坞，好在峄山的地理条件非常特殊。峄山是一座由怪石堆垒而成的石头山，石头间多孔穴，且彼此相通，那些孔穴里面往往都有好几间房子那么大，民间谓之"峄孔"。这种易守难攻的地形，为郗鉴大打山地游击战创造了条件：敌人大部队一旦攻来，守军既可避入峄孔，使其无处寻觅，又能利用峄孔相通的特点，出其不意地杀伤对方，等到敌人被迫退走，大家便再走出峄孔进行耕作。

当然，这也只是听上去简单轻松。那段时间，怀帝刚被掳，元帝还没立，只有荀藩等人所建的行台在发挥作用，荀藩推元帝为盟主，元帝便借此开始对北方的一部分流民帅封官许爵，郗鉴也被元帝授为龙骧将军、兖州刺史，出镇峄山，但这个"兖州刺史"不仅是个空头衔，而且还不具有唯一性——荀藩自己派了一个"兖州刺史"，刘琨任用其侄刘演为"兖州刺史"，加上王浚也拜了一个"兖州刺史"（只是名义上，此人并未真正入主过兖州），等于兖州同时有四位刺史并存，即使在混乱不堪的西晋末年，此种情况亦属少见。

除了没有实际到任的、荀藩、刘琨委任的那两个刺史，各自还都有一郡，唯郗鉴仅一座山头可守，当敌人进犯时，便经常要面对内乏粮草，外无救兵的困境。

正是因为战斗环境殊为艰苦，当时的很多流民帅都相继选择了与刘琨、石胡族政权合作，他们在胡晋之间叛降不定也是常态，兖州泰山郡的流民帅徐龛就是典型的例子，唯有郗鉴始终在邹山坚守。

徐龛叛晋后，便和石勒一左一右，轮番攻袭峄山坞。在此期间，郗鉴及部曲几乎天天都要打仗，储粮为之耗尽，人们在饥饿不堪的情况下，甚至只能靠挖掘地下的田鼠、捕捉梁上避寒的燕子充饥，然而即便如此，在郗鉴的指挥和激励下，也没有一个人叛逃。

脱颖而出

自郗鉴建立峄山坞起，在三年的时间里，他近乎以一己之力顶住了石勒、徐龛的侵扰，不但起到了徐州北部防御屏障的作用，而且自身士众也发展到数万之多，元帝遂论功加封其为辅国将军、都督兖州诸军事。

对于江左政权来说，保卫徐州，就是在保卫建康，故而郗鉴实际已在扮演江左政权边将的角色。东晋建立后，王导推羊鉴挂帅征讨徐龛，郗鉴上表认为羊鉴非将帅之才，虽然王导没有接受他的意见，但说明郗鉴自己和朝廷都认可了他作为边将的角色设定。

在东晋的门阀政治格局中，流民帅实际处于边缘位置。原因是这些流民帅的门户背景各不相同，原先都不受元帝节制，他们自己也未必竭尽效忠于元帝，元帝对他们也颇多疑忌，唯恐他们竞逐权力，成为危及朝廷的肘腋之患。以此之故，无论元帝还是王氏等当权的门阀士族，均对流民帅保持一定的警惕，尽管不让他们率部曲过江，就算已经过江的，也尽可能促其北归。在这种情况下，能够达到边将的地位，就是朝廷任用流民帅的底线了，即便祖逖亦不例外。

不过随着元帝与王敦之间矛盾加剧，事情开始起了变化，和王敦对朝廷的威胁相比，流民帅在朝廷眼中的危险色彩反而淡化了。继戴渊奉命以六州都督的身份，拥兵屯驻合肥后，老臣纪瞻上疏元帝，荐举郗鉴，并建议征召郗鉴入朝。

元帝南渡之初，纪瞻与顾荣、贺循一同作为江左南士中最具威望和才能的贤者（或称南士冠冕），由王导推荐给元帝，并受到了元帝的重用。其时顾荣、贺循都已去世，纪瞻也接近七十岁了。

纪瞻曾在葛陂之战中击败石勒、石虎，为保卫江左政权立下汗马功劳，他也以此在江东军人中拥有了别人无法替代的影响力，尤其宿卫六军对他更是既敬又畏。为了对付王敦，朝廷遂任命纪瞻为领军将军，领军掌宿卫之任，但纪瞻毕竟年迈体弱，早已不能亲自到前线指挥打仗，多数时间不得不在家闲养，朝廷的这一任命，更多的还是想借重其威望。

光凭自己的这点威望，既无法吓住王敦，也不能使宿卫六军由弱变强，纪瞻对此心中有数，他迫切希望为朝廷另择一良将。

经过一番寻寻觅觅，郗鉴脱颖而出。在纪瞻看来，郗鉴文武全才，能力出众，而且在边境长期抵抗石勒等人进犯的过程中，已锤炼和掌握了一支能战之师。眼看王敦叛乱已经迫在眉睫之际，若能让郗鉴站到朝廷一边，抗拒王敦，必能大大增强朝廷一方的实力。

纪瞻深知，对于元帝和朝廷而言，将领的忠诚不可或缺。他在奏疏中将郗鉴与戴渊相比，认为郗鉴的年纪和资历与戴渊非常相似：论年纪，郗、戴同龄，均刚刚进入知天命的岁数；论资历，郗鉴被拜为兖州刺史时，戴渊也在差不多的时间里被元帝辟为镇东将军右司马。

同为南士，纪瞻当然清楚，以军事才能来说，戴渊根本无法与郗鉴相提并论，但戴渊系元帝宠信的近臣，元帝派戴渊和刘隗一起出镇，乃是元帝用于制衡王敦的专设布局。纪瞻此言，其实就是暗示元帝，完全可以把郗鉴当作是戴渊的备选，对他寄予类似于戴渊的期待和信任。

一般说来，流民帅多为门第与品格不入士流的武人（苏峻就是寒门子弟），他们扬名立万，主要靠习于行阵的本事和不畏生死的胆魄。也有个别人不乏门户背景，比如祖逖，但他实际是个豪侠，并不具备名士的风流旨趣，在心理上与当朝士族同样格格不入。郗鉴则不啻流民帅中的异类，本人除出身于高门士族外，气质还非常出众，名士的风度好尚，他也都有，可以说上马能驰骋杀敌，下马能坐而论道，和当朝士族们打成一片毫不费力。郗鉴的这一优势，也被纪瞻作为举荐的一个重要理由，称其"雅望清重，一代名器"。

纪瞻言辞恳切，令元帝意有所动。此时的元帝，对琅邪王氏以外的其他门阀士族也都抱有戒心。东晋的门阀士族有两个必备条件，其一是由儒转玄，其二是南渡宜早不宜迟，最好是和元帝同一时期南渡，这两个条件，高平郗氏都不具备，故而他们始终未能跨入门阀士族之列，唯其如此，反而让元帝少了一份顾虑。

郗鉴毕竟是流民帅，对于流民帅的使用，朝廷任何时候都会保持谨慎态度。元帝未应纪瞻之请，将郗鉴征召入朝，只是在纪瞻上疏的第二年，把纪瞻的职位即领军将军，转授予郗鉴。郗鉴远在边防，一时自然难以直接掌握宿卫六军，不过这一举动至少表明，元帝已经萌生了必要时候重用郗鉴的念头。

没等郗鉴有机会入朝，王敦就起兵叛乱了，戴渊自合肥奉诏紧急入卫，所率新军团在石头城下一触即溃，戴渊亦被王敦杀害。在元帝心目中，郗鉴本就被视为万不得已时接替戴渊的备用人选，于是到了这个时候，他召郗鉴入朝，同时命其率流民军撤出峄山，屯驻戴渊原镇的合肥。

郗鉴奉诏南下，在此之前，他已在峄山坚守了大约十年光景，但随着东晋内乱迭起，抵御胡人南侵防线的整体后移，他的角色又将完成一次重要转变，即由流民帅、边将变成内辅之臣、建康的掎角之援。

第九章　生死决斗

　　纪瞻慧眼如炬，郗鉴以其军事才华和能力，确实是自祖逖去世后，唯一一个能与王敦抗衡的大将。不过他毕竟有着流民帅的身份，如若不是纪瞻极力荐举，要想入朝建康，不说绝无可能，也是难上加难。同样，合肥乃与建康互为掎角的军事要地，本不宜由流民军控制，元帝能让郗鉴军入驻，用以填补戴渊军团留下的空缺，亦与纪瞻的疏荐有着直接关系。

　　需要指出的是，郗鉴南下，亦离不开王导之力。纪瞻写荐举疏时，王导尚被元帝冷落，但纪瞻仍不忘在荐疏的末尾提醒元帝，"垂问臣导"，尽可能问一问王导的意见。元帝问没问王导，或许当时并不重要，但当真的征召郗鉴时，此事就显得极为关键了。

　　元帝下诏召郗鉴南下，距王敦离开建康，不过才两个月。王敦遥控朝政，元帝表面上虽仍有下诏之权，然而实际上事事皆需得到王敦的同意，王敦只要皱一皱眉头，就算元帝的诏书已经下达，也得作废，更何况郗鉴部众南来，以及征郗鉴入朝，涉及军队和将领的调动，无论如何都不可能瞒过王敦的耳目。

入　京

　　尽管王导本人决不那么认为，但他实际上已被王敦视为在朝廷的政务代理人，如无王导首肯，元帝断然不敢将纪瞻之议付诸实施。王导对此事看来是积极促成的，其时以王导为首的在朝士族也看到了自身势单力薄的一面，他们想要捍卫皇室，摆脱受制于王敦的困境，就必须和其他在野的反王敦势力结合起来，而郗鉴在大家眼中，正是这样一个有力的合作者。

即便王导表了态，没有王敦的同意，此议还是行不通。王敦能够点头，王导的态度自然是前提。让郗鉴军南驻合肥，王导可以举出很多让王敦无法反对的理由，其中最重要的一条，就是在后赵的进逼之下，北部边境防线已整体南移，包括祖约在内的其他边将尽皆南下，徐州、兖州地区的坞堡也大多投降了后赵，在这种情况下，郗军孤悬敌后，处境艰危，想要不被后赵消灭，只能南撤。

至于允许郗鉴入朝，王敦则有他的考虑。王敦专权，其党皆至大官，非其集团的士族备受排挤和打击，在此过程中，王敦又大肆诛杀异己，连一些没有介入王、马之争的士族也成了他的刀下之鬼。如此种种，自然会引起江东士族（此处指东晋政权下的南北士族）的极大不满。王敦对此不可能一点都不了解，与此同时，他对江东士族也不能总是一味打压。郗鉴有名士风度，从江东士族到王敦，在心理上对他都不排斥，王敦便希望以郗鉴为桥梁，设法缓和一下他和江东士族（除王导等王氏族人外）之间的对立情绪。

另外，司马氏政权早已被东晋包括中原士民视为民族复兴的旗帜，而王敦除制造内乱外，他口口声声要进行的北伐，却再无声息。王敦如果不想在篡晋上推进倒也罢了，若要继续，也必须在这方面适当收买人心。郗鉴作为祖逖之后最有影响力的北方抗胡名将，南北方都对他抱有敬意。在王敦看来，如能把郗鉴拉过来，就能最大程度上消减外界对于自己勇于内斗、怯于外争的议论，篡晋就会顺利许多。王敦有此自信，除了他觉得郗鉴与其他流民帅不同外，主要缘于他在北方时和郗鉴有过一段同事经历，他认为以他目前的权势，再凭着过去的那段关系，拉拢郗鉴应不成问题。

郗鉴孤身南下后，一入京城，即被元帝拜为尚书。这在高平郗氏家族内部，乃是一件破天荒的大事，因为保持儒家家风，之前郗氏始终被排除在中央政权之外，而对于流民帅群体来说，能够让朝廷拜为大员，同样也是求之不得的殊遇。

此事若放在其他人身上，可能立即就会高兴得一蹦老高，但郗鉴却出奇的冷静，对于尚书一职，他以自己患病在身为由，没有接受。

郗鉴身为流民帅，能够入官建康，是因缘际会得到了有力人物的援引，其实他在朝中并无强大背景和人脉，与"王与马，共天下"中最关键的王、马均关系不深，此其一。其二，朝廷引郗鉴为援，看重的是郗鉴军的实力，这使郗鉴不敢，也不能脱离他的部曲。入京后，郗鉴仍频繁往还于合肥、建康之间，牢牢地掌握着郗军，因此说到底，他的身份仍属于流民帅范畴，而对于流民帅，朝廷不管怎样重用，都不会完全失去防范之心。此外，包括江东士族、王敦在内的各方势力，也都会用不同的目光，时刻打量入京后的郗鉴，一旦他表现得飘飘然，忘乎所以，必然有人大失所望，有人浑水摸鱼，那样的话，轻者一事无成，重者恐怕连自己的身家性命都难以保证。

微妙的关系，尖锐的形势，让郗鉴在政治场上不能不时时谨慎，处处小心。他应召入朝，向朝廷表明自己的耿耿忠心，但入朝后，为了使自己能够进退有据，不致过早地陷入旋涡中无法自拔，又以不拜尚书的方式，向各方表明了自己的谦退立场。

郗鉴过江后不久，元帝便在忧愤中离世。随后，明帝即位。明帝在他还是储君的时候，就已对郗鉴产生了浓厚的兴趣，有一次他询问周顗："你自认为与郗鉴相比如何？"周顗回答得很坦诚，他承认郗鉴方正严谨，无论是在个人修养造诣方面，还是在体恤百姓的情怀上，都在自己之上。周顗的回答显然给明帝留下了深刻印象，加之郗鉴自身能战，手中又有兵，考虑到防范王敦的需要，明帝对之更加器重。

眼下，王敦移镇姑孰，屯兵于湖，随时兵临建康城下，明帝思虑再三，终于横下一条心，决定把宝押在郗鉴身上，拜授郗鉴为兖州刺史，都督扬州及长江以西的军务，出镇合肥。

明帝这么做，显然是想以合肥的郗鉴军为朝廷掎角，从而改变自元帝以来，建康在军事上孤立无援的局面。然而郗鉴到合肥后，还没等屁股坐热，朝廷又有诏令传来，让他速返都城。

坐而论道

再次召郗鉴回京，其实并不是明帝的本意，而是迫于王敦的压力。王敦一听到明帝让郗鉴出镇合肥，就立即察觉出其中大有文章，郗鉴似乎已经站到明帝一边，很可能成为他篡晋的一个极大障碍。王敦熟谙各种政治套路，他不明着反对郗鉴出镇，却上表要求让郗鉴任尚书令。

尚书令位比丞相，该职位本是王敦离京后加给王导的，为的是方便王导更好地帮他控制朝政。不过职位这东西，其实是要跟实力相匹配的，在王敦看来，把尚书令从王导手中转到郗鉴手里，只是一种形式，王导仍能以司徒之任办事，幕后也还是他王敦说了算，郗鉴只是面子上好看一些而已。它所起到的作用可谓一石二鸟：让郗鉴做了尚书令，明帝就不得不召其重回建康，直接引郗军为援的计划自然流产；与此同时，又可以做一个大人情给郗鉴，借此进行拉拢，并分化离间他和明帝之间的关系。

郗鉴从合肥回京，王敦所在的姑孰乃必经之路。意识到郗鉴似乎不是那种八面玲珑之人，对于他光是暗示还不行，还得当面打招呼，王敦便以坐而论道为由，将郗鉴截留下来。

郗鉴对于挥麈谈玄兴趣不大，他这种深具儒风的人，还是更喜欢东汉时期最为盛行的"清议"，王敦便也主随客便，跟他谈论起了旧时人物、元康年间的两位大臣：河南尹乐广、司隶校尉满奋。

当年晋惠帝的太子司马遹，遭到贾后、赵王伦陷害，被废黜关押。朝廷诏令太子的旧臣都不许辞送太子，但众人还是违反诏令前往拜辞。满奋于是便将众人全都逮捕送入牢狱，其中一些人被押送到河南牢狱，乐广却冒着风险把他们释放了。王敦评点乐广、满奋，说："乐广才能有限，看看他的实际作为，怎么比得上满奋呢？"

乐广、满奋都已经死去很多年，朝野对他们也早有定评。王敦之所以要挑战这一已经盖棺论定的公案，贬低乐广，为满奋翻案，自然是意有所指，他是要旁敲侧击地告诉郗鉴：推荐你做尚书令的是我，你应该听我的话，做"满奋"，今后必然前景无限。

值此敏感时刻，郗鉴当然听得出弦外之音，但他不仅没有附和王敦，还当场予以驳斥：乐广和满奋是不同类型的两种人。乐广见识深远，外柔内刚，处倾危之朝，临个人险境，在太子被废、贾后乱政、赵王伦篡立的黑暗岁月里，仍能够坚持正义，实属难得。相比之下，满奋屈从于恶势力，乃失节之士，岂可与乐广同日而语！

王敦一听就不舒服，他很不甘心地说："太子被废之际，和他接触的人，就会给自己带来危险。人怎么能死守着常理呢？以此而论，满奋不弱于乐广是很清楚的。"

"大丈夫洁身北面侍君，谨守三纲之义，怎么可以偷生而变节？若如此，又有何面目居于天地之间？"郗鉴以他所恪守的儒家之道回应道，"就算是天道已终，不佑忠义之士，吾辈也当随之存亡，而不当苟且偷生。"

郗鉴的话，令王敦大失所望：早知如此，就算要把他调回京城，也不用拿出尚书令这么大的"胡萝卜"。

利诱不成，王敦又语带威胁："在满奋那个时候，可是危机四伏，随时都可能大祸临头啊！"那意思就是，识时务者为俊杰，满奋当年若是不识相，倒大霉是必然的，而你郗鉴现在也最好看清形势再说话。

然而郗鉴仍然不为所动，他掷地有声地答道："大丈夫应当将生死置之度外！"

郗鉴的态度已经非常清楚了，他坚决不赞同王敦的无君之心，自然也不可能加入王敦一党。

王敦找他所认定的对手或潜在对手聊天，其间都会进行试探，试探完了再做出不同的应对。眼见对郗鉴的拉拢已经彻底失败，王敦又气又恨，在这次谈话结束后，便不再与郗鉴见面，可是又不放他走，郗鉴被扣留在了姑孰。

长期扣留当然也不是个办法，究竟该如何处理这个像石头一样又臭又硬的郗鉴？钱凤等人天天跑到王敦面前，说郗鉴的坏话，并劝王敦干脆把郗鉴杀掉。郗鉴知道这些情况，但他神态自若，毫无恐惧之色，这倒让王敦犹豫起来。

郗鉴毕竟已是堂堂的尚书令，而且还是王敦自己举荐的，对方又没有什么明显的把柄被他抓住，难道就因为坐而论道时把你说得不高兴了，就把名义上的"百官之首"、声望颇高的抗胡名将杀掉？钱凤等人不需负多大的政治责任，随随便便地这么一说倒也无妨，他王敦得照顾到整个局面的控制，行事自然不可能如此鲁莽。

想来想去，王敦否决了钱凤等人诛杀郗鉴的提议，对钱凤说："郗道徽（郗鉴字道徽）是儒雅之士，名气大，地位高，怎么能随便加害于他呢？"

不杀，那就得放，但就算是放，王敦也得给自己一个理由。

元帝授郗鉴为尚书，郗鉴固辞；王敦荐举他为尚书令，郗鉴接受。王敦从中可以得出的信息是，这郗鉴不是真的不懂朝廷内情，也不是完全不知好歹，或许他身为儒家人物，想沽名钓誉？

王敦的耳目其时已遍及朝廷内外，郗鉴首入建康后，在公开场合的一举一动，皆为王敦所掌握。通过郗鉴小心翼翼的举动，王敦经过一番思索后，倒是可以透过表象看本质，大致作出如下符合他逻辑的判断：郗鉴是一个口头上的巨人，行动上的矮子。他其实并不敢真的得罪任何一方，说到底，这家伙是既想从王、马的冲突中得到好处，又不肯为各方做火中取栗之事。

郗某老于世故，如此滑头！想到此处，王敦免不了对郗鉴恨恨不已，但同时也释然了，因为他相信郗鉴即便再回建康，也决不敢像从前的刘隗、刁协、戴渊之辈那样，附从皇帝，与己为敌。

王敦下令送客，释放郗鉴回京。

兵从何来

王敦完全打错了算盘，正是在姑孰的"坐而论道"，让郗鉴进一步看清了王敦的面目，也坚定了站在朝廷一边反对王敦的决心。回到建康后，他秘密加入了反敦派阵营，旗帜鲜明地帮助明帝对付王敦。

正所谓得道多助，失道寡助，随着王敦与明帝对垒的形势越来越分明，支持明帝的人也越来越多。王敦有一个侄子叫王允之，童年时因聪明机警备受王敦宠爱，长大后，王敦经常让他跟随自己左右。有一次，王敦晚上把钱凤找来饮酒，王允之陪伴在侧，他看出王敦、钱凤似乎要密谋什么大事，就以醉酒为由告辞而出，在隔壁房间先睡下。细细一听，二人商讨的居然是起兵叛乱之事，王允之大为震惊，为了不让王敦怀疑自己在偷听，他当即在卧榻上装醉呕吐，弄得衣服上、脸上全都沾上了呕吐物。

钱凤走后，王敦果然对王允之不放心，特地持灯前来察看，结果看到王允之醉得人事不省，卧榻上又全是污秽，也就不再存有疑心了。不久，适逢王允之的父亲王舒升任廷尉，王允之请求归省（回乡省亲），来到建康后，他便将王敦、钱凤密谋的内容一五一十地告诉了王舒。王舒与王彬一样，都是王氏子弟中以王导为首，倾向于朝廷的一派，他马上就去找王导，王导听后，情知事关重大，连忙带着王舒一道去向明帝禀报。

王允之送来的情报表明，王敦对于篡晋已是箭在弦上，随时都将兵发建康，风雨欲来风满楼，反敦阵营必须为应付这场突变做好充分准备。

这时集结在明帝周围的反敦股肱，都已经被动员起来：王导相当于"萧何"，主要负责联络百官及王舒、王彬等王氏子弟，凝聚人心，统筹全局；温峤、庾亮相当于"张良"，主要负责运筹帷幄，出谋划策；郗鉴相当于"韩信"，主要负责统兵作战，叱咤沙场。

要扑灭王敦之谋，首要问题仍是要弄清朝廷手中究竟有什么武力可以使用。除了不敢报以太大希望的宿卫六军外，明帝原计划让郗鉴出镇合肥，以郗鉴军为建康之掎角，但这一用意被王敦发现了。退一步说，就算计划顺利实施，郗军处于抗赵前沿，建康一旦有事，也不可能抽调太多兵力用于南援。

郗鉴建议诏引其他流民帅率部入援。禁止流民军过江，本是东晋建国以来的惯例（自然也包括郗鉴军），但此时局势急迫，千钧一发，只能从权行事。

江淮地区有实力的流民帅逐个数，屯驻于寿春的祖约算一个，而且从其兄长祖逖开始，祖氏就不服王敦，不过祖约与朝廷的关系也是若即若离，并不亲近，关键时刻让祖约率部对抗王敦，并无把握。再者，寿春同样也是抗赵前线，抵御石勒南下是主要任务，不可能要求祖军全部弃防南援。

接下来是苏峻，苏峻首次受诏入援时徘徊不进，与那时候的他尚看不清形势有关，但最主要的还是与朝廷之间缺乏互信。要解决后面这个问题其实并不复杂，说白了，就是缺乏一个沟通的桥梁，而郗鉴正好充当这一角色。除了苏峻，流民帅刘遐勇猛善战，也被郗鉴认为必要时可召其入援。

苏峻、刘遐诸军后来被史家统称为"北来兵团"。虽然史书中没有作详细记录，但史家通过对零散史料进行汇总和分析，深信郗鉴不但为明帝擘画引援北来兵团，以灭王敦之策，而且暗中做了苏峻、刘遐等人的工作——日后叛军兵临建康，北来兵团火速进卫建康，对比之前苏峻的犹豫不前，转变居然如此之大，若没有事先的铺垫，是很难解释得通的。

能担此重任，非郗鉴莫属：凭着自己的门户背景、名士身份和一片忠心，朝廷信任他，所以才敢采取对中央政权来说具有相当的危险性，亦素为当朝忌讳的措施，即诏征如此多的流民帅入卫京都。郗鉴自身就是流民帅，由他和苏峻、刘遐等人沟通，更能让对方信服，后者看到郗鉴在朝中如鱼得水，对入卫后的安全和前途也就有了信心。

概言之，当时除了郗鉴，实在也找不到第二个像他那样能够折冲于朝廷与流民帅之间，并让两边都放心的枢纽型人物了。

投名状

一场生死决斗势所难免，王、马都在加紧调兵遣将。公元 323 年冬，王敦调任其兄王含为征东将军，都督扬州、长江西部军务。

老话说得好，恶人自有恶人磨。王敦初镇姑孰时，明帝派使探问，王敦曾装病不见，但就在这节骨眼上，他却真的生病了，而且病得还不轻。王敦当年已经五十八岁，在古代，这个岁数不算小了，又得了重病，这就让王敦心里犯起了嘀咕。他自己没有子嗣，只有一个继子王应，他知道王应能力有限，所以最担心的就是别人会不会趁自己生病不能动弹了，或者病死之后，抢先对他们发难。值得注意的是，这个"别人"不单单是指明帝及朝廷，事实上他指的是任何在王敦看来足以对自己构成威胁的人，其中就包括周札及其家族。

王敦首攻建康时，周札献出石头城，此举可以说是为王敦奠定了胜局。有人认为，周札献城绝非偶然。事实上，周札也和其兄周玘一样，对江左政权积怨已久，后来周玘之子周勰谨记父训，打着叔父周札的旗号，策动徐馥起兵反晋，周札之所以反对，不是他忠于晋室，而是认为起事的时机尚不成熟。

换言之，周札献城是因为他意识到这是对晋室落井下石的最好时机，更确切一点说，周札的行为与当年周勰所做的，在实质上并无二致，只不过稍稍变换了一下策略，利用北人的内部矛盾，达到了惩罚侨姓士族，为其家族和兄侄报仇的目的而已。

从当时来看，你不能说周札干得不漂亮，他借王敦之手，不仅得以一雪宿仇，了却了兄侄的部分心愿，还因此使其家族的发展达到顶峰。事后，周氏大受封赏。此时周氏一族已有五人封侯，除周札自己为东迁县侯外，侄子周懋为清流亭侯、周赞为武康县侯、周缙为都乡侯、周勰为乌程县侯，所谓"一门五侯"，其显贵兴旺之状，在吴姓士族中无出其右。

周札并非王敦的亲信，在王敦看来，不过是个"临时变节者"，周氏势力猛增，对他来说并不是什么好事。更何况，周氏里面还有忠于晋室者，比如周筵就在周札献城以降时表现得非常愤怒。

有了心事之后，王敦看什么都觉得刺眼。此时周筵已被王敦调到手下任大将军从事中郎，周筵的母亲去世，出殡时送葬者竟多达数千人，家族之盛，让王敦看了不由暗暗心惊，也因此对周氏更加忌惮。

钱凤对病中的王敦察言观色，他觉得自己的机会到了。

钱凤是吴兴郡武康（今浙江省德清县）人氏，而武宗钱氏也在武康，按史家推断，钱凤可能就是钱氏族人。钱氏曾在钱璝时期盛极一时，后因钱璝发动叛乱，被周玘平定，从此走向衰落。如果钱凤是钱氏族人，这就算是家族宿仇了。

不过话又说回来，对于钱凤这种小人而言，即便他是钱氏族人，家族荣誉云云，在他心中也不过就是浮云，正如他过去结交温峤一样，但凡能给他带来名利的，他便趋之若鹜，否则必弃之如敝屣。

沈充在王敦叛乱中重回江东，并配合王敦，在扬州各郡攻城略地，战后自然也得以显贵。沈充的家族，作为江东三大武宗之一的沈氏，亦因此得以在声势上与周氏并驾齐驱。不过自古一山难容二虎，更何况周氏如今的显赫，靠的不是武力值或战功，居然是变节和政治站队，这对堂堂武宗来说，简直是奇耻大辱，你让沈充如何能够心服？

钱凤正是看到了这一点。钱凤不像沈充，至少人家知兵善战，钱凤除了诌媚、暗算等不入流的伎俩，其实并没有什么真本事，想到王敦很可能一病不起，他着急寻找下家。

钱凤的如意算盘是，趁着王敦对周氏的忌惮加深加重，说动他剪除周氏，从而使得沈氏在江东士族中一家独大。此事一旦成功，就相当于给权势日盛的沈充献上了一张投名状，如此就能讨好沈充，以后就算王敦生病死了，他钱凤仍有主子可以依靠。

钱凤打定主意后，向王敦进言道："现在江东的豪强，以周氏、沈氏为最强盛。周氏族中多俊才，主公您千秋万代之后，他们必不安分。只有设法除掉周氏，您的后世子孙才能安稳，国家才能得以保全。"

王敦被触动了心思，当下即表示赞同，决定趁自己还能动的时候，下手灭掉周氏。

灭　门

有个叫李脱的道士，擅长道术，不少士民都相信并供奉他。王敦指责李脱编造妖书惑众，谋图不轨，将其斩于建康街市，他同时以此事作为由头，暗中派人诬告周札及其诸兄子、周嵩与李脱同谋，蓄意制造了一场冤案。

周嵩是周顗的弟弟，虽然也姓周，但跟义兴周氏没有半毛钱关系，他之所以被牵涉其中，是因为王敦对他积怨已久。

自兄长周顗被王敦所杀后，周嵩毫不掩饰自己的悲愤之情，在王敦假惺惺地派人前来吊唁时，他当众予以拒绝，并且没好气地对来人说："亡兄为天下人请命，被'天下人'（暗指王敦）所杀，还有什么好吊唁的！"

王敦岂是吃得了亏的人？他对此怀恨在心，可是考虑到已杀周顗、戴渊，不能马上把打击面扩展得太大，他也就暂时按下胸中一口恶气，没有立即加害周嵩。

回到武昌后，王敦便把周嵩调到身边任大将军从事中郎，这与他对周筵的调任出于同一用意，即一方面试图给外界造成自己既往不咎、以德报怨的印象，另一方面则便于就近对二周进行观察和控制。周嵩为人耿直不屈，在这种情况下，依然不肯对王敦低眉顺眼，他曾经当众说过，不应该让王敦继子王应统领军队。

王敦就是要让王应掌握兵权，周嵩此言无异于捅了马蜂窝，王敦从此更加憎恶周嵩，等到周氏案发，他便不顾周嵩是王应的"嫂父"——周、王两家有姻亲之好的关系，将周嵩和周筵一起收捕，并双双杀害于军中。

趁二周被害的消息尚未传开，王敦的参军贺鸾奉其命，紧急赶到吴地，与沈充协商灭掉周氏的事宜。沈充求之不得，立即展开行动，趁周札诸兄子不备，将其尽数杀死。之后，沈充、贺鸾马不停蹄，迅速进兵攻袭会稽（今浙江省绍兴市，周札时任会稽内史），周札在抵抗中不敌被杀。

周氏自周札当家后，武力方面基本处于江河日下的衰落状态。所谓江东豪强，周、沈最盛，以及周氏多俊才云云，含了太多水分，"一门五侯"也不过是虚骄而已，其实"五侯"没有一个称得上良将。更重要的是，因为封侯晋爵，从周札开始，所有周氏子弟都渐与乡土分隔，其后果就是，他们身边既无义兴子弟兵追随，又不能很好地掌控官军，打起仗来，自然不是沈氏的对手。

可怜周氏这个曾经"三定江南"，在江东首屈一指的武力强宗，就这样遭到满门覆灭的厄运，从此在江湖上销声匿迹。钱氏早已没了什么大动静。至于钱凤，这个除了偷奸耍滑，并没有什么真本事的家伙，终究代表不了作为武宗的钱氏。昔日三大武宗，只有沈氏，因沈充之故，上升为第一也是唯一的代表。

周氏灭门一案，至少产生了两个后果。其一，周札此人虽然风评不佳，但他毕竟是曾给王敦献城的降将，王敦将周氏灭门，不啻过河拆桥，同时周氏还是江东数一数二的老牌大族，其处境如何，对于除沈充外的其他江东豪族是有示范作用的。后者从中所得到的信号，就是王敦靠不住，跟着他日后不会有好果子吃，自然这些豪族以后就算不站在朝廷一方与王敦对着干，也会对王敦敬而远之，像周札献城那样的事，更是不用指望了。

其二，灭门案再次暴露了王敦一贯的不择手段和冷酷无情。明帝及其近臣通过此案，都不难认识到，一旦他们反敦的行动失败，落入王敦之手，下场只会像周氏一样悲惨，因此绝无妥协和示弱的余地。

接下来的事态也证明了这一点。公元 324 年 5 月，明帝所亲信的两名官员公乘雄、冉曾被王敦杀害。在此期间，王敦又假借皇帝诏命，将其子王应拜为武卫将军，其兄王含拜为骠骑大将军。

形势已到了一触即发、图穷匕首见的地步，但明帝却显得非常平静坦然，他不仅频繁派使者来到姑孰，探问王敦的病情，问候其起居，而且还大大方方地送过去一顶官帽，任命王含的长子也即王应的兄长王瑜为散骑常侍。

无论是派使探病，还是授予外表好看，其实无足轻重的官衔，都是为了稳住对方。除此之外，还有一层用意，那就是借机打探姑孰这边的虚实。出于同一目的，明帝还决定做一件谁都想不到的事：孤身刺探于湖军情！

哪个近，哪个远？

众所周知，元帝在当晋王的时候，曾因喜爱次子，想废长立幼，幸被王导谏止。然而对于童年时代的明帝，元帝其实是非常宠爱的，原因是明帝自幼就表现得特别聪明。

那是明帝才儿岁大的时候，有一天，元帝闲坐无事，便将他放置在膝前逗弄，正好来了长安使者，他就问明帝："你说长安与太阳哪个近，哪个远？"明帝回答道："长安近，太阳远。"问他理由，明帝说："长安来人了，但是从来没听说过有人会从太阳那里来，所以根据这个，我就知道，长安近，太阳远。"

元帝本以为明帝的答案是他信口说的，没想到明帝居然能够认真思考，而且逻辑上也没问题，不由大为惊异。第二天，元帝召集群臣宴饮，席间就把前一天和明帝的对话给大家讲了一遍，接着又问了明帝同样的问题。出乎他的意料，明帝这次的回答却是："太阳近！"

元帝猝不及防，觉得脸上有些挂不住，于是连忙问儿子："怎么你今天说的，和昨天说的不一样呢？"明帝答道："举目见日，不见长安。"——现在抬起头就能看见太阳，可是看不见长安啊！

不但是元帝，举座皆惊，大家都觉得明帝是妥妥的奇童、神童。说奇，是因为明帝两次不同的回答，完全可以理解成一种政治隐喻：如果用长安指代西晋，太阳指代元帝登基称帝，前一阶段，"长安近，太阳远"，就是西晋还没有最后完结，元帝要称帝还没到时候；后一阶段，"举目见日，不见长安"，不就是说元帝即将登基，西晋已然谢幕吗？说神，是因为这种近似于天启的谕示，居然出自于一个几岁孩子的口中，简直匪夷所思。

人常说，小时了了，大未必佳，然而此语对明帝并不适用，事实上，贯穿整个东晋王朝，明帝实在称得上是最为睿智果敢，也最有作为的一个皇帝。若是抛开怪力乱神以及政治隐喻，明帝幼时那样问答，也很可能是因为从那个时候起，这个孩子就已经在自己的脑海里建立起了一个基本思维模式：眼见为实，耳听为虚，我只有根据我所看到的，才能判断得出，太阳和长安，究竟哪一个更远，哪一个更近！

就要到决定是否与王敦殊死一战的关键时候了，王敦在于湖驻兵，那里的军容如何，军务部署得怎么样，只有亲自了解之后，心里才更有数。

当然，明帝不是现在才开始做准备，对于王敦军的情况和资料，他早就了解了一个大概，而且想要靠近侦察，他也完全用不着以皇帝之尊去亲身犯险，派机警一点的人员前去侦察，回来再向他汇报，要稳妥得多。

为什么一定要亲探敌营？因为明帝还需借此给他自己，也给反敦阵营克服一个心理障碍——惧怕！

王敦老谋深算，荆州兵能征善战，所以就连身为开国皇帝的元帝都斗他不赢。上次王敦不过才带了五千余人东下，此番他则在于湖集结了水陆总共五万人马，是上次的十倍，加上沈充的一万余吴兵，能够与朝廷作战的兵力达到六万余。朝廷这边，按后来明帝诏书所示，有宿卫六军三万余，实际上并没有这么多，但就算"三万余"，也仅是对方的一半，且六军寡弱无力、不堪大用的状况尚未得到根本改变。这个时候，不要说引援北来兵团的秘密计划并未公开，即便知晓这一秘密的明帝君臣，也不能百分之百保证流民帅们届时真能如约而至。因此，惧怕王敦乃是朝野上下的普遍心理，只不过程度不同而已。

明帝决定亲探敌营，就是要把自己放到最危险的位置上去，如果他本人作为皇帝，都能在那样的位置上跑个来回，那么大家群起挑战王敦，又有何可惧？

古代川东和云南地区，有一种被称为"巴滇骏马"的矮脚马，这种马虽然体型矮小，但却以耐力强、行动稳健著称，是一种理想的侦察用马匹。明帝骑一匹巴滇骏马，身着便装，独自一人跑到于湖，对王敦营垒仔细观察了一番，之后才迅速打马离开。

尽管明帝已经非常注意隐蔽，但还是被一个守营军士发现了，这个军士觉得明帝气度不凡，怀疑他不是平常人。蹊跷的是，还没等军营向王敦通报，正在午睡的王敦刚好从睡梦中突然惊醒。

王敦做了一个什么梦呢？他梦见太阳绕城而过。这事如果发生在真实世界，自然是个异象，王敦本就心事重重，他潜意识里觉得这是对自己的某种警告，因此立刻被吓醒了，醒来后大叫："必定是那黄须鲜卑奴来了！"

天命所归

明帝的母亲荀氏是燕代人。所谓燕代原本是春秋时的两个古国，即燕国和代国，燕代地区在魏晋时为鲜卑部落的主要分布区，荀氏被称为燕代人，说明她实际上可能就是鲜卑人或身上具有鲜卑血统。明帝遗传了母亲的部分体貌特征，金发黄须，颇似胡族，故而被王敦私底下蔑称为"黄须鲜卑奴"。王敦认为，他梦境中的太阳就是明帝，太阳绕城而过就是明帝距自己已经很近了。

此时军营的通报正好也到了，王敦一听，顿有毛骨悚然之感：莫非军营前的可疑之人就是明帝？他马上派出五名骑兵，紧急前去追赶。

明帝尚未走远，发现背后有人追赶，情知不妙，急忙策马狂奔。尽管后有追兵，情况危急，但明帝临危不乱，依旧保持着机敏的头脑和冷静的判断。半路上，他所骑的巴滇骏马拉了一滩马粪，他就在马粪上面浇上冷水，再继续赶路。

接着，明帝遇到了一个在旅舍卖饭的老姬，他又把自己的马鞭"七宝鞭"（一件以多种珍宝为饰的马鞭）送给老姬，同时交代她，如果后面有骑兵追来，就说自己已经走远，并将七宝鞭出示给他们看。

明帝前面给马粪浇水，是为了迷惑追兵。追赶他的士兵看到地上遗留的马粪，也确实近前进行了观察。明帝刚走不久，马粪本来还热乎乎的，但经冷水一浇，已经冷却，这让士兵们怀疑明帝可能已经逃得很远了。不过他们仍抱有一丝幻想，以为再使把劲，说不定还能追上，为此大家快马加鞭，豁出命地猛追。

明帝离开旅舍仅仅片刻之后，追兵也赶到了旅舍。看到老妪，他们忙问有没有见到明帝从旅舍经过，老妪按照明帝所交代的话，说见到了，不过"人已经走远"，一边说，一边把七宝鞭拿出来给士兵们看。

发现明帝确实已经走得很远，众人终于泄了气，不再追赶。七宝鞭乃宫中宝物，这五个普通士兵何曾见过，全都觉得十分稀奇。想想反正人已经追不上了，他们干脆从老妪手里接过七宝鞭，互相传递着玩赏，如此又把玩了许久，这才回去向王敦复命——遗鞭脱身乃是明帝使出的最后一个高招，就算马粪浇水、老妪之言都落空，追兵也不能不注意七宝鞭，这样至少也能起到拖延时间的作用。当然，士兵们的"配合"程度还超出了明帝的预想。

轻骑探营和成功脱险，对明帝及其阵营无疑是一个极大的激励，不但明帝作为领袖的睿智果敢被展示得淋漓尽致，而且众人还从中隐约看到了"举目见日"式的天命所归：明帝在那么危险的情况下都能脱险，不是老天相助，又是什么？王敦再厉害，他能斗得过老天爷么？

同样的心理暗示，也让王敦寝食难安。一根七宝鞭，完全证实了明帝的身份，想到身为皇帝的明帝居然敢于单骑探营，而且还捉他不住，再联系太阳绕城而过的梦境，王敦顿有手脚冰凉之感。自此以后，他的病情不但没有好转，反而又加重了。

鉴于王敦假借诏命，将其子王应拜为武卫将军，意味着已将他当成自己军事上的副手，钱凤便又想在王敦身后攀附王应，他问王敦："倘若您命有不测，是否将身后之事托付王应？"

钱凤这一问，瞬间又勾起了王敦的心思。王敦自命为非常之人，如果老天还允许他继续活下去，甚至回到完全健康的状态，他就不信拿小儿辈的明帝没辙，可是现在老天已经降下预兆，自己似乎将一病不起，单靠王应自己，恐怕很难掀翻明帝和朝廷。

"非常之事，不是平常的人所能够胜任的！何况王应年轻，哪能承担大事？"王敦终究是久历政治风云的高手，他授钱凤以三策："上策，我死以后，放下武器，遣散兵众，归顺朝廷，以求保全宗族门户；中策，退回武昌，把军队汇集一处，谨慎自守，该给朝廷进贡的物品一样都不能缺；下策，趁我还活着的时候，调动所有兵力攻打京城，寄希望于侥幸取胜。"

可以看出，王敦已经把自己死后，如何保全王氏家族作为第一考虑项，上策、中策都是为此而制定的。下策则说明王敦连做梦都想篡晋，又做了这么长时间的准备，在咽气前总是心有不甘，若能侥幸一逞，哪怕他自己死了，像曹操那样，把江山留给子孙，也算是得偿所愿了。

钱凤的想法则与之不同：一旦王敦病死，王应又偃旗息鼓，沈充那里自然也得消停，大佬们都不干了，还用得着他这类帮闲吗？他回去后，就对自己的党羽说："主公所谓下策，其实正是上策。"

说干就干，钱凤马上去找沈充，两人密谋商定，决定等王敦一死便正式起兵叛乱。

这时在钱凤、沈充等人看来，朝廷能够拿来与他们抗衡的力量，也就只有宿卫六军，于是他们便以王敦的名义向朝廷上奏，以守卫皇宫的士兵太多为由，要求实行"三番休二"制度，即将宿卫六军分为三班，实行轮流执勤，当其中一班上岗时，即让另外两班休息。

"三番休二"若是施行，便意味着叛乱一起，面对叛军的突袭，朝廷仅三分之一的宿卫六军可以调用，届时建康和皇宫的防守将形同虚设。

眼看已没了退路，背后就是悬崖，明帝就如何应对王敦的威胁，遍询大臣们的意见。当问到光禄勋应詹时，应詹的话令明帝热血沸腾："陛下，是时候展现您威武奋发、声势盛大的帝王之威了，臣等愿意肩负兵器，身先士卒，为您冲锋陷阵！"

人心所向

应詹是元帝时期的旧臣，他出任的光禄勋一职，乃宿卫侍从官，负有守卫皇宫的职责，也可从宿卫六军中调兵。不过应詹为人一直都很低调，从不明确表露自己在内争中的政治倾向，明帝在征询应詹的意见时，也是以中间派大臣来看待他的。谁也没有想到，在危急存亡的关键时刻，应詹会表现得如此慷慨激昂、义无反顾，明帝在大受激励的同时，也看到了人心所向，由此信心倍增。

公元 324 年 6 月 27 日，明帝作出全面军事部署，以王导为大都督，郗鉴、温峤、庾亮、应詹等各有军务职守，其中温峤等守石头城，庾亮、应詹等在前应敌，他们指挥的当然也都是宿卫六军。宿卫六军其他部队，为从驾诸军，也就是直接跟随皇帝作战的人马，明帝将他们都交给郗鉴指挥。就连老臣纪瞻，虽然早已躺在病床上，失去了行动自由，但明帝为了发挥其对宿卫六军的影响力，仍请他"卧护六军"，也就是在卧病中监护宿卫六军（此次叛乱平定后纪瞻去世）。

与此同时，明帝还诏征诸流民帅还卫京师，除苏峻、刘遐外，祖约等其他人，能叫的也都叫了。这都是出自郗鉴的谋划，正是基于郗鉴有首策之功，故而明帝特授之以卫将军、都督从驾诸军事的军职。郗鉴是一个非常懂得谦逊自守的人，考虑到自己与明帝相处的时间不长，又不能凌驾于王导、温峤、庾亮、应詹等老资格的朝臣之上，他便以军号只是虚名，于实际战事无益为由，坚辞不受。这也就是告诉明帝：您放心，仗，我一定拼着命帮您打，同时这个时候，您也完全没必要特别顾及我的情绪，想着给这给那。

在完成军事部署后，明帝亲自坐镇中堂，协调指挥全局。

眼看就要正式撕破脸与王敦干架了，察觉到朝野及军中还有不少人存有疑虑，王导突然心生一计：王敦生了重病，此事人人皆知，既如此，何不趁势制造一个王敦已经因病身死的新闻？

王导没有片刻犹豫，率兄弟子侄号啕痛哭，为王敦"举哀发丧"。在一定意义上，可以说，从王敦的野心暴露，王家子弟因拥晋、篡晋发生严重分裂起，在王导及其拥晋派族人的心里，王敦就已经死了，这相当于他们是在为精神上的王敦发丧。众人对于王敦，既有对待乱臣贼子的愤慨之情，也有出于同一家族成员的惋惜之意，体现在这场"丧事"上，每个人悲哀的表情都发自内心，非常真切生动，外界根本看不出其实是演的。

因为形势发展太快以及王敦卧病在床，无法起身之故，王敦那边明知是假，却无法马上辟谣。随着"王敦已死"的消息迅速传开，反敦阵营大受鼓舞，笼罩在人们头上的"恐敦症"至此烟消云散，大家胆气倍增，斗志高昂，同时意识到王敦一死，叛军阵营就少了领头人物，军民也都增强了必胜的信心。

事不宜迟，明帝公开下诏讨逆，并派人将诏书直接送至王敦的幕府之中。诏书除痛斥王敦父子为窥视国家神器的"凶顽之徒"外，还再次确认了王敦的"死讯"。

王敦既然都已经"死"了，那朝廷讨伐哪个元凶呢？明帝锁定为继承王敦"奸凶事业"的钱凤，他在诏书中颁下悬赏令，称谁能杀死钱凤并将其首级送来建康，即封为五千户侯。

明帝同时还对王敦阵营进行了分化，表示只惩首恶，其余官员兵将均不予追究。当初元帝在与王敦对峙时，曾犯过一个严重错误，或者说是上了王敦的一个大当，那就是王敦上表要求将其荆州兵将在扬州的家属接去荆州，而元帝听了刁协、刘隗的话，予以拒绝。本以为这样做的话，可以将荆州兵将的家属扣为人质，以此牵制王敦，孰料最后不仅没有起到作用，反而被王敦当作刺激兵将为其卖力的一个理由。如今明帝来了个"以子之矛，击子之盾"，他表示王敦军的兵将在外征战多年，远离家室，非常值得同情，为此他宣布，王军中凡独生子从军的，一律遣返回家，朝廷终身不再征用，其余也都给假三年，休假期满回到朝廷后，还可以享有和宿卫六军一样的待遇，即按三分之二的比例轮休——你们不是让我的宿卫六军实行"三番休二"吗？好，我现在把这么好的休假制度也赐还给你们。

"我会死在今天中午"

王敦读到诏书时的心情可想而知，他气得发抖，当下就决定孤注一掷，出兵攻打建康。

与元帝时气势汹汹地进兵建康不同，这次王敦明显信心不足了，出兵之前，他叫来了郭璞，让郭璞给此番叛乱的结果占卜。

《世说新语》记录了这样一个故事：明帝也会看风水，有一次他听说有一户人家根据郭璞的意见选择了墓地，便乔装改扮成普通百姓前去观看。古代占冢术常把墓地比附为一条龙的形状，认为如果把棺柩埋葬在"龙"的鼻子或额头上，就会大吉大利，而如果埋葬在"龙"的两角或眼睛上，则要全族灭亡。明帝吃惊地发现，那户人家恰好就是把棺椁埋葬在"龙角"的，他连忙提醒主人，主人回答说，是郭璞讲的，这是葬在龙耳之上（龙耳与龙脉相关，指吉祥之地）。

敢情是龙耳，不是龙角，这倒也算了，主人接下来的话，更让明帝感到震惊："郭先生说了，此种葬法，不出三年，就能招来天子！"

如果郭璞的意思是，经他为死者选择墓地，死者家中会在三年内产生一位天子，那对东晋皇室来说，可是一件大逆不道的事情，但当明帝询问主人"是说家中出天子吗"时，主人却根据郭璞的原话，对此作了否定的回答："不是家中出天子，而是能够招引天子来询问这件事。"

原来郭璞早就预计到明帝会微服来看他选的墓地了，所谓三年之内招来天子，说的就是招来明帝。这个不知真假的故事，至少说明在东晋，要论阴阳五行、风水卜筮的本事，郭璞列第二，没人敢排第一。

其实在王敦首次叛乱时，郭璞就已预感自己将被殃及，他很痛苦，连同僚生病去世，他都觉得未尝不是一种提前解脱。不幸的是，郭璞只能占卜命运，却无法挽救自己的命运。他就像笼中的金丝雀一样，被王敦牢牢地拴在其幕中，陷于同样困境的还有周嵩、周筵、温峤等众多东晋的才智之士，这些人中只有温峤等少数幸运者得以脱逃。

温峤刚刚逃离敦幕回到建康时，有一次郭璞也请假归来，庾亮邀约温峤一起去找郭璞，请他占占王敦的吉凶。郭璞摆弄一番，摇摇头说："算不出来。"两人又请郭璞为他们自己占卜凶吉，少顷，郭璞说："大吉。"告别了郭璞，温峤、庾亮就合计："郭璞说算不出王敦的吉凶，或是他不便明言，或是王敦不敢动手。现在我们俩为国家办大事，将要参加辅佐皇室，削平王敦的义举，结果却得到了大吉之兆，可见这次义举一定会成功！"

正如温、庾所言，郭璞虽因怕隔墙有耳，不便明言，但他仍通过另一种隐蔽方式，向温峤、庾亮传递了平叛必定成功的信号。此事坚定了温峤、庾亮对反敦的信心，使他俩成为讨伐王敦行动最坚定的拥护者。

这回王敦召郭璞占卜，实际也有借此给他自己和叛军打气的意图，因为他深知，郭璞作为当代著名术士，他的预言和判断往往能左右人心，影响局势，而现在的叛军急需这样一种神秘的力量来稳定军心，提升士气。郭璞自己当然也明白，若要保住性命，最好说叛乱必定成功的话，至少也要像先前温峤、庾亮问卜时那样，回答得模棱两可，然而他在占卜之后，还是郑重地告诉王敦："事情不会成功！"

郭璞终于不再回避自己将走的道路：进者，他希望以此唤醒王敦，使其知难而退，悬崖勒马；退者，他也要以一言捍卫晋室，而绝不助纣为虐，替王敦欺骗士卒。

王敦听罢，既失望又恼火。此前有一个姓崇的家伙老在王敦面前说郭璞的坏话，王敦早就怀疑郭璞先前曾以卜语暗示温峤、庾亮，劝后者反对自己，加上如今郭璞报了凶卦，更让他对郭璞起了疑心。

王敦还想再试探一下，他问郭璞，如果发动叛乱，自己能够活多久。郭璞答道："明公若是起事，不久就有大祸，倘住在武昌，寿长不可限量。"这就是明白地警告王敦，你不可以起兵造反，否则命不久矣，只有退回武昌，方可命久。

没错了，这个郭璞就是站在朝廷一边的人，他在暗助司马氏！王敦杀心顿起，他大怒道："你能活多久，你自己知道吗？"郭璞很平静地说："我会死在今天中午。"

恼羞成怒的王敦再也按捺不住，他立即叫人把郭璞抓起来，押到刑场处死。

围绕郭璞的死，还有几个惊人的细节。一是他很早之前就常说一句话："杀我的人是山宗。"事后有人回想，"山宗"应是一个人的姓，即"崇"，而王敦身边正有一个陷害郭璞的崇某。

二是郭璞南渡之初，曾在路途中叫住一个殊不相识的人，并将自己的衣服送给他，那人丈二和尚摸不着头脑，表示不能接受，郭璞说："只管拿去，以后你自会明白。"那人这才拿了衣服离开。等到他被带下去处死，人们发现，行刑的剑子手赫然正是当初被赠予衣服者。

三是郭璞被押赴刑场时，问剑子手刑场在哪里，得知是南冈，他马上说那一定是在两棵柏树下行刑的。到了南冈一看，果然有两棵柏树。接着，郭璞又说，树上应该有个喜鹊巢。众人在好奇心驱使下，绕着柏树找，却没看到喜鹊巢。郭璞说你们再仔细找，一定有。最后，喜鹊巢终于在树枝间找到了，原来是被密集的树枝遮蔽着，很难发现。

郭璞就这样死了。他以术士面目出现于江左政坛，身前身后都充满着神秘的色彩，但郭璞的可敬之处，是他在攸关个人生死和国家安危的紧要关头，义无反顾地选择了后者——以占卜为武器，与王敦作了最后的斗争，直至慷慨就义。

攻　心

王敦因病情愈加沉重，已不能亲自任将出战，统率三军，于是拟派邓岳、周抚等将领与钱凤一起率部向京师进发。其兄王含觉得，儿子王应是王敦的唯一继子，王敦又已让王应作为自己的副手，王敦打天下也就等于给他们父子打天下，因此自告奋勇，对王敦说："这是我们王家的家事，我应当出征。"王敦一听很高兴，任命王含为全军主帅。

出发前，钱凤等人问了王敦一个问题："事成之日，天子如何处置？"意思就是一旦仗打赢了，拿下建康，是否在将明帝废掉或杀死后，直接立王敦为帝。王敦的回答却是："还没南郊祭天，怎能称天子！到时只管出动你们所有的兵力，竭尽所能地保护东海王和裴妃即可。"

裴妃即东海王越的妃子裴氏。在著名的"洧仓之耻"中，东海王越的世子司马毗遇害，只有裴氏历经磨难，得以辗转南渡至建康。

元帝当年能够出镇江东，出自裴妃的举荐，这让元帝不能不因此感激裴妃，为了报答东海王越和裴妃的恩德，他称帝后以皇三子司马冲代替死去的司马毗，作为东海王越的世子，称东海王，同时封裴妃为太妃。

专家分析认为，王敦回答钱凤等人的话很有深意，说明即使叛军取胜，王敦这时也已不敢直接篡位称帝，他的方案应该是先废明帝，以东海王司马冲代之。明帝与东海王冲虽是兄弟，但司马冲既已被立为司马越的世子，王敦废彼立此，就可以先否定掉元帝一脉，之后制造舆论，找机会再废司马冲而自代，就要容易多了。

在明帝还没被废掉之前，"清君侧"仍是反叛者最方便打出的旗号，而这次的"首选奸臣"还是丹杨尹——前者是刘隗，后者就是把王敦涮了一把后，逃回建康的温峤。王敦先是上疏朝廷，陈述温峤等人的罪状，随后便不由分说，以诛杀"奸臣"温峤等人为由，派出大军，浩浩荡荡杀奔建康。

公元 324 年 8 月 8 日，王含等率水陆大军五万余，拥至建康的秦淮河南岸。毕竟有五万余人马，一眼望去黑压压的一片，京城顿时人心惶惶。人情如此，即便先前打了那么多的强心剂，表了那么多的决心，也终究无法避免这种恐慌的蔓延。

原本负责镇守石头城的温峤，见势不妙，没等明帝或王导授命，自行率部移屯于秦淮河北岸，同时为了阻止叛军渡河，挫败其锐气，又第一时间烧毁了河面的朱雀桥。

听说朱雀桥已毁，明帝勃然大怒，他倒不是可惜那座桥，而是他本打算亲自领兵，过桥打击叛军的。桥被烧掉了，叛军过不来，可是官军也没法冲过去。这时的明帝，仿佛又变成了当初那个不顾一切要冲出城去，与叛军同归于尽的太子。只有温峤才能让他清醒，温峤说："如果不烧桥，让敌人窜入，就会危及社稷，到那时连祖先的宗庙恐怕都难保！"

在温峤的提醒下，明帝终于恢复了冷静。确实，宿卫六军无论数量还是战斗力，都远不如敌人，征召的援军又还没到，在这种情况下，岂能以卵击石，白白损耗力量？

两军隔河对峙之际，王导亲自给王含写了一封信，一开头，他就解释道：一直听说王敦病重垂危，有人说他已遇不幸，所以才举族为王敦"举哀发丧"。

当然，对于王导为什么要那样做，双方都心知肚明，这也不是王导写这封信的重点。王导的重点是对王含攻心，他承认，元帝后期，"佞臣"（指刘隗、刁协等）败坏朝政，人心不平，即便是他王导，心里也有过想法。然而现在不同了，朝中并无佞臣，全是忠臣，因此从王敦屯兵于湖开始，他就逐渐失去了民心，正直君子对此感到恐惧和忧虑，士民百姓则深受其累，疲敝不堪。

重病在身的王敦，矫诏将其子王应拜为武卫将军。王应在王氏家族里都还排不上号，用王导的话来说，"安期（王应字安期）断奶才几天？"实际上，王敦自己都不好意思上疏荐举，所以才羞答答地用了矫诏这种方式。明眼人都能看出，王敦是想以王应为副手，接着把自己的宰相之位交给他。王导毫不客气地诘问王含："凭安期的名望，你觉得他能够承袭宰相的职位吗？自从开天辟地以来，你告诉我，可有宰相的职位让一个孺子小儿担任的？"

在很大程度上，王含和王敦都寄希望于王应这个他们共同的儿子，王导这么三下五除二，算是把王应的画皮给揭了个底朝天。与此同时，王导也没放过王含本人，他质问王含：你不阻止王敦、钱凤他们，使其回军武昌，反而还挂帅出征，是以为能做成王敦当年所做的事吗（指王敦首攻建康成功）？

王导对王含晓以利害，劝其投降或回军，王含在占尽优势的情况下，自然不会听从，不过他也没有回信。显然，王导所言已经打中了王含的七寸，让他感到前途茫然，所以连封信都不敢回了。

智　取

在给王含的信中，王导毅然划清了与王敦、王含等人的界线，并表示："宁为忠臣而死，不为无赖而生！"后者实际就是大多数反敦派的心声，不过对于眼下究竟如何才能打败敌军，大家的意见尚不统一。

有人认为，叛军人多势众，建康城小而不固，只守不战恐非上策，他们建议趁叛军远道而来，立足未稳之际，由皇帝亲自统率大军出城击敌。明帝听后血往上涌，跃跃欲试，准备御驾亲征。郗鉴见状，立即上前劝阻，他指出，叛军远道而来不假，但其兵强将勇，猖狂凶狠，又有顺流而下，不可阻挡之势，官军贸然出战，将有很大的危险，因此只能凭借自身优势智取，而不能硬拼。

官军有什么优势呢？首先是主客之势不同。叛军远道前来进攻建康为"客"，官军以逸待劳，据建康以守，为"主"。作为"客"的叛军倾巢而来，要的是速战，最好是像野猪一样，一次性冲破藩篱。相比之下，作为"主"的官军就应坚守避战，因为相持的时间越久，叛军暴露的弱点和不足就越多，也就越有利于官军找机会袭敌。王敦首攻建康时，号令不一，甚至还放纵叛军四处劫掠，郗鉴相信，一旦己方找准时机袭敌，军民出于对叛军的痛恨，无须太多动员，就会人人奋起歼敌，有望取得比硬拼更大的胜果。

郗鉴最后还强调，北来兵团赴援到达建康虽尚需时日，但一定会来的，援兵一到，叛军必败。若仅以现有的弱小力量与强敌硬拼，期望一朝决定胜负，瞬间判别成败，其间万一出现闪失，之后即使有申包胥那样的人愿意赴难救援，面对既成败局，恐怕也难以补救。

春秋时，楚国被伍子胥所灭，楚国大臣申包胥赴秦国求援，在起先遭到拒绝的情况下，于秦城墙外连哭七天七夜，滴水不进，秦国君臣被其感动，终于出兵相助，使楚国得以复国。这就是"申包胥哭秦庭"。郗鉴实际上是要以此提醒明帝和众人，流民帅们虽已同意应诏来援，但是之后也会根据形势变化决定自己的行止，如若他们在行军途中就得知，官军已经在建康城外一败涂地，就算他们之中有申包胥那样心志的人，也会因局面难以收拾而退缩。

经郗鉴反复剖析，众人豁然开朗，明帝也克制住亲自上阵杀敌的冲动，接受了他的建议。

虽决不能轻举妄动，但被动防守亦不足取。明帝亲率六军，屯驻于建康城外的南皇堂，在激励士气的同时，耐心等待和寻找袭敌的最佳时机。8月9日夜，明帝派段秀、曹浑等战将，率领招募的千名勇士，身穿铠甲，以夜色为掩护，悄悄渡过了秦淮河。在黎明到来之际，他们趁敌不备，对叛军发起猛袭，疏于防备的叛军仓促应战，遭遇大败，叛军前锋将领何康被当场斩杀。

王含首战即败的消息传至姑孰，王敦又急又气，愤愤地说："我这个兄长只是个老奴婢罢了，门户真是已经衰败了！"又说他堂兄弟中如王廙那样既附从于己，又文武兼备的，都早早死了，看来确实是大势已去。

其实王廙活着时，也不是一个能将，王敦落此境地，正是得道多助，失道寡助。无可奈何之下，王敦对身边的人说："我亲自前进。"说罢，他就作势想要起床，然而终因病体困乏，体力不支，只得又倒卧下去。

钱凤起先并没有随军出征，这时便被王敦派去建康，名义上是襄助王含，其实就是从后者手中接过了前敌指挥权。可钱凤也是一瓶水不满，半瓶水晃荡，并比王含更有能耐，他到前线后无机可乘，而官军则依旧频频偷袭得手。

吞　噬

眼看叛军在建康难以速胜，自己又命不久矣，原来先废明帝，以东海王冲代之，再废冲自立的计划，显然是行不通了。已经奄奄一息的王敦招来舅父羊鉴、继子王应，对他们说："我死之后，王应要马上即帝位，先设置朝廷百官，然后再安排丧事。"

不久，王敦因久病不愈，火气攻心而一命呜呼。

古有"蜂目豺声"一词，用眼睛如蜂目突露，说话像豺声一样尖利，形容一个人性情残忍，凶悍残暴。王敦年少之时，曾有善相人者对他说，你蜂目已露，但豺声还没响起来，因此将来"必能食人，亦当为人所食"——一定能够吞噬他人，同时也将被他人所吞噬。

确实，被王敦"吞噬"的人多矣，连元帝都间接死于其手，然而王敦到底也未能逃脱命运的制裁，死在了元帝继承者的手中。说到底，王敦之死实乃咎由自取，他出于贪婪与冷酷的本性，一心给别人酿造毒酒，没想到最后自己也被这杯毒酒所害，走上了毁灭的道路。

王敦临死前，为了先发制人，最大程度抵消自己病死对前方战事的不利影响，命王应在他死后先不要给自己办丧事，而应立即代晋自立，建朝廷，设百官。王应还真算是王敦的"好大儿"，对王敦的遗嘱，他执行了一半。简单说来，就是秘不发丧这事，王应做了，他对外隐瞒王敦的死讯，将王敦的尸体用席子裹起来，又在外面涂了一层蜡油，然后埋在议事厅中。至于王敦所交代的后面那些事，王应一件没做，不仅如此，前方战事那样紧张，这公子哥居然不闻不问，还同狐朋狗友们一起，继续在后方过着纵酒淫乐的荒唐生活。

王应是个废柴，钱凤、王含亦无足轻重，王敦阵营只有一个沈充还能摆得上台面。沈充本身能打仗，手中又有一万多吴兵，如果他在这个时候加入战团，对建康形成两面合击，很可能改变战局。为此，明帝特派同样出自沈氏的廷臣前去游说沈充倒戈，并许诺让他出任司空。可是沈充却认为所谓让他出任司空云云，只是明帝为诓骗他而抛出的诱饵，他摇头道："三司是为人所重的要职，岂是我所能胜任的！礼重言甜，古人所畏。"沈充还摆出一副为义气甘愿两肋插刀的样子，说："大丈夫与人共事，便应始终同心，怎能中途改弦易辙？若如此，他人谁能容我！"

沈充随即率部直奔建康参战，临行前，他对妻子说："男儿不竖豹尾，终不还也。"古代帝王出猎，车队最末一辆会竖起豹尾，因此"竖豹尾"常用来指建立帝王之业。此语或许说明，沈充之志不仅在于和王敦、钱凤等人"共事同心"，而且还欲乘王敦已死，帐下缺乏能人之际，自开局面，做另一个王敦，甚至直接取代明帝为江东之主。后者很可能是沈充不把明帝的劝降放在眼里，执意要一条道走到黑的真正原因，因为离他的自我期许还差得很远。

得知沈充兵发建康，正在家乡养病的会稽大族虞潭，立即召集族人及本郡其余大族，建立起一支达万人的义军，自发讨伐沈充。明帝闻讯，遂发出诏书，拜虞潭为冠军将军，兼领会稽内史。在虞潭受命后，三吴义兵纷纷聚集旗下，一起讨伐沈充。这实际也是王敦生前制造周氏灭门案，蓄意扶植沈氏一门所种下的恶果，到头来，反而使沈氏成为众矢之的，江东士族人人皆欲得而诛之。

沈充加入战团，对叛军而言，本是加分项，甚至可能改变战争走势，可是三吴义军的兴起，又给官军加了分，两边相互一抵消，对建康方面的影响和压力就很有限了。在沈充的东路军和王含的西路军兵合一处后，沈充的谋士司马顾观察形势，发现官军那边坚守建康，同时又扼守着咽喉要地，呈牢不可破之势，而西路军这边却已锐气受挫，军心涣散，他认为，若继续相持下去，叛军必然只有兵败一途。

司马顾建议沈充，现在就应改变战法，砍破栅栏，掘开河塘，借湖水淹灌京城，并利用叛军多战船的条件，乘着水势，派水军发动进攻。按照司马顾的说法，这就是兵书中所谓的不战而屈人之兵，乃是上策。

上策若不能行，司马顾尚有中策，即趁东路军刚刚进抵建康，尚存锐气，集中东、西两路军的力量，同时并进，以众击寡，争取一举摧陷京师。

上、中策都是和官军打到底，司马顾又有给沈充留后路的下策：以召请钱凤议事为名，乘机将他斩首，以此归降朝廷，亦可以转祸为福。

应该说这个谋士还挺有脑子，说得也貌似很有道理，但沈充对他所献之策却不以为然。

北来兵团

引水灌城本身不是一个冷僻的战法，不过并不被经常使用，一个很重要的原因，就是其后果过于严重，甚至难以控制，比如若照司马顾的办法水淹建康，不仅当时就会给城内军民造成巨大伤亡，而且由于无法有效善后，此处劫后余生的百姓也将流离失所，建康城恐怕就不能再作为都城使用了。

正因如此，水淹攻城往往都是敌对国之间才采取的战术，而且还是在城池实在无法攻克的情况下才被迫使用的办法，所以它实际上得算是下策，而不是上策。

钱凤、王含虽然无能，王敦总是懂兵法的，他生前那么心急火燎地想把建康攻下来，难道不知道水淹、火攻？概因王敦发兵建康，打的旗号是"清君侧"，若是水淹建康，世人一看就不是"清君侧"，而是要"清"天子和城中百姓了，如此便在政治上失去了基本的号召力，王敦及继承者也将从此名誉扫地。再者，叛军实力远在官军之上，所谓"楼船万计，兵倍王室"，在他们看来，城内虽然总是攻袭得手，却也不能动己方根本，攻克建康城终究不过是时间问题，所以用不着使用水淹攻城的下策。

王敦一死，沈充继之而起，他的政治野心并不在王敦之下，自然也会有同样的顾虑。另外，沈充能悍然将周氏灭门，又不屑于明帝的劝降，足见此人对于自己军事能力及实力的自信，他不纳司马顾引水灌城之策，是一件很自然的事。

至于与西路军同时并进，毕其功于一役的建议，对沈充而言，倒是"非不欲为，实不能也"：以虞潭为首的三吴义军正在讨伐沈充，沈充得分兵应付，做不到集中全部力量进攻建康。

司马顾给沈充出的下策，与沈充自己的想法更是相去甚远。沈充现在一门心思就是考虑如何与钱凤、王含合作，共取建康城，根本没到给自己找后路的时候。

见沈充对自己的上、中、下三策均不感兴趣，司马顾害怕下策被钱凤知道后，钱凤会先让他先人头落地，就乘隙逃回吴郡去了。

公元 324 年 8 月 23 日，司马顾前脚刚走，北来兵团刘遐、苏峻等人也率精兵万人到达建康，此时距离王含军兵临建康仅十五天，以当时的交通条件来说，赴援的速度非常快。明帝喜不自胜，连夜召见刘遐、苏峻等人并加以犒劳，兵团将士也各按等秩均有赏赐。

北来兵团虽然只有万人，即便与建康的宿卫六军加在一起，总兵力仍少于叛军，但北来兵团的将士多为在北部边境与胡骑长期奋战厮杀，经历过血火考验的精兵强将，而且他们又是龙精虎猛的生力军，与早已困乏厌战的叛军不可同日而语。建康战局随之大变，各地亦因此更加明确了自己的政治立场：祖约这次虽未入援建康，但他将王敦任命的淮南太守从寿春（今安徽省寿县）驱逐了出去；在扬州除建康以外的地区，王敦势力也已难以立足，连王敦所任命的义兴郡太守都被人杀了。

沈充、钱凤自然很着急，两人坐卧不宁，盘算来盘算去，他们决定乘北来兵团初来乍到，且因为火速入卫，日夜兼程，兵马都很疲困之机，"以官军之道还治官军之身"，对官军进行夜袭。

31 日夜，沈充、钱凤率部渡过秦淮河，对官军发动袭击，应詹虽迅速组织抵抗，但因敌强我弱，作战失利。沈充和钱凤乘胜攻至建康外城的正南门——宣阳门，正当他们拔除城门的防御栅栏，要继续往里面冲的时候，刘遐、苏峻突然从侧面杀出。

沈充、钱凤仿效官军战术，搞偷袭本身没错，只是时机没把握好，此时距北来兵团抵达建康已有一周了，他们途中再累，现在也休息得差不多了。也不知道沈、钱这两位仁兄定计时是咋想的，总之，北来兵团状态好得多，反而是以逸待劳，通过横向截击，重创了叛军。沈充、钱凤仓皇逃回南岸，他们带去偷袭的人马，光渡河时溺死的就有三千多人。

此后叛军便是"王小二过年，一年不如一年"了，第二天，沈充又在建康城东的青溪被刘遐击败。与此同时，王敦已死的消息也渐渐瞒不住了。王敦健在时，周访的两个儿子周抚、周光皆是其死党，周光时任浔阳太守，他带着一千多人，急急忙忙地跑到姑孰，提出要见王敦，结果被王应以王敦病重为名予以拒绝。周光退下后就说："我现在远道而来，却见不到王公（王敦），他大概已经死了吧！"

认定王敦已死，周光急忙跑到建康前线，偷偷地找到兄长周抚，对他说："王公已经死了，你何必和钱凤同作叛贼！"前线的叛军本来尚被蒙在鼓里，听周光这么一说，不仅周抚，其他人也都惊愕恐慌不已，这对叛军上下造成的心理打击之大，可想而知。

庾 氏

叛军终于顶不住了，公元 324 年 9 月 1 日，即沈充兵败青溪的当天，叛军烧毁营垒，连夜四散遁逃。次日，明帝回到皇宫，派遣诸将分别追剿王敦党羽残余势力。

实际上都不用朝廷再卖力追剿，到了这个地步，自有人主动出手清理：王含、王应父子逃奔荆州，想投靠时任荆州刺史的王舒，王舒不敢收留，将他们沉入江中溺死；周光斩杀了钱凤，以此自赴朝廷请求赎罪；沈充逃跑时迷路，跑到了旧时部将吴儒家，吴儒杀死沈充，将首级传送至建康。出手者除王舒虽是王氏子弟，但本来就是反敦派外，其余或曾同为敦党，或为获得朝廷赏格，这一幅树倒猢狲散的景象，可算是惨到家了。

至此，叛乱被完全平定，整个南方重又恢复了安宁。东晋历史被一些史家视为荆、扬二州冲突的历史，王敦之乱是荆、扬的第一次冲突。作为京畿所在的扬州，整体实力上始终不如位居上游、兵强地广的荆州，然而王敦叛乱两次起兵，得到的却是完全不同的结果。这只能说明一点，那就是"王与马，共天下"，已为皇室与士族共同接受：士族固然不容皇权将自己逼到走投无路，而皇权也不容任何一姓士族擅自废弃，否则的话，不但其他士族将助皇室共讨之，该姓士族本身也会出现分化。

概言之，东晋支强干弱的现状，决定了权臣专擅一定会在某种情况下出现，但"共天下"仍是主流，一旦专擅者逾越权限，触及"争天下"的边界，门阀政治这台机器本身就会自行调节，以维持内部的平衡和秩序。

在度过危机，恢复平衡后，东晋的门阀政治也拥有了新的特点，其一就是"皇帝垂拱，士族当权，流民出力"，其中的"流民出力"自然是源于明帝为平定王敦之乱，引入了流民军势力。其二，平乱前只有琅邪王氏能够代表南北士族，与司马氏"共天下"，平乱后，加入了另一士族，这就是颍川庾氏。

颍川庾氏发轫于东汉末，至西晋时，已经成为中原的高门大族。作为庾氏在东晋的关键人物，庾亮年少之时即享有盛名，他不仅喜读老庄，擅长清谈，颇有名士派头，而且还以容貌俊美，仪表非凡著称。众所周知，魏晋时期，青年男子姣好的容貌（此处是指要长得像女孩子一样漂亮）乃士人的一大时尚，"看杀卫玠""傅粉何郎"一类故事均诞生于那个时代，庾亮的不俗相貌，无疑给他在社会上显山露水带来了一定优势。

在庾亮十六岁时，东海王越曾征辟他当佐吏，但庾亮没有答应。元帝南渡那一年，庾亮的父亲出仕会稽太守，庾亮也随行到了江南。恰好其时元帝接受王导的建议，大力征辟北士入幕，此即"百六掾"，他听闻庾亮之名，遂召他加入自己的幕府。这次庾亮没有推辞，入幕后以其仪表风姿，迅速博得了元帝的喜爱和器重。得知庾亮的妹妹庾文君尚待字闺中，元帝主动提出与庾氏联姻，将庾文君选为明帝的正妃。

东晋建立后，明帝被立为皇太子，庾文君也升为太子妃。庾亮则入东宫，与温峤一起陪侍明帝读书，三人就像当年的王导、王敦与元帝一样，从此结成布衣之好。

在元帝尚申韩以张皇权一事上，庾亮和温峤等多数朝臣政见一致，持反对态度。元帝赐明帝《韩非子》一部，希望明帝作为继任者也学习申韩法术，以延续其法术之治，庾亮见状，私下劝明帝不要去碰这部书，说："申不害、韩非子行事刻薄，其刑名权术之学，有伤礼义教化。他们的书，不值得殿下去读。"明帝听后颇以为然，将书束之高阁。

同样，庾亮也不支持朝廷用刘隗、刁协诸人以制琅邪王氏。王敦首次起兵，率部抵达芜湖，元帝特派庾亮以商谈国事为名，前去劝阻。王敦起初对庾亮抱有敌意，坐谈时也与其保持距离，结果谈着谈着，见庾亮举止娴雅，谈吐不俗，并不党同刘隗、刁协，不知不觉便移动座位，靠近庾亮，表现出了对他的好感。

送走庾亮后，王敦将庾亮与元康重臣裴頠作比较，甚至赞叹庾亮在裴頠之上："庾元规（庾亮字元规）之贤能，远远超过了裴頠呀！"他随后上表元帝，举荐庾亮为中领军。

王敦虽欣赏庾亮，却不愿退兵，而且不久就举兵攻入了建康。庾亮作为皇室姻亲和忠于皇室的大臣，对于王敦入都后的一系列做法，自然很是不满，但他又不敢得罪王氏，只能谨慎小心地周旋其间。

王敦居京期间，庾亮听闻王敦在北方时与四人交好，有一次和王敦闲聊时，就问他是哪四个。王敦告知是庾敳（庾亮的堂叔父）、王衍、王澄、胡毋辅之，并评论王澄是此四人中最差的（三人都已不在，庾敳、王衍被害于"宁平之难"，胡毋辅之避乱过江后不久便去世了，王澄为王敦所杀）。

说王澄最差，当然只是王敦的一家之言，照庾亮的说法，倘若王澄地下有知，人家恐怕也不会自甘居后。庾亮关心的不是最差，而是最优，他问王敦，谁在此四人之上。王敦向来自视甚高，又正当春风得意之际，遂答道："自有其人。"庾亮未解其意："到底是谁呢？"王敦很尴尬，只好说："嘻！自有公论。"庾亮还没明白过来，身边的人急忙踩他的脚示意，他醒悟过来，这才停止追问。

的 卢

元帝死后，明帝即位，太子妃庾文君被册封为皇后。庾氏原本只是客居会稽，其家族在江左并不显赫，与琅邪王氏相比，更是微不足道，自此便以外戚的身份，在江左政权中获得扶摇直上的机会。

明帝执政，除了依靠元帝遗令辅政的王导等资深大臣外，同样也需要提拔自己的心腹来巩固政权。庾亮既是明帝的大舅哥，二人又是布衣之交，自然也就成了明帝予以重用的不二人选，因此，他刚刚登上皇位，便任命庾亮为中书监。

中书监是东晋时期中书省的长官之一，中书省主要负责草拟皇帝诏令、发布文书以及处理相关政务，中书监在这一过程中起着监督作用。如此一个炙手可热的职位，原本由王导担任，现在明帝要交给庾亮，但庾亮却不喜反忧，觉得这其实是轻易触碰不得的烫手山芋——先不管王导如何想，如果让王敦知道此事，他会让自己和天子安生吗？

此外，庾亮身为外戚，也担心明帝一上台，自己就被委以重任，会引起外界非议，故而他立即上书，以示知足守分，并引两汉外戚之祸的反例，请求辞去中书监一职。明帝见他态度坚决，也只好作罢。

庾亮虽然辞让了中书监，却未能避免王敦的戒备和忌恨。此时王敦的野心愈加膨胀，已经萌生篡晋之心，明帝拟重用庾亮的举动，无疑加剧了他的紧张感，自此便视庾亮为眼中钉，认定对方是阻碍自己篡晋的最大障碍之一。

王敦此人，非常擅长玩弄政治手腕，他虽然内心对庾亮必欲除之而后快，但表面上却对他很是敬重。庾亮也知道王敦的为人，王敦对他越"敬重"，他心里越发毛。为了避祸，庾亮不久就借口养病，向朝廷告了假。

此后，王敦谋反的消息不断传来建康。庾亮名为养病，实际上时时刻刻都在关注着政局的变化，他邀约温峤找郭璞卜筮，便在这一期间。

卜筮的结果，坚定了庾亮讨伐王敦的决心和信心。与此同时，在明帝的竭力劝说下，庾亮终于同意代替王导出任中书监，正式成为明帝反敦班子中的骨干成员。

建康保卫战打响，庾亮与诸将共同抵抗叛军，直至叛军彻底溃败，又奉明帝命，率部追击沈充。事平之后，明帝论功行赏，封庾亮为永昌县开国公并赐绢，庾亮坚决推辞，未予接受。

庾亮不贪封赏，令明帝更加欣慰，从这时候起，在明帝的支持下，庾亮便以中书监的身份，与王导一起参与辅政。

两晋之际，士族名士虽然不少，然而这些人或缺乏从政的才能，或没有从政的兴趣，典型如太原王氏，无论家世门第、历史渊源还是学术风尚，都具备出任政务的条件，可就是出不了一流的政治家。在这种情况下，政府要物色足以托付国是的人才，其实并非易事。庾亮迥异于其时的多数士族名士，他一方面出自高门士族，又入玄风，好谈玄学，并因此为时人所推重，另一方面却又具备相当的儒学内涵和修养。据说他随父亲住在会稽，尚未出仕时，俨然自守，方正严峻，有人甚至不敢随便接近他。

古代有一种马，额头有白色斑点，号为"的卢"。此马的特点是速度飞快，但传说骑它的人会遭遇不幸。三国时刘备就差点中招，所幸他运气不错，的卢后来还是背负着主人跳过檀溪，摆脱了追兵，救了刘备一命，的卢因此闻名天下。庾亮的坐骑里面也有一匹的卢，有人认得，就告知庾亮，劝他把这一"不祥之马"偷偷卖掉。庾亮毫不犹豫地拒绝了，理由是："我卖掉它，必定有买它的人，那就又要危害它的新主人了。"

春秋名相孙叔敖在他年少的时候，有一次出门游玩，遇到了一条长有两个头的蛇。当时传闻，凡是看见双头蛇的人都会死掉，孙叔敖为了不让别人因见到双头蛇而遭遇灾祸，鼓起勇气将蛇杀死，又将其埋到了土里。庾亮援引这一古代美谈，表示自己要效仿孙叔敖，绝不因为的卢可能不利于己，就把祸患转嫁给别人。

俨然自守、方正严峻也好，执意不卖的卢也罢，其背后所展示的都是儒家的礼法和为人处世的态度。同样，庾亮也通晓世务，追求儒家事功，这其实就表明他和王导是一个类型的人物，即所谓"出入玄儒，内圣外王"，或者叫"遵儒者之教，履道家之言"，而在东晋政治生态中，也恰恰只有他们，才能够把门阀政治这台机器真正运转起来。

闯皇宫

共辅朝政时期的庾亮，一言一行都与王导非常相似，堪称"小王导"。至于王导本尊，在论功时被列为功臣之首，明帝将其进位为太保，兼领司徒职，同时特许带剑上殿，入朝不拜，礼赞时不呼其名。

对于朝廷给予的封赏，王导皆推辞不受，然而这一与庾亮相似的做法，得到的结果却是大相径庭：明帝没有感到特别欣慰，也未因此消除王导存有的芥蒂。

明帝的这种芥蒂，由来已久，从他当太子时，耳闻目睹父皇与王氏兄弟权争就开始了。元帝被第一次王敦之乱逼得郁郁而终，明帝自己登基后也是如履薄冰，每天都如同走钢丝，直至第二次王敦之乱爆发，这种朝不保夕之感达到了顶点。平乱后，明帝虽然终于放下了对于王敦的心病，但王敦之乱期间叛军所掀起的涛浪惊骇，以及给朝廷带来的剧烈震荡，仍令他心有余悸，由此对琅邪王氏也更具戒心。

王氏家族谁领头？除去已亡的王敦，自然就是王导。表面上，明帝对王导一如既往，并称赞他在平叛中大义灭亲，实际上对王导却很是忌惮，疏远王导的意向也日益明显。与此同时，对庾亮则显得越来越亲热。有一次，明帝一封写给庾亮的诏书，被误送了王导。王导打开诏书后，发现诏书的末尾写着："不要让冶城公（即王导，王导宅在冶城）知道。"王导将诏书封好送还皇帝，并上表加以说明："臣恭恭敬敬地拜读了诏书，不过这封诏书似乎不是给臣的。不过请放心，臣虽然打开了诏书，但马上就封上了，没有让第二个人看见。"

明帝把亲庾亮、疏王导作为一种隐秘策略，并不愿意放到桌面上来，可是没想到由于书信的误送，却被意外公开化了。这下子，不仅王导感到尴尬，明帝更是羞愧难当，之后一连好几天都不好意思和王导见面。

实际上，明帝亲庾，也只是在门阀士族里面，士族以外，他还有更亲近之人：南顿王司马宗、虞胤。

司马宗乃"南渡五马"之一，是明帝的从叔祖父。虞胤是元帝虞妃的弟弟，而虞妃为明帝的生母，因此虞胤也就是明帝的舅舅。平乱后，元帝一方面对王导、庾亮等有功之臣大加封赏，另一方面对宿卫六军的指挥层进行了调整，他任命司马宗为左卫将军，虞胤为右卫将军，授权他们统领六军，而王导、庾亮则全部与军队脱离，庾亮虽被拔擢为护军将军，却反而失去了实际军权。

司马宗能力平庸，早在第一次王敦之乱前，元帝就曾派他和司马羕同去经营荆襄，结果他们搞得一地鸡毛，朝廷的投入全都被他俩打了水漂。两次王敦之乱，司马宗都不知道在哪里，虞胤也一样。二人既没有什么能力，也无尺寸之功，却在平乱后得以执掌朝廷最重要的一支武装，自然很难令包括王导、庾亮在内的朝中大臣理解和接受。

司马宗、虞胤与王导、庾亮这样名士出身的政治人物，在志趣和修养方面完全不同，他们根本不懂什么叫谦让和收敛，二人依仗着明帝的宠信，除在宫殿内当值外，还为自己招募了许多私兵。王导、庾亮对此十分不满，他们多次向明帝进言，劝明帝不要把六军交给宗胤二人，至少也要对其招募私兵的做法予以制止。未料明帝心里有鬼，听后不但大不以为然，反而对宗胤二人更加信任和厚待，甚至把宫门的锁钥也都交给他们掌管。

明帝的做法，令宗胤二人有恃无恐。明帝生了病，庾亮夜间有上表要呈送，派人向司马宗索要宫门钥匙，司马宗不但不给，还大声叱骂来人说："这宫门难道是你家的门户，可以随随便便进出吗？"庾亮闻之极为愤怒。

明帝的病越来越重，他不愿别人前去打扰，群臣欲进宫求见明帝，也一概被司马宗、虞胤出面挡驾。

皇宫被封锁了，明帝又病得如此之重，万一有个三长两短，皇位由谁继承？身为国舅的庾亮心急如焚。这时他还发现司马宗、虞胤与时任太宰的西阳王司马羕暗中勾勾搭搭，联系宗胤二人的一系列动作，依靠丰富的政治经验，他迅速推测出，司马宗、虞胤、司马羕等人是想在明帝死后，通过手中所掌握的宿卫六军，废黜王导、庾亮等执政大臣，由他们共同辅政。

事情极为紧急，已顾不得许多了，庾亮决定单枪匹马，硬闯皇宫。与其他大臣包括王导在内都不同的是，庾亮有着国舅的特殊身份，皇宫也就等于是他家，他要真硬闯了，没有哪个宿卫禁兵敢于阻拦。

在强行闯入禁内后，庾亮径直来到明帝寝宫，一见到明帝，眼泪就不由得夺眶而出，痛哭流涕。当着明帝的面，他以摆事实、讲证据的方式，详细汇报了司马宗、虞胤、司马羕等人的举动及其图谋。最后，他哽咽道："西阳王羕、南顿王宗，居心叵测，他们排斥大臣，谋取辅政大权，此事关乎社稷安危、国家兴亡，臣恳请陛下对他们予以贬黜。"

明帝听了，心中一震，若有所悟，但他从始至终都默不作声，未作出任何表态。

对于庾亮所述，明帝并非不知，甚至可以说，他自己就是幕后推手，哪里用得着别人跑来向他报告？这件事的前因后果和来龙去脉，大致应该如此：元帝、明帝父子都想打破门阀政治对自己的限制，而门阀政治能够存在，士族领兵乃是基本保障机制，换句话说，就是兵权掌握在门阀士族手里。元帝时期，或以宗室人物开发地方（派司马羕、司马宗经营荆襄），或以宗室人物都督地方军政（派司马承出刺湘州），或以亲信领兵出镇（派戴渊和刘隗镇戍合肥、淮阴），都是为了打破士族迭据方镇，操纵兵权的格局，可惜的是，它们无一例外全都失败了。

明帝亦存此志，平乱后随着皇权自然而然地又得到伸张，这一念头尤其强烈。因为宿卫六军在平定第二次王敦之乱中所发挥的作用，他首先决定加强对宿卫六军的控制。那么，由谁来帮自己掌握宿卫六军呢？王导自然是信不过。别说王导，在亲身经历王敦之乱后，明帝连庾亮都不放心了，他觉得还是自家宗室和外戚靠谱，只有把六军交到他们手里，自己晚上才睡得着觉。于是这才有了司马宗、虞胤莫名其妙的上位，宗胤二人招募私兵，也必然是早已得到了明帝的同意，对于明帝而言，宗胤二人招兵，也就相当于给皇室招兵，他不但不会干预，还会鼓励。

甚至于，原本什么声音都没有的西阳王司马羕，这段时间也变得异常活跃，其实同样是得到了明帝的授意和鼓动——在对王导、庾亮等人论功行赏的名单中，竟然极为突兀地加进了司马羕，授其兼领太尉职。

司马宗、虞胤，当然也包括司马羕，皆无功受禄的庸碌之辈，加上志趣方面的天差地别，与王导、庾亮等人自然矛盾重重。同时，他们对于如同天降一般落到他们身上的高官厚禄，也都怀有强烈的不安全感，特别害怕突然失去。自从明帝患病后，眼看自己的靠山要倒，宗胤二人心中那种不安全感更是与日俱增。

明帝也有他的焦虑和担忧。他本来是想慢慢来，逐步扶持司马宗、虞胤，待时机合适，再让他们取代王导、庾亮，奈何天不假年，自己突然得了病，而且越来越重，时间不等人。皇太子司马衍还是垂髫稚子，一旦他撒手而去，子幼臣疑的局面着实堪忧，这个时候明帝就不能不想到，趁自己还有一口气，利用司马宗、虞胤与士族的矛盾，对王导、庾亮等现任执政大臣直接予以废黜，然后再托后事于宗胤二人，亦不失为一条解决之道。

不过此事毕竟非同小可，明帝不能不左思右想。发现皇帝已有此意，对于司马宗、虞胤来说，此乃天赐良机，于是他们就以禁兵之力，封锁宫省，隔绝群臣，借此帮明帝下定决心，以成废黜之谋。

如果没有庾亮泣血进言的一幕，宗胤二人差点就要成功了，但是在此之后，事态发生了重大转折。

身后事

当着庾亮的面，明帝虽未立即表态，但其实内心早已是翻江倒海。明帝对假手司马宗、虞胤，排挤士族的策略，感到一时难以决断，说到底，其实就是对宗胤二人缺乏足够的信心，毕竟让他下诏废黜简单，但今后宗胤二人是否真有能力替代王导、庾亮并辅佐幼帝，却是个很大的问题。现在明帝不无失落地发现，宗胤二人确实还是不行，他们与王导、庾亮相差着好几个段位呢，别的不说，就看现在宿卫六军尚在他们指挥之下，还有自己的祖护，庾亮照样能冲进寝宫，与自己相见，并且还能把司马宗、虞胤的动向说得一清二楚，就已明了。

明帝最在意的就是身后事。司马宗、虞胤所招私兵，力量很有限，他们虽有自己授予的宿卫六军统率权，但二人在军中缺乏足够权威，反而王导、庾亮等人都在战场上亲身指挥过宿卫六军，一旦皇帝不在了，宿卫六军会听谁的，很难说。退一步说，就算宗胤二人仍能够掌握六军，王导、庾亮及其支持者也有办法从建康以外调兵，新的"王敦之乱"势必重演，届时宗胤二人能够应付和抵御那么大规模的冲击吗？说不定，司马氏及其政权就因此倾覆，这可是明帝万万不能接受的。

不久，明帝病危。在反复权衡利弊得失之后，他终于下定决心，立即将腹案付诸实施：司马羕、王导、卞壼（音 kǔn）、郗鉴、庾亮、陆晔、温峤被召入宫，明帝宣布以他们七人共同奉受遗诏辅佐太子，并轮流统领禁兵，入殿当值宿卫。司马宗、虞胤被分别免去左、右卫将军之职，同时授予卞壼为右将军，庾亮为中书令、加给事中，陆晔录尚书事。

这是一个经过周密安排的人事任命。七个辅政大臣，司马羕代表宗室，庾亮代表外戚，其余五人代表南北士族，七人互相制约，以此防止个人擅权。

司马宗、虞胤被免职，其实是原计划失败带来的后果。明帝认为此二人成事不足，败事有余，若宿卫六军继续由他们统领，难保不出事，所以干脆将他们抛出局外，而由七大臣轮流统领禁兵并入殿当值宿卫，一方面可以借此平息之前朝野的不满，另一方面又能起到分权制衡的作用，保障幼帝和新政权的安全。

卞壸在北方时即为名士，他的妻子是东海王越裴妃的妹妹，永嘉之乱后，卞壸投靠妻兄、徐州刺史裴盾，代理了一段时间广陵相。卞壸居官勤勉，不尚空谈，遂被元帝召入，先为明帝的长史，后又担任其老师。作为与明帝有着特殊关系的人物，卞壸被遴选为辅政大臣，并不让人感到意外。

陆晔出自吴郡陆氏，在"江东三杰"顾荣、贺循、纪瞻都已先后过世后，他也就成了南士的代表。与七大臣中的其他人相比，他和卞壸的地位及影响力都较小，明帝分别授予新职，自有加重二人分量的考虑。

明帝所授新职中，最为引人注目的，无疑还是庾亮获授的中书令。庾亮原为中书监，虽然在地位上比中书令略高，但中书令负责替天子草拟诏令、发布文书以及处理相关政务，可直接参与国家的重大决策。更为关键的是，明帝的继任者年幼，这意味着庾亮作为中书令，其实际权力和政治影响力将远超以往。

后事托付已毕，大限也就到了。公元 325 年 10 月 18 日，明帝驾鹤西去。这一年明帝才二十七岁，距其平定王敦之乱也不过一年多，他仿佛就是被赋予了特殊使命的天选之子，来也匆匆，去也匆匆。

第十章　新仇旧怨

明帝病逝后，太子司马衍即位，是为成帝。举行即位大典的当天，气氛隆重，群臣集体献上玉玺，以向新皇帝表示效忠。然而，在群臣之中，却唯独不见司徒王导的身影。

王导派人请了病假！

王导确实生了病，然而并非什么大病，更没有到下不了床的地步。作为东晋第一重臣，按说在这样重要的时刻，他是不能缺席的。

或许王导得的是心病。明帝托孤，在辅政大臣的排名上，司马羕位居首席，王导只能屈居其后，实权的分配，庾亮又成了最大赢家，敢情面子、里子，王导一个都没能落着，你就算他再有度量，心中也难免不是滋味。不过王导素以胸有丘壑著称，以往即便对朝廷的某些任命不满，通常也不会直接表现出来，故而他这一看起来出人意料的举止，立刻引起了不小震动。

换汤不换药

联系当时的政治局势和朝廷动态，王导称病不朝恐怕绝非简单的情绪宣泄，更可能是深思熟虑后的政治策略选择。

尽管明帝一口气任命了七位辅政大臣，意在彼此牵制、分权制衡，但实际情况是，司马羕只是凭借老资格，郗鉴、温峤已出任地方，而卞壶、陆晔在朝中又不显赫。因此，当时能够处理中央政务并具有相应影响力的，就只有王导、庾亮。

明帝生前，一方面通过"亲庾疏王"，使得庾亮在事实上与王导同辅朝政，另一方面，明帝虽偏袒庾亮，但并没有像元帝使用刘隗、刁协那样，一味放纵，因此处理政务仍以王导为主，王、庾之间也没有爆发过冲突。可是等到庾亮获得中书令职位，一下子实权在握，情况就不同了，王导可以预料到的情形是：成帝年幼，无法亲政，势必只能由其母亲、皇太后庾氏（庾文君）临朝称制，庾太后虽然有着母仪天下的尊贵身份，但毕竟是一介女流，在政治决策上难免力不从心，很可能会依赖和信任自己的兄长庾亮。这样一来，庾亮还会甘心让别人主政？

作为一位具备政治经验的年轻君主，上述情形，明帝生前不会毫无预见，他既做此安排，或许在心理上就是期待它的出现。最大的可能是，在以司马宗、虞胤替代王导、庾亮的行动失败后，明帝只是归咎于司马宗、虞胤无能，却并未放弃以宗室、外戚取代士族辅政的设想，他所作的改变，无非是不再仅仅将庾亮看成是士族，而更视之为与皇家关系亲密且具备辅政能力的外戚。换句话说，明帝的临终授命换汤不换药，仍是要以宗室（此处专指司马羕）和外戚（此处专指庾亮）来取代士族。

结果就是，平时连声音都听不到的司马羕在辅政大臣排名上，位居第一，而在七大臣中排名还稍稍靠后的庾亮，竟又力压诸人，将长期掌握中枢的王导生生架空了。

面对这样的形势，王导不能没有自己的应对。称病不朝，在他而言，不失为一种既具力度而又相对温和的表达方式，他要借此向朝廷（实际是庾氏兄妹）传递他的不满和期待，以期在瞬息万变的政治格局中重新寻找自己的位置。

王导未曾料到的是，朝廷尚未表态，大臣中却已有人朝他吼了起来。

辅政大臣、尚书令卞壸当着众臣的面，声色俱厉地说："王公（王导）难道还算是社稷之臣吗？大行皇帝（明帝）停枢未葬，嗣皇未立，此岂臣子称病告假之时？"

在七大臣中，卞壸以性格直率、毫不宽容而闻名，平时就不受名士们的待见。他罪责王导，是否与庾亮有关，史书也无明证，但此事在客观上对庾亮显然是有利的——不需要庾氏兄妹亲自出马，卞壸这个"猛张飞"已令王导自觉颜面尽失。无奈之下，他只得抱病登车，匆匆赶到现场，依旧参加了典礼。

此后事态的发展，均在王导的预想之内。成帝当年仅仅五岁，大臣们遂奏请庾太后依汉代旧例临朝听政，太后也按照规矩，在先后四次辞让后，表示接受。不久，太后正式临朝摄政，命司徒王导录尚书事，卞壶任尚书令，与中书令庾亮共同参辅朝政。

说是三人辅政，其实庾亮才是唯一的主政者。虽然其间遇到大小政事，太后还是要请教一下王导，但仅限于表面上的尊重，因为最后还是要交由他的兄长庾亮一手定夺。

王导也把卞壶彻底看穿了，后者确实就是新的刘隗、刁协，连崇上抑下这一点，都如出一辙。刘隗、刁协唯元帝之命是从，卞壶亦只尊崇成帝，当下他就对代表成帝执政的庾氏毕恭毕敬，其他人包括王导，皆不在话下。这其实也是庾太后摄政后，将卞壶提拔为尚书令的缘由之一。

在东晋官制中，中书省是决策机构，主要负责草拟和颁发天子诏令，而尚书省是执行机构，主要负责具体行政执行。庾亮与卞壶分居中书令、尚书令，在朝中交替值守，虽言称共参机要，但政务由庾亮说了算，卞壶只是奉命行事而已。卞壶也甚少对庾亮的决策提出异议，唯独死死盯着王导，稍有动静就予以纠弹。

从举行即位大典时，自己称病不朝，庾氏未做任何表示，而任由卞壶公开予以指责上，王导已知其意，外界也猜测庾王倾轧公开化。如今见太后确已完全委政于庾亮，所谓共辅朝政形同虚设，王导便常常请假不上朝，目的就是保持与庾亮之间的距离，以避免任何直接冲突。

对王导而言，避而不见只是消极措施，他还必须在有实力的朝臣中寻求支援，如此方能进退自如：进者，在合适的时机重新参与朝政，发挥作用；退者，保住自己和家族的政治影响力，乃至身家性命。

论 战

在东晋的流民帅群体中，郗鉴是个特例。高门士族的身份地位；善相处、知进退的社交技巧；谋划并召集北来兵团南下，平定叛乱、援救朝廷的特殊功勋……凡此种种，都使郗鉴得以为朝廷所信任。明帝自平乱后，朝廷事务无论巨细，都要询问郗鉴的意见，同时诏令郗鉴为朝廷起草表疏诏告，允许其便宜从事。

至明帝驾崩前，郗鉴又奉命都督徐、兖、青三州军事，以兖州刺史的身份出镇广陵。按照田余庆的看法，这是因为朝廷猜忌流民帅，不可能允许郗鉴带兵南渡，但郗鉴又不愿与其所统军队分离所致。这种看法固然也有道理，不过要看到，广陵乃北方胡骑自淮东渡江，南下建康的必经通道，此前东晋出镇广陵者，先后是世子时期的明帝、明帝的弟弟司马裒，至少也是王舒那样的角色，郗鉴能出任此要职，本身就显示了朝廷对他的器重和信任。

郗鉴的实力毋庸置疑，因而从明帝朝开始，士族各门户都希望郗鉴能与己方亲近，但郗鉴的态度是除了忠于朝廷外，绝不轻易加盟或苟同于任何一方。

平定王敦之乱后，被王敦及其党羽所杀害的司马承、周顗、戴渊等人皆被追赠官衔。周札的旧僚属亦要求为周氏灭门案平反，对周札予以追赠，这在朝中立即引起激烈争论，卞壸首先表示反对："周札守备石头城，开门接纳敌寇，不应当追赠谥号。"

王导则持不同意见，他的看法是，王敦第一次反叛之初，打着"清君侧"旗号，其奸逆篡晋行为尚不明显，他以自己举例，指出即便是像他这样算是有识之士的大臣，当时都未能完全察觉王敦的真实图谋，与周札的见识没有什么不同。言外之意，周札献城以降有特定背景，不应苛求。

在王导看来，周札觉察到王敦的图谋后，便决定为国献身，所以才会在灭门案中被杀，基于此，他认为应当将周札与周顗、戴渊同样对待，依例追赠。

王导其时威望地位都在，说话一言九鼎，他发完言后，连卞壸自己都不吱声了，其他大臣更是鸦雀无声。这时候，郗鉴站了出来，表示支持卞壸之议，认为追赠周札不合赏罚之理。他强调周顗、戴渊皆因守节而死，与周札延引敌寇有着本质不同，"如果行事不同而赏赐均等，怎么能劝善沮恶？"

对于王导给周札的"洗白",郗鉴不屑一顾,指出如果照这么说,"有识之士"都与周札没有区别,那么司马承、周顗、戴渊算不算"有识之士"?算的话,他们的见识居然与周札一样,要不要承担罪责?既要承担罪责,还有什么理由再追赠谥号?

"现在既然褒扬三臣(司马承、周顗、戴渊),那么很显然,周札就应当受到贬责!"

王导张口结舌,只好勉强说:"周札和谯王(司马承)、周顗、戴渊,虽然所见有异同,但都尽了人臣的本分。"

郗鉴对此完全无法认同:"王敦叛乱,朝廷与之相持了很长时间,最后就因为周札开门延引,才使朝廷军队一蹶不振,结果招致失败。"激愤之余,郗鉴对王导无意中为王敦首次反叛所作的"洗白",也作了极为严厉的驳斥:"如果王敦先前的举动,如同齐桓公、晋文公那样是正义的,那么先帝(元帝)不就成了周幽王、周厉王那样的昏暴之君吗?"

此言一出,王导顿时语塞,同时也尴尬不已。群臣觉得郗鉴说得对,所以没人反对,可是鉴于王导的面子,又不好公开支持,于是便都一个个沉默不言。

王导关于"有识之士"的言论,确实是大实话,别说王导,即便温峤,那个时候也曾对王敦起兵表示过理解和同情。相对而言,王导就追赠周札所提供的理由,实在是站不住脚。首先,当年周札献城以降所造成的严重后果,没有谁不知道,这可不是什么见识不见识的问题,而是根本没法原谅。其次,王敦及钱凤等党羽容不得周氏,之后周札为了自卫,才在被杀前进行了抵抗,而并非如王导所说,周札终于发现王敦意在篡晋,要为国除奸,所以才导致了自家满门被灭……

周氏族人,除周筵一向被视为王导一党外,周札等与王导均无特殊关系,而以周札的品位、品质以及对待晋室的态度,他也不可能会被王导瞧得上。在这种情况下,王导仍力主追赠周札,甚至不惜以"狡辩"的方式与郗鉴舌战,只会有一种可能,那就是他需要借此向江东士族传递一个明确的信号:朝廷对忠诚之士的宽容与赏识是坚定不移的,即便有人像周札那样,曾经犯下过重罪,只要他能够真心悔过,并继续为朝廷效力,那么朝廷不仅既往不咎，还会对其贡献给予充分的认可和奖励。

这符合王导笼络江东士族的一贯政策。旁观王导和郗鉴争论的明帝，对此自然心领神会。实际上，明帝对于平乱后争取南士支持的必要性，同样也有着深刻认识，因此虽然王导在与郗鉴的论战中明显未能占得上风，但他最终还是采纳了王导的意见，追赠周札以卫尉官衔。

秀肌肉

王导与郗鉴之间的激烈论战，究其实，并非单纯的是非之争，更多的还是源于职责各异，以及看待问题的视角不同。不过双方如此针锋相对，以致到最后，郗鉴已几乎不顾对方的体面，也说明其时他与王导的关系并不和谐。

在成帝即位后，这一情况为之一变。郗鉴同受明帝遗诏辅政，但他看到的却是庾亮凭其帝舅之尊，权势和地位迅速上升，将王导压了下去，他与其余五人更是无所作为，"政之大要，皆决于亮"。作为忠于晋室的大臣，郗鉴自然对此忧心忡忡，他认识到，只有支持王导，才有办法约束庾氏专恣，稳定东晋政局。与此同时，受到庾亮挤压的王导，也正在寻求实力朝臣对其予以援手。就这样，素无瓜葛的两大高门之间，开始出现了交集的需求，王导、郗鉴私下里也越走越近。

此时按照各自的势力范围，东晋基本以淮河与后赵划界，东晋政府遂以原徐州的淮河以南部分为新的徐州，即侨置徐州，用以安置来自原徐州的侨民。公元326年，郗鉴领徐州刺史（以下徐州均指侨置徐州），镇于广陵。王导前去为郗鉴送行，卞壶得知后，立即以王导称病不上朝，却私下送别郗鉴，上奏弹劾王导"居官不敬"，说："王导破坏国家法令，以徇私情，请免除官爵。"

比之于即位大典时，责备王导非"社稷之臣"，此次卞壶给王导所加的罪名又更进了一步，所谓"居官不敬"，正与晋律中"不敬"科相合，其罪确可至免官。

王导继上次遭到卞壶抨击后，仍然不避嫌疑，私送郗鉴赴徐州之任，是王、郗之间已经拥有密切关系的一个明证。与此同时，值得注意的是，面对卞壸的弹劾，王导居然没有丝毫狼狈紧张之状，显见得他对此早有心理准备。

当初甘卓为了让王敦放过自己，不惜自剪羽翼，最终却反而被对手吃得连渣儿都没剩下，这说明在政治场上，仅仅依靠退让和妥协往往是不够的，还必须亮出自己的"肌肉"。从这个角度上说，王导为郗鉴送行，其实就是"秀肌肉"给庾亮看——不怕你知道王、郗在接触，就怕你不知道王、郗已经联手！

如果只是针对王导，庾亮是有办法继续把他往死里整的，但王、郗形成组合那就不一样了，以王氏的资格、声望，以郗氏的威势、实力，二者合力，谁敢小觑？

卞壸发起弹劾后，尽管引得举朝震动，弄得满朝大臣畏惧卞壸，但在庾亮的主持下，朝廷既没有依律免去王导的官职，也没有给予任何处分。不唯如此，庾亮甚至还可能有一种担心，即王导在放弃与自己争夺主政大权后，会不会因为卞壸的乱叫乱嚷，导致心理不平衡，整出什么幺蛾子。

卞壸是个谨守旧礼法，与时尚格格不入的人，当时士风放达，贵族子弟大多仰慕和争相效仿那些佯狂醉酒、放浪形骸的名士，卞壸对此非常看不惯，他在朝中疾言厉色地数落这些子弟，说他们的行为"违背礼义，有伤教化，罪莫大焉，本朝中途倾覆（指西晋灭亡），实由此而起"。

卞壸还想奏请治子弟们的罪。王导认为时风如此，没有必要小题大做，因此表示反对，但这个时候王导早就说了不算了，大家都得看庾亮的意思。庾亮的态度是站在王导一方，完全支持他的意见。见庾亮如此，卞壸也只好偃旗息鼓，闭上了嘴。

庾亮针对王导的策略，实际上是又打又拉：一方面，他乐见卞壸自发地为己所用，当王导进行私送郗鉴等"不安分活动"时，就通过卞壸等人适当打击一下；另一方面，庾亮又不希望卞壸给自己瞎添乱，特别是在一些诸如礼法教化等看起来无足轻重的问题上，他也会保持克制，并注意给王导留一点面子，以求双方暂时能够和平相处。

反其道而行之

东晋盛行隐逸之风，很多隐士原本都是有能力有声望的名士，其中有一位名叫周邵的隐士，庾亮一直想请其出仕。周邵执意推辞，而且态度越来越坚决，每次庾亮亲自前去拜访，他从前门进去，周邵就从后门跑掉。

庾亮不肯放弃，有一次突然不告而至，周邵来不及脱身，只得相迎。两人面对面地坐了一整天，庾亮不停地用当世政务劝说周邵，竭力鼓动他出山。其间，庾亮肚子饿了，就问周邵家里有没有什么吃的。周邵能提供的都是一些粗茶淡饭，庾亮养尊处优，平时哪会吃这些，但他还是强忍着，装得极为开心的样子，勉强进了食。

庾亮还向周邵保证，只要他答应出仕，就一定予以举荐，并让他与自己共同承担辅佐朝廷的重任。周邵终于被打动了，弃隐而仕。可是最终的结果却令周邵大失所望，他只是担任了地方上的太守，没能如庾亮所承诺的那样，进入朝廷中枢。与此同时，当官也当得很不合心意。

周邵未能得偿所愿，当然有很多原因，其中有一条恐怕不能不提，那就是庾亮政治风格的改变。

王导辅政，以清静为宗旨，所谓"不存小察，弘以大纲"，即坚持原则，但不拘泥于细节，他也因此赢得了南北士族的普遍好感。庾亮原本是个不折不扣的"小王导"，早在明帝尚为太子时，就曾反对元帝的申韩之术，明帝后期与王导共辅朝政，也未见有何变化。可是在庾亮独掌朝政后，他却一改昔日宽政和对申韩之术的态度，摇身一变，俨然成了刁协、刘隗"刻碎之政"的后继者。

很可能，庾亮请周邵出仕，是在他的"小王导"时期，等到周邵正式出仕，庾亮已经不走原来的路线了，隐士出身的周邵自然没法进入中枢，而其时严苛的政务要求，也必然让他难以适应。

周邵觉得自己上了庾亮的当，但此时的他已经进退维谷：他去看望昔日共同隐居的朋友，人家都不搭理他；继续当官，这官又当得没滋没味。周邵一气之下，背上长了痈疽，卧床不起。有一天半夜里，他翻来覆去睡不着，独自感慨道："身为大丈夫，竟然被庾元规（庾亮字元规）出卖了！"随后一声叹息。当夜，周邵就因痈疽发作去世。

庾亮搞"刻碎之政"的一套，并不比刁协、刘隗时期更得人心，周邵之死就是个缩影。士人们怨愤不满之余，甚至认为庾亮本来就不算真名士，不过是外表装潢着名士风度的政客而已。有人还翻出了明帝与谢鲲的一段对话，当年明帝曾问谢鲲，他和庾亮孰高孰低，谢鲲回答说如果是搞政治，他谢某不如庾亮，但若是在深山幽谷中陶冶性情，他自认为超过庾亮（"一丘一壑，自谓过之"）。

庾亮是王敦之乱的亲历者，"刻碎之政"可以说是王敦之乱的一个诱因和口实，庾亮对此并非不知情，为何还要重蹈覆辙？无他，庾亮确如谢鲲所说，本质上，他不属于深山幽谷、"一丘一壑"，他就是个搞政治的。

王导长期执政，在朝野拥有强大的政治影响力，庾亮替代王导，最需要做的，就是要逐步清除前任的影响力，如果他萧规曹随，继续执行王导的清静之政、宽和之政，那他纵然大权在握，不还是活在王导的阴影之下吗？只有反其道而行之，王导往西，我往东，王导往东，我偏往西，才能把个人权威树立起来。这是其一。其二，元帝以刁协、刘隗行"刻碎之政"，说白了，就是要加强中央集权（皇权），削弱地方势力（士族）。

庾亮打压地方势力，导致双方矛盾不断激化。周邵一类缺乏根基的地方官，自然毫无还手之力，但强藩们可就不一样了。明帝平乱后，为有效防御北方胡骑的南侵，同时也为了使方镇之间互相牵制，任命陶侃为征西大将军、荆州刺史，都督荆、湘、雍、梁四州军事。北上复出后的陶侃，对未来信心满满，立志要干一番大事业。参佐幕僚中有人因喝酒游戏而荒废正事，陶侃就命人将他们的酒器和玩具全都投弃江中，如果是将吏们这么做，被他撞见，还要加以鞭责。

陶侃素来居官廉洁，重视民生。有人送他礼物，他一定要询问来路，倘若礼物非正道所得，就会毫不客气地当场呵斥，坚辞不受。如果陶侃知道礼物是对方靠自己的劳作所得，即使价值微薄，也会非常高兴地收下，回赠的物品要超出对方的三倍。有一次，陶侃出游，看见有人手里拿着一把还没有成熟的稻子，便问他拿来干什么。那人回答说是走路时看到，随便摘下来玩的。陶侃闻言大怒，当即抓住此人鞭打，给了他一个教训。

王敦之乱被平定后，荆州曾发生大饥荒，饿死了很多老百姓，但自陶侃入镇荆州后，社会逐步趋向安定，百姓安居乐业，生活丰足，陶侃因此深得人心，被称为"忠顺勤劳似孔明"，陶侃本人也踌躇满志，但令他深感失望的是，在朝廷公布的辅政大臣名单中，他的名字并未上榜。

奇怪啊，明帝平乱后，曾经那么重用提携自己，怎么会在这个节骨眼上，把我遗忘了呢？联系庾亮对地方的"刻碎之政"，明白了，一定是这小子私自删改了明帝遗诏，有意要把我排挤出辅政大臣的行列！

定时炸弹

陶侃对庾亮口出怨言，说了不少庾亮的坏话。庾亮有着强烈的士族意识，他对南方寒人出身的陶侃，本就持轻视和不信任态度，陶侃的这些言论自然只会加深两人的隔阂。

明帝朝后期，控制交州的梁硕凶残暴虐，陶侃派部将高宝前去讨伐，高宝一战而胜，将梁硕斩首。自此之后，高宝便驻守交州，负责镇守。随着陶侃、庾亮之间的关系渐趋紧张，陶侃为加强自己的实力，决定将高宝调回。

恰在此时，大臣阮放自请出任交州刺史，获得朝廷同意。阮放在上任途中，遇到了正率部离开交州的高宝，他设下鸿门宴，伏兵杀害了高宝。高宝的部下发现主将被杀，对阮放群起而攻之，阮放不敌败逃，虽侥幸得免，但在到达交州任所后不久，因病而去世了。

高宝是陶侃的得力爱将，讨伐梁硕的功臣，一般情况下，阮放怎敢设局擅杀？更为吊诡的是，庾亮对此没有表示不满，更没有给冤死的高宝以任何说法，反而对阮放的去世，表现得很是悲痛和惋惜，还追赠他为廷尉。显然，阮放的行动获得了庾亮的支持，合理的推测是，阮放发现高宝正奉命北调，便按照庾亮的授意，杀害了高宝，以此达到剪除陶侃羽翼的目的。

高宝案发生前，阮放并不被看作是庾亮一党，因此当时外界都视此案为阮放的个人行为。陶侃自然能够猜到是庾亮在背后捣鬼，然而阮放已死，如今死无对证，他也只能吃这个哑巴亏。

陶侃对庾亮的敌对情绪愈发强烈。庾亮这时也清醒过来，陶侃毕竟控制着至关重要的上游，他要像王敦一样反了，可怎么办？庾亮直接控制的军队，还是宿卫六军，虽然宿卫六军在平定第二次王敦之乱中表现出色，但总体实力尚不足以对付陶侃。庾亮心中有数，现阶段只能对陶侃采取守势，为此他任命温峤为江州刺史（此前任丹杨尹），派其都督江州诸军事，镇于武昌，而主要任务则是监视荆州方面的动向。与此同时，庾亮又下令重修石头城并加强建康的卫戍力量。此外，他还任命王舒为会稽内史，准备一旦有变，为京城提供必要的支援。

回过头来看，明帝虽是有为君主，但毕竟死的时候还太年轻。他临终前对身后事考虑得越多，出的错就越多，最后所有的错，又都被汇总到了那份辅政大臣名单上——明帝对此反复推敲，以为万无一失，谁知它却不啻预先埋下的定时炸弹！

因为这七位辅政大臣，除了前宰王导，其余都能够列出替代者。既然能够被替代，那些自认为也有资格入榜的人，当然就不会服气，豫州刺史祖约就是其中一个。

与陶侃相比，祖约的怨气有多无少：论声望，论年资，我都不比同为流民帅的郗鉴或者朝中的卞壶差，为什么郗、卞能做辅政大臣，我就不能？不让做辅政大臣就算了，为何明帝遗诏中，褒扬和提拔也没有半个字轮到我？

在庾亮秉政后，祖约得到开府之号的希望也破灭了，上表则大多不获允准，这让他牢骚满腹，并对自己未能名列辅政大臣，给出了与陶侃一样的解释，即一定是庾亮将他的名字从明帝遗诏中删除了。

实际上，以朝廷对流民帅的信任度来说，后者是很难进入中枢的，更别说成为辅政大臣了，郗鉴只是特例。祖约自接任其兄祖逖之职后，因缺乏领导才干，不为士卒所附，又屡败于石勒，已经使得东晋政府对其日渐不满，在这种情况下，褒扬、提拔、开府之类好事均与其无缘，上表又多不获允准，也就不难理解了。

偏偏祖约不这么想，他只是一门心思地认定庾亮在为难他，于是因怨生恨，也像陶侃一样，散布了不少关于庾亮的流言蜚语。

有惊无险

其实就算陶侃、祖约不谈庾亮的是非，这时的社会舆论对庾亮也已经很不友好——除了庾亮的施政、为人外，他的外戚身份也使他不可避免地受到了诸多非议。

自汉代起，外戚干预朝政逐渐成为宫廷中的一种常态，然而，这一现象又常常激起朝野的广泛争议与不满。人们普遍认为，外戚的升迁并非完全基于其个人才华或显著政绩，而只是依赖于他与皇族的紧密血缘联系。外戚能否妥善治理国家，因此一直饱受质疑。也确实，外戚干政导致国家衰落的例子在历史上屡见不鲜，以至于在许多史家和有识之士的心目中，"外戚专权"这一概念，俨然成了国家政治败亡的代名词。

庾亮自己对此也很介意，当年他向明帝辞任中书监一职，上表时即援引两汉外戚之祸作为反例。庾亮真心希望，天子和外界不把他当作外戚，而只作为一个能臣，但实际情况是，明帝正因为他是外戚，所以才放心让他取代王导等人辅政，至于外界，左看右看，都觉得自庾亮掌握中枢权力后，东晋实际上已经进入外戚专权的时代。

一般士人因庾亮"刻碎之政"而怨，陶、祖等官吏则因与庾亮关系不睦而恨，他们都会强调"外戚专权"，因为这发子弹打出去最有力量。与此相应，民间此类传言也颇多。那个年代的人最相信谶纬，成帝即位后不久，发了一场大水，术士便说这是阴盛阳衰造成的。何为阴盛阳衰？具体解读为：君主年幼无知，太后代为执政，庾亮以国舅身份在宫中决断政事。

庾亮的耳边充斥着这些声音，然而这些声音听得越多，你越不可能指望他改弦更张，或者分权给别人。相反，他只会更加注重于"刻碎"和迷恋于专权。当然，庾亮也知道，专权需要以实力作为后盾，尤其是要对付陶侃、祖约等强藩，光是靠宿卫六军是远远不够的。

事实上，庾亮在其掌权初始，便已开始尝试控制流民军。明帝平定王敦之乱，主要依靠郗鉴、刘遐、苏峻等流民帅，可以说，他们的向背直接决定着东晋政局的走向。郗、刘、苏三人中，庾亮只跟郗鉴关系亲密，这也是一件很有意思的事，虽然郗鉴对庾亮专权私下抱有异议，但他们的私人关系却非常好，这也是庾亮在看到王导为郗鉴送行时，即便明知王、郗可能走到一块，也未采取行动去阻止，亦没有因此怪罪王导的原因之一。

庾亮对自己与郗鉴的私谊始终抱有信心，并且坚信郗鉴在关键时候一定会支持他，但问题是郗鉴军处于抗赵前线，担负边防重责，能用之兵并不多，因而庾亮只能在刘遐、苏峻身上打主意。

在平定第二次王敦之乱中，刘遐、苏峻率北来兵团驰骋江左，一举而定乾坤，平乱后因功受爵，其中刘遐升任徐州刺史，苏峻升任历阳内史。成帝即位不久，刘遐便因病辞世，庾亮见机行事，让郗鉴兼任徐州刺史一职，借此收回了对徐州的掌控权，同时又拟安排郭默接管刘遐军。

郭默是出自刘琨系统的流民帅，曾在北方抗击胡人，后来因兵败于石勒，被迫只身南归。庾亮派郭默去统领刘军，是打着一箭三雕的如意算盘：以流民帅接管流民军，刘遐的部曲难以提出拒绝的理由；拉拢了郭默；刘军非郭默一手带出，军队更容易控制。

然而庾亮还是轻视了流民军的独特性。流民军多由部曲和流民组成，不同于州郡官兵，其士兵相当于流民帅的私兵，所以刘遐军也可称为"刘家军"。一般情况下，流民帅的部属为了维护自身权益，是不愿另换新主的，流民帅如果死亡或离任，就会由其兄弟子侄等近亲继任，比如祖约接替祖逖。刘遐军也是如此。刘遐有个儿子叫刘肇，刘遐死后，按照流民军的规矩和传统，刘肇自然获得了继承权，庾亮想通过郭默，把"刘家军"变成晋军的做法，直接侵犯了刘氏父子的继承权，因此立刻引起刘遐军内部一些人的强烈不满。刘遐的妹夫田防及史迭、李龙等旧将，不愿归属郭默统领，便共同拥立刘肇并起兵反晋。

庾亮闻讯，急忙派遣郭默等人率各郡军队前去讨伐。此时刘肇年幼，刘遐的妻子邵氏是个奇女子，她的父亲邵续系抗胡名将，拥有在北方打败石勒的骄人战绩。邵氏继承乃父之志，她不愿打内战，发现田防等人想要叛乱，先是试图阻止，未果后又秘密放火，烧毁了刘军武器库中的所有铠甲和兵器，叛军实力就此遭到很大削弱。郭默等人刚刚奉旨上路，临淮太守刘矫就响应朝廷，率将士数百人对刘军大营发起突袭，叛军一触即溃，田防、史迭、李龙等人皆被斩杀。

事后，刘遐一家以及那些未参与叛乱的刘军幕僚、将士被悉数送至建康，刘肇继承了刘遐的爵位，并得以入朝为官，而刘军则正式转归郭默统属。

这是成帝朝的第一次流民军反叛事件，尽管整个事件有惊无险，叛乱被迅速平定，但那只是因为刘家及其部属内部对于叛乱存在意见分歧，才未演变成无法控制的滔天之势。

政治局势的险恶已是昭然若揭，即便在亲近和支持庾亮的人中，大家也都忧心忡忡。阮放儿子阮孚对左右说，江东虽然经历了多代君主，但每个君主统治的年数其实都很短（言下之意，东晋也不可能维持太久）。在他看来，东晋面临的主要危险在于，时局艰难，国家已到了兴衰更替的转折关头，可是天子无法亲政，主政者庾亮又年纪太轻，尚未完全树立起自己的声望和权威。

阮孚担心，庾亮掌握中枢权力的时间尚短，在这种情况下，若是操之过急，无视各方异议，继续做出一系列强硬政治动作，将会引发乱局。可是，庾亮自己并不这么认为，尤其刘遐军反叛的败亡令他信心大增：不会有乱局，就算小范围内发生叛乱，朝廷也有足够的能力迅速平定。

随后，庾亮便将其冷峻的目光转向了苏峻。苏峻尚无身体衰败的迹象，但此时另一政治事件的发生，却让庾亮感到了时不我待，等不得对方自己倒下，他就决定采取新的行动。

这一突然插进来的政治事件，就是南顿王司马宗谋反案。

诬　杀

首先是御史中丞钟雅对司马宗进行弹劾，指证他在下台后，心怀怨望，暗中组织力量，图谋废除执政大臣。庾亮本就对司马宗不放心，总想着要找个机会除掉他，钟雅所奏正中下怀，于是立刻派大将赵胤前去拘捕司马宗。

司马宗在王府中也蓄养着私兵，见势不好，他选择了领兵抵抗。然而王府私兵的数量和实战能力终究有限，最后被打垮，司马宗当场被杀，家族遭到贬黜，由司马改姓马，三个儿子也都被贬为了庶人。

庾亮对于司马宗案的处理，在当时就没有得到舆论的支持和认同。司马宗由高层突然被一撸到底，心态失衡，意绪难平，这都不难想见，但问题是，如今的他早已被逐出中枢，手中无权无兵（指正规军），纵有废执政之心，又哪有废执政之力？再者，庾亮口口声声说司马宗想要谋反，但直到将司马宗抄家诛杀，也没有找到他想要造反的任何真凭实据，故而很难服众。

司马宗反形未明而被杀，许多人都觉得很冤枉，唐代的六朝史书《建康实录》，更是一针见血地用了一个"诬"字，认为庾亮诬杀司马宗，应该最符合历史真相。人们揣度庾亮这么做的动机之一，是基于过去的宿怨，也就是司马宗掌权时，不但不肯让庾亮入宫谒见明帝，还大声叱骂的那段过节。从庾亮执政后的性格及其所作所为来看，此人即便称不上睚眦必报，可也确实是相当记仇的，司马宗注定难逃一劫。

当然，对于政客而言，相比于单纯的个人恩怨，权力之争往往更能左右他们的取舍。司马宗虽已被免职，但因曾手握禁军大权，如今已成为皇族势力的象征，庾亮肯定认为这对自己而言，是一个不容忽视的隐患。此外，司马宗与苏峻交情深厚，关系紧密，也让庾亮备感不安。他甚至怀疑司马宗与其他不满自己的人，比如陶侃等，正在暗中勾结，打算搞掉他。鉴于这些情况，庾亮决定抢先一步，在司马宗猝不及防的情况下，对其予以诛杀，也就不难理解了。

庾亮既诛司马宗，又以连坐之罪，免去西阳王司马羕的太宰职务，降其封爵为弋阳县王，虞胤则由大宗正贬为桂阳太守，就连与司马宗关系亲近一些的汝南王司马统（"南渡四马"中的汝南王司马祐已死，司马统是他继嗣的儿子），也落了个被废的下场。

抛开司马宗到底冤不冤不说，以上三人跟司马宗案并无直接关联，其中的司马羕不仅在南渡宗室中资格最老，而且还是名义上的辅政大臣首席，因此，消息传出，"天下咸以亮翦削宗室"——天下人都认为庾亮是以办理司马宗案为名，行铲除宗室之实。

群众的眼睛是雪亮的，至此，庾亮虽然成功地打击了宗室，使对方不再成为自己在中枢的障碍和隐患，但也得了"翦削宗室"的骂名，舆论由此对他更加不利。

在司马宗案中，司马宗的部属卞咸与司马宗一起被杀，卞咸的兄长卞阐逃亡至历阳，投奔了时任历阳内史的苏峻。苏峻将卞阐隐藏保护起来。庾亮得知卞阐的去向后，向苏峻发出符节令，让他把人交出来，然而苏峻却装聋作哑，拒不从命。

庾亮早就有心剥夺苏峻的兵权，卞阐潜逃一事，正好促使他下定了解决苏峻的决心。

动手之前，罗列罪名总是少不了的。"多纳亡命"也即窝藏要犯和亡命徒这一条，自然少不了，推出的结论是，苏峻想以此壮大自己的实力，为谋反做准备。给苏峻列出的其他罪状还有："专用威刑"也就是独断专行，用法严厉；自恃对国家有功，颇有骄纵之心，轻视朝廷；部众日渐增多，又依赖朝廷供给物资，以致陆运、水运络绎不绝，即便是这样，只要稍不如意就肆无忌惮地斥骂。

这些罪状里面，真正有点内容的东西，其实只有"多纳亡命""专用威刑"两条，但此类情况在流民帅中早就司空见惯，比如"多纳亡命"实际是笼络收纳北方流民的延续，"专用威刑"也是流民帅把部曲和流民变成能战之师的必要手段，它们和蓄谋反叛完全是两码事，根本无足深怪。实际上，苏峻当年是泛海南渡的，那时其部曲也不过数百家，兵力充其量不过一两千人，至任历阳内史时，苏峻军已有锐卒万人，如果苏峻不靠"多纳亡命""专用威刑"这些流民帅的特有手段，又如何能发展到这般规模？

"轻视朝廷"的指控，除了拒不交出卞阐，可勉强算得上外，其余都只属于主观臆断，很难作为给苏峻定罪的依据。"供给物质"则有些让人啼笑皆非。流民军虽区别于严格意义上的官军，但既承担北防之任，官府自有义务对其予以供养，否则的话，难道靠苏峻自己种粮甚至劫掠当地民众？

至于"出言不逊"，苏峻作为出身寒门的流民帅，平常就没有少受门阀士族的轻视、排挤，就算他功劳再大，能力再强，也只能镇于江淮，而不得入中枢。对外，流民帅需应对北方胡骑的威胁，压力重重；对内，朝廷的物资供给其实也是时断时续，极不稳定，在这种艰难处境下，他们偶尔发些牢骚，表达不满，实乃人之常情，在流民领袖群体中亦是司空见惯，并非苏峻独有。因此，若仅以这些为由对苏峻予以处分，无疑是欲加之罪，何患无辞。

不过话又说回来，在政治的舞台上，证据和事实往往并没有那么重要，庾亮解决苏峻的核心问题，也并不在于其罪状确凿与否，而在于苏峻"兵强难制"。

苏峻并非司马宗，他拥有武器精良、能征惯战的精兵万人，绝非派遣一名将领，调动一支部队，或者下达一纸圣旨，就能轻易制服的。同样，朝廷也没法动用降职、谪徙远郡等办法，对之进行处理。

既不能打，又不能降，还不能徙，这让庾亮很头疼，直到他发现有一个机会可以利用。

打开天窗说亮话

自祖逖病逝后，后赵石勒便不断派遣军队，攻袭东晋在北方的据点。公元 326 年 12 月，石勒的养子石聪（实为汉人，被石勒收为养子后，改姓石氏）进攻祖约所驻的寿春，在一时攻城不下的情况下，又转而侵扰逡遒（今安徽省肥东县龙城乡龙城村）、阜陵（今安徽省全椒县陈浅乡百子村）两县，杀掠军民五千多人。

建康闻之大为震惊，朝廷随即颁布诏令，加封司徒王导为大司马，并特赐黄钺，象征征伐之权，负责汇集各方军事力量，全力抵御石聪的进犯。当王导率部在江宁（今江苏省南京市江宁区）集结时，成帝亲自前去为他饯行，以示对此次军事行动的重视。

王导挂帅出征，立即带动了下游的军事动员和士气提升。未等王导亲自指挥宿卫六军出击，苏峻就已敏锐地捕捉到战机，迅速派部将韩晃对石聪发起反击，成功将其击退。

随着后赵兵退，警报解除，庾亮赶紧解除了王导的大司马职务。苏峻在此役中立下头功，按理应予以褒奖，但看到苏峻军在御寇中的表现出色，庾亮对于卸其兵权，夺其武装的念头反而更加强烈了。这时他突然想到了一个主意：你们不是说应对苏峻论功行赏吗？行，我这就破格提升他为大司农，将他征召入朝！

大司农在东晋政权中是九卿之一，因主要掌管国家仓廪，故又称司农卿。大司农在朝中的地位虽然相对较高，但不掌兵权，这也就意味着庾亮可以在把苏峻与其部属隔离的过程中，逐步控制其军队。庾亮自认为此计甚妙，私下里征求王导的意见。王导一听就觉得不妥，流民帅皆由军功起家，他们对于剥夺其兵权的事都极其敏感，更何况根据王导对苏峻的了解，对方是有一定心机和城府的人，如何能被朝廷这样一个小小的伎俩蒙骗？

"苏峻为人阴险多疑，必定不会老老实实地奉诏前来。"

见王导已知其真实意图，庾亮也就打开天窗说亮话，他强调苏峻罪不可赦，朝廷不得不用这种办法来对他进行处理。王导则劝他：山川原野中，可以藏匿毒虫猛兽，但也正因为这些毒虫猛兽躲在山中，所以不至于下山伤人。对待苏峻也是一个道理，只要让他继续驻兵在外，就不至于对朝廷发难，故而不如暂时予以包容，不惊动他为好，否则恐怕会闹出风波。

王导担心，如果现在激怒苏峻，他只会加速作乱，像下山的毒虫猛兽一样，对朝廷安危造成极大威胁。王导的想法，从根子上说，是与他的清静政策一脉相承的，庾亮自掌权后，对于王导的话，他是一句都听不进去。

庾亮将王导的意见弃之脑后，他接着召集朝议，当众慷慨激昂地说："苏峻狼子野心，最终必会作乱。今天征召他，即使他不听从上命，造成的祸乱也还不大。如果再过些年，就无法制服他了，他就如同汉时的七国一样。"

庾亮所说"汉时的七国"，系指汉景帝时期的七国之乱，当时吴、楚等宗室诸侯王发动叛乱，几乎动摇了汉朝的根基。

朝堂之上，一片沉默，只有向以敢言著称的卞壸，仍旧站出来发表自己的意见。

庾亮以西汉七国之乱为喻，认为在苏峻势力弱时，即便作乱，为祸也尚浅，但他却忽略了关键的一点：七国中作为主力的吴、楚两个诸侯国，均远离长安，双方有着广阔的缓冲地带，所以七国不至于和汉廷鱼死网破，也因此让汉廷拥有了调兵和反击的充裕时间。

卞壸指出，苏峻不但手握强兵，最重要的是，其所驻历阳与京邑仅一江之隔，两地相距非常近，从历阳到建康，不足一天的路程，一旦苏峻不听调命发动叛乱，叛军兼程进兵，用不了一个早上便可到达建康城下。

只要苏峻愿意，顷刻之间便能威胁京师！卞壶请庾亮务必予以慎重考虑，然而庾亮却置若罔闻。庾亮召集朝议，只是想走个形式。

卞壶退朝后，越想越不安。他知道征召苏峻非同小可，乃是关系国家命运的大事，苟如庾亮所言，苏峻已表现出骄狂之态，现在征召其入朝，不正好加速祸乱的到来吗？

当卞壶得知，王导和他意见相同，然而劝阻庾亮亦无效果时，便更着急了。无奈之下，卞壶只得给出镇武昌的温峤写信，告知其事，并且忧心忡忡地说："苏峻发现朝廷要对付自己后，必定会挺起毒刺刺向朝廷，朝廷现在的力量虽然已很强盛，可是战乱起后，能否擒获苏峻，实无把握。"

"我竭力与庾亮争辩，但无济于事。"当初温峤出镇，卞壶亦参其谋，现在他告诉温峤，他对此感到后悔，"我本来想让足下在外任官作为外援，现在足下在外，不能一同谏止此事。或许将来，我也只能被迫追随他们的决定了。"

温峤素有识人之能，他认为苏峻个唯利是图、残暴凶狠的人，这一认识与王导可谓是不谋而合，而且早在明帝朝平定王敦之乱后，温峤上奏七条军国要务，其中第一条就是防止流民帅叛乱，自然也知道轻重，因此在收到卞壶的信件后，他马上意识到情况不妙，于是立即写信给庾亮，劝其不要征召苏峻入朝。

温峤、庾亮年纪相仿，二人自共同任职东宫开始，便结成了"布衣之交"。《世说新语》记载，温峤在官职还不高的时候，曾多次和来往于扬州、淮中的客商赌博，但是逢赌必输。有一次温峤在船上赌博，输得很惨，赌输后没钱还债，人家见状，就不让他脱身上岸，情急之下，温峤只得大声呼喊庾亮，让他赶紧拿钱赎人。有人跑去告诉庾亮，庾亮立刻送来了钱，温峤这才得以脱身。此后，每当温峤赌输没钱时，便找庾亮救急，而庾亮也从不推辞。这种事发生了多次。

正是有着如此私交，庾亮才会派温峤出镇武昌，替他监控陶侃，卞壶才会寄望于温峤能够说服庾亮。然而让大家失望的是，这次即便温峤出面，庾亮亦不为所动。其后温峤又多次写信，但同样收效甚微。

怒火中烧

庾亮不顾所有人的反对，执意强征苏峻，并非一时的头脑发热或感情冲动。归根结底，还是平定刘遐部属反叛的先例给他打气，让他相信自己只要做好充分准备，就足以应对苏峻而不会引发大的风波。退一步说，就算苏峻真的反叛，北有强虏虎视眈眈，南有官军依托长江天险据守，最后也必败无疑。

世上没有不透风的墙，消息很快就传到了与建康一江之隔的历阳。不出王导所料，苏峻马上就猜到这是庾亮要拿自己开刀了，趁着朝廷尚未颁诏，他急忙差人入京，向庾亮求情，称"在朝内辅政，实在不是我能胜任的"，同时又上疏表示，只要朝廷让他继续在外负责征讨，无论远近，哪怕是从历阳调到边境，都会唯命是从。

庾亮已经铁了心要将苏峻拿下，自然不会理会，诏书仍然如期颁下：征召苏峻回京，担任大司农，加散骑常侍。

苏峻回京，朝廷要求由苏峻的弟弟苏逸代领其部。与此同时，庾亮又任命他的弟弟庾冰为吴国内史，与郭默分别统领军队，以防苏峻起兵反叛。

见到建康发来的诏书，苏峻欲哭无泪，但仍希图以北伐和防御边患来打动朝廷，他上表回忆说平定王敦之乱时，自己率部入京勤王，明帝曾拉着他的手，嘱咐他在适当时机兴师北伐。"如今中原尚未平定，臣怎敢贪图安逸？请将青州界内任意一个荒远州郡拨给臣，使臣得以继续在前线效力，以展鹰犬之用。"

苏峻原本是在青州起家的，其部属也多为青州人，他话中隐含的意思其实是：我当年是来投奔你们东晋的，现在既然不能容我，那就放我走，反正我是不会脱离部属，上你们的当，中你们的计的。

对于苏峻的上表，朝廷的回复是：不行！

苏峻泄了气，一直犹豫不决，迟迟未行。参军任让见状，对苏峻说："将军您请求移居荒郡都不被允许，事情发展到如此地步，恐怕已无生路，不如领兵自守。"

　　任让的话一下子戳中了苏峻的心思，事到如今，苏峻已不只是害怕兵权被剥夺了，他更担心庾亮是要用请君入瓮之计，设圈套把他诓到建康，然后再杀害他。

　　苏峻的另一个亲信匡术也劝苏峻，与其坐以待毙，不如起兵造反，说不定还能为自己闯出一条生路。苏峻觉得有道理，便决定暂不接受诏令，先看一看朝廷的反应和动静再说。

　　苏峻不奉诏令，令朝野大为不安，也证实了王导等人的预见。大家最为担心的，都是苏峻在拒受诏令后，会不会铤而走险，唯有庾亮此时格外在意的，却是苏峻拒不奉诏这一行为本身：你这么做，不是摆明不给朝廷面子吗，这让我庾某和朝廷还有何权威可言？今后朝廷的政令如何能够畅通无阻？我庾亮又如何在朝中立足？

　　庾亮推行"刻碎之政"，搞的就是权威政治的一套，苏峻拒不奉诏，无疑是对其权威政治的一次严重挑战，是他断然无法容忍的。随后，朝廷派使者面谕苏峻，斥责他迟迟不奉诏，是意在谋反。

　　苏峻不听犹可，一听就炸了："朝廷竟然说我意图谋反，我还有何生路可走？不过，我宁可站在山头，远远地望着廷尉，也不愿让廷尉站在山下，看着我被押上断头台，面临死刑！"

　　苏峻怒火中烧，一时间，新仇旧怨如同潮水般涌上了心头，"以前国家危如累卵的时候，如果不是我力挽狂澜，国家早就覆灭了！"他咬着牙，恨恨地说道："也罢，狡兔死，走狗烹，自古一理，但我就是死，也要让那些在后面算计我的人给我垫背！"

　　苏峻并非一介莽夫，他清楚地知道，庾亮既然一直纠缠着自己不放，自然是早有准备，在这种情况下，若仅凭一己之力，恐怕难与朝廷抗衡。

　　苏峻决定邀约盟友，一道起事，他首先想到的盟友是祖约。

　　祖约与其兄祖逖相比，不但能力远远不及，个人性情方面也有云泥之别。《世说新语》中记载了一则祖约与阮孚的故事。祖约幼时特别爱财，阮孚则对木屐情有独钟。无论爱财还是喜好木屐，作为个人嗜好，本身并无对错优劣。后来有人去拜访祖约，常常看到他正在整理自己的财物，有时因为还没来得及收拾完，又怕客人看见，便将放钱的小竹箱藏在身后，斜着身体遮住它。就是这样，心情还久久不能恢复平静。阮孚则不同，他常常亲自给木屐上蜡，甚至在客人来访时，也毫不掩饰自己的喜好，一边涂蜡，一边感叹说："不知这辈子能穿几双木屐？"神态悠然自得，毫无忸怩之态。

人们于是马上就在祖约与阮孚之间分出了高下。祖约的格局就是如此之小，温峤形容他性格多疑、气量狭小、刻薄不仁，偏偏因为祖约能力有限，军功不多，朝廷对他也越来越冷淡。在上次石聪进攻寿春时，祖约屡次上表请求救援，朝廷都没出兵。祖约对此的看法是，庾亮想要除掉他，只是因为自己声望高，所以想借石聪之手，把自己干掉。

其后，石聪因攻寿春不下，转而进犯逡遒、阜陵，建康受到威胁，这才不得不让王导挂帅出征，组织兵力抵御石聪，但结果还是苏峻派将领击退了石聪。石聪退兵后，朝廷讨论是否兴修涂塘，用以阻遏胡骑南下抢掠，在此过程中，祖约被撂在一边，根本没人征求他的意见。

"这是弃我于不顾！"祖约心怀愤懑，他认为朝廷借刀杀人之计失败后，现在又企图像甩包袱一样把他甩掉。

叛　乱

苏峻深知祖约对朝廷的怨恨，因此特意派遣参军徐会拜访祖约，提出双方携手，共同讨伐庾亮。祖约如同一堆干柴，只待火星一点便能燃烧起来，徐会正好给祖约带来了这期待中的"火星"。一时间，祖约摩拳擦掌，显得异常兴奋。

对于祖约和苏峻相约叛乱，祖约的侄子祖智、祖衍也起到了促成的作用。祖逖生前的老部下、谯国内史桓宣，不忍看到祖逖的一世英名和功业毁于此辈之手，他恳切地对祖智说："强胡未灭，我们的计划，应是同心协力讨伐他们。"又劝导他："使君您如果真想成为一方雄霸，何不帮助国家讨伐苏峻，如此一来，您的威名自然就会建立起来。可现在却和苏峻一同谋反，这岂是长久之计？"

祖智的眼界格局，并没有超越他的叔叔，对于桓宣的苦口良言，横竖听不进去。桓宣只好直接去求见祖约，祖约知道他想劝谏自己，便来了个拒而不见。桓宣见事情已无法挽回，为了表示自己绝不与之同流合污，遂与祖约叔侄断绝了关系。

事实上，在此之前，庾亮为了专心对付苏峻，减少祖约的敌对情绪，已经提拔祖约为镇西将军，只是这一措施来得太晚了。在祖约叔侄的带动下，祖氏子弟和亲属全都跃跃欲试，祖逖的儿子祖涣、祖约的女婿许柳也在其中。祖逖的妻子是许柳的姐姐，她一再劝谏祖约、许柳等人，不要跟着苏峻一起作乱，但众人全都处于头脑发热的状态，根本就没人听她的。

祖约随即派祖涣、许柳带上兵马，自豫州出发，前去历阳与苏峻会合。公元 327 年 12 月，苏峻联合祖约，以讨伐庾亮为名，正式在历阳发动叛乱。

自王敦之乱后，又一场规模更大、破坏性更强的浩劫开始了。古代长江下游有两个易渡之处，一为采石渡（今安徽省马鞍山市采石矶），一为瓜州渡（今江苏省扬州市瓜洲镇），江北之敌渡江进攻建康，多出此两处。采石渡北岸就是历阳，苏峻举旗反叛后，派部将韩晃、张健等人率领苏军，在与采石隔江相对的横江渡渡江，尔后占领采石渡，直逼建康。

镇于武昌的温峤闻报，立即请求率部东援建康，孰料队伍还没出发，庾亮却来信制止道："我对西陲安危的忧虑，要超过历阳，足下不可越雷池一步。"

庾亮所说的"西陲"，指荆州陶侃，"历阳"指历阳苏峻。庾亮一向把陶侃、苏峻视为两大威胁，他的态度足以说明，直到此时，他最放心不下的还是陶侃，对已经起兵叛乱的苏峻，竟反而不以为意。

这时三吴之地也效仿平定王敦之乱时的做法，请求出动义兵以卫京师，但庾亮又担心如果各地蜂拥而出，竞相入京勤王，会导致全盘皆乱，反而使得局面不可收拾，因此仍然没有同意。

庾亮搞权威政治上了头，已经盲目自信到匪夷所思的地步了。他大概以为，苏峻、祖约叛乱会像刘遐部属叛乱那样，不等官军正式出动讨伐，内部就会自乱，同时还会有勇者响应朝廷，先对叛军发起攻袭，故而在叛军主动进攻的情况下，他所采取的只是消极防御战略。

庾亮糊涂，其他人还是清醒的，大家都看出局势的发展十分不妙，大臣孔坦、陶回向王导进言，应该急速派兵切断阜陵的通路，并坚守长江以西当利（也称当利口，为长江渡口，位置在今安徽省和县东南）等路口。

阜陵乃叛军后方的交通枢纽，切断阜陵通路，也就意味着切断了叛军的一个重要补给线，进而限制其行动范围和物资供应。坚守当利等路口，也同样能够有效地阻止叛军进一步扩张和深入。孔坦、陶回提出这一建议，实际上还是欲与叛军抢时间，进而寄望于在各方援军到达后，借助于敌寡我众的条件，在决战中一战而胜之。

"如果我们不进攻，敌军就会先发动进攻。"为此，孔、陶甚至提议，应趁叛军刚刚渡江立足未稳之际，派兵攻打苏峻的老巢历阳，以迫使其分散兵力。他们担心，如果官军一直消极防守，任由苏峻率军兵临建康城下，将对守城军民造成极大的心理压力，一旦人心惶惶，惊恐不安，就难以与叛军作战了。

"必须先声夺人，机不可失啊！"王导对孔、陶的建议深表赞同，他劝说庾亮调整战略，采纳二人的计划。

然而，庾亮对此却不屑一顾。他深信苏峻不敢直接进攻建康，并且认为自己之前为防范陶侃而采取的举措（重修石头城、加强建康卫戍力量），已令京城防卫坚不可摧，固若金汤。在他看来，即使叛军兵临城下，也只能对着坚固的城墙徒呼奈何，故而王导等人的担忧，完全是杞人忧天。

战　局

正当庾亮自我陶醉，以致错失良机之际，令人震惊的坏消息接踵而来：韩晃、张健等人袭取姑孰，夺取了朝廷囤积于此的大量食盐、大米，同时又在附近的于湖进行了屠杀。

庾亮接到报告，叫苦不迭。官军没有切断叛军的补给，现在自家的补给仓库却被对方端掉了，庾亮事先布置的防御措施显然没有起到预期效果，而叛军夺姑孰、屠于湖的行为，则表明攻势远比庾亮自己的预想更为猛烈、迅速和不顾后果，由此也可以看出，苏峻完全有能力也有胆量兵抵建康。先前献计而不为庾亮所用的孔坦，就对别人说，看叛军的这种势头，必定会攻破台城（即宫城）。

庾亮后悔了。的确，如若听从王导之言，接受孔坦、陶回的建议，先发制人，及时出手打击叛军，就不至于让叛军有机可乘，造成现在这样被动的局面了。

形势急转直下。同样受到庾亮压制的宗室诸王，一看庾亮遇到了强硬对手渐渐陷入困境，也变得胆壮起来。就在叛军攻陷姑孰的次日，彭城王司马雄（"南渡四马"中的彭城王司马释已死，司马雄是他继嗣的儿子）、章武王司马休，公然背叛朝廷，投奔了苏峻。

宗室诸王力量微弱，但加入叛军，则有着很大的政治影响力，苏峻乐得联合宗室以壮大声势。

建康随即宣布戒严，进入全面战争状态。庾亮自任假节、都督征讨诸军事，他调兵遣将，陆路派司马流据守慈湖，水路派钟雅为主将，以赵胤为前锋，共同扼守要冲，严防叛军向建康的推进。身处危机之中的庾亮，不惜把自己在京的家族成员都动员起来，他的弟弟庾翼，当年只有二十二岁，尚未出仕，连他也以平民身份，统领数百士兵加入了石头城的守卫之中。

东晋尚未建国之际，有两位南渡名士曾不约而同地表示出对未来的忧虑，而后他们又都在"江左夷吾"王导的引导下，转变态度，全力以赴地投身于东晋的建国大业。这两个人就是温峤和桓彝，眼看京城形势紧张，温峤再也顾不得庾亮"不可越雷池一步"的禁令，径自带兵东下，而时任宣城郡内史的桓彝，也决定率兵驰援。

宣城郡兵员既少且弱，郡内还经常遭到山地居民骚扰，桓彝的长史裨惠因此建议他不如暂且按兵不动，等待时机。桓彝当然知道对自己而言，这是最为稳妥的选择，但他仍然面容凝重，掷地有声地说了一句："见无礼于其君者，若鹰之逐鸟雀！"

这本是《左传》中的话，意思是见到对君王无礼的人，必须像秃鹰追逐鸟雀一样对待他。桓彝以此表明自己的决心："现在国家正处于危急紧迫之际，从道义上讲，我岂能坐视不理，置身事外？"

桓彝不顾一切地率兵东援，然而他的军力毕竟还是太弱，相比之下，苏峻军的将士多是随苏峻渡江的部曲和流民，这些人长时间在北方厮杀，极为骁勇善战。桓彝在进屯芜湖后,被韩晃击败。韩晃乘胜进攻宣城,桓彝被迫退保广德。韩晃在大肆劫掠宣城各县后,回师南面战场。至此,桓彝实际已失去了增援京师的能力。

时任徐州刺史、镇于广陵的郗鉴,发现情况不对劲,也准备火速率部勤王。但已经到这个时候了,庾亮居然还硬充汉子,他通过朝廷发诏,以郗鉴需要坚守北部边境,防御胡骑趁机侵掠为由,不准郗鉴离开广陵。郗鉴放心不下,便派部属刘矩代替自己,率部前去守护京师。

温峤、刘矩所率援兵尚在路上,韩晃对慈湖实施了偷袭。慈湖守将司马流素来怯懦,贪生怕死,还未与敌人交锋,便已吓得吃饭时连烤肉都不知道往嘴里放了,结果自然只能以兵败身死收场。

建康战局更加险恶。公元328年1月,苏峻亲率有祖涣、许柳等士众加入的联军两万人,渡过横江,登上采石渡上的牛渚矶(即采石矶),尔后大军进屯建康东南方向的陵口,与韩晃、张健等人的叛军会合,共同对建康形成了夹击之势。

叛军兵强马壮,武器精良,尤其刚刚投入战场的祖涣、许柳部,是祖逖在北伐中扩充起来的老底子,比苏军能攻善战,官军哪里抵挡得住,招致连连败北。2月27日,苏峻占领了覆舟山。覆舟山与京城近在咫尺,叛军真正是兵临城下了,而孔坦、陶回曾经为之担忧的情况也随之而至:得知叛军已经到了眼皮底下,城内顿时人心惶惶,鸡犬不宁,王公贵族和官僚竞相把家眷送走避难。

不过此时庾亮在心理上仍有凭恃,苏峻若要从正面进攻建康,石头城乃是必须面对的一道难关。王敦叛乱时,还是靠周札献城以降,才得以占领此城。现今庾亮不仅重修石头城并设置重兵,还部署亲信坚守(他的亲弟弟庾翼就在石头城),他有理由相信,只要不给周札似的内鬼以机会,苏峻便没那么容易破城。

然而,事情却没有庾亮想得这样简单。作为颇具军事谋略的大臣,陶回看出,苏峻富有作战经验,他明知石头城有重兵戍守,必不敢,也不会直接从正面发动进攻。陶回推测,苏峻一定会先从建康西南方向的小丹杨(即今小丹阳)南路徒步迂回,然后再从那一侧进攻建康。他给庾亮出主意,提出派兵埋伏于小丹杨南路，截击前来迂回的叛军，"必可一战得胜，活捉苏峻"。

这确实是一个有望扭转乾坤的上上之策，但此时的庾亮，头脑已经完全陷入了混沌不清的死胡同，他再次以刚愎自用的态度，拒绝了陶回的正确意见。

未几就听说，苏峻果真从小丹杨绕道过来，因为是夜间行军，其间还迷了路，各部混乱不堪，七零八落，设若庾亮预先设伏，不难大获全胜。

不用说，庾亮这回又把肠子悔青了。

大势已去

苏峻长于用兵，他巧妙地绕过重兵设防的石头城，使得此处的防线瞬间失去了意义。战场随即转移至西陵（今南京大学北园、鼓楼岗一带），后者本是东晋皇家陵区，元帝、明帝等皆葬于此，然而这时也不可避免地沦为硝烟弥漫的战场。

庾亮屡屡失策，御敌的信心已然丧失，于是通过朝廷下诏，任命卞壶为西陵战场的主将。卞壶与钟雅并肩作战，率领郭默、赵胤等部，死守西陵，与叛军展开激战。

此时的官军主要由宿卫六军等部组成，在失去了城防作为屏障的情况下，即便他们死磕到底，也难以抵挡精锐善战的流民军。西陵一战，官军终因力量悬殊而大败，将士死伤数以千计。

公元 328 年 3 月 4 日，苏峻进攻青溪栅。青溪栅是位于建康城东青溪之上的防御设施，而青溪乃是一条流经建康城内的河流，青溪栅不守，叛军便可自水路攻入城内。卞壶指挥各路部队，依托青溪栅拼命抵抗，但却无法阻止敌人的攻势。

叛军破开青溪栅，乘胜沿水路疾进建康城内，直扑台城。苏峻一声令下，叛军乘着风势点火，朝廷的台省（中央政府）及各官署机构瞬间陷入火海，顷刻化为灰烬。

早在姑孰为叛军攻陷时，孔坦就预言，台城必定也会被其攻破，如今果不其然。孔坦当时还说，他从来都不是一个军人，所以不需要穿军服。及至台城被攻陷，穿军服的人大多死于非命，能幸存下来的多为不着军服者，孔坦亦在其中。

这是孔坦的选择，他用智谋为朝廷竭尽忠心，但并不愿意玉石俱焚。与此同时，也有人选择了继续抵抗，至死方休。战前卞壼背部生了痈肿，才刚刚好，伤口尚未愈合，然而他仍支撑着身体，率领左右侍卫与敌苦战，最终以身殉国。卞壼的两个儿子紧随其后，亦双双战死。卞壼以刚直闻名，着实令人感佩。战斗结束后，卞壼的妻子抚摸着他们父子的尸体，痛哭失声，说："父亲是忠臣，儿子是孝子，还有什么可遗憾的呢！"

叛军攻破台城后，转而进攻各处仍在坚守的城门。领兵戍守云龙门的丹杨尹羊曼等人战死，云龙门亦告失守。庾亮率领众将，准备在宣阳门内结阵以防，但队列都还没排好，阵势尚未拉开，敌人即蜂拥而来。士众见状，纷纷丢盔弃甲，四处溃逃。

庾亮明白大势已去。苏峻叛乱，既以讨伐庾亮为旗号，庾氏若落其手中，下场不言自明。事到如今，庾亮也顾不上他那当皇太后的姐姐以及小外甥皇帝了，他决定跟他的士众一样，从建康逃走。

在临别之际，庾亮匆匆回首，对坚决不愿舍弃天子，自愿留守建康的钟雅说："今后这里的一切，就全都托付给你了。"钟雅对庾亮先前的失策以及此刻的临阵脱逃心怀怨气，他怒气冲冲地反问："大梁折断，屋椽崩毁，这究竟是谁的过失呢？"面对钟雅的责问，庾亮自知理亏，只得无奈地回应道："今日之事，多说无益。"

撂下这句话，庾亮便急急忙忙地跑了，随行者除郭默、赵胤外，还有他的三个弟弟庾怿、庾条、庾翼。

在庾亮逃离后，真正站出来稳定局面的是王导。面对这场巨大的灾难，王导并未选择逃避，而是毅然决然地入宫护卫成帝。一入宫，王导就对侍中褚翜（音 shà）说："皇上应当坐在正殿，你可让他急速出来。"褚翜如梦方醒，立即进入内室，亲自抱着小皇帝登上太极前殿。随后，王导和陆晔、荀崧、张闿等几个大臣共登御床，护卫着已被抱上御床的成帝。王导同时任命刘超为右卫将军，让他和钟雅、褚翜在大殿门口守卫，又派担任太常、在朝中掌管宗庙礼仪的孔愉，穿着朝服，前去守护宗庙。

右卫将军刘超早在王敦之乱时，就曾誓死在宫中当值护卫元帝。在此次叛军兵临城下时，大家都纷纷送走家眷以求安全，唯有刘超反其道而行之，把妻子儿女都迁居宫内，做好了保卫天子、与叛军抗争到底的准备。当然，能这么做的毕竟只是少数，此时绝大多数官员侍从都已逃奔离散，周围突然变得悄然无声，很是瘆人。

非人待遇

在经过一阵可怕的沉默之后，叛军终于凶神恶煞般地闯到了大殿门前。褚翜率先挺身向前，阻止叛军入内。叛军士兵命令褚翜退下，褚翜不仅岿然不动，而且凛然厉色，大声呵斥道："苏冠军（苏峻在平王敦之乱后，被拜为冠军将军）前来觐见皇上，你们这些士兵岂敢侵犯逼迫！"

叛军士兵被褚翜的一身浩然正气震慑住了，因为害怕被苏峻问责，他们不敢强行闯殿，转身冲入后宫，对宫女进行抢劫，甚至连太后的左右侍人也没能幸免。

苏峻、祖约反叛成功后，便把他们先前对朝廷所积蓄的怨气，尽情发泄出来。叛军将抓捕的官员集中在一起，驱赶着去服劳役。王导的堂弟王彬乃三朝老臣，竟也惨遭棍捶鞭挞，被迫背着东西登上蒋山（即今紫金山）。

这还不是最惨的。最惨的是宫廷的侍从、宫女，甚至一些被波及的无辜百姓，他们所遭受到的非人待遇，更是令人瞠目结舌：凡成年男女，衣物皆被叛军士兵剥光，只好用破席或苫草自相遮掩，没有草席的人则被迫坐在地上，用泥土把自己的身体盖住。一时间，哀哭号叫之声，闻于京城内外。

苏峻反叛得手，仿佛意外获得了一笔横财，需要赶紧挥霍掉。东晋经过这么多年的经营和治理，中央政府已蓄积二十万匹布匹，五千斤金银，一亿多枚铜钱，数万匹绢，其他物品的数量也相当可观。苏峻在占领京城后，竟然在短时间内就将这些财物耗费一空，加上他在攻破台城前放的那把大火，原本相对繁华富庶的京城瞬间变得一贫如洗。掌管皇帝饮食的太官，无奈之下，只能用大火烧剩的几石米谷来准备御膳，其窘迫之状可见一斑。

公元 328 年 3 月 5 日，即叛军攻占建康的次日，苏峻矫诏宣布大赦天下，唯庾亮兄弟不在赦免之列。百官多被欺辱，苏峻独对王导刮目相看，认为此老德高望重，不但不敢加害，还让他官居原职，位列自己之上。

接下来，叛军内部又进行了一番加官晋爵的封赏。苏峻自任骠骑将军，让他的盟友祖约当了尚书令，许柳为丹杨尹，祖涣为骁骑将军。值得一提的是，先前被庾亮贬为弋阳王的司马羕，此时屁颠屁颠地主动跑来拜见苏峻，当面猛拍苏峻的马屁，极力称颂他的功德。苏峻听后大喜，当即恢复了司马羕的西阳王爵位，还授以太宰、录尚书事等职。

在苏峻叛乱前，作为应变措施之一，庾亮曾任命他的弟弟庾冰为吴国内史，苏峻攻占京城后，自然不能放过这位卧榻之侧的对手，遂派兵攻击。庾冰抵挡不住，只得放弃所在郡城，向南逃奔会稽。当他逃至钱塘江时，苏峻对他的搜捕变得异常紧迫，情况十分危急。幸运的是，庾冰身边有一位机灵勇敢的侍从，他协助庾冰登上了一艘船，并用粗席子将主人遮盖起来。随后，侍从便故意装出醉酒的样子，一边吟啸一边摇动船桨，逆流而上。每当船只经过巡查哨所时，侍从就用拐杖叩击船身，大声喊道："何处觅庾冰？庾冰正在此。"

除了主动检举，没有人会当众嚷嚷说，通缉要犯就在自己船上，加上吟啸和敲击船身，本就是醉酒后的常态，巡查兵便以为是醉汉在胡言乱语，没有上船仔细搜查，庾冰这才侥幸脱险。

至此，叛军兵锋遍及三吴腹地，东晋已呈土崩之势。

第十一章　关键一战

　　《晋书》评价庾亮，说他"智小谋大，昧经邦之远图；才高识寡，阙安国之长算"。意思是，庾亮的政治智慧和其宏大谋划不相匹配，他虽然才华出众，然而见识却相对有限，缺乏治国安邦的长远策略。这一评语可以说非常精准地道出了庾亮的不足，在其执政期间，这些缺陷又被进一步放大，在走向预期效果反面的同时，给东晋王朝带来了难以估量的损失和灾难。

　　在苏峻叛乱中的屡屡受挫，使庾亮的心态发生转变，他逐渐恢复了冷静与理智，正是在这种新的状态下，他"才高"的一面充分展现出来。

　　在逃离建康的途中，庾亮一行刚刚在江边登上一条小船，叛军就追赶上来，竞相对江边逃难者进行抢劫。庾亮的身边护卫用箭射敌，不料仓促间出现失误，误射了自己船上的舵手，舵手应弦而倒。众人全都惊恐失色，准备跳船逃命，只有庾亮安坐不动，用慢悠悠的口吻，很淡定地说道："这种手法怎么能够对付敌人呢！"庾亮镇定从容的态度，瞬间感染了周围的军士，使得大家摆脱敌人的追击，从容逃离。

一言惊醒梦中人

　　庾亮是去投奔温峤的。率兵东下救援建康的温峤，此前已经屯军于浔阳。不过温峤所将之军，只有他作为江州刺史的府军，兵力不过七千，另一支援军，郗鉴派出的刘矩所部也才三千，这两支人马在建康战场形势尚不明朗的情况下，都不敢贸然出击。

宿卫六军兵败，京师沦陷，刘矩无奈退兵，温峤更是如闻晴天霹雳，当场放声大哭。有人前来探望温峤，两人相对悲泣，均有痛不欲生之感。

不多时，庾亮等人逃奔而来。庾亮的出现，让温峤眼前一亮，仿佛是看到了黑暗中的一丝曙光：京师虽陷，国家未亡，既然庾亮还活着，一切还有转机！

鉴于建康已被攻破，难以再用司马氏皇帝的招牌进行号召，庾亮与温峤聚首后，以皇太后的名义，宣诏加封温峤为骠骑将军、开府仪同三司，同时任命徐州刺史郗鉴为司空。

温峤说："今日之事，这样危急，应以消灭贼寇为先。我还寸功未建却先被授官，蒙受如此殊荣，这种事前所未闻，怎么好向天下人交代呢？"他对于朝廷给自己的加封，坚决推辞。

"还是消灭苏峻要紧！"庾亮也有此共识。他在建康与钟雅告别时，面对钟雅的责问，那时心中其实就有一句话已经涌到嘴边，只是没来得及说出口："你且等我打回建康！"

两人共商征讨苏峻大计，庾亮推举温峤为讨伐苏峻的盟主，但温峤素来看重庾亮，即便这次庾亮跌了那么一个大跟斗，他依然对庾亮的才干深信不疑，因此不仅决定把自己的部分兵力分给庾亮指挥，而且又反过来推举庾亮为盟主。

两人推来推去，争执半天，各不相让。温峤的堂弟温充见状，插了一句嘴："陶征西（即陶侃，时任征西大将军）位重兵强，应当推举他为盟主。"

真是一言惊醒梦中人，立刻将庾亮、温峤点醒了。京师集结了宿卫六军等精兵，都对抗不了习战有素的流民军，区区七千江州兵，更无异于以卵击石，必须让陶侃军加入进来，如此才有足够的能力平叛。庾亮此时不会再提防陶侃了，两人一拍即合，温峤随即派人前往荆州，邀请陶侃共赴国难。

孰料他们的热脸却贴了冷屁股——陶侃拒绝相邀。原因自然还是他对没能参与辅政而耿耿于怀，并且怀疑是庾亮从中做了手脚，后来庾亮重修石头城，陶侃一看就知道是针对他的，就更火大了。现在旧怨未消，又要让他来解决因庾亮处置不当而引起的苏峻之乱，陶侃不乐意，他回复温峤："我也就是一个守戍边疆的外将，不敢逾越职分。"

温峤多次劝说陶侃，但都无法令其回心转意，便派使者对他说："那您就暂且按兵不动，我率兵进讨。"

使者出发两天后，温峤的心腹爱将毛宝出使归来，听说这个情况后，立即劝温峤赶快追回使者。

"凡举大事，应共同谋划，共同参与。一支军队能够克敌制胜，全在于团结一致，就算还有缝隙需要弥合，也不能让外界有所察觉。"毛宝认为，温峤的这封信件，且不说陶侃看了只会更加不爽，而且也会让别人知道联军内部有矛盾，不团结。他建议温峤把使者追回，改写书信，在信中强调陶、温必须一同进军，少一个都不行。

如果先前的使者已经追不上，怎么办？毛宝说那就再派使者去，总之一定要向陶侃表明诚意，同时向外界展示联军团结一致的决心。

温峤猛然醒悟，当即追回使者，改写书信。这次陶侃果然被打动了，答应接受讨伐军盟主之位，亲自领兵东下，并派战将龚登率部先期赶赴江州，接受温峤的节制。

有进无退

京城沦陷后，广陵成为众矢之的，郗鉴坚守于此，既要防备北境胡骑的侵扰，又要直面南境叛军的威胁，形势异常严峻，广陵很快就陷入了孤立无援、粮草告罄的绝境。军民人心惶惶，对坚守城池的信心已逐渐丧失。危急关头，郗鉴收到了庾亮以皇太后名义颁发的诏书，加封他为司空。这一任命，对于郗鉴而言，无疑是其仕途上的一个巅峰，更是流民帅中前所未有的荣誉。

郗鉴接到诏书后，激动得热泪盈眶，军民们因此大受鼓舞。随后，郗鉴在广陵设立坛场，宰杀白马，并亲自登坛与三军共同盟誓。在誓言中，他以江淮间流民帅盟主的身份，援引了春秋时齐桓公与诸侯会盟以扶助王室，以及汉末各路豪杰聚义讨伐董卓的典故，号召共赴国难的流民帅们，与他一同讨伐苏峻、祖约。

盟誓仪式结束后，三军士气大振，郗鉴果断地派遣部将夏侯长等人先行进兵，以示决心。与此同时，温峤、庾亮也在积极筹备西部联军东下事宜，二人深知时不我待，对此不敢有丝毫懈怠。

起初，由于道路阻隔，温峤和庾亮对京城沦陷后的详情并不了解。随着逃难者陆续来到浔阳，他们才逐渐得知苏峻、祖约暴虐不仁，残害百官士民的罪行。逃难者中有一位名叫范汪的学者，范汪对温、庾进言："苏峻政令不一，贪婪强暴，已显露败亡之兆。他虽然看似强大，但实则易盛亦易衰，如今朝廷处于危急之中，应当赶快进讨。"

温、庾深以为然，立即联名上书朝廷，详述苏峻、祖约的罪状，并向远近四方征镇发出檄文，约定半月后共同发起进攻。同时，他们还发布悬赏令，承诺斩杀苏峻、祖约者，封赏五等侯爵，并赐予万匹布匹。

檄文发出后，隶于江州的南康（今江西省赣州市）、建安（今福建省建瓯市）、晋安（今福建省福州市）三郡率先响应，向浔阳派来了兵马，然而让人着急的是，作为联军盟主的陶侃却一直都没有动静，而且还提出要让已来江州的龚登回师。

老头子不知哪根筋搭错了，难道是想反悔？温峤急忙又给陶侃写了一封书信，申明："大军有进无退，可增而不可减！"同时提醒他："南康、建安、晋安三郡之军已经上路，正火速赶来会师，只等您来行使指挥之权，便可大军齐发。如果您现在把龚登之军调回，将使远近诸郡产生疑虑，这可决定成败啊！……就怕有人不理解您的良苦用心，认为您对讨贼之事不积极，这种舆论一旦形成，则难以补救。"

温峤担任江州刺史，其任务虽为防荆保扬，监视陶侃，但这只是他和庾亮暗中达成的协议。与此同时，温峤和郗鉴一样，都是擅长处理人际关系的"好好先生"，自温峤出镇江州以来，一直非常注重与陶侃建立良好关系，用他自己的话说，两人之间"绸缪往来，情深义重"。正是有此基础，温峤对陶侃豪言："如果您希望我在增援您的行动中充当先锋，我绝不敢有二话，而我一旦有急难，也希望您率兵相救。"

个人有急难，尚且要两肋插刀，全力相助，更何况现在国家也面临危难！温峤指出，倘若陶侃不顾大义，执意撤兵，导致此次讨伐失败，则江州必然难保。一旦江州失守，苏峻、祖约便会在江州设置官员，将其变为他们的势力范围。虽然叛军可能不会立即进攻荆州，但江州与荆州如同常山之蛇，首尾一体，唇齿相依，失去江州这一重要屏障后，荆楚地区东部将直接与叛军接壤，西部又面临着北方胡族的威胁，再加上连年饥馑，届时荆楚地区之危殆，相比江州今日之困境，只会有过之而无不及。

除了喻之以理，晓之以义，温峤也不忘动之以情。苏峻之乱发生后，陶侃的儿子陶瞻正在庐江太守任上，不幸被苏峻的部将冯铁杀害。陶侃闻之悲痛欲绝。陶瞻早在王敦之乱时曾被王敦扣作人质，陶侃因此一度不敢擅动；没想到若干年后，爱子终究还是死在了叛军之手。为了坚定陶侃出兵的决心，温峤特意在书信中以此事激励陶侃："您此次进军讨伐，若成功，必将成为大晋之忠臣良将，立下可与齐桓公、晋文公比肩的功勋；即便战事不顺，也能彰显您的慈父之心，为爱子报仇雪恨。"

温峤告诉陶侃，现在成败都系于一念之间："苏峻、祖约凶残暴虐，罪恶滔天，人人都对他们切齿痛恨。我们此时进军讨伐，就如同以石击卵，必胜无疑，但如若出兵迟缓，甚至再把士卒召还，将会导致人心离散，使大事败于将成之时！"

温峤的这封信效果极佳，陶侃读后大为动容，陶侃的妻子龚氏也在旁力劝陶侃，哪怕是为儿子复仇，也一定要出兵。温峤的部属、前来送信的王衍期，见状又进一步鼓动他："苏峻是豺狼，如若让他得志，天下虽大，难道还能有您的立足之地吗？"

从另一个角度上讲，这次苏峻的"成功"是相当惊人的，而且他"成功"后也没把陶侃当回事，若是任这种趋势继续发展下去，就必然会影响到陶侃的地位。现在苏峻是强者，朝廷和温峤等人都是弱者，对陶侃而言，只有帮助弱者，才能巩固和加强自己的地位，因此即便从个人利益的角度出发，陶侃也不能置身事外。

陶侃奋然而起，当即身披戎装，登上战船，连儿子陶瞻的丧礼也来不及参加，就昼夜兼程，赶往浔阳。

公元 328 年 5 月，陶侃率部抵达浔阳。人们都知道陶侃与庾亮之间的过节，大家窃窃私议，说陶、庾本就不睦，苏峻之祸又是庾亮惹出来的，陶侃此行，恐怕首要之事就是要诛杀庾亮以谢天下。

大概就因为这些议论,《世说新语》有一段记载:陶公(陶侃)自上游而来,欲诛祸首庾亮,结苏峻之欢心,以便和平解决苏峻之乱。

实际上《世说新语》的这段记述,与温峤劝说陶侃出征,以及陶侃亲自挂帅讨伐的心路历程,并不吻合。况且,陶侃深知温峤和庾亮的关系,若他真的有心为难庾亮,一开始就可以向温峤提出来,完全用不着在已同意出山的情况下,再来兴师问罪这一套。他既能连儿子丧礼都不参加,便风尘仆仆地前来与温峤、庾亮等人会师,本身就表明他此行并非出于个人恩怨,也没有针对庾亮的意思。

尽管如此,当时的议论无疑给庾亮造成了很大压力。站在庾亮的立场,他不能逃避也不能躲藏,同时作为联军的高级将领,无法避免与陶侃见面,确实是进退两难。

正当庾亮手足无措,不知该如何应对的时候,温峤给他出了一个主意:你如此这般,准保你没事!

破 冰

庾亮依言去见陶侃,一见面就叩拜谢罪,这正是温峤要庾亮做的。可以想见,庾亮在听到温峤的建议后,第一反应必然是震惊和抗拒:"这怎么行?!"并不是庾亮不愿意承认错误,而是他和陶侃门第相差过于悬殊:陶侃乃寒门士族,而颍川庾氏却是高门士族。

庾亮的门第观念一向很重,即便失意了,也很难设想自己向陶侃如此"卑躬屈膝"。然而事到如今,他已经没有其他更好的选择,只能听从温峤的安排,硬着头皮拜见陶侃,然后诚惶诚恐地跪下谢罪。

比庾亮更为吃惊的人显然是陶侃。因为自己的出身,陶侃在庾亮甚至是温峤面前,总是有些自卑感的,他没有想到庾亮会如此屈身折节,连忙扶起庾亮。随后,他带着几分不解、几分骄傲的神情说道:"庾元规(庾亮字元规)怎么拜起我陶士行(陶侃字士行)来了!"

陶侃的心中五味杂陈。他觉得,自己虽被别人夸赞为"忠顺勤劳似孔明",但终究是个出身寒门士族的将领,而庾亮,素有高名,为名士之翘楚，以前想要见他一面都不容易，哪曾料到今日竟会反过来拜倒在自己脚下呢？

陶侃越想越得意，原先对庾亮的一肚子气，顿时消了一半。他主动走下座位，坐到庾亮下方，接着又邀请庾亮起来与之同坐。

庾亮见状，知道温峤之计已见成效。待二人重新坐定，他又连忙按照温峤事先的安排，引咎自责，并向陶侃道歉。庾亮终究是名士，即便是自责道歉，亦尽显翩翩风度，那声调，那姿态，那动作，都使人感到又诚恳又亲切。陶侃听了，在心胸开朗的同时，也深为庾亮的名士风度所折服。

"君侯（对庾亮的尊称）当年缮修石头城来防备老夫，怎么今日反倒对我有所求呀？"陶侃突然揶揄道。庾亮一愣，未及分辩，陶侃便大笑起来，随后邀请庾亮入座，准备设宴款待。

陶侃为了调节气氛，才跟庾亮开了这句玩笑，这句话也成了两人关系破冰的开始。携手入席后，两人仿佛变成了多日未见的老友，之前的隔阂与不快尽在谈笑中烟消云散。此刻，恐怕连庾亮都要在心里给温峤竖个大拇指了，他真是把老将军那吃软不吃硬的脾气和豪爽性格全给捉摸透了。

陶侃、庾亮宴饮闲谈了一整天，随着话题的深入，陶侃甚至对庾亮产生了相见恨晚、惺惺相惜之感。用餐时，庾亮特意留下了薤菜的根，陶侃好奇地询问原因。庾亮回答："因为根还可以再种。"听到这个回答，陶侃颇为震惊，他本以为只有像他这样出身寒门士族的人，才会如此节俭，没想到出身于锦衣玉食之家的庾亮，居然也能做到这一点。陶侃又惊又喜，不禁由衷地赞叹道："庾元规不仅外表风流倜傥，气度不凡，而且内在还如此务实，真是不简单啊！"

就这样，在温峤的穿针引线下，陶侃、庾亮均以大局为重，捐弃前嫌，同心协力，共同平叛。

平叛联军以陶侃带来的荆州兵为主力，加上江州兵（包括温峤的府军、江州三郡之军等部），总兵力达到四万之众。公元328年6月，陶侃、温峤、庾亮等人率联军从浔阳出发，浩浩荡荡进兵建康。一路上大军声势如虹，旌旗延绵七百多里，钲鼓之声响彻云霄。

其时祖约占据历阳，苏峻坐镇姑孰，屯兵于湖，呈首尾呼应之势。得知西部联军开来，祖约第一反应就是这支联军是温峤组织的。事实上，陶侃虽是联军名义上的盟主，但军事行动的谋划和安排，确实大多取决于温峤，因此他也被视为实际意义上的盟主。祖约发现联军气势雄壮，兵力强盛，内心更加忌惮，他将温峤视为当年凭借自己的慷慨好客、善结贤士而组军的战国四公子，对其同党说："我早先就知道温峤会像战国四公子那样行事，今天果然如此。"

祖约怕，苏峻也慌，他采纳幕僚之计，决定返回建康并在石头城扎营，以便利用庾亮之前在石头城构建的工事，分兵抗拒联军。

苏峻布阵方式的改变，使得联军东下的速度无形中骤然加快，敌我双方距离被迅速拉近。

联军主要由荆州兵、江州兵等组成，他们多为南方人，倚仗舟楫，熟悉水战，而苏峻、祖约所部为流民军，士卒多为北方流民，或是惯于驰骋的骑兵，或以步战见长。温峤认为应扬长避短，不能轻易地让自家水兵上岸去与对方的骑步兵硬碰硬，因此颁下命令："将士有擅自上岸者处死！"

然而温峤的这一严令，却被充当先锋的将领毛宝打破了。原来苏峻给祖约送去一万斛粮米，被毛宝发现了，毛宝对士卒说："兵法有云，'军令有所不从'，现在眼瞅着有个攻击叛贼的良机，为什么不上岸呢？"

来不及向温峤请示，毛宝就带上由他统领的这一千名士兵，上岸对押粮的叛军发动偷袭，结果大获成功，在劫获全部粮米的同时，又以少胜多，歼灭叛军万人左右。温峤非常高兴，不仅没有责怪毛宝违反军令，而且上表推荐毛宝任庐江太守，以表彰他的战功。

祖约军在粮米被劫后，立即陷入缺粮困境，苏峻军的士气也大受打击，联军则乘胜进屯建康西南长江中的茄子浦（古江洲名，位于今江苏省南京市西南长江中）。

朝臣们

苏峻逼迫成帝迁往石头城，以便将其当作人质，增加自己的筹码。王导对此竭力反对，甚至与苏峻发生了争执，然而这一切都是徒劳的，苏峻只是把王导当作门面，自然不会听从他的劝告。

就在一个多月前，成帝的母亲、皇太后庾文君，在连续遭受叛军胁迫侮辱的境遇下，因过度忧愁而早逝，年仅三十二岁。小皇帝在失去母亲的庇护后，不得不独自面对眼前残酷的现实，当他哀哭着登上前往石头城的车舆时，在场的众人无不为之动容，宫中一片恸哭之声。

那天下着大雨，前往石头城的道路泥泞不堪，但刘超、钟雅拒绝乘坐苏峻配给他们的马匹，两人始终徒步侍从于成帝左右，神情悲伤却又慷慨激昂，令人肃然起敬。苏峻军力虽强，然而手下得力人才并不多，尤其缺乏政治人才，他一直有意拉拢朝中大臣，希望能将他们收归己用，因此，当听说刘、钟对成帝如此忠心耿耿后，虽然心中憎恶，可是也不敢轻易杀害他们。

苏峻将石头城内的库房改作皇帝行宫，此后每天都会跑到成帝面前大放厥词。苏峻出身寒微，文化素养不高，一不高兴就大声叫骂，什么丑话都说得出来。多亏刘超、钟雅以及荀崧等一些大臣不惧其淫威，终日侍从于成帝左右，寸步不离，否则成帝真若置身地狱一般了。

苏峻见刘超等人对成帝还是如此忠心，自然是又忌恨又羡慕。其时京城里粮食短缺，米价很高，苏峻便以慰问为名，派人给刘超送米，借此进行收买，然而刘超却坚辞不受。

刘超当时这么做，是很危险的。苏峻把自己的亲信补任为成帝的侍从官，表面上说是加强皇宫宿卫，实际是监视甚至随时除掉刘超等人。刘超对此不是不清楚，但他不但丝毫不惧，而且于君臣之礼愈加恭谨，同时作为帝师，他还坚持教成帝读书，给他讲授《孝经》和《论语》。

钟雅亦是如此。有人劝他既不为叛军所容，就应早做打算，寻机脱逃，但钟雅断然拒绝，他说："国家有祸乱，我不能匡正，君王有危殆，我不能挽救，却只顾着自己逃命，那我还怎么为人臣子呢？"

朝臣们说到做到，竭尽忠诚，护君卫国。庾冰从三吴兵败逃走后，苏峻派大臣张阖暂时督察东部军事，王导趁机密令张阖用太后诏书，谕示三吴地区的官吏士民发动义兵勤王。

苏峻只是把矛头对准庾冰，他不知道，当初庾亮在以陶侃为假想敌，布置种种预防措施时，还曾任命王导的堂弟王舒为会稽内史，以为京城之策应。当苏峻进攻建康并对庾冰展开行动时，王舒因没有收到朝廷的明确指示，未敢轻举妄动，然而他在从张闿那里秘密接受太后诏书后，即果断采取行动，任命已南逃至会稽的庾冰为奋武将军，派庾冰领兵一万，向西渡过钱塘江，讨伐叛军。

此举一出，伴随着诏书的传播，三吴地区的官吏士民纷纷揭竿而起。吴兴太守虞潭、吴国内史蔡谟、原义兴太守顾众等人，都组织义兵响应，其中虞潭称得上是毁家纾难。出兵前，虞母孙氏对儿子说："你应当舍生取义，不要因为我年老受到拖累。"随后尽数遣送家僮从军，并典卖自己的耳环佩玉作为军资。蔡谟则认为庾冰在南奔会稽前系吴国内史，现在应当官复原职，于是起兵离开吴国（即吴郡），把职位让给庾冰。

东部起兵令苏峻腹背受敌，他忙派部将管商、张健、弘徽等进犯三吴。庾冰、虞潭等人与之交战，双方互有胜负，处于胶着状态：苏军虽一时消灭不了义兵，但义兵也无法再向建康推进。

此时尚在广陵的郗鉴得到一个重大情报：苏峻准备挟持成帝东入会稽。会稽乃三吴的腹心所在，也是东晋建立后，三吴开发潜力最大的地方，元帝健在时就把会稽比作南方的关中（"今之会稽，昔之关中"）。正因为会稽有这样的条件，所以郗鉴判断，一旦石头城守不住，苏峻确有挟持成帝东奔会稽的可能。

郗鉴制订了一个军事方案，他立即与已先行出兵的部将夏侯长等人联系，并遣使前去告知温峤。

错　棋

东晋时期，江南一带的丹杨、晋陵（即原毗陵）等地还很贫瘠，产粮区主要集中在更南的三吴。当时扬州地区的粮食供应要仰仗三吴，苏峻给祖约输送的那万斛粮米，即来自三吴，而自苏峻之乱后，取道京口的江南漕运一度断绝，导致三吴的粮食运不到广陵，直接令广陵陷入断粮的困境。

郗鉴的设想是，在苏峻东奔会稽的必经之路上，抢占要地，设立营帐壁垒，此举的目的不仅是阻止苏峻的逃逸，更在于切断叛军的粮草补给线。之后，只需固守京口这一漕运要冲，同时实施坚壁清野的战术，静待叛军前来进攻，其意图是让叛军在无法攻克城池的情况下，也难以通过劫掠周边地区获取物资。

郗鉴相信，在这样的多重打击下，叛军的粮草供给将很快断绝。军队无粮不可久战，他预计，不出百日，叛军必然自行崩溃。

温峤之前在浔阳兴兵时，就考虑号召江左诸郡兴起义兵，以攻叛军正面，之后，进一步切断水路漕运，断绝叛军的粮食等军需物资。郗鉴所提出的方略，正与温峤之前的这一考虑相合，和陶侃商量后，他们决定予以采纳。接着，陶侃便以联军盟主的身份，表荐郗鉴都督扬州八郡诸军事。为了配合这一部署，陶侃对东部的军事也进行了调整，他表荐王舒、虞潭分别监察浙东和浙西的军事，并命令他们两人都要听从郗鉴的调度。

郗鉴于是率部离开广陵，渡过长江，与联军本部在茄子浦会合。值得注意的是，到此时为止，联军指挥部尚未确定可以在东部哪些要地扎营立垒，以截断苏峻的东奔之路以及粮运，郗鉴部署其众于京口的建议自然也被安排在了后面。陶侃、温峤还是打算先与郗鉴会合，把这股力量控制在手上，作为机动兵力，然后视情况逐步实施郗鉴的原方案。

茄子浦会师后，联军兵进建康城西、秦淮河口的蔡州（古地名，位于今江苏省南京市区西、秦淮河口），接着又在江岸边屯营，陶侃屯军查浦（古地名，位于今江苏省南京市区西、清凉山南），温峤屯军沙门浦（古地名，位于今江苏省南京市西）。东晋时沿江置有烽火楼，苏峻登上石头城的烽火楼，一看，联军乌泱乌泱的，密密麻麻，顿时面有惧色，对左右侍从说："我就知道温峤能得众心。"

苏峻之乱中有一个让后人百思不得其解的问题，那就是为什么苏峻没有争取陶侃加入他们的反叛阵营（先不管能不能争取成功）。要知道，在苏峻发动叛乱前，陶侃对于庾亮和朝廷的怨气，可不比祖约少，而以陶侃所具备的军事实力以及镇守上游的有利态势，如苏峻能将他争取过去，不说叛乱十拿九稳，至少可能性会更大。

从苏峻和祖约观察联军的态度上，或许能够看出一些端倪，那就是他们都把联军的强大，归结于温峤，却根本不考虑陶侃，殊不知联军中若无陶侃的荆州兵加入，联军哪能有如今这样的规模？

说到底，苏峻、祖约还是看不上陶侃，甚至认为他配不上自己的一句赞扬。这真是一个有趣的事。实际上，苏峻也好，陶侃也罢，因为是寒人出身，一样受到大士族的轻视。从心理学的角度分析，苏峻的内心深处应该有着很强的自卑感，他高看温峤和客观上贬低陶侃，都源于这种自卑感，即他在情感上不容许别人把自己和同样出身寒微的陶侃放在一起，他唯有点赞温峤，才会让自己产生一种已跻身于大士族阶层的错觉。

其实温峤也只是次门士族出身，但在那样的社会环境和氛围下，次门士族与寒门士族之间相差悬殊，温峤私下里就骂过陶侃是"溪狗"。然而也正因为有着居高临下的社会地位，庾亮、温峤在必要的时候反而更能包容和接受陶侃，甚至于对之"低声下气"。

毫无疑问，苏峻在陶侃身上走了一步错棋，而且大错特错。陶侃不但手中有兵，更重要的是他还善于用兵，在军事造诣和成就上，可以与当年的祖逖、周访相提并论。时人除称道他"忠顺勤劳似孔明"外，还有"机神明鉴似魏武"一句。当然若说陶侃用兵如曹操，难免有些溢美，但陶侃大到观察形势，小到设城驻兵，也确实都有过人之处，这一点恰恰在很大程度上左右了双方的战局。

白石垒

在联军逼近石头城后，大概是受到了先前毛宝袭敌大胜的激励，庾亮不顾温峤谨慎作战的告诫，派将领王彰突袭石头城，却因轻率冒进，反而被苏峻的部将张曜击败。

事后，庾亮的参军殷融以及当事者王彰，都被召至陶侃处询问缘由，不过他们提供的说法却完全不同。殷融在拜见陶侃时说："是庾将军要这样干，不是我们的主意。"王彰则说："是我自己要这样干，庾将军并不知情。"陶侃对两人均未进行处分，但是他说："以前殷融是君子，王彰是小人，可今天这件事，王彰是君子，殷融是小人。"

需要说明的是，陶侃这里所谓的君子小人，原本并不是指两人品质上的优劣，而是基于当时社会门第观念所进行的划分，即殷融出身名门望族，故是君子，而王彰虽出身将门，现有官职不低，权力也不小，但由于其门第不高，与殷融之间存在士庶之别，故是小人。

陶侃的意思是，本来按门第，殷融是君子，王彰是小人，可是现在殷融作为幕僚，打了败仗，全都归咎于幕主，反而王彰风格甚高，肯替主人承担全部责任，故就品质而言，两人倒换了位置。

首战失利，虽有王彰承担了责任，然而庾亮哪好意思诿过于人？他自感羞愧难当，心情十分沮丧，随后便派人将象征军事指挥权的印玺符节和文书送交陶侃，以示自责，向其谢罪。陶侃非但没有像有人所猜测的那样，乘机将庾亮免职甚至重责，还派人前去安慰庾亮说："古人曾经三败而后胜，您这才失败了两次（指轻率上岸作战和派王彰袭敌），没必要太在意。不过现阶段战况紧急，也确实不能总是失败。"

联军本是临时组合的军队，人心浮动，军纪易散，此事传开后，见陶侃对庾亮都如此宽容，诸将大为感动，人人争先，皆思与苏军展开决战。陶侃则很冷静，他推迟了决战计划，表示："叛贼气势正盛，难以与之争锋。应当待以时日，用智谋取胜。"

此后，联军与苏军在岸上几次交战，均无建树，说明陶侃、温峤的判断是对的，在苏军士气未受致命打击之前，其骑步兵对于联军确有优势。

联军指挥部经过研究，决定修筑前锋营垒，将其作为联军在岸上的战术支撑点。这样做的好处，是可以更有效地调度兵力，在保护后方大部队安全的同时，吸引敌军注意力，使其不得不分兵攻防，以此消耗敌军的力量，为决战取胜创造战机。

对于在何处筑垒，多数将领都倾向于大部队的屯军地查浦，只有李根主张另行选址于建康西北的白石山（即幕府山，因山多石，故又名白石山）。

白石山与石头城一样，皆为建康门户，但白石山山势陡峭，地形复杂，筑垒是个难题。陶侃起初对李根的建议也持怀疑态度，他对李根说："如果筑垒不成，我可要追究你的责任。"李根承认在白石山筑垒不易，但他强调，查浦地势低下，又在江边，即便营建前锋营垒，也难以顶住敌军的冲击，相比之下，白石山地形险要，筑垒足够坚固，垒成后只需置数千人于其中，即可有效阻止敌人的进攻并相机歼敌。

陶侃被说服了，笑道："你真是一员良将。"李根的建议在获得陶侃同意后，由郗鉴负责连夜组织军士筑垒，到天亮时终于完工。

此时，从石头城方向传来苏军击鼓整队的声音。白石山的新筑营垒只是完成了框架，防御设施、工事布局等都尚未完全到位，而士兵对于新垒也还有一个适应过程，因此诸将都很紧张，怕苏军在这个时候对白石垒发动攻击。

当初庾亮守卫建康，有一个曾屡献妙计而未果的孔坦，现在这位老兄已投奔陶侃，并担任了陶侃的长史。孔坦认为，白石垒的步兵可与长江沿岸的联军水兵形成有效配合，一旦白石垒遭袭，水兵一定会乘船前来救援，这一点苏峻一定能够看出来。苏峻凭其军事经验，能够知道的第二点，是联军水军前来救援白石垒，需要逆流而上，倘若江面刮起很大的东北风，则会使行舟变得极其困难，甚至可能导致船只根本无法前进。

站在苏峻的角度，如果他要进攻白石垒，势必要等待一个有利于自己进攻而不利于联军水军救援的时机，即东北风大的时候。可是当天天气晴朗，风平浪静，孔坦由此断定，苏峻还没有注意到白石垒，之所以整队，其目标也不是白石垒，而应是准备由建康东北的江乘渡口出发，攻掠京口以东地区。

事实正如孔坦所料。陶侃立即抓住时机，派庾亮率领两千精兵，代替已经劳作一夜，精疲力竭的郗鉴军，进入白石垒。直到这个时候，苏峻才发现白石垒的存在，这个突然出现的联军据点，进可攻苏军之要害，退可守险要地域。苏峻没有想到联军会在一夜之间筑成这样的营垒，不由大为惊恐，急忙集中万余步兵，从四面向白石垒发起强攻。

白石垒前顿时烟尘滚滚，杀声震天。看到敌军人多势众，攻势猛烈，士兵们难免不安，但主将庾亮指挥若定，正是在他的激励下，将士们依托营垒险要，拼死奋战，令苏军屡攻不下，最终丧失了继续攻击的勇气。

若是在平原作战，两千联军怎么也不可能是万余苏军的对手，但有了山地险要和坚固营垒，就完全不一样了，甚至比高大城池还要难以攻克，这就是营建白石垒的价值所在。无奈之下，苏峻只得下令退兵，庾亮乘胜追击，以斩杀敌人两百余人的战果，结束了这场攻守战。

东方战场

在西部联军与苏峻军在建康附近相持之际，其他方面也不断传来新的战报。

宣城内史桓彝听说京城失守后，悲愤落泪，毅然再次出师，进军屯驻泾县（今安徽省泾县）。许多州郡这时都向苏峻派遣使者，劝他投降。长史裨惠也劝桓彝，就算不向苏峻投降，至少也应互通使者，以免遭到其打击。桓彝不愿这么做，他说："我受国家厚恩，从道义上讲应当为国献身，怎能忍受耻辱，和逆臣遣使往来，互通消息呢！如果事情（指讨伐苏峻）不能成功，那也就是命该如此！"

为应对苏峻的进攻，桓彝选派部将俞纵驻守泾县东南的兰石（位于今安徽省宣城市泾县东南），苏峻则派韩晃进攻。俞纵奋勇抵抗，但力不能敌，眼看将要战败，左右劝他退兵，俞纵慷慨陈词："我受桓公厚恩，应当以死相报，我不能辜负桓公，就像桓公不辜负国家一样。"他全力拼杀，直至战死。

韩晃接着进兵攻打桓彝，不久泾县城破，桓彝被擒遇害，与其爱将共同谱写了东晋历史上极其悲壮的一幕。

相比泾县战场，京口以南至三吴一带的东方战场，显然更为牵动全局。由王舒、虞潭等军组成的东部联军，分别在浙东、浙西，与苏峻部将管商、张健、弘徽等作战，然而由于缺乏统一指挥等原因，东军渐渐呈现颓势，连战均告失利，眼看已无法控制局势。三吴乃粮食产区和富庶之地，苏峻趁机让管商等人在三吴进行劫掠，又派部队从江乘出发，攻掠京口以东。

京口（今镇江）乃建康与会稽之间的交通枢纽，由会稽输出的大宗货物及粮谷，通常都是先西行经过钱塘江，再北上吴郡，西北经晋陵（今常州）、曲阿（今丹阳），然后溯长江西上而达建康。苏峻之乱的形势，更使京口成为建康东门，故而苏峻才会在左支右绌，兵力紧张的情况下，不惜抽调人马出击京口，也因此才没能在联军筑成白石垒后，第一时间发现并攻取。

东方战场出现如此被动局面，不能不说与联军指挥部的失误有着一定关系。陶侃本已表荐郗鉴都督扬州八郡诸军事，并让他节度王舒、虞潭，可是郗鉴过江后，陶侃却又召其西行与大部队会合，这一决策客观上使郗鉴无法继续履行其都督扬州军事的职守，对王舒、虞潭的节度也失去了实际意义。此外，郗鉴原方案中设垒抢占要地以及固守京口等措施，亦迟迟未能落实。孔坦对此直言："本来就没必要招来郗鉴，致使东门（指京口）失去防卫。"他建议事不宜迟，应当赶紧派郗鉴回军东部战场，"虽然现在派他回去，已经有点晚了，但总好过不去。"

陶侃召郗鉴西行，自有其不便说出口的隐衷。自元帝开始，东晋政府对于江淮地区的流民军都大力设防，制止流民帅拒命强渡，已渡者也尽可能促其北归，连祖逖亦不能例外。东晋政府的这种做法素被后人诟病，认为司马氏心胸狭隘，对流民帅过于猜忌，但就当时的实际情况来说，如果听任流民帅率部过江，而一时又缺乏妥善安顿的长策，他们在江左就极可能变成不安定因素，甚至对东晋政权造成威胁。反之，若让流民军驻扎于长江以北，则可维持其抗胡复土的信念，使之成为一支支各得其所的积极力量。

当初明帝在不得已的情况下，接受祖逖的建议，破例将苏峻等流民帅由江淮召至江左，虽然取得了削平王敦之乱的成果，但苏峻却得以坐大，结果平定王敦之乱没几年，他就拉上祖约，掀起了现在这个比王敦之乱更大的叛乱。

对东晋君臣而言，这是一个极大的教训。庾亮首战失利，陶侃在派人安慰他时，曾说："朝廷政出多门，才会让国家出现这样的灾祸（指苏峻之乱）。自王室丧乱以来，哪里只是苏峻一个人所造成的祸患呢！"

在苏峻之乱前，陶侃其实与苏峻、祖约一样受到朝廷的猜忌和防范，甚至有人说在苏峻之乱初期，陶侃对苏峻、祖约是同情的，故而才会选择观望，但即便是陶侃，一旦他与朝廷立场达成一致，对于流民帅也就产生了本能的提防。郗鉴再怎么能为大家接受，终究还有着流民帅的身份，以是之故，庾亮虽与郗鉴关系亲密，然而当他执政时，郗鉴却无机会进入中枢，而陶侃作为联军盟主，出于军事需要，能够同意郗鉴带兵过江，对他而言，已是非常之举，此后一直把郗鉴及其军队放在身边加以控制，其用心和做法也就不难让人理解了。

现在情况又不一样了，形势比人强，就算孔坦不讲出来，陶侃自己也不能不重新考虑对郗鉴的使用问题。本来陶侃等人还有些犹豫，但孔坦态度非常坚决，在他的力争下，联军指挥部终于下定决心，指示郗鉴此后专注东方，直接负责东方战场及对东部联军的指挥，具体命令是让他与郭默回军占据京口，同时按照郗鉴的建议，在京口东南的大业（古地名，位于今江苏省丹阳市北）、曲阿（古地名，位于今江苏省丹阳市西，练湖边）、庱亭（古地名，位于今江苏省丹阳市东南，吕城东侧）分别设立营垒，以拒苏军。

指望不上了

此时的敌对双方，都已按照战场分布自行分成了东西两军，叛军一方，苏峻军主力为东军，祖约军主力为西军。为了牵制陶侃等人对石头城的进攻，祖约派遣部将桓抚及祖逖之子祖涣，偷袭江州境内的军事要塞湓口（古城名，位于今江西省九江市境内）。后方告急，陶侃本打算亲自领兵回击，温峤的部将毛宝认为陶侃乃联军盟主，所有义军都依仗其指挥，不宜轻动，他主动请缨，提出自己愿替陶侃出征，击退祖涣、桓抚。

陶侃同意了毛宝所请。在毛宝出发后，桓抚、祖涣正率军途经皖地（位于今安徽省境内）——江州的另一军事要隘，他们顺势攻击了已与祖家决裂，投于温峤麾下的谯国内史桓宣。得知消息的毛宝立即驰援桓宣，并且很快就在战场上与桓抚、祖涣不期而遇。

毛宝劫夺祖约万斛粮米那会，桓抚担任押粮主将，双方再次面对面交锋，旧恨新仇交织，使得战斗异常激烈。在桓抚、祖涣的联手攻击下，毛宝第一轮就吃了个败仗，而且他自己的大腿还中了一支冷箭，只得暂时撤退整兵。

撤下来一看，好家伙，箭已经射穿大腿，紧紧地钉在了马鞍上。毛宝让人用脚踏住马鞍，他强忍剧痛，咬紧牙关，嗨的一用劲，连皮带肉，将箭生生拔出，顿时血流满靴。毛宝毫不在意，重又振作精神，率部返回战场，冲向敌人。桓抚、祖涣没想到毛宝打仗如此拼命，都被他这种无畏的气势给震慑住了，最终不得不选择败退。桓宣这才得以脱困，重归温峤旗下。

毛宝击败桓抚、祖涣后，又进攻戍守合肥的祖约军，一举攻下了合肥。直至温峤召请他回师，这员虎将方才意犹未尽地返回石头城下的联军军营。

趁祖约忙于内战，后赵也进军至淮河一带，攻打祖约的军队。祖约一意孤行，执意发动和参与叛乱的行动，终于使他陷入了内外交困的境地。祖约手下将领陈光对其不满，反戈相向，祖约差点束手被擒，只是因一名手下与他长得很像，陈光误以为是祖约而将此人擒获，才让祖约得以翻墙逃跑。

陈光背叛祖约后，就干脆投奔了后赵，祖军的其他将领也都私下与后赵相勾结，表示愿意充当内应。有这些家伙提供情报或作为内线，石勒的养子石聪及石堪等后赵将领，便抓住机会，领兵渡过淮水，进攻寿春。当天秋天，寿春城破，祖军士众溃逃至历阳，石聪等人带着所掳掠的两万多户寿春民众，趾高气扬地返回后赵。

祖约连败，失守寿春，对于朝廷和叛军来说都是一个沉重的打击。如果不是后赵与前赵还在互相绞杀，石聪等人只能见好就收，不敢过于深入，则东晋危矣。消息传到建康，苏峻的心腹路永、匡术、贾宁均惶惶不安。三人合计，祖约这么不济事，看来已经指望不上了，整个叛军集团未来都只能依靠他们的主公，也就是苏峻。

经过一番商议，他们认为苏峻要想扭转乾坤，就必须彻底稳固朝廷的权力和地位，而要做到这一点，势必清除朝中的异己，尤其是那些对苏峻心怀不满，或者威胁其地位的大臣。在这些大臣中，王导无疑是最具声望和影响力的一位，但也正是他的这种声望和影响力，让路永等人感到不安，他们担心王导联合其他大臣共同反对苏峻，甚至可能策动军队发动政变。

基于此，路永、匡术、贾宁向苏峻建议，应该尽快采取行动，将王导等诸大臣尽数杀死，以绝后患。

然而，出乎三人意料的是，苏峻并没有采纳他们的建议。苏峻素来敬畏王导，认为王导在朝中的作用不可或缺，自己把持的朝廷还少不了他。另外，将大臣们全部诛杀的做法过于极端，且不说此举必会引起朝廷动荡和士民不满，对自己并无多大益处，善后也是个很大的问题——苏峻手下并没有什么政治人才，路永等人的政治才能也都很一般。对苏峻而言，把大臣们都杀了，再把这帮心腹换上去容易，可关键是他们啥都不懂，啥都不会干，不但帮不了忙，没准还得给自己添乱呢。

苏峻的态度，令路永等人大失所望，并开始对苏峻产生了二心。王导察觉后，反过来派人暗中开导路永，让他归顺朝廷。路永被说动了，愿意按照王导的谋划，帮助成帝从石头城潜逃至城外的白石垒。无奈苏峻对成帝的看管甚严，根本没法将成帝营救出来，时间一长，由于怕潜逃计划暴露，以致遭到毒手，王导只得在匆忙中撂下成帝，带着两个儿子随路永一同潜至城外，逃进了白石垒。

沉不住气了

温峤在发布讨伐檄文时，曾在檄文中分析，苏峻、祖约之间貌合神离，只不过是相互利用。他还估计，苏峻、祖约二人的兵力合起来，也不过五千，建康之战中，郭默率宿卫六军，于阵前消灭了叛军千余人，而苏峻在攻陷建康后，又遣散了宿卫六军残部，未进行收编，也就是说，截至联军东下前，叛军兵力已不到四千。

温峤的分析，问题比较大的是兵力统计，实际上，苏峻、祖约的总兵力超过两万，更重要的是因流民军长时间在北方与胡人作战，将士个个骁勇善战，在这种情况下，郭默和宿卫六军在温峤口中的战绩，显然是被夸大了许多倍。至于苏峻为何不将宿卫六军残部补充进他的队伍，一来苏峻可能根本看不上禁军的战斗力，二来他应该觉得以其现有兵力而言，已经足够了。

当然，温峤在檄文中如此描述，主要还是为了提振士气，增强联军的信心。只不过，事实就是事实，尤其是随着战争进入后期阶段，叛军的顽强抵抗确实超出了预期：陶侃、温峤等人所率的西部联军，虽占据兵力上的数量优势，却仍与苏峻军相持不下，东部联军更是打得非常吃力，很难取得进展。不仅如此，苏峻还腾出手来，派遣多员战将，分别向东、向西攻伐劫掠，而东、西部联军要么不与之交手，要么一交手便败多胜少。

联军方面人心惶惶，士气低落。当时已有很多士人从建康逃出，眼见西部联军难以取胜，他们不禁感到灰心丧气，纷纷议论："苏峻狡黠而有胆识，其士卒骁勇善战，所向披靡。虽然从道理上讲，上天会讨伐有罪之人，苏峻终将覆灭，但如果仅从人事方面来看，他实在不易剪除。"温峤听闻这种言论后，非常生气，愤愤地反驳道："这是你们自己怯懦，却去称颂叛贼！"

建康西北山下有一处临江地形，名为四望矶，此处因可以眺望四方，视野开阔而得名。温峤下令由他直接指挥的部队，在四望矶修筑逼近叛军的营垒，并断定："贼兵定会前来争夺，我们在此设下埋伏，以逸待劳，乃是克敌制胜的妙方。"不出所料，苏峻发现联军又在四望矶筑垒，果然派兵攻袭，结果遭到伏击，吃了个亏。

问题是苏军在上当后，也有了提防，温峤军想复制成功伏击的一幕，可就难了。之后双方又多次与之交战，温军都没有占到什么便宜。

时间一天天过去，温军的粮食快吃完了，迫不得已，温峤只能亲自向陶侃借粮。陶侃在战争初期尚气定神闲，不急不躁，这时也开始沉不住气了。自东下以来，陶军亦难以及时获得粮草补给，得知温峤还要来向自己借粮，陶侃不但不肯借，还发怒说："您当初不是信誓旦旦地说，只要我来领头，就不愁没有良将和军粮吗？现在看来，不过想让我这个老家伙来当盟主，背黑锅罢了！如今数战皆败，良将安在？军粮安在？"

在朝着温峤发了一通火后，陶侃告诉温峤，如果再解决不了军粮，他就打算先撤兵西归，理由是荆州与胡人、蜀地接壤，随时可能面临突发情况，必须做好防备。至于讨伐叛军的事宜，陶侃说等他回去后，可以从长计议，"慢慢寻找更为稳妥的办法，等今年过了再来讨贼，也不算晚"。

温峤一听陶侃居然有了撂挑子的念头，顿时也急了，他力劝陶侃继续坚持下去，与大家同舟共济，指出："军队要想取胜，贵在协同，这是古人就得出的经验。"

温峤由己及彼，知道陶侃之所以动摇，是因为联军久战不克的缘故。其实温峤自己对此也很郁闷，但是没办法，还得做老头的工作，他先是援引光武帝刘秀大捷于昆阳，以及曹操攻克官渡这两个著名战例，强调刘秀和曹操之所以能够以少胜多，以弱克强，都是凭借了道义的力量，"苏峻、祖约这两个小丑，罪行滔天，为海内人人痛恨，何愁不灭！"接着又提议说，苏峻有勇无谋，由于屡次取得"小胜"必然得意忘形，自认为天下无敌，如果现在就向他挑战，可望一鼓而擒之。

温峤将他的提议，称为与叛军的"关键一战"。他对陶侃说："今日之举，皆取决于这关键一战，您怎能舍弃马上就要到手的成功，萌生退兵之念呢？况且天子落入贼手，社稷倾危，正是天下臣子肝脑涂地，以图报效的时候。你我皆受国恩，事成，是我们君臣共同的福气，事败，亦当粉身碎骨，以报先帝（即明帝）。"

温峤是懂得话术的，先来套大道理，继而及时献上"良谋"，最后是激将法兼以情动人。可是他这一番慷慨激昂、声情并茂的演讲，对一般人可能还有效，对陶侃就未必了。

刘秀、曹操能打胜仗，是因为他俩比对手更"正义"？苏峻、祖约因为多行不义，就必然自毙？别的不说，单说司马氏，他们不就是靠不义才得了江山的么？

苏峻有勇无谋？陶侃也肯定不会同意，人家苏峻能够屡战屡胜，本身就是具备军事智慧的证明。温峤还据此提出了一个"良谋"，说要通过决战定胜负，这就只能让陶侃暗自发笑了：要是早可以这么干，还在营中待着干嘛？你对老夫使激将法，不好使！

温峤的以情动人，同样对陶侃无效。你不说报答国恩、先帝这些还好，一说陶侃听着就来气。在陶侃看来，他现在所得到的一切，是靠自己在战场上白刀子进，红刀子出换来的，都是应得的，朝廷反而刻薄寡恩，明帝临终前都没任命他做辅政大臣，根本不把他当回事，那他陶某凭啥还要粉身碎骨报效呢？

良　谋

陶侃没有显赫的门第背景，是完全靠自己拼杀出来的老江湖，他这一辈子打了无数的仗，也吃过不少亏，早就看透了世事，想要忽悠他，可真不是一件容易的事。

见陶侃始终不为所动，温峤没招了，情急之下，不由脱口而出："我们现在都已经回不了头了，犹如骑虎，怎能中途跳下！您如果违背众人心愿，执意要独自回军，人心必定沮丧，沮丧必败，那时义军就会因为您坏了大事而把矛头指向您了！"

此一句胜过千言万语，让老头顿时冷静下来，当着温峤的面，不再说话，也不再嘟嘟囔囔地闹着散伙回家。

尽管暂时吓唬住了陶侃，但温峤回到自己的营帐后，内心依然忐忑不安，生怕陶侃反悔。为此，他招来一向智谋过人的爱将毛宝进行商议。毛宝听后，胸有成竹地对温峤说："我能让陶公留下！"温峤点头同意。

陶侃身为联军盟主，在联军东下之初，大家的想法本来是让他坐镇芜湖，为联军之后援，是陶侃自己要深入一线，所以才亲自率部来到了石头城下。毛宝登上陶侃位于江边的战船，对陶侃说："您既然已经来到了这里，按情势就不能回头。况且，我们之所以只能进，不能退，不仅仅是要整肃三军，向士众显示必死必胜的信念，更因为后退将无所依托，最终只会走向灭亡。"

在陶侃之前的征战史上，最让他引以为傲的莫过于平定杜弢起义，说起来，杜弢军也是流民军，而且当时实力也不弱。当着陶侃的面，毛宝不失时机地提及这段往事："先前杜弢的兵力并非不强盛，可您最终还是将他翦灭，怎么到了苏峻头上，偏偏不能击破他呢？"

毛宝上一次主动请缨，替陶侃击退祖涣、桓抚，已深得陶侃的器重和欣赏，这使毛宝的此次劝说，一上来就效果明显：毛宝指出他已有进无退，西归荆州乃死路一条，陶侃深以为然，并不觉得这样讲就刺耳；毛宝提及杜弢，虽然用的其实也是激将法，可因为打败杜弢乃陶侃生平最得意之事，所以他听得很是受用。

毛宝是难得的智将，他此来当然不全为忽悠老头子不要跑路，还带来了一个真正的良谋。事实上，在联军普遍为久战不下和缺粮而犯愁时，毛宝就已经在反复思考一个问题：眼下建康战场的敌我两军，粮食供应都要仰仗三吴。联军缺粮，主要缘于东方战场尚未完全取胜，被苏军卡着，三吴米谷运不过来。可是自陶侃派郗鉴控制建康"东门"京口，并设三垒以守后，不仅从根子上掐断了苏峻放弃建康，进入三吴的可能，而且苏军也无法再从三吴获得粮食的接济，却为何至今还无缺粮之虞？

毛宝对收集到的敌方情报进行分析，最后终于发现了秘密所在——苏峻在句容、湖孰（古地名，今南京市江宁区湖熟街道一带）建有粮仓！

显然，只有攻破这些粮仓，才能一劳永逸，彻底切断叛军的后勤补给线。不过粮仓是苏峻的命根子，可以想见他一定会安排精兵强将把守，联军若派人马前去，能成功破仓吗？毛宝说不妨一试，他承认叛军确实勇悍能战，但只要出击的人马能跟敌人往死里磕，就有成功的希望，因为"叛贼也是怕死的，并非个个勇健"。

提及出击主将的人选，毛宝再次毛遂自荐，他请陶侃拨给自己一批勇敢无畏的士兵，"我此次上岸攻敌，无论如何，也要断绝叛贼的军资口粮；假如不能成功，到时您再离开，大家心里面也就不会对此留有遗憾了。"

毛宝揭示了最关键的东西，也提出了最有效的办法，陶侃豁然开朗，当即同意了他的请求，并另外授予其督护一职，派他前去执行袭敌粮仓的任务。

毛宝带兵走后，在陶侃手下任督护的竟陵太守李阳对陶侃说，现在成败都系于毛宝此行，倘若行动失败，陶军即使还有一些存粮，也无济于事了。李阳的意思是，毛宝乃温峤爱将，人家既献良谋，又豁出性命去干，不给粮说不过去，再者，温军现在闹粮荒，若不如其所请，施以援手的话，可能温军就会顷刻崩溃。

陶侃觉得是这个理，咬了咬牙，从自己军队中挤出五万石粮米，送到温峤军中。幸运的是，毛宝那边很快就传来捷报，他率部一举攻破了苏军在句容、湖孰的粮仓。由于怕粮食再被对方劫夺，毛宝下令将粮食当场全部烧毁。如此一来，虽然联军未能从缴获的粮食中获得补给，但苏军同样陷入了粮食短缺的困境，而京口及吴会漕运已被郗鉴率东部联军初步控制。随着形势的发展，自然联军占优，陶侃对战争的结果，重新拥有了信心，自此便再也不提西归的事了。

"我有更好的办法"

粮仓被烧，军中乏粮，叛军这边慌了神。郗鉴在京口东南设立三垒，其中大业垒首当其冲。为了攻占这个关键位置，以打通吴会漕运，苏峻急忙派遣部将张健、韩晃等人对大业垒展开进攻。

张健、韩晃等皆为苏峻手下最能打的战将，攻下大业又是死命令，因此他们对大业的攻击极为猛烈，一刻也不肯放松。垒中久困缺水，将士们已被迫饮用粪水解渴。镇守大业垒的主将郭默既惊又怕，觉得坚持不了，自己悄悄地突围而出。

郗鉴此时正镇守京口，军士们闻讯无不失色。参军曹纳认为，大业垒乃京口屏障，一旦失守，敌人便直接攻至京口，无法抵御，他劝郗鉴趁早过江退还广陵，待机再战。

曹纳所谓待机再战云云，其实跟陶侃欲启程西归的理由一样，都是一种遁辞，这个时候后退，就意味着前功尽弃，又到哪里去找好的战机再战？郗鉴没有立即发表意见，他随后召集僚佐集会，当众斥责曹纳："我受先帝顾命托孤的重任，就是为国捐躯也不足回报。现强寇当前，人心惶恐，形势危急，你是我的心腹佐吏，却萌生异心，这让我怎么统率义师，号令三军？"

郗鉴气愤之下，本打算将曹纳抓起来斩首，但曹纳作为参军，对于军队的进退，也自有提出建议的权力，因此，经过较长时间的考虑，郗鉴最终还是释放了曹纳。

其实这个时候最应该被砍脑袋的，应该是临阵脱逃的郭默。所幸在郭默独自突围后，大业垒的士兵们仍在坚守，只是若不向其派援，必难久持。郗鉴坚守京口，派不出多余兵力，陶侃闻讯，正准备从大营出兵救援大业，长史殷羡说："且慢，我有更好的办法。"

上岸对攻，打地面战，联军不及苏军，这已在战场上得到了反复证明。殷羡指出，从大营直接派兵援救大业，赢了还好，若是败了，则大事休矣，倒不如猛攻石头城，苏峻迫不得已，必然只能调进攻大业的重兵回援，如此大业之围自解。

陶侃听从殷羡的建议，在与温峤等人协商一致后，由他亲自督领水兵开赴石头城作战，庾亮、温峤、赵胤则率步兵万人，从白石垒向南，摆出迎敌方阵。

此时，由于京口的坚守，东西联军对苏军的包围业已形成。在打通通向三吴的道路之前，苏军的主要活动区域只能局限在建康一带的狭小范围之内，不但粮食无着，兵源也不能补充。经过频繁战斗的消耗，苏峻在兵力上早已捉襟见肘，见联军大兵压境，他果然只得暂时放缓对大业的攻击，命张健、韩晃等抽兵回援石头城。

之后，苏峻亲统八千人迎击联军，并派他的儿子苏硕、部将匡孝，分兵先行逼近已经列阵的赵胤军，发起攻击。苏军还是能打，苏硕、匡孝甫一出击，赵胤即不支败退。苏峻闻讯后赶到前线鼓舞士气，他当时喝了不少酒，远远望见赵胤败逃的样子，心中得意，说："匡孝能破敌，我反倒不如他吗？"说完，他便乘着醉意，撇下士众，和数名骑兵向北突击联军方阵。

联军其实只是战术性撤退，并非溃退，苏峻和区区几个骑兵哪里就能冲破方阵？发现不能得手，苏峻慌了，急忙回身奔向白木陂（古地名，位于今江苏省南京市东北，覆舟山以东，应是苏军计划中的一个集合点或者撤退点），此时人慌马也乱，其坐骑突然失蹄摔倒，陶侃的部将彭世、李千等人眼疾手快，立即将手中的长矛掷向苏峻，苏峻身中数矛，从马背上摔落下来。士兵们一拥而上，斩下了苏峻的首级。苏峻叛乱祸国殃民，死于此役的军民不计其数，大家对苏峻这个叛乱的罪魁祸首早已恨之入骨，当下便将其尸身肢解，又焚烧了他的骨骸。

先败后胜，最神奇的是居然还斩杀了苏峻，这是战前谁都想不到的，联军将士皆高呼万岁。苏军一方，则因失去主帅导致内部出现混乱，所部大败，除溃散之众外，余部仓促退入城中。

鉴于苏峻身亡，群龙无首，旧部任让等人无奈之下，只得共推苏峻之弟苏逸为新主。苏逸深知形势不利，遂收聚残兵，紧闭城门，专心防守。进攻大业垒的韩晃闻讯，不敢恋战，赶紧退回石头城，大业之围随之解除。

原本一直在东方战场作战的苏军，如管商、弘徽等人，犹不死心，还想继续攻打联军所设壁垒，但很快就被新近加入这一战场的联军大将李闳、滕含击败。眼见大势已去，管商逃奔到庾亮处，向其投降，其余士众则归附于苏峻旧将张健。张健部虽仍滞留于东部战场与联军对抗，但已没有多少继续作战的能力和意愿了。

日暮途穷

苏峻之死，看似偶然，实则却是必然的结果。苏军被东西联军紧紧包围，粮食断绝，兵源枯竭，彻底失败已经不可避免，不过是时间早晚的问题。苏峻对此心知肚明，他上前线时喝酒而且还喝醉了，以前应该是不会的，这一非常态之举所透露出的，正是他在日暮途穷，走投无路之下的一种绝望心境。

苏峻死后，叛军内部加剧瓦解。苏峻在将成帝强行迁入石头城时，对建康的防守也作了布置。他逼迫建康百姓全部迁入后苑（皇宫台城的后部园林）聚居，并任命陆晔留守台城。陆晔作为当时南士的领袖、七辅臣之一，在朝中具有一定的地位和声望，而苏峻更现实的考量则是，陆晔手中有亲兵百人，足以在成帝迁离后，负责台城门的守卫以及对后苑百姓的管理，如此便可节省苏峻自己的兵力。

苏峻对陆晔的立场不是没有疑虑，毕竟在他攻破台城时，陆晔曾与王导共同护卫成帝，虽不像钟雅、刘超那样令苏峻暗自生恨，但也从未改变气节，投靠苏峻。为了确保万无一失，苏峻又安排亲信匡术据守苑城（皇家园林和皇宫卫队的营地），意在监控陆晔，必要时进行弹压。

苏峻想得挺不错，但等到他一死，树倒猢狲散，匡术心慌意乱，不但无心监控陆晔，还在陆晔及其弟弟陆玩的劝说下，带着苑城归附联军。

与此同时，在石头城陪伴成帝的钟雅、刘超也准备伺机救出成帝，投奔联军。不幸计划泄露，苏逸大怒，命令任让带兵冲进仓库行宫，拘捕钟雅、刘超。成帝眼见钟雅和刘超即将遭遇不测，不顾一切地抱紧二人，悲号痛哭："还我侍中（钟雅时任侍中）！还我右卫（刘超时任右卫将军）！"然而任让根本不予理会，他掰开小皇帝的手，强行将钟雅和刘超带走并杀害了他们。

钟雅、刘超遇害的消息，立刻在百官中引起震动，大家纷纷拥向苑城，共同推举陆晔监督台城军事，以抵御叛军。苏逸闻讯，忙派苏峻之子苏硕进攻台城，自己则亲自带兵去攻击匡术守卫的苑城。

苏硕杀气腾腾，但此时的苏军已是强弩之末，又分兵两处，再无法像当初那样轻易占领台城。气急败坏之下，苏硕纵火焚烧了太极殿（皇宫举行隆重典礼的场所）的东堂、秘阁，两处皇家建筑在烈焰中化为灰烬。处于围困中的台城，饥荒日益严重，粮价飞涨，一斗米价值万钱，百姓生活非常困苦。

苑城这一边，防御设施自然还不及台城，见苏逸围攻甚急，匡术不得不赶紧派人向联军求救。温峤拨兵增援建康，前往建康的路上却正好遇上洪水，温峤的佐官江州别驾罗洞提醒说，如果直接增援苑城，部队恐怕行进不便。他建议不如"围魏救赵"，进攻苏军在石头城外的军事据点榻杭（古地名，位于今南京市鼓楼区石头城附近），"榻杭敌军若被我军打败，匡术之围也就解了"。

温峤采纳罗洞的建议，派兵进攻榻杭。这一与陶侃为救大业垒而攻击石头城相仿的计策，效果可谓立竿见影，在温军打败榻杭之敌后，苏逸害怕石头城不保，只得和苏硕从建康撤回了石头城。

联军开始自西而东，对叛军展开总攻。公元329年3月11日，赵胤派遣部将甘苗猛攻历阳。此时的祖约已如朽木，仓皇中弃城北逃，被他扔在城中的部众则献城归降。

联军士气大振，胜利的曙光已然在望。温峤于是重建行台，并晓谕远近，朝廷原任官吏凡爵禄在二千石以下者，务必迅速赶赴行台报到，文告发出后，应者云集。行台百官，司徒王导为首，为了使温峤、陶侃能够更好地指挥联军对敌作战，虽然成帝尚被软禁于石头城，生死未卜，但王导仍在形式上奏明成帝，任命温峤、陶侃录尚书事。

温峤随之召集三军，设坛场致祭，他亲自登上祭坛，高声宣读祝告之文，其言辞慷慨激昂，情感深沉真挚，读着读着便泪流满面。在场的三军将士深受触动，众皆垂首，无人抬头直视温峤。

29日，联军指挥部一声令下，东西各路大军齐攻石头城。双方在石头城下大战，曾在东方战场取得佳绩的滕含，率部一马当先，重创苏逸。苏硕困兽犹斗，率领由数百骁勇士卒组成的敢死队，渡过秦淮河，欲与联军殊死一搏，但随即便遭到温峤的迎头重击，敢死队全军覆灭，苏硕本人亦被擒获后当场斩杀。

这一情景被站在城头的韩晃等人看得真切，众人深感震惊和恐惧。意识到继续抵抗已无胜算，他们决定弃城而逃，带着部众前去依附曲阿的张健。要命的是此时大家都想尽快逃离是非之地，土卒争相拥出，但门道狭窄又不便进出，结果一片混乱。这真是打仗的时候愁兵少，此时反嫌兵多，互相推搡、踩踏之下，叛军光被自己人踩死者即已上万。

迁都之议

联军攻入城中后，滕含的部将曹据迅速冲进仓库行宫，找到了成帝。为了保护成帝在混乱中免受伤害，曹据一分钟不敢耽搁，抱起他，从城内一路小跑而出，进入江边温峤乘坐的大船。得知成帝脱险，陶侃、庾亮等联军高层，以及早先从建康和石头城陆续逃出的群臣，纷纷上船拜谒。众人一见到已经被折磨得憔悴不堪的小皇帝，不由得又惭愧又伤心，皆叩头至地，号泣着向成帝请罪。

谁有罪，谁没罪，经历过黑暗岁月的成帝，心里一本账清清楚楚。苏峻之乱后，已经作为叛军一员战死的章武王司马休不论，司马羕和他的两个儿子、一个孙子，以及彭城王司马雄，都被成帝判定有罪，当即予以处决。当年的"渡江五马"，除元帝一马外，其余四马，即南顿、汝南、西阳、彭城诸王，或因不见容于士族权臣而被杀、被废，或因背叛朝廷、投奔叛军而战亡、被诛，自此一蹶不振，彻底退出了东晋的政治舞台。

石头城很快就恢复了平静，但人们内心的动荡却远未平息。王导重返石头城，命人取出他作为司徒所持的符节，陶侃看到了这一幕，他揶揄王导说："苏武的符节怕不是你这个样子吧？"显然，陶侃的言外之意，是在讥讽王导身为宰辅，危难时刻未能像苏武那样坚持到底，末了终究还是撇下皇帝，选择了逃离。王导听后，满面羞愧，无地自容，慌忙让人把符节给收了起来。

成帝倒没有计较王导的舍己而去，因为他知道，王导在逃离石头城前，已是身处险境，自身难保。让成帝难以释怀的，是钟雅、刘超的惨死。杀死钟、刘的凶手苏逸已被击毙于阵前，而奉苏逸之命执行杀戮的任让则在被俘之列。陶侃与任让有旧交，想为任让求情免死，成帝表示，其他叛将或许可以考虑赦免，唯任让不可。"此人杀害了我的侍中钟雅和右卫将军刘超，罪不可赦！"旋即下令处斩任让，为刘超、钟雅报仇。

此后平叛战争尚有余绪，韩晃等苏军残部依附于张健。张健腰壮了，别人还没对他怎么样，他自己就怀疑一道在东方战场作战的弘徽等人有二心，遂手起刀落，将弘徽等人都杀了。

内讧之后，张健打算在三吴落脚。公元329年4月初，王舒之子、此前早已随父亲作战的王允之，被陶侃授权负责吴郡、义兴、晋陵三郡的征讨。王允之带兵出击，将率领舟师准备进入吴兴郡境内的张健打得一败涂地，俘其部众一万多人。

张健与韩晃等人落荒而逃，王允之紧追不舍。到了这个地步，曾经显赫一时、无人可敌的叛军，已经溃不成军。他们只得改换方向，继续逃跑，郗鉴又派部将李闳追击，李闳发力猛追，最终在平陵山（今溧阳西北）包围并全歼了张健、韩晃等部。

至此，历时达一年零四个月的苏峻之乱，在各方的协力同心和连番苦战下，终于被完全平定。

这场动乱给建康城造成了极大的破坏，士民逃散，百业荒废，宫廷宗庙皆被焚之一炬，自东吴孙权起就营造的都城至此毁于一旦。面对眼前凋敝残破的景象，不少人建议放弃建康，另迁新都。温峤提出迁都至上游的豫章，三吴豪强则请求定都会稽，双方各执己见，争来争去，谁也说服不了谁。一时间众说纷纭，人心惶惶，大家都不约而同地请王导定夺，而王导的意见是：不迁都！

在王导看来，建康自古以来就是帝王之都，三国时期的孙权、刘备都曾称建康为"王者之宅"。他指出，古代的有为帝王，都不会因为都城简陋就轻易迁都，原因很简单：只要以农业为本，发展生产，节省用度，便无须担忧一时的凋敝。

春秋时卫国有一位君主，名姬毁，即历史上的卫文公。卫文公继位时，卫国正处于内忧外患之中，但他简朴务实，身为君主，却穿"大布之衣"，戴"大帛之冠"（即穿着简朴的衣服，戴着普通的帽子）。卫文公在任期间埋头苦干，励精图治，在他的治理下，一度衰落的卫国逐渐恢复了元气，并进入强国之列。王导说，如果我们能够尊崇卫文公当年"以大布之衣、大帛之冠为君"的简朴风尚，那么就能无事不成，反之，若耽于安乐，不事农作，即便迁都新的乐土，也终将再度沦为废墟。

苏峻之乱期间，后赵乘机入侵。这实际上也曾经被联军认为是对自己有利的一个因素，温峤在其檄文中就强调联军从正面攻击叛军，胡人从背后发起攻击，将会加剧叛军的败亡。然而此一时彼一时，随着叛乱的平定，北方胡骑的侵扰已成为东晋面临的主要威胁。王导在声明反对迁都时，也发出了这样的警告：北寇如同游魂一般，时时窥伺江左，迁都之举极易被其视为心虚惧敌、怯懦退缩的表现，会认为我们是因惧怕他们，才躲进了蛮越偏远之地。一言以蔽之，迁都不仅将削弱我方实力，同时还会令我们失去对北寇应有的威慑力，而这又正是北寇所期望的，他们正好乘乱来进攻我们，灭掉我们！

王导一贯秉持清静政治的政治理念，他以"镇之以静，群情自安"八字，为自己的论述做了总结，告诉众人，迁都绝非良计，畏惧更不足取，尤其是平乱之后，当务之急是保持镇定，以安民心。

在王导的耐心说服和坚持下，他的主张得到采纳，朝廷任命褚翜为丹杨尹，负责召集和安置流散的民众。随着京城渐趋安定以及形势的稳定，此后也再未有人提及迁都之议。

第十二章 破解之法

平乱之后，照例就要对有功之臣进行评议和封赏。陶侃作为联军盟主，在平叛战争中立有大功，居于功臣之首。陶侃返回所辖荆州治所江陵不久，被擢升为侍中、太尉，封长沙郡公，加授都督交、广、宁等七州诸军事，加上原有的荆州（此时湘州也已被并入荆州），共掌南方八州军事。

据说陶侃有一次在上厕所时，看见过一个穿红衣服的人，此人戴着文人的头巾，手持笏板，对陶侃说："因为您是长者，故特来报之，您当为公，位至八都督。"又有一个叫师圭的人，善于看相，他对陶侃说："你左手中指上有一条竖纹，当贵为国公，若是这条纹直达指尖，便贵不可言。"陶侃听后半信半疑，觉得有必要自己再验证一下，于是就用针刺破手指，接下来，神奇的事发生了，手指被刺破后，血溅到墙壁上，居然出现了一个类似于汉字"公"的形状。陶侃又拿纸擦手，血迹转移到纸上，竟也呈现出一个"公"字，而且较墙上的"公"字更为清晰。

陶侃的"厕神预言""血证预言"虽令人难以置信，匪夷所思，但揭开故事的表层，却也不难窥见陶侃对于建功立业的渴望。或许"厕神"只是陶侃日思夜想中的幻影，而"血证"中的"公"字更是其心理预期的映射，不过幸运的是，这些预言最终都应验了，得封长沙郡公、都督八州军事，终于让陶侃梦想成真，踏上了人生的巅峰。

功臣榜

苏峻之乱对于东晋政府而言，无疑是一个深刻的教训。曾几何时，明帝为平定王敦之乱，在郗鉴的策划下，尝试引入苏峻等流民帅参与朝廷事务，一度取得了显著成效。从那时候起，借助流民帅解决朝廷中的重大问题，开始被大家所接受，"流民出力"也因此成为门阀政治的一个重要特征。然而，苏峻之乱的爆发，却给了当局当头一棒，中央政府重新认识到：流民帅手中的兵，既是可用力量，也是潜在威胁，需要严加防备。简而言之，流民可以加以利用，但流民帅却决不可轻易信任。

在所有流民帅中，郗鉴成为一个特例，甚至是一个不可复制的奇迹。在平叛战争中，郗鉴不仅是讨伐苏峻的核心人物之一，其献计献策，亲自率部坚守京口和东方三垒之举，更是对消灭苏峻起到了至关重要的作用。正因如此，在功臣榜中，郗鉴获得了仅次于陶侃的排名，被拜为司空，加侍中，封南昌县公。

温峤紧随郗鉴，功居第三。《晋书》用一句话概括了温峤的功勋："微夫人之诚恳，大盗几移国乎！"意思是若非温峤忠贞不渝，英勇无畏，试图篡夺东晋政权的"窃国大盗"们就几乎得逞了。

事实上，温峤已凭借一己之力，两次帮助东晋王朝度过危机，一次是在王敦之乱中，他挺身而出，保护了明帝的储君之位。另一次就是苏峻之乱，温峤再次发挥了决定性的作用。要知道，陶侃虽被推为联军盟主，但能够组成联军，靠的却是温峤，正是他收留了逃奔浔阳的庾亮，并促成陶侃出山，又在庾亮、陶侃之间予以弥合，整合上游兵力，始得大家同心协力，共平苏峻。在对苏之战中，温峤乃是与陶侃并驾齐驱的军事统帅，苏峻兵锋精锐，战争打得艰苦异常，连陶侃都一度发生动摇，还是在温峤的软硬兼施，晓以大责之下，联军才坚持下来，未中途溃散，无怪乎史学家吕思勉会评论道："这一次（指苏峻叛乱），不是温峤公忠体国，陶侃也还未必可靠，晋朝就危险极了！"

温峤因功被拜为骠骑将军、开府仪同三司，加散骑常侍，封始安郡公。

温峤原本是刘琨的属下，为了向元帝呈送《劝进表》，奉命出使，才南渡来到江左。刘琨死后，曾经聚于刘琨帐下的北方英豪如同一盘散沙，因单打独斗，各自为战，难以恢复昔日荣光，反倒是南渡的温峤、郭默迅速崭露头角。

在此之前，名流们聚在一起评论人物时，多将温峤视为南渡士人中第二流人物中的佼佼者。不过温峤对此并不满足，他内心很希望自己能够成为第一流人物，因此当名流们宣读第一流人物名单时，他总是全神贯注地倾听，生怕自己的名字未被提及。每次名单即将宣读完毕，发现自己的名字并未出现，他甚至会紧张得脸色都变了。

平定苏峻之乱后，温峤的担忧终于烟消云散，他的名誉和声望都达到了顶点，不但可以毫无争议地跻身于第一流人物，而且占据了顶尖位置。

评赏完功臣，朝臣们接下来热议的，就是谁能在大乱之后居中辅政。陶侃身为强藩，已据有荆州，显然不能允许他再领有扬州，否则谁也不能保证他不会成为王敦第二。郗鉴虽然得到大家的信任，但身上终究还是挂着流民帅的标签，与刚刚制造滔天之乱的苏峻属于同一种势力，因此也只能像陶侃一样回到地方，而不能留京辅政。其他有条件的大臣，卞壶已经战死，陆晔既建功勋又有资历，但他是吴姓士族。

评　议

遥想当年，以顾荣为首的吴姓士族，接引并扶持元帝在江东立足，最初的理想和目标，除了南北联合，抗御外侮外，就是想复制"孙吴故事"。然而实际上，东晋立国从一开始，居于高位而有实权者，仅限于琅邪王氏、颍川庾氏等侨姓士族，吴姓士族只是陪衬，即便吴郡顾氏、陆氏这样的江东高门士族亦不例外，顾荣、陆晔等人在朝廷所任，都不过是虚名显位，并无实权。

这种以侨姓士族为主、吴姓士族为辅的政治格局，不仅贯穿东晋王朝的始终，而且延续至南朝时期，且愈显突出。宋齐间的著名文士丘灵鞠因此对接引北人的顾荣恨恨不已，乃至发出了这样的愤激之辞："我应该去把顾荣的坟墓铲掉！江南地方数千里，士子中的风流人物皆出其中，可是顾荣却突然引导那些'诸伧'（南人对北士的蔑称）南渡，结果把我们仕进的道路都堵死了，他真是死有余辜！"

丘灵鞠等南人的心情固然可以理解，但北士主导朝政并不仅是司马氏皇族偏袒打压南士所致。从能力角度来看，自西晋一统后，江南因历来无战事且远离政治中心，长居于此的名士们普遍缺乏处理重大军政事务的经验，对朝廷的明争暗斗也无切身感受。反观北士，在理政方面更为熟练，尤其是经历八王之乱、永嘉之乱等的冲击和洗礼，让他们练就了处变不惊、应付乱局的本事。

东晋在其发展历程中，政治形势异常复杂，动乱频起，确实非北士不能担当。就拿这两次足以颠覆东晋王朝根基的叛乱来说，王敦之乱中的纪瞻，苏峻之乱中的陆晔，虽然都发挥了作用，但这些作用都不是全局性的，他们个人的影响力和决断力，较于北士，仍有差距。

陆晔既被排除，余下还有三人可选：温峤、庾亮、王导。庾亮是苏峻之乱的直接引发者，虽平乱有功但过亦不小，王导在建康陷落时保护成帝，不过不像平定王敦之乱，他在此次平苏战争中并未建立特殊功勋，更不用说还有像陶侃指摘的那样，在石头城舍皇帝独自逃离的"瑕疵"。

朝廷评议中发生了这样一幕，路永、匡术、贾宁，均为苏峻旧日心腹，后来王导劝降路永，使他归顺朝廷，并帮助自己逃出了石头城；匡术在陆晔兄弟的劝说下，带着苑城归附联军；贾宁也选择了率众归降。王导感念路永救了自己一命，提议论功赏给三人官爵，温峤则断然反对，他指出路永等人都是苏峻叛乱的谋主，可谓罪大恶极，中途虽然改悔反正，但也无法抵消先前的罪过，政府考虑实际情况，免除他们的刑罚，已经非常宽大了，怎么还能再予以褒奖呢？

王导听了温峤的话后，只好作罢。温峤能够当众驳倒王导，言之有理固然是一方面，但也说明此时的温峤，因在平定两次内乱中均功绩卓著，其朝望已急速上升，使得王导也不能不在朝议中对他作出让步。

温峤有能力，有声望，与此同时，他又没有王导那样的门户背景，没有陶侃的军事实力，没有郗鉴的流民帅背景，亦无庾亮的外戚身份，换言之，相较于其他人，温峤再兴祸乱的可能性更小。这也使得在留京辅政的人选中，温峤众望所归，呼声最高，朝臣们一致认为，他是适合留在中枢辅政的不二人选。

温峤却坚决婉拒，并以明帝已托付王导为由，推荐王导辅政。他的这一决定，显然经过了个人的深思熟虑，事实上，温峤被众人认为适合留在中枢的那些因素，反过来也同样会限制他在中枢发挥作用。

温峤本身是二流士族，无王导、庾亮的门户背景，一旦掌握中枢，必然无法抗衡宗族强大的士族，他所能依靠的，只有司马皇室或者某个门阀。东晋门阀政治的经典格局由此将不复存在，而在当时士族当政的气候下，温峤很容易成为傀儡，最终被迫离开扬州。

简而言之，温峤与郗鉴一样，都更适合在政治场上发挥居中调节的作用，但郗鉴作为流民帅，起码手上还有兵，温峤若留在建康，则无兵可依，关键时刻只有被政治对手拿捏的份儿。因此，与主导中枢相比，温峤还不如回到地方，恢复其封疆大吏的身份和角色，这样才能做到进退有度，游刃有余。

非走不可了

温峤决定返回江州，临行前，他目睹京城荒凉残破、物资匮乏，便设法筹借了一批物资，以供宫廷添置器用，之后才启程前往武昌。

温峤一走，朝臣们便只能重新在庾亮与王导之间进行权衡。就在成帝脱险，登上温峤所乘大船的那天，他见到了自己的舅舅庾亮。庾亮登船后，拜谒成帝，一见面即叩首至地，哽咽着说不出话来。

庾亮彼时的心境，确实比在场任何一位大臣的心情都更为复杂，其中既有君臣重逢的悲喜交集，更可能还有着深深的悔恨和自责：正是自己对形势发生误判，轻举妄动，一意孤行，才激起了苏峻之乱。这场无意中铸下的大错，不但令年幼的皇帝侄儿饱受磨难，还直接导致妹妹庾太后在动乱中因不堪凌辱而自杀……

见庾亮长时间伏地悲泣，成帝也伤感不已，他随后下诏，让庾亮起身，与群臣一起登上御床。成帝这一举动无疑具有极大的象征意义，因为苏峻攻入台城时，正是王导带着陆晔等人，共登御床，舍身护卫了成帝，成帝显然是要以此表示，自己在平叛后决不会忘记群臣的耿耿忠心。

问题是，王导等人舍身护主时，闯了大祸的庾亮却在外逃途中。对此，庾亮内心难免羞愧，也有些惴惴不安，翌日，他独自入宫向成帝谢罪，希望得到更多谅解，然而让他始料不及的是，成帝在交谈中突然问了他一个问题："往日那个白头公在哪里？"

南顿王司马宗一头白发，故而成帝称他是"白头公"，敢情成帝对于司马宗之死，到现在还毫不知情。庾亮大惊失色，连忙答道："司马宗因为谋反，早已伏法了。"成帝不听犹可，一听就哭了，一边哭，一边对庾亮说："舅舅说人家要造反，就把他杀了；人家要是说舅舅造反，又当如何？"

庾亮没有想到成帝会说出这种话，造反可是要灭族的不赦大罪啊！是成帝要借着司马宗案的由头，对苏峻之乱的责任进行追究吗？

庾亮顿时吓得脸色惨白，冷汗直流，当即叩头不止，请求免去官职，允许他全家到远离京师的偏僻地区去，做个无声无息的平民百姓，所谓"阖门投窜山海"。

然而，成帝并未当场表态。

庾亮出宫回家后，心里又急又怕，不知道成帝究竟会对自己做出怎样的处理。幸好，成帝随后派尚书、侍中，给庾亮送来一道手诏，说："这次大乱是国家社稷之难，不是舅舅的责任。"

成帝虽然通过手诏明确不会对庾亮治罪，但他安慰劝谕的那句话，分明还是验证了庾亮的猜想，即成帝对苏峻之乱的责任依旧耿耿于怀，且并未在心底里真正原谅庾亮。

这种情况下，是非走不可了。庾亮随即上疏成帝，一面承认自己对苏峻之乱负有主要责任，表示对不起国家，"其罪实大，为天地所不容"，一面感谢成帝的不杀之恩，请求将其放逐，自生自灭，以彰显朝廷法度，昭示百官。

看到庾亮不但认罪，而且还把自己贬得如此之低，成帝又觉得于心不忍，他连忙给庾亮下诏，表示苏峻之乱不能怪罪于他，苏峻"今年不反，明年当反，这是人人都知道的"，并且说庾亮征讨苏峻有功，朝廷正要按功奖赏呢，怎么会去计较以前的过失呢？

不管成帝如何百般安慰和挽留，庾亮都已不敢留在京城。

在与成帝重逢前，庾亮眼中的成帝，恐怕还是那个年幼无知、依偎在母亲身边的小男孩，他可以轻易地掌控。可是如今的成帝，在与支持自己的群臣初次聚首时，已经学会了通过赐登御座的方式来团结群臣，稳定朝政；在意外得知司马宗被庾亮处决，而自己身为皇帝却不知情后，成帝知道要直接向庾亮表达不满；当庾亮心中忐忑不安时，成帝又懂得该如何进一步通过手诏，以表面安抚的方式，紧紧抓住苏峻之乱的责任问题继续对他进行敲打。

苦难摧残人，折磨人，但也可以锤炼人，显然，在经历苏峻之难后，小皇帝的政治智慧和手腕都已今非昔比。试问，面对这样的成帝，他庾亮还敢操控朝政吗？他敢保证成帝除了追究苏峻之乱的责任外，不会把他从前把持朝政的事全都搬出来，一并问罪吗？

平乱后的庾亮，也已不再是昔日的庾亮了。陶侃、郗鉴、温峤乃至王导，他们的声望都与日俱增，唯独庾亮，却在京邑丘墟、物议沸腾中声望大损，其处境空前孤立。在这种情况下，只消某个与庾亮有着宿怨的人，或者善于察看政治风向之辈，给朝廷上奏一本，就足以让庾亮陷入危机，甚至万劫不复。

庾亮越想越怕，实际上，他不仅不敢再考虑继续辅政，连与辅政相关的话题都已不再关心，一心只想着该如何尽快"投窜山海"，逃离京城这个是非之地。

终于，庾亮再也无法忍受心灵的煎熬，他选择了不辞而别，带着家眷从暨阳（今江苏省江阴市）东门悄悄出城，打算隐匿于山水之间。庾亮毕竟是国舅，这样一来，皇帝的面子就挂不住了，成帝知晓后，立即下诏，命令负责官员拦截舟船，无论如何不让庾亮一家离开。

庾亮无计可施，便又想到不如效仿温峤出镇地方，他以惹出苏峻之乱、必须平息舆情为由，请求出居外镇，戴罪立功。

对成帝而言，这也确实不失为一个双方都能接受的解决方案。当时东晋政府按照侨置政策，设有侨置豫州，其范围大致包括西晋时期徐州的淮河以南部分，成帝于是便任命庾亮为侨置豫州刺史（以下豫州均指侨置豫州），兼领宣城内史，出镇豫州州治、邻近姑孰的芜湖。

购衣解困

平乱三大功臣陶侃、郗鉴、温峤全都领兵在外，庾亮也自请外镇，四人各守一方，分驻荆州（之前镇江陵，因其偏远，移镇巴陵）、徐州（镇京口）、江州（镇武昌）、豫州（镇芜湖），王导成了留京辅政的唯一选项，中枢政柄也因此又入王导之手。

看起来，好像是竞争对手的自行退出，才让王导有了机会，其实却是事所必然。王导是元帝亲任旧臣，三朝元老，拥有深厚的政治资望和长期辅政的经验，就连苏峻那样的叛乱者，都把他看成是难以逾越的政治障碍，不敢轻易加害，此其一。其二是在他辅政期间，"镇之以静"的施政特点以及国泰民安的效果，也使王导一向都被视为社会稳定局面的维护者，大乱之后需要大治，朝廷大政仍归王导执掌，实乃大势所趋。

此次苏峻之乱，王导表面上平叛无功，官职上也不升不降，在一些朝议者口中，这也被认为是"硬伤"，但是不要忘了，建康陷落后，王导可是有着舍身护主和维护局面的壮举，而这些又都是成帝亲身经历的。即便是被陶侃所讥讽的"瑕疵"，王导本意也是想先救成帝出来，只是计划暴露，才不得不先行逃离。成帝对此一清二楚，也铭记在心。

经历劫乱之后，成帝看人自有他的标准，可能在他眼里，王导这位对他不离不弃的老首辅，比包括舅舅庾亮在内的其他大臣，都更忠心，更有担当。或者也可以这样说，与参加朝议的大臣们不同，成帝其实早就属意王导辅政，否则的话，他也就不会听任温峤出镇，又迫使庾亮出京了。

王导二次上台后，立刻着手修治残缺，勉力经营。都城既然不迁了，就必须首先解决朝廷财政枯竭、库藏空虚的困境。王导让人清查国库后，发现仅有几千端粗丝布，而且这些布在市场上销售困难，无人问津。

朝廷开支异常困难，王导为此焦虑不已。经过深思熟虑，他心生一计，在上朝时特意吩咐相关人员："你们送几端布到我家，我自有安排。"

晚上回到家中，王导亲自设计，连夜将送来的布裁制成一套单衣（指单层无里子的衣服），第二天便穿着这件自制的粗布单衣上朝了。

在当时，一般只有平民才穿粗布单衣，士人特别是名士是不碰的，觉得穿了会降低自己的身份。然而魏晋又是一个崇尚风度和个性的时代，名士个人的风尚爱好往往在很大程度上能够引领整个社会的风潮，甚至决定着社会的价值取向。王导不但是朝中首辅，更是当时社会风尚的引领者，有着高山仰止般的文化地位和影响力。大家看到这样一位文化偶像穿着自制的粗布单衣上朝，不仅不寒伧，而且显得颇为潇洒和有气质，印象顿时为之一变。朝中一些名士倾慕之余，纷纷加以仿效，引得其他士人争相购买。

市场上的粗布从无人问津迅速变为趋之若鹜。粗布原本价廉，然而随着需求的激增，价格也随之上涨，一端粗布竟能卖到一两金。王导见机行事，让人将国库中的那几千端粗布全部搬出来售卖，很快便被抢购一空，所得的款项也使政府的财政困难得到缓解。

王导治国，善于因事制宜，从困境中寻求出路，"购衣解困"即为其中一个较为典型的操作手法。在他重新辅政后的几年间，虽然朝廷的开支用度很多，但每年总还有些节余，国库也随之又逐渐充盈起来。

新建康城

公元 330 年，即平定苏峻之乱的第二年，王导开始率众营造建康城，这一年主要是为皇室建造新的宫殿，并着手建造苑城。由于朝廷财政紧张，相关制度、规定又有很多缺失或不完善的地方，筹款非常困难，有时只能因陋就简，能省则省，就这样费用还不够，于是王导又接受建议，由包括他在内的百官各出钱二千，以充修城费用。

此时的王导已深为朝野所尊崇，成帝更是身体力行，年幼的他每次见到王导，都要下拜，给王导写的手诏，上面全都使用"惶恐言""顿首""敬白"一类的敬语，中书省代成帝给王导起草诏书，也要用"敬问"，这以后成了定规。当年秋天，成帝还亲自来到王导府第，以皇帝之尊拜见王导的妻子曹氏，随后又在王府设酒宴大会臣僚。

公元 331 年冬，朝廷举行冬祭，成帝在祭祀太庙后，下诏将祭品送给王导，并且指示王导在接受祭品时，"不必下拜"，弄得王导不得不以自己有病为由，连连推辞，表示不敢承受。

王导辅佐东晋三代君王，虽然自元帝起，即尊称王导为"仲父"，不以臣僚视之，然而成帝给予王导政治待遇之高，仍旧令人咋舌。应该指出的是，这并不是王导专权的结果。王导位虽高，但权却不重，他能够主政中枢，更多的是凭借其多年积累的声望、政治经验，以及善于协调和平衡各方的能力。对于成帝而言，没有以往那种足以令他窒息的压迫感，故而他也就心甘情愿地予王导以各种"殊遇"，以示自己的尊重和信任。

公元 332 年冬，新宫落成，成帝迁入新宫。又过了三年，苑城建成，再过二年，台城也顺利竣工。至此，在王导的指挥运筹下，经过前后七年的艰苦努力，一座崭新的建康京城出现在人们眼前。

难能可贵的是，在建康城的设计建造过程中，王导同样懂得如何因地制宜。当时营建城邑，多追求"街衢平直"之美，也就是规划的街道要越平直越好，后来有人就问王导的孙子王珣："王丞相（指王导，其时王导已经故去）开始筹划建康城时，街道设计得迂回曲折，一点都不平直，是不是因为他没有可供参考的现成模板啊？"王珣说这恰恰是爷爷的高明之处。他进一步解释，江南一带地面狭窄，与中原不同，如果让街道平直畅达，那就一览无余，没什么味道了，王导之所以要将建康城修建得辗转曲折，就是要给人深不可测的感觉，如此才会好看。

王珣没有说错，王导正是结合江南的自然地理特点，创造出了与中原完全不同，所谓"纡余委曲，若不可测"的建筑美学风格。建康新城依山带江，宫城楼门及水陆两路皆环环相因，层层相护，从而使得整座城池显得深邃峻峭，山色空蒙，呈现出江南独有的清峻缥缈之美。直到二十一世纪的今天，历经千余年的沧桑，虽然当年的古城早已荡然无存，但基址尚在，格局犹存，城市的迂曲幽美、迤逦蜿蜒依然清晰可见。

新建康城的拔地而起，不仅让东晋的帝王根基得以恢复和巩固，更将王导在朝野的声望推向了顶点，然而在取得成功的背后，危机如影随形，一步步向王导逼近。

最早引起争议的是卞敦案。当初温峤、庾亮在浔阳准备发兵征讨苏峻，向四方征镇发布檄文，号召他们各自带兵前来江州会合。湘州近在咫尺，但湘州刺史卞敦却既不出兵勤王，也不提供粮草，只是象征性地派督护带领几百人跟随大军，以应付差事。

尽管湘州兵并非劲旅，即使卞敦率部加入联军，也不会成为联军主力，但卞敦迟疑观望，在关键时刻作壁上观，还是引起了朝野的惊讶和不解，对军心民心也产生了不可低估的消极影响。

苏峻之乱平定后，湘州改属荆州，作为卞敦的新上司，陶侃立即奏议弹劾卞敦，指责对方在平乱战争中阻碍军务，持观望态度不赴国难，并请求将卞敦予以拘捕，用槛车送交廷尉治罪。

王导收到奏议后，认为平乱之后，对失职官员的处理应该从宽，没有同意陶侃的意见，转而将卞敦降职为安南将军、广州刺史。卞敦因为生了病，无法前去赴任，王导又将其征召入朝，为光禄大夫、兼领少府职。卞敦虽未受到严惩，但也承受着极大的舆论压力，入朝不久，就在忧愁愧疚中病死了。

《资治通鉴》的作者司马光针对卞敦案也发表了看法。他和陶侃的意见一致，认为卞敦位列方镇大员，在朝廷面临倾覆之际，却坐观胜负，人臣之罪，没有比这更大的了。说起卞敦，司马光也顺便提到了庾亮。他指出庾亮以外戚的身份辅佐朝政，首先引发祸端，使得国家毁坏，君主危殆，自己却逃窜以求苟免，其性质甚至比卞敦还严重。

司马光借此对王导提出严厉批评：对于庾亮、卞敦，朝廷不但不能明正典刑，而且居然还赐之以"宠信爵禄"回报（指庾亮出镇和卞敦入朝为官），你王导如此办事，难怪成帝朝无国政可言了！

预　见

王导重新执政后，依旧保持着他一贯的施政风格，其主线就是两条，一是"镇之以静"，一是"政务宽恕"。《晋书》特别用"务存大纲，不拘细目"对后者进行了概括，意即处理政务时，应注重把握整体的原则和要点，而不要过度拘泥于细枝末节。

王导处理卞敦案，其实就是遵循了宽政的原则，目的是息事宁人，保持政局的相对稳定。司马光对王导的批评，说到底，还是缘于他对王导施政风格以及东晋政局的不理解。实际上，别说王导并无能力处置庾亮，就算有此可能，他也一定会以卞敦案的方式来对待。打个比方，这就像打仗一样，司马光、陶侃只是就事论事，他们考虑的是战术，而王导考虑的却是战略，哪怕他当时对于某项政务的处理，看起来有所偏颇，但只要能够保证社会总体安定，不出现严重的紧张局势，甚至再度爆发内战，也就达到了目的。

司马光生活的年代与王导相隔数百年，也是一位出色的政治家，连他都不能完全接受和认同王导的政治理念，更遑论他人。另外，司马光毕竟只是对过往的史事进行评点，他自然不可能像与王安石那样，因政见不同而与王导成为政治对手。相比之下，陶侃与王导的情况则截然不同。两人同处一个时代，又都身居显要，政治观念的分歧，很容易让他们形成直接的对立和冲突：在王导处理完卞敦案后，陶侃虽未公开表示异议，但从事后来看，他对于王导的不满仍然溢于言表。

事实上，陶、王不和早有迹象。从联军收复石头城时，陶侃用话语讥讽王导一事，就足见两人之间的紧张关系。陶、王之所以无法相容，不仅源于政见相左，更因为出身背景、个人性格、处世方式等方面存在很大差异。此外，陶侃身处地方，王导居于中央，各自利益和立场的不同，也造成了他们之间的隔阂。

陶侃对王导的忠诚质疑，嘲笑他不能像苏武那样为国守节，但若论忠君之心，陶侃却远不如王导。

在东晋，荆州刺史为方镇之最，通观东晋的整个历史，谁一旦坐到荆州刺史这把交椅之上，以其特殊地位，很少有人不会像王敦、苏峻那样产生异心。陶侃的人品没有问题，但人这种东西，很多时候都会身不由己，陶侃亦不例外，特别是都督八州诸军事后，他自认为手握重兵，又据有上流形胜之地，也难免对皇权产生了觊觎之心。

只是王敦、苏峻在同样的问题上摔得粉身碎骨，王敦还是陶侃的前任，他们的失败不能不让陶侃有所警示，使他意识到皇权的诱惑虽然巨大，然而伴随的风险也同样不容忽视。

陶侃曾做过一个非常特别的梦，他梦见自己长出了八只翅膀，并借此飞上了天空。在空中，他看到了九重天门，而且成功地登上了前八重门，可是最后一重门却无论如何也进不去。更糟的是，他还被看门人打了一闷棍，从高空坠落折断了左翼。

梦醒后，陶侃的左腋尚隐隐作痛，就好像真的折断过翅膀一样。陶侃是很迷信的一个人，每当脑子里要动歪念头的时候，他都会想到这个梦，他觉得梦境给予他的启示是：你只能位极人臣，而不能当皇帝，否则，就要像王敦、苏峻一样遭殃。

既然天命难违，陶侃也就只好断了僭越的念头，不过因为觉得自己离皇位仅差那么一步，陶侃便愈发不将王导放在眼里了，即便王导已奉旨辅政，陶侃亦盛气凌人，咄咄相逼。

《世说新语》记载，豫章太守梅颐因故被王导派人逮捕，而梅颐有恩于陶侃，陶侃有心搭救梅颐以报恩，就放话说："天子年幼，政令出于诸侯，既然王公（王导）可以逮捕官员，那我陶公为何就不能释放官员呢？"随即派人前去，硬是把梅颐抢了过去。

陶侃公然无视王导的命令，从其手中抢人，本身就是对中央决策的一种藐视，而这也意味着他随时都可能干涉中央决策，从而引发更多不必要的争端，使政局变得复杂和动荡。

同样让王导感到难以省心的，还有庾亮。成帝虽然很聪明，提防权臣的意识也已经觉醒，然而毕竟年幼，政治经验尚显不足。在苏峻之乱前，成帝为舅舅庾亮所限制，不能亲自处理政事，他对此深感不满，因此在平乱后，便通过各种方式，不愿再在中枢给庾亮预留位置。应该说，成帝的这一操作并没有错，错在他最后为庾亮选定的外镇区域，赋予了庾亮以极大权力。庾亮外镇后，其都督范围不仅涵盖侨立的豫州，还包括扬州的江西诸郡以及扬州江东的宣城郡。庾亮由此轻而易举就掌控了建康上游的关键地段，长江两岸那些紧迫建康的各郡县，也全在手中。可以想见，一旦庾亮掌握了强大的军队，又生出非分之想、不臣之心，其部队便可朝发夕至，迅速兵抵建康。

此情此景，与王敦、苏峻叛乱时极为相似，比王、苏之乱更为严峻的是，建康彼时只需应付一方力量，即荆州兴发的顺流之师（王敦之乱），或者侨立豫州的袭击（苏峻之乱），而现在却要提防两方力量，不仅有上游的陶侃，还有近在咫尺的庾亮，这无疑使京都陷入了极不安全的状态。

深谋远虑如王导，不可能看不到这些危险，他也早已未雨绸缪，为自己准备了几个必要时能够挽救危局的"锦囊"。假设每个"锦囊"里面都有一张纸条，第一个"锦囊"里的纸条上写的是：温峤！

牛渚燃犀

平定苏峻之乱后，东晋的政治格局之所以能够迅速恢复平衡，温峤起到了至关重要的作用，正是他急流勇退，辞中枢之位，并举贤自代，才促成了王导的再次辅政。温峤在东晋政坛中的角色，也向以维护门阀政治的平衡、保持政局的稳定为己任：元帝伸张皇权，排抑士族，温峤反对，并对王敦表示同情和理解，但是等到王敦欲取司马氏而代之，温峤又坚决反对；苏峻、祖约发动叛乱，企图颠覆东晋政权，温峤毅然放下个人得失，组织联军，平定了叛乱。

从前庾亮在朝中掌权时，曾采取以温峤居江州，防荆保扬的策略。王导虽与庾亮政见有异，但鉴于平乱后政治势力的错综复杂和棘手程度，他认为经过适当调整后的庾亮的策略仍具有可行性。因此，他代表朝廷交给温峤的使命之一，便是在上游各势力（陶侃、庾亮）之间进行缓冲和协调。

温峤深知所负使命重大，同时也备感压力。作为庾亮的好友，以他对庾亮的了解，对方一旦获得机会，必定还会在政坛上掀起波澜，再加上一个陶侃，两人的力量均不可忽视，随时可能改变局势的走向。温峤需要巧妙周旋，以确保他们各自恪守本分，共同维护朝廷的稳定，这其中的复杂和艰难程度，确实非同一般。

可以想见，在返回江州的途中，温峤一路都在对此进行深思。当船行至牛渚矶时，看到此处水深难测，传说水下多怪物，温峤便叫人点燃犀牛角，用其光芒照射水面。古人认为犀牛角具有神奇特性，其中之一就是可以辟邪和照见怪物，据说，但凡深水中的怪物，往往对火光等明亮的东西感到好奇或害怕。

果不其然，不一会儿，就见众多水中怪物纷纷聚拢过来，看样子似乎是想遮盖甚至熄灭犀牛角燃烧的火焰。在犀角光的照耀下，这些怪物无处遁形，也让温峤看到了它们真实的形态：一个个奇形怪状，其中居然还有乘坐着马车、身着红色衣裳的，就仿佛是来自另一个世界的使者。

这天晚上，温峤做了一个奇怪的梦，梦中有个人一脸愤怒地对他说："你我幽明有别，各不相扰，为什么要用犀角光来照我们？"

温峤牙齿有疾，返回武昌后，他决定拔牙治疗，谁知却意外地引发了中风。抵达镇所不到十天时间，温峤便不幸离世。

虽然"牛渚燃犀"的故事听起来有些荒诞不经，但若深入探究时局以及温峤当时的心境，其中很可能暗含着一系列令人细思极恐的隐喻。

有人认为，温峤在牛渚矶燃犀所见，正是当时政局不可预测的一种象征，那些奇形怪状的水下怪物，暗示着有一种不可见的、神秘复杂乃至诡异的力量在背后操纵政局。

温峤在梦中得到的那个警告，所谓"幽明有别，各不相扰"，喻示着政治斗争中存在某些规则和定数，它们是不可逾越的。温峤想要突破（"牛渚燃犀"后被作为成语，就是比喻洞察人心，识别奸邪），无疑犯了大忌，将给他招来不幸。

甚至，温峤之死本身也可以被视为一种深刻的象征：政治斗争波谲云诡，残酷无常，即便最具智慧的人，也可能无法完全洞悉政治局势的走向和结果。

温峤就是这样一位智者，他一直在纷扰的政局中努力寻找线索，希图走出王敦之乱、苏峻之乱的怪圈，以维护政治平衡和社会稳定，"牛渚燃犀"的故事，宛如他无惧无畏、勇敢探索的形象写照。遗憾的是，直到猝然离世，温峤最终也未能找到一个完美的破解之法。

后继者

温峤离世后，朝廷随即任命刘胤为江州刺史。刘胤原系抗胡名将邵续的部下，当初他是作为使者，奉邵续之命到建康劝进的，也因此被元帝留用。苏峻之乱时，刘胤为温峤的僚属，温峤率军东下救援京师，刘胤则留守湓口（其时江州治所已移至浔阳郡，即湓口所在地）。

尽管刘胤无论出身、经历、地位，或是与东晋政权的关系，都与温峤相近，但他在个人生活和喜好方面，却相当于翻版刘琨，有着很重的名士陋习，不仅平时用度奢侈，而且经常大白天横卧室内，处理政事很是懒散。更为引人关注的是，刘胤喜好经商谋利。身为朝廷要员，私下却沉迷于商业活动，这显然与其身份不符，也让人担忧他是否会因忙于追逐私利而疏忽公务。

朝堂内对此议论纷纷，陶侃、郗鉴等人都向王导提议反对刘胤出镇江州，认为他并不具备一方大员的才能。然而，对于朝中的这些反对意见，王导却置若罔闻。

江州作为居于荆州、扬州之间的军事要冲，历来被称为"国之南藩，要害之地"。与此同时，由于刚刚平定苏峻之乱，国家纲纪尚处于弛懈不振的状态，所以江州内部存在着诸多不稳定因素，尤其从荆州的江陵到建康，沿途有数以万计的流民，其中多数散布于江州，这一复杂局势，对江州刺史的治理能力提出了严峻的挑战。前任江州刺史温峤政绩卓越，在他去世时，江州百姓闻讯无不相对而泣，足见其在江州的声望之高。相比之下，大家对刘胤的继任充满了担忧，认为他若接任，即便江州没有外患，亦难免内忧。见王导坚持任用刘胤，即便陶侃、郗鉴相谏，都不为所动，有人便另辟蹊径，向王导的儿子王悦提出警示，希望他能转告王导，重新考虑刘胤的任命。

王悦缺乏乃父的城府，在众人的逼问下，只好坦言："这是温平南（温峤兼平南将军之职）的意思！"

据王悦从他父亲那里了解的信息，温峤在回任武昌后，有一段时间，老是做噩梦，显然当时就已经有了将不久于人世的预感，于是他便写信告诉王导，并且提出想找人替代他。又过了一些天，温峤告知王导，说刘胤是个合适的人选。

至此，人们才恍然大悟，原来是温峤在生前就已经指定了自己的后继者，而王导只是尊重了温峤的意愿。

为什么在别人都觉得刘胤难以胜任的情况下，温峤还会属意于刘胤？实际上，温峤对于刘胤非常了解，尤其是对方喜好经商营利这一点，他比任何人都更清楚。宋代类书《太平御览》中收罗了不少久已佚失的前代珍贵史料，书中记录，王导、庾亮、温峤等人都一直与刘胤有交往，有一次听说刘胤来了，大家就一同乘车去看望他。刘胤见到王导等人后，却把身体靠在被囊（一种装有物品的大口袋）上，不与众人交谈，神情态度也显得心不在焉。过了一会儿，宾客们觉得无趣，便都只好退出。退下来后，王导和庾亮感到非常奇怪，不理解刘胤为何对他们如此态度，只有温峤明白原因，他说刘胤这个人爱财，他靠着的被囊里面一定藏有珍宝，他应该是正在做与买卖相关的事，所以才无心与我们应酬。王导、庾亮一听，来了兴致，于是便派人前去查看，发现刘胤靠着的那个被囊里果然装满了珍宝玩物，原来他确实正在和胡人商贩进行交易。

考察温峤从"牛渚燃犀"到离世前的这段心路历程，他显然经过了一番痛苦的思考和挣扎，最终的选择是在权衡利弊之后，退而求其次的结果。也就是说，温峤并非不知道刘胤的缺点，然而就现有的江州刺史人选来说，刘胤比其他人更合适：刘胤虽然理政不勤，但反过来也说明他野心不大，这样江州首先就不会有独立倾向，刘胤也会和温峤一样，乐意跟随朝廷，听从王导的布置；作为刺史，刘胤只需把握宏观，至于繁杂琐碎的具体事务，自有僚佐处理，刘胤年轻时就具有文雅广博的气质，掌控江州应该没有问题；刘胤有一定的身份地位，又是温峤旧属，这使他在与陶侃、庾亮等人进行沟通和协调时，拥有较大优势。

过去在北方，刘胤乃邵续旧部，刘琨死后，邵续代刘琨而起，继续对抗石勒，你说邵续有刘琨出色吗？当然没有。然而环顾当时的周边，继刘琨之业者，又非邵续不可。同样，刘胤跟温峤差着一大截，甚至温峤自己也知道若让刘胤继任，会带来很多不确定性，但现实所限，亦只能如此。

王导对刘胤的看法与温峤相近。江州原本并非富庶之地，至三国时期，孙吴政权将都城由建邺迁至武昌，其物资供应仍需依赖扬州溯流运输，但到东晋时期，经过长时间的经营和发展，江州已今非昔比，其豫章、钓矶两大粮仓的储备量，甚至可与三吴地区的钱塘仓相媲美，尤其苏峻之乱后，朝廷财政空虚，百官连俸禄都没有着落，正是江州漕运的收入维持了朝廷的开支。这使朝廷在选择江州刺史时，主要考量能否稳定上游并服从中央的指挥，刘胤虽不孚众望，但这两点上却是妥妥的"温峤第二"，故此王导才会顶住各种压力，坚持按照温峤的推荐，任用刘胤为江州刺史。

郭默事件

刘胤受王导及温峤生前重托，也明白外界对他有诸多不满，然而他赴任江州后，随着地位的迁升，恢复了往日的放纵。在江州，刘胤经常饮酒作乐，不把政务当回事，而江州作为富饶之地，也为其经商提供了便利条件。那段时间，为刘胤贩运货物的商人和车辆络绎不绝，刘胤因而积累了高达百万的财富。

消息传开后，舆论哗然，朝廷有关部门不得不以刘胤荒废政务、以私废公为由，对其发起弹劾，请求将刘胤就地免职。免职的诏书已经传达江州，但奇怪的是，刘胤并没有按照常规程序，接受朝廷的免职决定，而是一面继续担任江州刺史，一面为自己提出申诉。

从王导的总体部署来看，这很可能是他应付舆论的一个策略：让刘胤通过申诉拖延时间，待风头过后，再酌情处理。当然，如果发现舆论压力实在太大，非议太多，缓兵之计实在行不通，到那个时候，王导也只能启动预案，将刘胤撤下，另外挑选能够替代刘胤的"温峤第三"出镇江州。

问题是计划总赶不上变化。在刘胤故态复萌，再次陷入旧有恶习，并因此受到弹劾后，王导恨铁不成钢，自然会严厉责备。面对王导的严责，刘胤或许也会承诺要痛改前非，可是正所谓江山易改，本性难移，即便在申诉期内，这个不争气的家伙也并未真正改掉毛病，反而因为感到自己江州刺史的位置岌岌可危，快活日子即将到头，变得更加放纵，生活更加骄奢淫逸。

刘胤花天酒地，但为人却很吝啬。这里就要说到郭默。郭默在庾亮当政时得以接管刘遐军，刘遐军部分将士对此不服，发动了叛乱，但旋即就被镇压，未参与叛乱的刘遐部曲之后统一归郭默指挥，成了郭默的基本部队。

郭默在接管刘遐军后，一度在京城一带活动，平乱期间还曾指挥过宿卫六军，但其本人说到底还是流民帅。既是流民帅，朝中不管谁当政，都得提着点小心，尤其经过苏峻之乱，除了郗鉴，对于流民帅，朝廷一般都持谨慎态度，不允许他们带兵过江，因此平乱后，郭默及其所部就成了一块烫手山芋，如何妥善安置，让朝廷颇感棘手：把郭军留在京城或附近，潜在的安全风险不容低估；强制郭军返回江淮地区，目的太过明显，同时也怕引发刘遐部曲的不满和反抗，从而脱离郭默的控制，与朝廷形成对立。

经过一番斟酌，王导有了主意，他把郭军安排到浔阳驻扎。郭默在北方时属于刘琨系统，且与温峤有旧，温峤可以监视并稳住郭默，确保双方相安。温峤死后，刘胤接替，刘胤虽不是直接出自刘琨系统，之前和郭默的关系也很一般，但他毕竟也曾在北方抗胡，其经历和背景与郭默有一定的相似之处，所以王导认为刘胤也能对郭默形成一定的制约，然而，这是在刘胤被免职之前，之后王导就有些放心不下了。

王导深知每个流民帅的特点，郭默骁勇善战，其勇猛程度不亚于苏峻，此其一，其二，苏峻毕竟还不是轻率鲁莽之人，当初若不是被庾亮逼至绝境，也不至于铤而走险，郭默则更容易冲动。王导担心的是，在此敏感的人事调整时刻，随着刘胤对郭默监控的减弱，郭默会有所异动。出于慎重考虑，他决定任命郭默为右军将军，将其调回建康。

郭默还是光杆将军时，朝廷让他到哪儿就到哪儿，此时却和大多数流民帅一样，视基本部队如自己兜里的本钱，特别是意识到一旦入京，兵权就可能会被剥夺，他便希望以边将的身份继续留在江州，哪怕去江淮或更远一些的边境地区也行。于是，他找到刘胤，希望刘胤能替自己向朝廷求情。

王导对郭默的调动，事先不会不跟刘胤通气，刘胤了解建康方面这么做的必要性，故而以"朝廷的决定不是一般人能够干预的"，婉言予以拒绝。

郭默只得不情不愿地打点行装，准备启程前往京城。他知道刘胤非常有钱，在江州任上更是大发横财，便以入京需要不少费用为由，向刘胤请求资助，不料刘胤居然一毛不拔，分毫不给。郭默本来心里就窝着火，哪怕没茬儿他都想找点茬儿出来，刘胤这种近乎本能的吝啬鬼性格，让他怒火中烧，与此同时，过往与刘胤的种种积怨，也都一股脑儿地涌上了郭默的心头。

东晋官场因门户差异而有所谓"君子""小人"之分，郭默出身微贱，以后虽然因战功逐渐升至官品颇高的职位，但却仍被官品与他相等却出身大族的刘胤视为"小人"。见刘胤不把郭默当回事，刘胤的僚属张满等人也都故意对郭默不敬，有时遇到他时，甚至还对他裸露身体以示轻蔑，这让郭默常常咬牙切齿，怀恨在心。后来刘胤也感觉有些过分，便在腊月里派人给郭默送了一壶酒和一只腌腿作为礼物。刘胤的本意是缓和与郭默的关系，以免把对方给惹急了，可郭默却觉得刘胤是在用这种方式嘲笑和侮辱他，不但不领情，反而更加怒不可遏，当着使者的面，就将这些东西全都扔进水里。

冰冻三尺，非一日之寒，郭默对刘胤、张满等人早已积攒了满满的新仇旧怨。此时，恰逢有人前来煽风点火。此人因与刘胤、张满有矛盾，便捕风捉影地散播谣言，声称刘胤之所以不接受免职，是因为正与张满等人密谋叛乱。这小子还煞有介事地鼓动郭默："现在他们只忌惮你一人，说要先除掉你，然后再起事。大祸即将临头，你须深加防备。"

郭默一来不甘心就此抛下军队入京，二来也想找机会报复刘胤，这使他听后根本都不查证，便迅速集结部下，以平叛为名，对刘胤的府邸发动了袭击。其时天将破晓，刘胤仍在睡梦中，毫无防备。刘府的守卫将士发现后，本欲抵抗，但郭默大声威胁道："我奉诏书前来讨伐，抵抗者诛灭三族！"将士们误以为他持有真诏，只得放下武器。郭默趁机闯入内室，将刘胤从床上拉下，当场砍下了他的头颅。

可怜刘胤就这样结束了他的富贵梦。为掩盖真相，郭默将刘胤的首级作为证据送至京城，并伪造了一份诏书，接着，他又假借这份伪造的诏书，以朝廷使者的身份在江州进行巡视，对民众进行欺骗。

郭默事件震惊中枢，堂堂江州刺史，封疆大吏，居然就这样被矫诏诛杀，事后行凶者不但不逃匿，还如此招摇过市，这是在公然挑战朝廷的权威和尊严。然而更加令人惊异的是，王导在得知此事后，并没有追究刘胤被害的真相，相反，他来了个顺水推舟，宣布大赦天下，将刘胤的首级悬挂于朱雀桥上示众，以示惩戒，同时任命郭默为新的江州刺史。

棋　局

在郭默这件事上，王导是失算了。

朝廷诏征流民帅入辅，本质上是夺其兵权，这一点双方都心知肚明，苏峻之乱殷鉴不远，如在眼前，王导为什么敢这么做呢？是因为郭默与苏峻当年的境况不同。苏峻在历阳起兵，历阳就是他的根据地，郭默所在的江州却是刘胤的地盘，郭默不过是个客将，一旦有个风吹草动，刘胤就会首先予以弹压。郭默以刘遐部曲为他的基本部队，将士对郭默的忠诚度自然不及故主，即便有所异动，其战斗力也远非叛乱时的苏峻军可比。王导相信，刘胤只要保持足够警醒，加上周边的陶侃、庾亮相助，是完全有能力将其弹压下去的。

让王导又气又恼的是，刘胤居然如此不中用，即便遭到了弹劾和被免职，也没能让他的头脑保持清醒，这小子平时只顾着享乐，对郭默毫无戒备，以至于自己府邸遭到对方袭击都不知道。王导更想不到，郭默胆大妄为，竟然敢矫诏行事。这下好了，郭默起兵后，刘胤别说弹压，连他自己的脑壳都没能保住，王导在上游的计划和部署也因此被完全打乱。

郭默事件作为突发事件，局外人乍看似乎是一场武将火并，无关大局，但实际是在刘胤被杀后，上游自温峤起所苦心维持的政治局面，面临着失衡的危险。与此同时，谁也无法预料郭默下一步会做出什么惊人的举动。试想一下，如果朝廷按照正常程序，对郭默事件进行深入调查，公布郭默的罪状，受到刺激的郭默会不会效仿苏峻，也干脆扯起反旗？

作为王朝辅政，王导既不愿江州脱离朝廷的掌握，更不能允许郭默势力失去控制，以致重演苏峻之乱的一幕。只有看到这一点，才能理解他对郭默事件的反应和处理：郭默与温峤、刘胤的历史背景相似，且当初都是只身南来，在南方没有根基，要发展就必须依赖朝廷，就像郭默策划兵变都得矫诏一样。王导一直在寻找刘胤之后的"温峤第三"，郭默恰恰符合这一人设，加上他自此又有发动兵变、杀害主将的把柄被朝廷抓在手里，今后自然更好拿捏。总之，既然刘胤已死，人死不能复生，对朝廷而言，循势而为，承认既成事实，以郭默为江州刺史，就不失一个败中取胜的高招，如此既能控制江州，又可继续维持上游的平衡局面。

王导固然老谋深算，但若是回过头来认真想一想，即将被他放入新棋局中的郭默，绝非等闲之辈。

事件爆发前，郭默抗拒被召入京师，意图保有兵权，然而他又缺乏苏峻那样的实力，无法直接与朝廷对抗，那怎么办？郭默驻军江州日久，以一个流民帅应有的生存智慧，不难洞悉上游的复杂局势，也自然会想到利用朝廷的难办之处，从中获利。两相结合，诬陷刘胤密谋造反，先袭杀刘胤，再倒逼朝廷将自己扶正，对郭默来说，就具备了冒险一试的价值。换句话说，郭默敢于冒天下之大不韪，公然在江州滋事，并非仅是头脑一时发热的结果，郭默事件也绝不是一个简单的个人恩怨造成的血案。

在郭默事件中，郭默单单诛杀了刘胤一人，此后虽也诬陷刘胤的僚佐张满等人谋反，将他们全部抓捕，但并没有立即处决。还有，他声称要顺流而下，却又迅速返回岸上，住进了刘胤的旧府邸。凡此种种，显然都是在向朝廷传达一个明确信息：刘胤"谋反"是孤立事件，我除了将刘胤予以解决，为朝廷除去祸患外，个人并无更大的野心，只要朝廷给予合适的安置，我郭某愿意继续为朝廷效犬马之劳！

没商量

在现实面前，王导、郭默可谓是各取所需，但事态发展又远比他们所想的更为复杂，有人要让郭默为自己的所作所为付出代价。这个人就是荆州陶侃。

郭默事件刚刚传到荆州，听闻此事的陶侃把袖子一甩，站起身来，断言道："其中有诈，郭默必定伪造了诏书！"当天，陶侃派手下将领率前锋部队向湓口进发，自己亲率大军随后跟进。

郭默顿时就害怕了。在杀害刘胤后，郭默将刘胤的女儿和姜室们，以及刘胤的财物全部占为己有，这时为讨好陶侃，让其退兵，他便派使者将刘胤的姬妾和绢物转送给陶侃，同时又伪造了一份密诏，呈送给陶侃，试图以此证明自己杀害刘胤、窃据江州的行为完全合理合法。

郭默真的是不了解陶侃，陶侃根本不可能贪图他的贿赂，更不可能因此退兵。倒是郭默伪造的密诏非常逼真，把大家弄得迟疑起来，陶侃的参将佐吏都劝谏说："郭默如果没接到皇帝的诏令，怎敢干这样的事？我们要继续进军讨伐，最好还是等朝廷有确切指示后再行动。"

此时朝廷对郭默事件的初步处理结果，已为荆州方面所知。朝廷没有按照常规严惩郭默，反而悬刘胤首级以示众，又大赦天下，给予始作俑者郭默以江州刺史的职位，这种情况下，确实有理由认为郭默是得到诏令，才在江州奉命行事的。退一步说，就算这种不寻常决策的背后，可能隐藏着某种不为人知的意图或目的，但既然朝廷已就此作出明确的处置，若荆州方面仍在不事先请示的前提下单方面出兵江州，也无异于以实际行动与中枢相抗。

众人所虑重重，但陶侃的态度是，不管怎样，讨伐郭默这事，没商量！

陶侃一向跟王导不对付，朝廷对郭默事件的处理方案一出，他就认定是王导搞的鬼。

任命刘胤出镇江州，包括陶侃在内，很多人从一开始便极力反对，正是王导一意孤行，非要这么做。如此即可断定，刘胤其实是王导的人，那王导又有什么理由忽然暗令郭默杀掉刘胤这个"自己人"呢？不可能！

郭默擅杀刘胤，王导事后却故意容忍甚至纵容这种做法，他想干什么？陶侃闯荡江湖这么多年，还曾经被王导的堂兄王敦算计过，差点送命，可以说是历经百劫，政治经验极其丰富，他马上就想出了其中的道道：无他，不过是要笼络郭默，以防范和对抗我陶侃罢了！这跟当年庾亮当权时，为了算计我，重修石头城，有何区别？没什么两样，甚至更过分！石头城离上游尚远，江州则近在咫尺，此患岂能不除？

"国君年幼，诏令并非出于己意。"陶侃神色严厉地对众人说，"况且刘胤一直受到朝廷的信任和尊重，虽然管领一方才能有些欠缺，但也不至于处以极刑。郭默骁勇过人，任职行事贪婪横暴，常有随意掠杀的暴行，只是因为国家大乱刚平，为政比较宽松，所以才让他如此肆行无忌！"

陶侃宣布出兵江州的既定计划不变，同时派使者赴京，上表朝廷"请求"讨伐郭默。

你都大举出兵了，还装模作样地上表"请求"，这不明摆着是逼朝廷给你背书吗？对王导而言，陶侃未奉诏令，即单方面出兵江州，本身就是一个很糟的消息，因为从本质上说，它跟郭默矫诏起兵并无分别，都是强藩不把朝廷当回事的危险行为。更为棘手的是，郭默还是可控的，陶侃这边却是不可控的。

可是事已至此，王导已经没有别的更好选择，他不得不对陶侃出兵之举予以认可，尔后匆匆下令收回刘胤的首级，并决定让庾亮协助陶侃讨伐郭默。

除了上表，陶侃还另外给王导写了一封信。在这封信中，他质问道："郭默杀了州刺史，朝廷就让他当刺史，照此说来，如果他杀了宰相，是不是就要任用他为宰相了？"

"宰相"就是王导，陶侃指责朝廷处理不当也就算了，居然还以"杀宰相"为喻，杀气腾腾的气势呼之欲出。

面对着陶侃的强势，王导也不敢回怼，他只能在复信中煞有介事地说，鉴于郭默占据着长江上游的有利地势，又有战船和现成的军用物资，所以朝廷才决定暂时容忍不究，以便争取一个月的时间进行暗中准备，在此期间，只等陶侃大军一到，便可相继对郭默进剿。

"这是遵养时晦之计以定大事呀！"王导这样给自己打圆场。"遵养时晦"是晋人的常用语，出自《诗经》，意谓故意纵容对方的过错，然后再采取行动对付对方。

王导的这种曲为解释，当然不可能得到陶侃的认同，他看完王导的复信后，毫不客气地嘲笑道："什么遵养时晦，这是遵养时贼！"

一不做二不休

见无法阻止陶侃继续进兵，郭默原本打算向南占据豫章以守，但陶侃大军已经风驰电掣一般杀到，南行来不及了，郭默慌忙招架，两军杀到一处，郭军很快落入下风。郭默见势不好，连忙缩回溢口城中固守，陶军则兵临城下，一步不落地予以紧逼。

虽然内心慌作一团,郭默仍强自镇定,下令用米堆成垒堡,摆在城头,为的是显示自己粮食有余,冀望陶侃知难退兵。陶侃是何等样人,岂能被他这样的小计谋唬住?不但没有动摇决心,反而开始修筑土山,以俯瞰城内,就是一副不管你搞什么假动作,我都陪你玩到底的架势。

王导在接到陶侃的上表后,决定让庾亮协助陶侃,但实际上同一时间,庾亮也早已自行上表,请求征讨郭默,于是成帝下诏授予庾亮征讨都督,率领步、骑兵两万人去和陶侃会合。

陶侃与郭默形成对峙不久,庾亮便率部到达溢口,其他奉诏进兵的各路军队也陆续到齐,大军密密麻麻,将城内的郭军围困了好几重,真正到了水泄不通的程度。

任谁都能看出,郭默大势已去。陶侃爱惜郭默的骁勇,想让他活下来,遂派人入城去见郭默,希望他能投降。郭默得知投降即能免死,马上答应下来,并和陶侃的使者商量好了出降的时间。可是郭默的部将张丑、宋侯等人却急了——作为主帅的郭默固然能凭此保住项上人头,那他们这些人怎么办,陶侃可没答应饶恕他们。

这些人有了小心思后,就都劝郭默不要这样轻易投降,再坚持几天,说不定还能继续跟陶侃讨价还价呢。郭默一听,开始犹豫不决起来,迟迟没有出城投降。

见郭默未按时投降,陶侃指挥大军加强攻击。令人唏嘘的一幕出现了,宋侯此时跳了出来,这个"聪明人"居然想到可以把投降的筹码全都转移到自己身上,遂乘郭默父子、张丑不备,将他们全都捆绑起来,押解着出城请降了。陶侃准降,随后处决了郭默及张丑等同党四十余人,并将郭默的首级传至京城示众。

伴随着讨伐郭默之役的成功,江州之地也就这样顺理成章地落入陶侃囊中,朝廷能做的,唯有承认事实而已。成帝下诏让陶侃都督江州,兼领刺史。陶侃返回巴陵后,即奉诏迁镇武昌。至此,陶侃一身为都督八州军事、荆江二州刺史,其权力之显赫,不仅在南士(陶侃为南人)中绝无仅有,东晋一朝也不多见。

到了这一步,陶侃有些膨胀了。想到王导为了对付他,居然笼络郭默,

"遵养时贼"，他就觉得有必要再和王导算算总账：郭默已诛，你这个幕后黑手还想置身事外吗？

除了郭默的问题，陶侃对于王导再次执政后的"威风"也很不满。成帝在一天天长大，可是据说见了王导还要下拜，给王导的手诏要称"惶恐言"，好像他不是皇帝，王导反倒是皇帝似的。在陶侃看来，成帝这样做自然极为不妥，而王导居然坦然受之，真是"上无所忌，下无所惮"，成何体统！

陶侃打算一不做二不休，借攻郭默之势，提出倡议，以王导姑息养奸为名，号召方镇们一起废黜王导，为此他决定重点征询两个人的意见，居首者是郗鉴。

平定苏峻之乱后，郗鉴便一直以徐、兖二州刺史的身份镇于京口。作为建康与三吴之间的枢纽，三吴漕运之要冲，京口地理位置的重要性，在平乱时就已充分显示出来。当初，郗鉴首倡并亲自出镇京口，就是为了控制三吴漕运，形成有利于平叛的战略态势。实际上，就连郗鉴当时都没能充分估计到，京口的价值和作用远不止于此。

早在三国时期，孙权曾定都京口，迁都后才立为京口镇，东晋建国后，亦以京口为重镇。不过直至魏晋时期，京口仍然贫瘠且人烟稀少，四处莽莽榛榛，常有野兽出没。也正因如此，这一带反而对南渡流民产生了极大的吸引力，因为人们可以在不与土著发生冲突的情况下，找到地方居住，并且还可以相对自由地选择居所。

永嘉之乱后，不但较近的青、徐、兖州流民顺道南下京口，较远的幽、冀、并州流民也都不惜绕道而来。苏峻之乱期间，苏峻、祖约在江淮地区发动叛乱，后赵胡骑又乘机进犯，江北百姓被迫大批南渡，造成自元帝以来的流民第二次大过江，这些流民很多都定居于京口。公元329年，即平定苏峻之乱的次年，郗鉴再以给予田地住宅的优厚条件，将江北的很多流民迁至京口，以充实京口萧条之势，京口及其周边由此成为东晋流民最集中的地方。

大量的北方流民为郗鉴补充了许多骁勇的士兵，这些京口兵也即后来的北府兵，有着不俗的战斗力，在东晋一朝名声较盛，号称东晋最强之兵。加上郗鉴致力经营京口，这就使得郗鉴及其京口的军事和政治地位变得格外突出，对于建康已起到了拱卫作用，举足轻重。换句话说，自元帝、明帝两朝起，荆、扬对峙而荆州总是占有绝对优势的形势，此时已经悄然发生变化。陶侃当然不会看不到这一点，因此在他拟自荆、江起兵，顺流而下，进兵建康以废黜王导之际，就不敢不事先跟郗鉴打好招呼。

东床快婿

陶侃不知道的是，郗鉴其实正是王导除温峤之外，所预备的第二个"锦囊"。

东晋初年的政局，自王敦之乱开始，可以说是三五年一大变。有王敦这样的门阀士族，千方百计压倒其他士族，甚至篡夺皇权；也有苏峻那样的流民帅，起初因非门阀士族而被另眼相看，其后则思借此起兵谋利。他们这么一折腾不要紧，弄得干戈扰攘，台城丘墟，东晋元气大伤。所谓螳螂捕蝉，黄雀在后，长此以往，江左政权势必在内乱中自行冰消瓦解，别说北伐中原收复失地了，即便东南一隅亦无法确保。

郗鉴与温峤一样，对此都有着极为清醒的认识，故而在明帝时期，郗鉴引流民帅以平王敦；庾亮居位，郗鉴结交王导以制衡庾亮；苏峻作乱，郗鉴亲自领兵南下，以切断苏峻的漕运粮道。这些都是为了平息或杜绝内战，进而息斯民于江左，拒胡族于淮汉。

与此同时，郗鉴、温峤同为明帝遗命的辅政大臣，虽然在朝中都很有名望，但又皆无琅邪王氏、颍川庾氏那样的门户凭借，他们与王、庾等门阀交好，却不党附，故而是适合居中折冲斡旋的最佳人选。

郗鉴出镇京口后，以平衡门阀士族之间的关系，稳定东晋政局为务，较之以往，郗、王两家的关系也愈加密切。郗鉴从京口派人至建康，到王家登门选婿，王导让使者到东厢房，在王氏子弟中任意挑选。使者考察一圈后回禀郗鉴，郗鉴慧眼独具，一眼就相中了王导的侄子王羲之。使者考察时，王羲之正靠在东边的床上，坦腹躺卧，这就是成语"东床快婿"的由来。

郗鉴有着独立的政治主张，觉得王导不对，亦会提出自己的意见，比如先前王导任命刘胤出镇江州，郗鉴就曾表示异议。不过他俩在总体的政治见解和利益方面，却是相近的，所以郗、王两家才会交好联姻。可以想见，当得知陶侃欲进兵建康，废黜王导，郗鉴自然极力反对，而这等于当头将了陶侃一军：如果陶侃一意孤行，势必要与郗鉴为敌。在兵力上，荆州无疑要超过扬州，但京口距建康仅两百余里，便于接应，如果真打起来，扬州加上京口，王导指挥的宿卫六军与郗鉴指挥的京口兵组成联军，合力抵御荆州兵，届时胜负天平倒向何方，不言而喻。

此时此刻，陶侃所要重点征询的第二个人庾亮的态度就显得很重要了。

在苏峻之乱前，庾亮一度掌控着政治中枢的主导权，当时实际是以"庾与马，共天下"，取代了"王与马，共天下"，及至庾亮引咎外镇，朝局才再次退回到"王与马，共天下"。庾亮在京时，因为害怕成帝问责，自己的声望又一落千丈，那时的他只求豁免，连从此万事不管，做个隐士都愿意，但等到他出京镇于芜湖，心态则又不一样了，这时的他力图重返政治中心，夺回自己所失去的权力。

要让想法变成现实，当然得先在上游站住脚再说。在庾亮初镇芜湖时，上游各州分别由温峤、陶侃、庾亮分据。在苏峻之乱前，庾亮与陶侃本来并不对付，积怨颇深，幸得温峤弥合其间，庾、陶相逢一笑泯恩仇，与温峤共同组成了平叛联军的指挥层。平叛期间所结成的这种联盟，对三人之间的关系多多少少还有影响，也是他们三家暂得相安的因素之一。

表面的和谐，却掩藏不住背后的算计。庾亮与温峤私谊甚笃，而且庾亮也知道，温峤在朝中没有根基，江州的军事实力亦很一般，不足为虑。真正让庾亮忌惮的是陶侃。陶侃乃老一代名将，荆州兵不容小觑。庾亮早在执掌朝中大权时，即对陶侃防之又防，苏峻之乱前甚至还把陶侃视为第一假想敌。然而事与愿违，庾亮没有想到，最后跳出来造他反的人不是陶侃，而是苏峻、祖约，他更未料到，陶侃因为成了平乱的首功之臣，其地位不仅没有被削弱，反而更加显赫，实力也水涨船高，由原来仅辖荆州，上升为掌南方八州军事。

庾亮在芜湖上任后的次月，温峤就去世了。温峤死前，向王导建议由刘胤继任江州刺史，希望刘胤能够继续发挥和自己一样的作用。王导以温峤所荐而坚持任用刘胤，刘胤在任期间，也确实使上游得以继续维持各自相安的格局。孰料刘胤却被郭默寻机杀害，江州的缓冲地位遭到破坏，江州也立即成为各方争夺的目标。

王导派庾亮协助陶侃讨伐郭默，这是好听的说法，实际上是要联手庾亮，避免江州为陶侃独占。庾亮用于讨郭的两万兵马，其中的战将路永、赵胤、匡术等，均出自王导系统，而庾亮不待朝廷下令，即自行请命，其实也是想从中分一杯羹。无奈陶侃近水楼台，抢先一步占了先机，其军事实力也为庾亮所不及，致使最后陶侃仍先取江州，并以此既成事实，逼迫王导承认，当然也逼迫庾亮承认。

连哄带骗

庾亮自知无力与陶侃争夺，他比较笃定的一点是，陶侃终究是南人，又门第低微，一时难以像王导那样主导中枢。再者，陶侃业已年迈（其时已经七十多岁），膝下也无出众子息可以继承其业，换句话说，陶侃离油尽灯枯的一天已经不远，而他庾亮还年轻（其时四十多岁），耗得起。

人在屋檐下，不得不低头，庾亮明智地选择了低调行事，避陶侃之锋。平定郭默后，庾亮立即撤兵返回芜湖，并且拒绝了朝廷的爵禄赏赐。

陶侃独占江州，还从朝廷那里得到了大把好处，自己也有些不好意思，于是写信给庾亮，说："赏罚升降，乃是国家的重要制度，是为了彰显国家的信义，我很奇怪你为什么不受封赏，如此矫情，是要独为君子？"庾亮很谦逊地答道："这次胜利，上有元帅指挥，下有将士效力，我庾亮有什么功劳呢？"嗣后，朝廷又进庾亮为镇西将军，但他仍推辞不肯接受。

陶侃兼领荆、江二州，风头一时无两。如果说同为上游强藩，庾亮、陶侃在对抗王导的问题上不无共鸣的话，当陶侃提议出兵建康，废黜王导时，庾亮更多的还是怕陶侃搂草打兔子，把自己一并收拾了。与此同时，郗鉴也恰好给庾亮来信，就陶侃倡议废黜王导一事，劝庾亮不要附和。

经过反复讨论，庾亮与郗鉴达成一致，以居中斡旋者的身份，连哄带骗地回复陶侃：王导虽然"罪行"严重，但眼下时局艰难，国家危急，不宜再大动干戈，还是暂且隐忍不发为好。再者，今后如果王导实在太不像话，凭借陶公威望之高，足以镇压。

废导之议，郗鉴坚决反对，已经令陶侃进退两难。庾亮出于自保，也不予支持，更让陶侃原先的气焰被浇灭了大半，因为他若是执意东下，势必要经过豫州庾亮地界，在庾亮拒绝给予充分合作的情况下，很可能连豫州都过不去。

陶侃被迫偃旗息鼓，废黜王导之举至此作罢。

王导暂时可以松口气了，这边庾亮又紧张起来：陶侃放过了王导，会不会又把过剩的精力放到我身上，打我豫州的主意啊？

如今的陶侃已成为名副其实的上游首强，他所形成的军事压力，既然可以压制王导，自然也可以压制庾亮，而且由于庾亮的豫州毗邻江、荆，所感受的压力还比扬州更甚。怎么办？自因平定苏峻而结盟起，庾亮就发现陶侃是个吃软不吃硬的人，他对付陶侃的办法，便是给陶侃猛吹彩虹屁，通过盛赞陶侃在外战和边务方面的能力，尽可能地将陶侃的注意力引向外部。

陶侃本有北伐之志。其时的陶侃，不仅在南方，就是在北方的名声也很大。北方少数民族常年马上争雄，有着他们自己的处世哲学，那就是敬重强者，蔑视懦夫。祖约叛乱兵败后，举族北逃，投奔石勒。石勒对祖逖非常敬畏和尊重，乃至与之"修结和好"，但对他这个弟弟却十分鄙视。石勒的部下亦如此，最后君臣一合计，咱这里也不能养闲人，便把祖约及祖氏一族全都给杀了。

石勒及其部下从未与陶侃直接交过手，但均知陶侃之名。苏峻的部将冯铁杀了陶侃的儿子陶瞻后，投奔石勒，石勒起初让他担任戍将，后来得知真相，就毫不客气地把他杀了。及至陶侃平定郭默，后赵胡人对陶侃更加敬畏——郭默在中原时，曾多次与后赵作战。郭默打起仗来不要命，石勒的部下都很怕他，结果听说，这个狠人居然被陶侃擒杀，而且用的还是几乎兵不血刃的方式……

如果陶侃能够再次发动北伐，其声势和效果，或将不亚于当年的祖逖北伐。然而北伐需要长时间的动员和准备，轻率出兵，后果难料，作为一代名将，陶侃又岂能不知？因此，在大举北伐之前，他只能先做铺垫，实施一些中小规模的军事行动。

荆州北接后赵，其北部的襄阳、樊城、新野诸城，屡被后赵将领郭敬攻占。公元 332 年秋，郭敬南渡长江实施攻掠，陶侃抓住战机，派遣儿子陶斌以及已成为其僚属的桓宣，乘虚进攻樊城，俘虏了全部的留守士众。

郭敬闻讯连忙回军救援樊城。桓宣到底是曾追随祖逖的宿将，打仗毫不含糊，不仅击败郭敬，而且还夺回了郭敬南下劫掠的全部人员、物品。与此同时，陶侃派出的另一路人马攻克了新野。郭敬惊恐之下，只得向北遁逃。桓宣一鼓作气，又收复了襄阳。

陶侃以桓宣镇守襄阳。桓宣就像当年祖逖所做的那样，招抚刚刚归降的民众，刑罚从简，威仪从略，对农桑生产则努力鼓励、督促，有时甚至还用轻便车装载着耒等农具，亲自率领百姓在田间耕耘收割。

襄阳乃荆州北大门，起着阻止后赵沿汉水南下的作用，同时也是东晋经略北方的一个重要阵地。桓宣在襄阳十多年，后赵多次发动进攻，桓宣仅仅依靠城防，组织既少且弱的士众抵抗，就使后赵无法取胜，襄阳也再未陷落。桓宣由此步入抗胡名将之列，人们认为其才能及贡献，仅次于祖逖和周访。

陶侃毕竟年事已高，已不可能亲自披挂上阵厮杀，他很看好桓宣，原本打算派桓宣北伐，自己坐镇荆州指挥调度，但这时的他已经病重，只得暂时搁置，而这一搁置，就再没机会了。

第十三章　姜是老的辣

陶侃作为一个起自南方的寒门士族，挣扎奋斗几十年，终于出人头地，等到垂垂老矣之际，他也终于想明白了一件事：现有位极人臣的地位，就是他的天花板了！

在现有的门阀政治环境中，出身就决定了边界，士族们不会允许一个寒门总揽朝权，当事者若试图突破边界，只会物极必反。回过头来看，当初与中央对抗，甚至欲遥制朝权的想法，不仅可笑，而且毫无意义。"少长孤寒，始愿足矣"，有此认知的陶侃，开始以一种达观超然的态度，来对待那些他曾经狂烈追逐过的功名利禄。

朝廷为了褒奖陶侃组织攻取襄阳等地的战功，拜其为大将军，特许陶侃佩剑登履上殿，入朝不行拜见礼，赞拜不呼其名。若是放在过去，陶侃或许会欣然笑纳，如今的反应则是上表坚决辞让，认为给自己这样的功名太过了，"要是我能够仰仗国家的威灵，消灭了李雄（巴蜀成汉政权皇帝）、石勒，又该怎样加封呢？"

在以知足常乐之心，不再试图突破门阀政治藩篱的同时，晚年的陶侃懂得了享受生活，他家中拥有侍妾数十人，僮仆千余人，珍奇宝货更是不可胜数，这也算是对少年时代孤寒贫穷记忆的一种补偿吧。

格　局

陶侃不但不再参与朝政，还多次想要告老还乡，只是因佐吏们苦苦相留，才不得不暂且滞留任上。公元 334 年 7 月，陶侃身患重病，自知时日无多，命不久矣，于是正式上表辞职逊位。在表文中，他还对几位朝廷重臣作出评价：司徒王导，三朝辅佐老臣，见识广，经验足；司空郗鉴，忠贞朴实，朝野内外，莫不赞誉；平西将军庾亮（庾亮出镇芜湖时即授平西将军），有器量，多识见，审时度势，决策周密。

当陶侃不再受名利所困，也就自然而然地拥有了大局观，对于同僚们，他不再怀有嫉恨之心，即便是一度想要废黜的王导，也已被他视为贤臣之首。陶侃很恳切地对成帝说，王导、郗鉴、庾亮这三个人便是陛下您的周公、召公，值此多事之秋，您应当充分信任和依靠他们。

陶侃派左长史殷羡进京，归还朝廷赐予他的仪仗、侍中礼冠、太尉印章，以及八州刺史官印、代表军权的戟等。接着，又将后事托付给右司马王愆期，授予其督护官职，命其统领文武官吏，以确保江、荆各州的秩序稳定。

在离开荆州任所前，陶侃按照其生平的习惯，将军资、器仗、牛马、舟船等，进行簿录统计，然后全部封存仓库，亲自上锁，并指定专人保管，做完这些，他才乘车离开，到渡口乘船，准备前往长沙，"朝野以为美谈"。

因为平定苏峻之乱，陶侃被赐封长沙郡公，后者既是他功名的巅峰，也是他所能达到的极限。陶侃希望自己死后，能够葬在长沙，他回头对送行的王愆期说："老夫现在蹒跚难行，正因你们阻拦。"

第二天，船行至樊溪，陶侃就去世了。按其遗嘱，他被葬于长沙南二十里处。

陶侃本性耿直豪爽，自与庾亮相逢一笑泯恩仇后，就不再计较过往，在临终上表中，他对庾亮颇多赞语。然而，陶侃对庾亮的认识却并不全面。庾亮固然才识过人，器量却从来都不大，若以《三国演义》中的小说人物作喻，庾亮论其才智未及诸葛亮，但格局之小，则与周瑜有一拼。

事实上，庾亮自始至终都视陶侃、王导为其争权夺利道路上的绊脚石。陶侃活着的时候，一方面庾亮被陶侃压制着，不敢乱动，另一方面，庾亮又压制着王导，但他既无意也无力和王导掀桌子。那时的庾亮，只能暂时观望等待，静候陶侃老去，并且相信这其间只要不出现特别不利于自己的异常事态，就完全有条件以芜湖为基地，逐步扩大自己的势力范围，一步步取得江、荆，统一上游，继而再以既成之势威逼建康，届时不愁不能将王导拉下马来。

陶侃关于庾亮"审时度势，决策周密"的评价，倒是没有说错。庾亮初镇芜湖时，手中还没有强大兵力，乃至他用于讨伐郭默的部队，很大一部分来自朝廷的调拨。庾亮当然不甘心于此。先前豫州州治本为寿春，后来寿春为后赵攻破，造成大批江淮流民南逃历阳、芜湖，庾亮便利用他们组织军队。因豫州又称西府，这支新军便被称为西府兵。

西府兵固不及京口兵，但也拥有一定的战斗力，加上豫州扼建康上游咽喉，芜湖紧迫建康，只需庾亮一声令下，西府兵就可朝发夕至，直抵建康。自此开始，庾亮名为藩镇，其实已能够掌握朝权。等到陶侃一死，王导只能自觉一点，把陶侃遗留的家当主动转交给庾亮，因为就算王导不这么做，庾亮自己也有能力得到，到那时，朝廷的日子更加难过。

庾亮被擢升都督江、荆、豫等六州诸军事，领江、荆、豫三州刺史，晋号征西将军、开府仪同三司、假节。平定郭默后，庾亮曾坚辞爵禄赏赐，但这一次，除开府以外，他全都受而不辞了。

后　手

庾亮兼督江、荆后，立即自芜湖移镇武昌。这也是经过充分考量的一步棋。庾亮据芜湖，与王敦据姑孰，苏峻处历阳类似，三者在地理上与建康相距都非常近，一旦庾亮、王导闹到反目的程度，双方都可能骤然陷入紧张状态，可供缓冲的余地很小。

庾亮虽然迫切想要从王导手里把朝权夺过来，重新恢复"庾与马，共天下"的局面，但他对于能否逼迫王导自动下台，尚无把握，而像王敦、苏峻那样，破罐子破摔，与建康方面直接短兵相接，亦非其所愿。在这种情况下，通过移镇武昌，向江、荆发展，将江、荆、豫的力量聚集起来，徐图后举，便成了庾亮的必然选择。

庾亮机关算尽，但姜是老的辣，王导亦非等闲之辈。

庾亮镇于芜湖一天，就压制王导一天，就政治格局来说，王导实际上已被庾亮困死于建康，无法动弹，而他对此也采取了与庾亮类似的策略，等待时机，徐谋生计。

庾亮由芜湖迁镇武昌，在使建康暂释重负的同时，也终于让力图改变现状的王导等到了机会，他马上任命侄子王允之为宣城内史，出镇于湖。于湖就在芜湖附近，王允之出镇后，趁庾亮已离芜湖之机，占领了紧逼建康的长江两岸之地，王导在建康的困境由此大为纾解。

事态开始向有利于王导的方向发展。不过庾亮在准备着手经营江、荆的同时，也并没有打算放弃豫州，名义上他也仍是豫州的都督、刺史，这使王允之在于湖能否站住脚跟，仍存在着很大变数。

王导还必须继续在豫州部署力量。

当初陶侃欲起兵废黜王导，郗鉴对于阻止此举起到了至关重要的作用，不过王导自己其实也有后手。

正如陶侃临终前在其逊位上表中所言，那是东晋的多事之秋。王导从在建康重新执政起，就已经明白，如果身边没有相当的武力作为支撑，一场突如其来的兵变，就足以把其苦心经营的建康城再次掀个底朝天。

在"王与马，共天下"的鼎盛时期，琅邪王氏曾掌握着东晋王朝的绝大部分军权，但是随着王敦身名俱灭，王氏一族的势力亦被大大削弱，其后在外能掌军者，仅王舒、王允之父子。王舒在平定苏峻之乱不久，就在任上生病去世了。王允之从小聪明过人，小小年纪就能以装醉骗过王敦，继而向父亲报告王敦的密谋，他在平定苏峻之乱中也已经能够带兵打仗，还立了大功。只可惜，新一代王氏子弟中仅此一根独苗。

自己家族中既没有能够掌兵的子弟可用，王导就只能突破常规，将可以派用场的武将，尽可能罗致囊中。

战将赵胤，多次参与平叛，屡立战功。王导上台后，将其召入麾下，并打算任命他为护军。大臣孔愉立即表示异议，他指出自东晋建国以来，担任过护军的，也只有周顗、应詹等少数重臣而已，赵胤根本无资格担任此要职。

的确，护军乃禁军军职中的高级将领，具有开府职能的权限，可下置长史、司马等属官。按例，有资格成为护军的人物，不说是重臣，起码也得有高门士族的背景，但赵氏乃武将世家，不是门阀，故而孔愉反应激烈，他质问王导："就算现在朝廷真的缺乏人才，难道便可以让赵胤来充数吗？"

王导没有听从孔愉的意见。早在元帝时期，孔愉就曾因挺身而出，维护王导而被贬官。然而就因为现在这件事，两人弄得很不开心。

为了建立自己的将领班子，王导可以说真正做到了唯才是举，甚至不惜任用降将，也就是通过平定苏峻之乱，所收留的那一批人，包括路永、贾宁、匡术、匡孝等，其中的路永、贾宁、匡术，曾作为苏峻的心腹，劝苏峻诛杀包括王导在内的诸大臣，王导却不计前嫌，依旧留用，若不是遭到温峤的强烈反对，还准备对他们论功褒奖。

士族名士们对于武人尚且看不惯，更不用说降将了。知道王导欲引用匡孝后，王导的掾属、出自太原王氏的王濛，特地致笺王导进行劝阻。

《易经》中有言，"开国承家，小人勿用"。意思是在国家创建之初或个人传承家业时，千万不能任用小人。王濛引用这句话，直指匡孝这样的降将是"小人"，强调王导若重用匡孝，只会"令泾渭混流，亏清穆之风"——泾河清而渭河浊，把渭河的水与泾河混在一起，泾河也无法保持它的清澈。同样道理，一颗老鼠屎搞坏一锅粥，要是让匡孝混进您的掾属队伍，我们这群"君子"都担心自己原有的优良品性和风貌不保。

王濛又是引经据典，又是妙语连珠，可是他却不能代替匡孝，供王导阵前驰驱，所以此类劝谏只能被王导置之脑后。对于其他降将，王导也竭力保全。孔愉与其堂侄孔群原本都与匡术有隙，王导便从中调解，让匡术当众对孔群劝酒，希望以此消除孔家对匡术的怨恨。

被士族名士们瞧不起的武人、降将，被王导破格重用，在感激涕零之余，阵前无不使尽浑身解数，一分力当十分用，而他们其实也正是王导在其万不得已时，一定会拆开的第三个救命"锦囊"。

真　相

在南方政治风云变幻莫测的这段时间里，北方也经历了剧变。先是北方的前赵为后赵所灭，接着石勒病亡，石虎又将石勒的子孙铲了个干干净净，自己独掌后赵大权。公元 335 年 4 月，石虎率兵南下，历阳太守袁耽报告，石虎大军已出现于历阳。一时之间，朝野危惧，王导遂自请挂帅御敌，成帝准其所请，加王导为大司马，授黄钺节杖，领中外诸军事。

王导受命后，立即开启他的第三个"锦囊"，向历阳、芜湖地区进行大规模的军事调动：派刘仕救历阳（刘仕和赵胤一样，也是王导所罗致的武将）；赵胤屯扎慈湖；路永成守牛渚矶。

刘仕、赵胤、路永三将各自率军，溯流而上，进入王导所指定的区域，而原在于湖的王允之，也奉命改镇芜湖。与此同时，郗鉴又派广陵相陈光率部入卫建康。

然而，十五天后，石虎南下到达长江沿岸后，就折身北返，现身于历阳的，不过是十几个游骑，在朝廷出兵后，也已退散。王导于是下令中止军事行动，自己也不再按原计划亲赴前线。

袁耽是第一个吹哨人，他的问题在于，报警时没有报告敌骑的数目。如果大家早知道只有十几个骑马的胡人侦察兵进入历阳，也就不用这么风声鹤唳，大动干戈了。

事后追责，朝廷以袁耽上奏轻率虚妄，报告不实，免去了他的官职。不过时隔不久，王导便又起用袁耽为自己府中的从事中郎，甚至还想给予更重要的官职，只是恰好袁耽英年早逝，才未能如愿。

袁耽起家是王导参军，苏峻之乱时，王导想趁机离间路永等人，让他们投奔朝廷，派去游说的人即为袁耽，可见袁耽亲附王导，与王导关系较深，用大白话来形容，他就是王导的人。王导"察察为政""网漏吞舟"，一向用法宽松，而且袁耽还是他的亲信，他如此处理袁耽，本不奇怪，但仍免不了让人生疑：王导与袁耽在夸大敌情上，是否预先达成了某种默契？王导黜免袁耽只是敷衍塞责之举，其实是一个愿打，一个愿挨。

除了报警不实，石虎入侵事件还有不少难以解释之处。比如王导身为宰辅，又多次在内外战中指挥部队，起码一般的军事常识和经验，他都是有的，为何既不核实军情，又不经周密考虑，只凭袁耽一纸表奏，就擅自判定，需要他这个宰辅亲自挂帅御敌呢？同样，成帝准王导所请后，有一个授黄钺节杖的细节。宰辅假黄钺，等于王导已得到了专斩节将的权力，此亦非常之举，也使得王导所派诸将没有一个敢逡巡盘桓，都按其指令，迅速率军推进至王导所指定的豫州各地。

真相一披露，王导遣将兴师，倾巢而出的举动，在人们眼中立刻变得形同儿戏。然而令人大跌眼镜的是，在随后颁布的诏令中，王导非但未以轻率兴师受到处分或责备，反而还因"功"晋位了：先卸任大司马，接着转任中外大都督，继而升太傅，拜为丞相，原司徒的职权则被归并到丞相的职位之中。

王导先前在朝，虽无丞相之名，却早有丞相之实，但正式被朝廷拜为丞相，意义还是不一样的。拜为丞相，再加上受上公之职，意味着王导对于石虎入侵事件的处理，得到了成帝的高度评价，成帝认为他此次立了大功，所以才会给予这么高的封赏。

王导所立大功，体现在什么地方，难道就是吓跑了区区十几个胡人游骑？如果是这样，相信就算成帝肯给予封赏，王导也不好意思觍着个脸接受，他能够坦然受之，说明他也觉得受之无愧，认为自己的处置，对得起朝廷的高规格封赏。

透过石虎入侵事件中的种种蛛丝马迹，史家作出了这样的分析和推断：庾亮上据江、荆后，留给王导进行部署，以应对其发难的时间和机会已经不多了，王导急需调兵遣将，夺取庾亮暂时还顾不上的豫州，以解建康的扼喉之困。

袁耽上报不实，不管有意也好，无意也罢，都给王导提供了一个兴师出兵的机会。王导趁机假借此军情，向豫州大举调兵。换句话说，王导兴师豫州，实际上既是御石虎，又是防庾亮，而且御石虎只是一时之需，防庾亮却是长久之计。可资佐证的是，在发现石虎已经北返，胡人游骑也退散后，王导虽停止亲征，但他所遣诸将，却都没有奉到班师之诏，而是继续占据着各个要地。

成帝在派庾亮出镇时，不过六岁，此时已经十四岁，并在当年举行了加元服仪式，表示自己已经成年，可以承担成人皇帝的义务和责任了。庾亮在芜湖挤压王导，也就等于挤压朝廷，王导受困，也就等于成帝受困，到了这个时候，成帝对于当年将豫州交给庾亮掌握，一准是把肠子都悔青了。王导以石虎南下为口实，在仅仅十五天内就完成部署，有效控制了建康以上，长江两岸包括豫州州治芜湖在内的诸多要地，可以说是于无声处，对庾亮进行了一次成功的反击，此后庾亮出镇时所统区域，已统统归于朝廷势力范围，甚至如果朝廷继续向上游与庾亮进行争夺，也拥有了一个可靠的落脚点。成帝对此看得分明，自然是如释重负，大大地松了一口气，也因此才会以高规格封赏的方式，对王导予以褒奖。

把　柄

王允之出据于湖在前，王导假黄钺征讨在后，武昌的庾亮不是摆设，以他的心机，马上就能识破这些都是王导精心设计的行动，是奔着抢占他的豫州而去的。只是上述行动皆师出有名，再者，庾亮迁镇武昌后，控制江、荆，站稳脚跟也需要一个过程，在此之前，他是腾不出手来与王导争夺豫州的。

话虽如此，但庾亮并不是一个肯吃哑巴亏的人，他若是急了眼，非得跑回来，跟王导拼个你死我活。实际情况是，从王允之率先对庾氏实施试探性反攻起，随着种种事件的连续发生，局内人都能感受得到王、庾之间的关系已经迅速达到了剑拔弩张的地步，气氛之紧张前所未有。

这个时候郗鉴对于王导的大力支持，就显得尤为重要了。郗鉴非常理解王导处境之难，他也很清楚，陶侃在罢废黜王导之议后，政局之所以能够保持平稳，是因为陶侃的功利心逐渐消退，上下游之间形成了新的政治平衡。而陶侃一死，在庾亮填补陶侃所留下的权力真空后，原有的政治平衡又将面临被打破的危险。正是有此洞见，郗鉴才乐见王导利用时机，把庾亮豫州治所及附近要地都夺到手。非但如此，为了进一步加强王导的军事实力，使其足以与庾亮保持平衡，同时防止庾亮采取过激行动，郗鉴还以派陈光入卫的方式，把自己的兵力调到了建康。也就是说，陈光入卫建康，与王导出兵豫州一样，都具有双重作用，既御石虎，又防庾亮。

王导也很领情，陈光部属于流民军，但王导不疑而用之。入京的流民军一共五千之众，他们和统将陈光以后都未再回归徐州建制，这应该也是郗鉴和王导共同的意思。王导将流民军编入禁军，作为宿卫六军之一的左卫，又重用陈光，授其为左卫将军。以流民军组成的左卫，很快就成为远近闻名的王都精锐之师，有效解决了禁军长期以来战斗力不足的问题。

这一回合的较量只能就此收场了，不管庾亮内心有多么不甘，他也只能打碎牙齿和血吞，暂时接受痛失豫州的现实。另外，庾亮的既定战略和目标不变，依旧是居上制下，以外制内，通过制约王导，遥控朝政，最终使"庾与马，共天下"代替"王与马，共天下"。

庾亮别的不行，管治地方还是有两把刷子的。他到武昌后，留任王愆期等陶侃时代的老臣，又延揽颇有才干的殷浩、褚裒等为己所用，很快就使自己在当地站住了脚。

一俟地位稳固，兵权在握，庾亮可就再也按捺不住心中那股无名之火了，他不能在明面上拿双方对豫州的争夺来说事，而只能在王导的施政上寻找把柄。

把柄并不难找，因为现在一些朝中大臣也对王导有了意见。王导所委任的将领，如赵胤、贾宁等，或来自武人世家，或出自流民军，行事不拘小节，常有违法乱纪的事情发生，而王导性情宽容仁厚，施政的特点又是"宽小过，总大纲"，所以往往会选择视而不见。士族名士们对赵胤、贾宁辈本就不屑，视之为"武官小人"，王导的"护短"则更让他们心中不服。

其他还有"行殊礼""不归政"等问题。这时成帝已经十几岁了，但每次见到元帝还照旧下拜，给王导的手诏仍称"惶恐言"，中书作诏仍称"敬问"。成帝每次去王导府上，依然对王导的妻子曹氏行拜见之礼，如同王家的儿孙。

晚年的王导因为患有手足麻木症，行动不便，有时不能上朝，成帝就率领群臣来到王府宴饮，众人尽欢而散后，又命人用车把他接回宫去。这些都是成帝对王导"行殊礼"，在成帝一朝近乎定例。侍中孔坦看不下去，秘密上表成帝，认为皇帝不宜向臣下跪拜。成帝虽不以为意，王导却坐不住了，他很气愤地说：孔坦这个人就是欺软怕硬，觉得我已经老朽了，就在背后乱嚼舌根。要是我像卞壶那样高峻，刁协那样刚悍，戴渊那样锋芒毕露，孔坦敢这样吗？

"不归政"意指成帝早就加元服，算作成人了，但王导却一直没有实质性归政于皇帝。还是孔坦，秘密进言成帝，说陛下您年龄渐渐大了，一天比一天聪明、稳重，以后应该多听听群臣的意见，依托于朝臣，不要把政事交给王导一人。这话又传到了王导耳中，王导不胜其烦，便下令撤销了孔坦的侍中一职，将他从皇帝身边调开，调任到朝廷担任廷尉。孔坦既没能说动成帝，又觉得被王导"穿了小鞋"，便称病辞职，回家不干了。

从京城传出的这些消息，正合庾亮之意。距陶侃谋废王导近十年之后，庾亮也开始谋划废黜王导。

不同意

公元 339 年，庾亮突然从其所辖梁州撤出了其弟庾怿所部，庾怿奉命率部千里疾行，进屯于江州的半洲。半洲是与江州治所浔阳比邻的军事要地，由于豫州已被王导夺回，因此庾、王军事力量已是咫尺之遥，双方可谓一触即发。

庾亮突然摆出这样不惜一战的姿态，殊出王导意料之外。为了不致擦枪走火，真的爆发大规模内战，王导只得主动退让，庾怿随后便得以迁任豫州刺史，镇于芜湖，并监历阳等扬州四郡军事。如此一来，庾氏除拿回豫州，恢复了庾亮出镇武昌之前的势力范围，而且还得以监四郡夹长江而扼建康，大大增强了庾氏对建康的顺流之势。

这是王导也是朝廷遭受的一次重大挫折，随着庾氏势力重回贴近建康之地，庾、王对峙至此进入了最为紧张的阶段。

不过无论是陶侃，还是庾亮，要想成功进兵建康，废黜王导，都绕不开一座山，那就是郗鉴。

庾亮自认与郗鉴的关系不一般，非陶侃可比，但当他提出希望郗鉴支持他废导时，却还是遭到了拒绝。庾亮不死心，又写信劝说郗鉴。信中一开头就提到当初陶侃谋废王导的事：那时候我还在芜湖，我当时反复强调，虽然王导的罪行严重，但时艰国危，必要时陶公（陶侃）还可以出手，所以可暂且放他一马。我们俩最后商量下来，决定共同隐忍，在陶公面前替王导开脱。

到这里，庾亮话锋一转，说从那时起直到现在，没有发现王导有半点悔改，已经让人忍无可忍。接着，他便把他所搜集的关于王导的各种"罪证"，诸如"偏袒武官小人""行殊礼""不归政"等都一一加以列举，一边控诉王导是"挟震主之威以临制百官"的"大奸"，一边鼓动郗鉴以托孤之臣的名义，与他一道废黜王导，"若不扫除大奸，我们还怎么有脸去见先帝于地下！"

郗鉴阅信后，态度毫无改变，就是三个字：不同意！

郗鉴拥最强之兵，坐镇建康附近的京口，但终北府之任，不仅从未举兵干预中枢，还以自身力量，维护了东晋政权内部的安全和稳定，避免了内战的爆发，尤其是他两次反对藩镇起兵废黜王导之谋，两次都起到了决定性的作用，确实难能可贵。无怪乎王夫之在读完《资治通鉴》的相关记述后，忍不住掩卷长叹："东晋之臣，可胜大臣之任者，其为郗公乎？"

除了郗鉴拥兵京口，力拒庾亮，死保王导外，王导自己在庾亮移镇武昌后，不失时机地致力于加强建康上游的防御力量，也是庾亮其谋难以顺利实施的一个重要因素。

庾怿倘若继续进兵，首先就得闯过王允之这道关。王允之有勇有谋，已能独当一面，又做好了应付庾氏再次突袭的准备，庾怿要想冲破他所组织的防线，并没有那么容易。

《晋书》记载，王导、庾亮死后，王允之代表琅邪王氏和朝廷，庾怿代表颍川庾氏，继续围绕建康上游进行争夺。当时庾怿还是豫州刺史，王允之则溯流而上，进至庾怿的后方，获得江州刺史之职。庾怿图穷匕首现，竟然给王允之送去毒酒，王允之极为戒备，以之喂狗，结果狗被当场毒死。王允之立即奏明成帝，成帝大怒，愤激之下，脱口而出："大舅已经祸乱天下，小舅又如此吗？"

"大舅"是庾亮，"小舅"是庾怿。所谓"大舅已经祸乱天下"，是指庾亮在朝执政时，激起苏峻之乱，剪除宗室，出镇后又挤压朝廷，威胁建康，谋废王导等诸事。所谓"小舅又如此"，是责备庾怿意图谋杀王允之，差点再次造成政局混乱和内战威胁。成帝认为庾怿恣意妄为的后果,可与其兄庾亮"祸乱天下"相当。

庾怿听到成帝说这样的话后,饮鸩自杀。史家认为,实际上是王允之制造了多方面的巨大压力,迫使庾怿不得不为其所为付出代价,而庾冰等庾氏其他力量尚不成熟。

总之,在庾、王对峙进入最紧张阶段后,王导虽为了缓和局势,让了庾亮一步,但这已经是他的底线,实际上建康方面也做好了军事准备,万不得已时,由王允之指挥的王导系统武装力量,并不是不能与庾军一战,更何况背后还有郗鉴的京口兵提供后援。

就坡下驴

庾亮计划废黜王导,与一些僚佐进行过内部商讨。在密谋时,庾亮的部属、南蛮校尉陶称倾向于兵进建康,废黜王导,并且还劝说庾亮在此事上不要犹豫。不过从庾府退出后,陶称又感到,庾、王两虎相争,后果难料,倒不如两边投注,这样不管谁赢谁输,都能自保。

陶称随后便将庾亮的谋议捅给了王导,并且说:"庾亮一定会举兵向内。"王导阵营的人闻之,自然很是吃惊,有人劝王导多加提防,但王导心中很清楚,他该做的都已经做了,目前最重要的反而是装聋作哑,不事声张,如此才有可能使大患转为小隙。因此,他故意漫不经心地说:"我和元规(庾亮字元规)休戚与共,像这种没有根据、捕风捉影的闲话,聪明人应当绝口不谈。"

庾、王交恶,一向风传甚广,早已是人所共知的事,单纯的掩饰和澄清,自不足以堵住悠悠众口。王导干脆降低姿态,他坦然表示,如果真如传言中所说,庾亮要率兵入朝,那事情也简单,"他来我走",自己甘愿让出权位,退避三舍,"我将头戴角巾(有棱角的头巾,古代隐士冠饰),穿上便服,归隐还乡,有什么可惧怕的?"

在陶侃的儿子中间,陶称属于鲁莽型的人物,连跟其他兄弟之间的关系都处理不好,他在向王导秘密报告时,直接声称庾亮想要图谋不轨。王导生怕陶称控制不住自己，到处乱说，同时也为了表示自己不愿与庾亮相争，便又给陶称写去亲笔信，让他继续安心在庾亮那里做事，说："庾公是皇上的大舅，你应当好好侍奉他。"

凭借自己的气度和政治智慧，王导不但缓解了他与庾亮之间的紧张气氛，也给庾亮提供了一个就坡下驴的台阶。庾亮的参军孙盛悄悄地劝谏庾亮说："王公开朗豁达，常有辞绝政事、超脱尘世之志，怎么会干只有俗人才干的事呢？一定是奸佞邪恶之徒，想离间内廷与百官的关系。"

所谓"只有俗人才干的事"，自然是指之前庾亮为废黜王导，给王导所列出的那些"罪状"。庾亮听后，认为孙盛说得很对，自此便绝口不再提及废导之议，并且也学着王导，顺水推舟地将密谋外泄，解释成别有用心者对他和王导的谗言。

庾亮废黜王导事件，讲穿了就是自王敦时代延续下来的上下游之争，只不过在王敦时代，还只是简单的荆、扬之争，到这时则已演变成更为复杂的多头之争，即有实土的荆州、江州和侨置豫州（庾亮方），与有实土的扬州（王导方）、侨置徐州（郗鉴方）之间的反复争斗。争斗的结果，东晋一朝经典的上下游平衡模式继续得以维持，"王与马，共天下"也终于没有被"庾与马，共天下"所取代。

实力不足、资源不够，是庾亮计划最终失败的根本原因，他自己的认识也是如此。庾亮想到的解决之道，就是效仿前任，实施北伐。

王敦第一个在荆州任上倡言北伐，但王敦所谓的"北伐"，只是为其进行叛乱所使出的迷魂枪，故而是"诈称北伐"。后来的陶侃志在中原，晚年也确实是想进行北伐，但那时的他已经年老体衰，直到病亡，也没能将北伐付诸行动。

有一件事是肯定的，如果王敦、陶侃真的大举北伐，将从中获利巨大，只要有那么一两场胜利，就足以增益个人威望和门户权势，进而影响江左的政治形势。王敦生前没有想明白的事，庾亮想明白了。公元 339 年 3 月，庾亮对所辖地区的军事部署作了一番调整，让其弟庾怿、庾翼帮其掌兵和扼守要地，将桓宣、毛宝、樊峻等战将置于北伐前沿。

荆州西临成汉，北接后赵，北伐与西征是紧紧联系在一起的。庾亮特派一支偏师进攻蜀中的成汉政权，所部袭击了巴郡（今重庆）、江阳（今四川泸州），俘获成汉所任命的巴郡太守黄植、荆州刺史李闳，并将二人献俘于京师。

西征的初步告捷，无疑给庾亮及其将士打了一针强心剂，庾亮为此上疏朝廷，指出：蜀地的成汉、北方的后赵，乃东晋的两大敌人，现在由于他们内部相互拼斗，众叛亲离，实力都呈下降趋势，正是西征和北伐的大好时机。不过相对于较弱的成汉，后赵实力还很强，因此应一边坚守北伐的前进基地，一边屯田，为北伐进行积极准备。

庾亮认为，襄阳北接宛城（今河南省南阳市宛城区）、许昌（今河南省许昌市），南有汉水作为屏障，地势险要，粮食充足，乃最合适不过的北伐前进基地。他的计划是亲率十万大军北上，继而将军队星罗棋布于长江、沔水之间，他自己则移镇襄阳的石城。庾亮乐观地估计，只需几年时间，待士卒得到充分操练后，即可抓住战机，大举北伐。

醉翁之意不在酒

庾亮的奏疏，给朝廷出了一道棘手无比的难题。

想当初祖逖北伐时，一旦前方报捷，君臣个个欢欣鼓舞，喜不自胜，然而在祖逖死后，北伐与否，从此成了东晋难解的困局，当局者对于北伐，已是忧喜参半，甚至是忧远大于喜。祖逖成了北伐的最高典范，也几乎是唯一的典范，究其实，祖逖之后策动北伐者，不是权臣就是强藩，他们所组织的北伐如果失败，朝廷不仅将在消耗诸多资源的情况下，一无所得，还可能遭到北胡的强力反击和报复，而若稍有成就，又意味着权臣、强藩乘势坐大，朝廷的日子只会更加难过。

成帝、王导眼中的庾亮，毫无疑问是权臣和强藩的混合体。王导何等老辣，庾亮的奏疏一到，他就一眼看出，庾亮推动北伐的直接目的，其实就是借北伐之名，巩固自己的势力，徐图朝廷。至于襄阳，作为南北交争要地，本不是元帅驻节的合适处所，庾亮偏要移镇此处，自然是醉翁之意不在酒。

襄阳作为梁州州治所在，既是荆州的屏障，又有流民武装可用，控制襄阳，正是庾亮巩固其上游势力的关键所在。然而襄阳此时为桓宣所经营，桓宣虽已归庾亮统一指挥，但并非嫡系。也就是说，襄阳尚不在庾亮手中，他欲通过北伐移镇的名义，排斥桓宣，取得襄阳，意图可谓是昭然若揭。

即便抛开内部权争，王导也不会同意东晋于此时北伐。王导的侄子王羲之曾在一封信中，谈到过北伐问题，其中谈到在决定北伐前，必须仔细衡量敌我双方实力，只有在确保万无一失的情况下，才能采取行动，所谓"根立势举，谋之未晚"，也就是要先立足于稳固根基，增强实力，王羲之认为，这才是北伐的上策。

王羲之所论，也正是王导的看法。东晋建国后，各种风波和内战不断，国家往往积累了一点军力财力，一转眼就被折腾光了，以致一直处于寡弱的状况。如今审视敌我，东晋根未立，势未举，北方后赵相对而言，则要强大得多，尤其军事力量，东晋整体上并不是对手。在这种情况下，"克复神州"缺乏条件，政府面临的首要任务应是"立根"，若冒险北伐，甚至像庾亮计划中所言，动用十万大军，倾全国之力投入于此，稍有不慎，则别说收复失地，东晋自身都有夭折的危险。

对于庾亮北伐和出镇襄阳，王导是一百个不情愿，奈何他和庾亮早已成为人所共知的一对政敌，此时正值庾、王之争如火如荼，自然不好公开阻止。

具体还是要看如何操作。首先是成帝把庾亮的奏疏下发给百官评论，作为丞相的王导假意请求允准，但马上就有人表示反对，说："物资财用不足，不能大举行动！"

能第一个质疑庾亮之议，还如此直截了当的，不是别人，正是郗鉴。作为有远见的政治家，郗鉴和王导想法一致，这是其一；其二，庾亮在上疏倡议北伐时，已同时致函郗鉴，以可与西部的北伐呼应为由，让他也移镇北上。郗鉴从其表面的理由看出，庾亮对自己和京口兵，很是忌惮，尤其郗鉴站在王导和朝廷一边，屡屡败坏其好事，已经令庾亮又惧又恨，他让郗鉴移镇北上的真实用意，其实就是以北伐之名，逼郗鉴和京口之众北渡，借此削弱北府抗衡上游、拱卫建康的力量。

郗鉴对庾亮的要求予以婉拒，说辞无可厚非：我所统人马错综杂乱，有的是被逼迁来的，有的是新近归附的，我好说歹说，又分给他们田地住宅，这才逐渐使得他们平定下来，现在一听又要北渡，众人必然惊骇骚动。再者，如果我这边北渡，必定会惊动胡寇，让他们产生南侵的念头，由此给国家带来不可预知的危险。

满朝文武，本来面面相觑，谁也不敢轻易表态。郗鉴带头表示反对，让其他有不同意见的大臣，立刻有了底气，大臣蔡谟不仅紧跟郗鉴，而且条分缕析，逐一反驳了庾亮北伐计划中的每一个细节。

实话实说

庾亮虽然承认后赵实力很强，但他先强调后赵实力下降，继而又拿它跟成汉作比，给人印象，好像后赵也就比成汉稍胜一筹而已，其实不然。

蔡谟认为，后赵的强弱，主要得看现任掌权者石虎的能力。石虎这家伙，从石勒起兵起就随其征战，虽说他曾在葛陂之战中被纪瞻所败，与祖逖较量，也互有胜负，但总的来说，还是胜多败少，而且越到后来越能打，尤其在北方战场上几乎可称得上是百战百胜。按照蔡谟的说法，仅仅石虎一人占领的中原地域，就已与三国时的曹魏相当。

石勒死后，石虎挟持少帝，诛戮将相，在朝中唯我独尊。后赵将领石聪见势不妙，向东晋请降，东晋特派部队前去接应，可是还没等部队到达接应地点，石聪就被石虎诛灭。须知石聪可是一员悍将，此前寿春就是被他攻破的，但石虎于阵前取其项上人头，竟如同"路拾遗物"一般。

后赵宗室石生以及将领石朗等也起兵讨伐石虎，石虎一战攻破石朗固守的金墉城，残杀石朗，再战又大破石生。在击败石生手下战将郭权时，蔡谟形容为"像折断一根枯枝那么容易"，最后石生、郭权全都死于非命。

可以看出，石虎就像一部恐怖的战争机器，与石勒时代相比，眼下后赵的作战能力只强不弱，这也是此前听闻石虎率兵南下，东晋举朝震恐的原因所在。

有人举桓宣守襄阳，石虎屡攻不下的例子，论证石虎不过尔尔。蔡谟指出，像石虎这样近乎百战百胜的强敌，你不能因为他未能攻取一城，就以为其军事才能低劣，这就好比神射手百发百中，偶尔出现一次失误，没射中目标，你就能够说他射技拙劣吗？再者，石虎并没有亲自率主力进攻襄阳，他派去攻城的石遇部，只是后赵的偏师。襄阳又属于边境城池，石遇与桓宣争夺的不过是各自疆土的伸缩，对后赵而言，有利则进，不利则退，并非紧迫的问题，石虎不会给石遇下达攻城必克的命令，石遇也不至于往死里磕。

现在庾亮要移镇石城，准备亲率大军席卷黄河以南，石虎会坐而视之吗？他肯定会亲率大军，甚至是倾巢而出，誓与晋军一决胜负，这样的大战规模，襄阳攻守战岂能与之相比？

蔡谟直言，庾亮想与石虎交战，这种进取心固然值得称许，但他是否仔细斟酌过：石生是后赵猛将，手握关中精兵，庾亮与之交手，要想取胜都很困难。石生早已败丧于石虎之手，而且石生和石朗等人讨伐石虎时，尚可从关中、洛阳等多方面对石虎实施攻击，可是现在这些地方皆已为石虎所据。在后赵内战结束后，石虎通过从失败的挑战者手里接收地盘和兵员，现有实力与过去相比，已有超出一倍之势。问题来了，石虎靠过去的那一半实力，就已为石生所不敌，庾亮的能力至多只与石生持平，他又何来自信，可以挫败石虎那足足超出当年一倍的力量？

如果庾亮据城固守，襄阳是否比金墉城更坚固？如果倚仗沔水天险，沔水是否比长江更险峻？如果据险抵抗石虎，是否比当年抵抗苏峻更困难？蔡谟就此质疑：既然襄阳未必比金墉城坚实，沔水之险也不及长江，石虎的攻坚能力只会超过苏峻，那就说明庾亮北上后，不但襄阳守不住，荆、江等上游区域亦难以确保。

据襄阳以屯田，几年之后即兵精粮足，可以大举北伐，是庾亮移镇襄阳的一个主要论据。蔡谟以祖逖北伐为证，祖逖北伐最终仍归于失败，原因很复杂，其中很重要一点就是后勤支援跟不上。祖逖不是没有为此采取措施，他在豫州谯城"练兵积谷"，与庾亮计划中完全一致，可是实际效果其实并不理想。为什么呢？

谯城乃边境争夺之地，后赵随时会入侵，祖逖为了防止石勒来攻，不得不预先在外围设置军屯。可这样也不行。石勒只要估计到谷物快要成熟时，就会派兵来袭，这时候青壮年在外围阻敌，老弱则在城北紧急收割谷物，许多百姓手持火炬，不舍昼夜地劳作，但因战况紧急，往往来不及收割，只得焚毁庄稼逃走。如此状况在谯城持续多年，祖逖忙了半天，到头来，终究还是没能从屯田中真正获利，实施北伐的钱粮也因此始终储备不起来。

襄阳就是当年的谯城，蔡谟一针见血地指出，想靠在襄阳屯田的方式，为北伐积蓄力量，是不现实的，只会重蹈谯城"积谷"落空的覆辙。况且，祖逖北伐的时候，石勒只占据了河北，与现在后赵的疆域相比，不过是四分之一。蔡谟实话实说：以祖逖之能，抵御当初的"四分之一"都殊为不易，而庾亮却想抵御现在的"四"，这真是件让人疑惑不解的事！

蔡谟还退后一步，做了一个假设：就算庾亮计划中的目标都能实现，在襄阳可以顶得住石虎的进攻，"练兵积谷"也能如愿以偿，他又怎么率十万大军北上呢？大军北上，须乘舟船沿沔水溯流而上，沔水以西，水急岸高，舟船只能逐次鱼贯而上，以十万大军的规模，船队恐怕要首尾相衔达百里，渡河的速度是相当缓慢的。石虎闻风而动，必然早已在对岸虎视眈眈，看到这一情形，他会像春秋时的宋襄公那样，不攻击半渡之军吗？若石虎乘晋军正在渡河，尚未列阵时发动猛击，后果不堪设想。

蔡谟是知兵型的文臣，他分析认为，东晋与后赵，各自所处的水陆地势不同，熟悉的技能也不同。具体而言，东晋据南方水乡，拥有长江天堑之险，擅长水战技能与舟船操驾；而后赵则习惯驰骋于北方旱地，胡骑以迅猛冲锋和灵活机动见长，可是面临大江却束手无策，难以逾越。石虎此前率兵南下，到了长江也只能知难而退，就是这个道理。

蔡谟得出的结论是，以现有条件而论，若晋军守住阵地，以逸待劳，则战胜前来侵袭的胡骑尚有余力；如果要像庾亮计划中所说的那样，弃长江之险而向远方进发，以己之短，攻敌之长，这恐怕不是个好主意，不是什么明智的决策。

明争暗斗

蔡谟高谈阔论，所议无懈可击，多数朝臣都被他说得心服口服，纷纷表示赞同：眼下北伐的条件尚不成熟，还是应以保全晋室、暂安江左为重，寇不来我亦不往，以待局势的变化。

朝议无论过程还是结果，都让王导暗暗高兴。朝议结束后，他立即通过成帝下诏，对庾亮的北伐计划不予批准，并要求他不得擅自行动，移镇襄阳。

庾亮大失所望，但又无可奈何。郗鉴是有能力对他说不的人，蔡谟对引导朝中舆论也起到了极为重要的作用，偏偏这个蔡谟又并非王导的亲信，庾亮很难归咎王导。

蔡谟与王导的关系只能说是不温不火，偶尔还有不快。王导身为名士，生活中自有其风流潇洒的一面，可他在家中却有惧内的毛病，偏偏妻子曹氏性格善妒，容不得他纳妾，王导没办法，只得私下里买了一处宅子，用于安置其他姬妾。某日，不知谁走漏了风声，曹氏一怒之下，要去兴师问罪。王导得到消息后，急忙命人备车赶去私宅救急。朝廷经济条件有限，为王导配备的车辆只能用牛牵引，走路很慢，急得王导只好把手中用来谈玄的玉柄麈尾当成鞭子，一个劲地敲打牛屁股，让它加快速度。

蔡谟听说此事，跟王导开玩笑说："朝廷恐怕要赐给您九赐了。"王导一听吃惊不已，连忙说不敢当。谁知蔡谟又接着说："（九锡）里面其他的东西不论，至少会有短辕的牛车、长柄的拂尘。"

王导这才明白过来，知道蔡谟是在拿他开心。被人如此当众开涮，饶是脾气再好，王导的脸上也有些挂不住，他气呼呼地对人说："我当初和各位贤能共游洛水边，谈笑风生之际，何曾听到过这个姓蔡的小子？"

通过此事可知，蔡谟与王导就是一般的同僚关系，而且蔡谟对于王导也毫无逢迎之意。实际上，蔡谟反而对庾氏有恩。苏峻之乱时，蔡谟任吴国内史，正是他深明大义，在起兵反抗苏峻的同时，自己离开吴国，把职位让给了庾亮的弟弟庾冰。显然，庾亮没有理由指控蔡谟是受了王导的指使，只能承认人家是说出了心中想说的话。

既然郗鉴和蔡谟等多数大臣都反对，朝廷又下了诏书，庾亮也只能将其计划束之高阁。

这一回合的明争暗斗，王导总算是扳回了一局。但庾亮似乎看得很开。一个秋天的晚上，天气晴朗，景色清新，庾亮的僚属殷浩、王胡之等人登楼清谈吟咏，正当调子转向强劲的时候，大家突然听到楼梯上传来很响的木屐声，便都断定是庾亮来了。果不其然，不一会儿，庾亮就带着十多位侍从走上来。众人见状想起身避开，庾亮却慢悠悠地说："诸位先生留步，老夫对此也很有兴致呢！"说着，便倚在胡床（一种从胡地传入的可折叠坐具，为后来椅子的前身）之上，同众人一起吟咏谈笑，一直到聚会散了，仍意犹未尽。

其时王羲之正在庾亮幕府任参军，等到他回到建康，便对王导说起了这件事。王导觉得，庾亮计划受挫，多少总会有些沮丧和消沉，就说："庾元规（庾亮）现在的风度肯定是稍有衰颓了吧？"王羲之则回答道："唯丘壑独存！"——庾亮虽身处高位，但却心系山水，有着超然物外的隐士情怀。

愦愦之政

作为王氏子弟，王羲之反而到庾幕效力，其中自然不无隐情。有人考证，这可能与王羲之的父亲王旷有关。在王羲之还是少年时，王旷就在北方的一场战事中下落不明了，王羲之从此成为孤儿。王羲之一直认定，王导应对此负有责任，因为那场战事必败无疑，王导至少没有阻止王旷前去送死。

王羲之或许是故意说给王导听，为的是气气这个让他心怀芥蒂的堂伯父，也或者他是真觉得庾亮就是这么洒脱。如果是后者，那这位书圣就看走眼了：庾亮绝无如此清心寡欲，如果他和王导之间有一个终将寄情山水，"唯丘壑独存"的话，那也只会是王导，而不会是他庾亮。

庾亮真正在乎的还是名利场，是何时才能把王导赶下台，以"庾与马，共天下"替代"王与马，共天下"。与此同时，庾亮也是一个懂得权变的人，既然暂时扳不倒王导，那就不如转换思路，像当初对付陶侃那样，"让生命去等候"——这一年庾亮五十岁，而王导六十三岁，谁更具有优势，一目了然。

原来时间才是最大的盟友，只要时间站在你这边，就拥有翻盘的机会！

北伐计划搁浅后，庾亮不仅参与清谈吟咏的各种活动，还经常去看望名僧康僧渊等世外高人，可以说相当潇洒和放松。当然即便这样，也不妨碍庾亮倚仗着手握重权以及居上制下之利，继续将手伸得很长，身居外镇，但却试图遥控朝政，而一些趋炎附势的人也大多归附其门。王导心中不平，有一天正在闲坐，突然刮来大风，扬起一片尘土，王导一边拿扇子掸去落到身上的灰尘，一边缓缓道："庾元规（庾亮）那边来的尘土，把人弄脏了！"

此后每当西风扬沙，王导都会以扇遮面。盖因庾亮驻于武昌，方向在建康以西，王导将之视为"西风尘起"，用这样一种含而不露的方式，表达出自己对庾亮擅权的态度。

在任何时候都能理智地对待对手，也总是能够分清利害关系，是王导作为政治家的显著特点。他虽出于个人好恶，私下里毫不掩饰他对庾亮为人的反感，但当场景转换，从个人空间进入公众空间，他所着力展现的，仍是一种"君子和而不同"的形象，并且努力维持着与庾亮表面上的和谐。

"务存大纲，不拘细目"是王导为政的一贯作风，恰恰到他晚年，又进入了庾、王对峙最为紧张的时期，即便暂时缓和，也只是外松内紧，王导因此只能更加谨慎小心，甚至装糊涂，多一事不如少一事。外界遂将他的这种施政风格，称之为"愦愦之政"（愦愦是糊涂的意思）。

王导执政期间，实行了"土断"政策。所谓土断，是指对侨置州郡县和侨人进行户籍整理，并将侨流人口的户籍，一律由临时户籍改为与土著居民相同的永久性户籍，即由白籍改为黄籍。土断的目的是要解决赋役问题和增加国家税收，它把公卿世族也包括在内，即公卿世族也必须交税。

在土断的同时，王导又推行了度田税米制，规定田越多，交的税米也就越多；田越少，交的税米越少。换句话说，这样一来，占有大量土地的公卿世族，要负担较多的国税；占有少量土地的农民，所负担的国税则相应减少。

一般认为，王导是土断、度田税米的创始人和推动者，但专家经过近年来的研究却发现，实际上土断的始作俑者应是庾亮。庾亮在朝中掌权时，急于加强中央势力，编制户籍，推行土断，无疑是达成所愿的一条捷径。本来户籍已经编好，谓之"晋籍"，但苏峻之乱一起，朝廷中央机构所掌握的户籍文簿，与宫城、官署一起，被叛军焚之一炬。好在地方官府的户籍底本没有被烧掉，王导掌朝政后，不得不同意按照这些户籍底本重造新籍。由于旧籍是在土断基础上形成的，新恢复的户籍也就保留了土断的成果。

庾亮编制晋籍，是为推行度田税米做准备的，苏峻之乱后户籍既被恢复，推行度田税米制也就被提上了日程。王导即便是对此并不太认可，但因顾忌庾亮在朝中和地方上的势力，也不便出面反对，因此度田税米制也就得到了推行。

王导与庾亮的施政作风迥异。王导倾向于优待公卿世族，凡是可能损害他们利益、引发纷争的举措，他都持审慎态度，不会轻易首肯。土断、度田税米取消了公卿世族的免税特权，对其待遇造成重大冲击。按照王导的初衷，他确实不太可能主动推行这些政策，最后能够屈己从之，以求得庾、王之间能够相安无事，其实也正是"愦愦之政"的一种表现形式。

王导也知道人们背后对他的议论，说他在行"愦愦之政"，但依然不为所动。坐在官署之中，王导经常是一副无所事事的样子，除了在奏章文书上加批许可的字样，事实上已很少认真地过问政事以及处理政务。他自己常常感慨道："人言我愦愦，后人当思此愦愦！"——别人都说我昏聩糊涂，我为什么要这样昏聩糊涂，大概也只有后人才会懂。

物是人非

王导先后辅佐元帝、明帝、成帝三代君王，位极人臣，但与魏晋时期人们印象中的王公贵族不同，他平素生活俭朴，平时家里面连多余的储粮都没有，个人着装也力求简单，不但从不同时穿两件帛衣，甚至还常常穿着自制的粗布单衣上朝。成帝听闻此事，深受感动，为此特地向王府赠送了一万匹布，以供王导日常所需。

王导很念旧，尽管元帝对他进行过排斥，然而王导并不以之为意，他记得的都是元帝与他的布衣之交，以及对他的照顾关怀。王导觉得，他和元帝之间，不仅仅只是君臣，更是情深义重的知己良朋。自汉魏以来，惯例是群臣不拜祭已故皇帝的陵墓，但王导每一次得到朝廷的提拔封赏，都会前去拜祭元帝陵。也因为王导开了这么一个头，朝廷才下诏令百官拜祭帝王之陵。

站在元帝陵前，每当回忆起与元帝共度的那些岁月，昔日君臣共商国是、共赴时艰的日子，又仿佛鲜活地浮现在了眼前，这个时候的王导总是情难自抑，悲痛不已：一切仿佛就在昨日，然而已是物是人非。

王导如此动情，当然不只是感怀过往，更多的还是现实给予他的刺激。元帝在日，其实也是琅邪王氏最为鼎盛兴旺的时期，经历王敦之乱，元帝、王敦等同归于尽，整个王氏家族从此元气大伤，势力和威望都遭到很大削弱。

东晋门阀政治，既重门第，也重人物，就是说不管什么样的高门士族，都不能只依靠其门楣，若无重量级人物撑起整个家族，影响力很快就会下降。如果王氏像王导、王敦一辈那样，有诸多优秀子弟不断脱颖而出，自然不愁重振家声，然而最让王导痛心和纠结的也正是这一点，子侄辈中，能具备上述条件者寥寥无几。

王导自己的儿子里面，本来长子王悦是他准备重点培养的对象。王悦少有声名，成年后以门荫入仕，任东宫侍讲，给太子时期的明帝做过老师。明帝即位后，王悦累迁至中书侍郎。虽然他与名士还有距离，但也已是一颗冉冉升起的政坛新星。

王悦深得父亲的偏爱。王导非常节俭，有时候放在家里的水果多了，又舍不得吃，时间一长，都烂掉了。王导怕王悦责备他，就一面让手下人偷偷把烂水果扔掉，一面嘱咐他们："不要让大郎（王悦）知道。"有一次，王导和王悦博戏（当时一种通过掷骰子、行棋等方式来决定胜负的游戏），王悦玩得过于投入，以致父子相争到了白热化的程度。王导见状，便笑着对王悦说："我跟你之间好像还有点什么关系的吧，你至于这样吗？"

可是，就是这个寄托着王导满满爱意和期望的儿子，却英年早逝，先于王导而卒。据说，王导曾做了一个梦，梦见有人出一百万钱，要向他买王悦。醒来后，王导非常忧惧，暗暗为此祈祷神明，态度虔诚，礼节完备，指望命运之神能够回心转意，不要在自己的爱子身上打主意。然而过了不久，王府因故在家中掘地动土，从地下挖出钱来，正好是一百万钱。王导一看，惊得目瞪口呆，心都凉透了，当即下令将挖出的东西全部回填。

紧接着，王悦就得了重病。王悦卧病期间，王导忧心忡忡，焦虑得连续好些天都吃不下饭。一日，他见到一个人，此人样貌伟岸，披甲持刀，王导问他是什么人，对方自报为"蒋侯"，并且说："听闻您家公子近况不好，希望能替他向天帝说几句话，所以才来到您这里。请您不用继续忧愁。"随即他便向王导索要食物。王导一听儿子可能有救，自然要什么给什么。蒋侯一连吃了数升食物，吃完后，他对王导说："中书郎（王悦时任中书侍郎）的病，没法救了。"言罢，蒋侯就突然不见了。

这个蒋侯其实大有来头，他的真名叫蒋歆，本是汉末三国时的一名官员，生前带人追逐强盗至建康的蒋山（今紫金山），不幸战死，死后便葬在了蒋山脚下。孙吴初年，有人看见蒋歆在大道上乘马执扇，侍从左右跟随身旁，和生前一模一样。事情传开后，孙权便封蒋歆为蒋侯，并将他战死并葬身的那座山命名为蒋山。

概言之，蒋侯就是蒋神，孙吴以后至东晋，蒋神在建康一带民间的影响力非常大，人们都在家中祭祀蒋神，求他降福、治病、去灾。王导当然不可能真的在白日里见到蒋神，只可能是出于爱子心切，像普通百姓一样，企求蒋神显灵，才会在神思恍惚中看到这位神灵。而蒋神都说不可救，也意味着王悦已经病入膏肓，无力回天了。

王悦去世了。王导夫妇白发人送黑发人，可谓痛不欲生。王悦生前非常孝顺，每次王导去尚书台上朝，必定在车后相送，还经常为母亲曹氏收拾箱奁中的东西。他去世以后，王导上朝时，每次经过王悦生前送他的地方，都会触景生情，泣不成声，以致一直哭着走到尚书台门前。曹氏则将王悦收拾过的箱奁全都密封起来，不忍重开，就怕睹物思人。

不战而胜

除了王悦，王导的儿子里面，没有一个让王导觉得能托付大任。次子王恬相貌英俊，年轻时爱好武艺，乍看颇有乃父风采，有人也说他各方面都很像王导。然而王恬个性骄傲放诞，不拘礼法，别人前去拜访他，他居然扔下客人跑去洗头，然后披散着头发走出来，自顾自地坐在胡床上弄干头发。客人一看，王恬如此傲慢无礼，只得失意而返。

"没有名士的命，却偏偏生了名士的病"，说的就是王恬这号人。王导恨铁不成钢，见到王恬便一脸怒色。一次，王恬去问候王导，王导这回没生气，只是叹了口气，拍了拍他的肩膀说："阿奴（对王恬的昵称），可惜的是你的才学不相称。"

儿子们不行，堂侄里面，也就只有王允之、王羲之上得了台面。然而王允之并不是一个主动性很强的人，在事功方面缺乏积极的进取心。在王导趁庾亮由芜湖迁镇武昌，急召王允之至豫州布阵的关键时刻，王允之起初却以要为父亲王舒守孝为由，加以推却。王导为此费尽唇舌，又是动之以家族利害，又是援引先辈事迹，再三相劝，让王允之不要拘泥于礼制，以致贻误时机，言辞可谓极其恳切动人，甚至就要以长辈的身份给他跪下了，王允之这才改变初衷，夺情起复，出据于湖，成为代表琅邪家族向庾氏兄弟发起反攻的主角。

王羲之更不用说了，一身反骨，居然还跑到政治对手那边，为庾亮效力去了。再者，王羲之虽年纪轻轻就被列入名士之列，但他并非经国之才，又不能带兵打仗，就算能为王氏所用，也无法带领家族走出低谷。

渡江之初，王导曾请著名术士郭璞为他的家族占卜未来，郭璞给出了一个预示性的卜语："淮流竭，王氏灭。"此处"淮流"指秦淮河，卜语的表面意思是，只有当秦淮河的水流枯竭时，王氏家族才会彻底衰落。

若对照现实政治，"淮流竭"应是指东晋灭亡。终东晋一朝，自王允之后，琅邪王氏也确实代有显宦，比之一般士族，还是要风光一些。但能够如此，基本靠的都是祖宗余荫，也就是王导所留下的那点社会影响力，真正能够掌握权柄、影响政局的人，已经一个也没有了。换句话说，琅邪王氏还能够继续维持下去，不过是百足之虫，死而不僵罢了。

"吾群从死亡略尽，子弟零落"，我的堂兄弟啊，大部分都已经去世了，我的子侄们又如此凋零！王导晚年执政，一面痛心于家族不振，一面勉力支撑危局，他结温峤、郗鉴为援，招武人降将以助，促王允之效命，这才得以抗衡强藩陶侃、外戚庾氏，又不足以再酿祸乱，其间之艰险与不易，非局外人所能体会。由此也更可见温峤当初坚持不肯留京，而力推王导掌握中枢的明智：王导的政治才能那么突出，但在宗族势衰之后，中枢之路尚且步履维艰，遑论温峤？要知道他既没有宗族凭借，军事实力也不足，还没有外援，别人一旦发难，即无退路。

不知不觉中，王导自己也走到了人生的终点。公元 339 年 7 月，王导病逝，终年六十四岁。

前后不过一年，庾亮果然成功地"熬死"了王导，他从此再也不用面对"既生庾，何生王"的困境和尴尬了。

王导死后，出于稳定政局的需要，成帝不得不征庾亮入辅，继王导担任丞相、扬州刺史、录尚书事，但庾亮均推辞不受。

庾亮并不是不想重温旧梦，他的如意算盘是趁机重启曾被朝廷否决的北伐计划，通过推动北伐，达到名实双收的目的，之后再风风光光，没有任何争议地登上权力巅峰。

庾亮的北伐计划被朝廷否决，表面上看，是郗鉴和多数朝臣反对的结果，但庾亮明白，王导在背后的主政才是关键所在，现在王导不能说话了，全力支持他的郗鉴也已经开不了口——王导病逝的次月，郗鉴亦在京口驾鹤西去。

到了此时，还有谁能阻止计划的实施？这就叫不战而胜！

正当庾亮得意扬扬、信心十足地准备移镇襄阳之际，一个坏消息却不期而至：邾城（今湖北省黄冈市黄州区）失陷了！

灭顶之灾

邾城乃武昌对面的江北战略要地，庾亮此前为了推行北伐计划，曾派毛宝、樊峻共同戍守邾城。实际上这是一个军事部署上的失误。当初陶侃为荆州镇将时，就已有人建议分兵戍守邾城，陶侃听到后闭口不言，但总还是有人提及此事，于是陶侃便趁一次渡江围猎时，把将佐们召集到一块，阐述了自己拒守邾城的理由。

东晋之所以能够对后赵进行有效防御，说到底就是因为长江。邾城则被隔于长江北岸，自身并无可倚仗的天然险阻，但作为战略要地，如果东晋予以控制，对后赵而言，就是东晋向北采取军事行动的信号，可谓牵一发而动全身，必不肯坐视。这样一来，要戍守邾城，就不得不派去较多的兵力，否则不足以守。另外，邾城对东晋来说，战略价值其实很有限，就算以后敌方有破绽可以利用，因其距敌太近，极易打草惊蛇，也没法作为攻敌的桥头堡。

陶侃不但讲清楚道理，还带着将佐们实地察看了江北形势，大家一瞧，确实如此，皆恍然大悟，自此就再也没人提这个茬儿了。庾亮来到武昌后，把陶侃的部属都接收了下来，在派毛宝、樊峻戍守邾城前，陶侃的旧部不会没有异议，说不定还会有人将陶侃当初的分析，原原本本地说给庾亮听。

庾亮显然没有听不进去。三国时东吴戍守邾城，动用了整整三万兵众，庾亮手上没这么多兵力，他只给毛宝、樊峻拨了一万兵，不过这一万人都是有战斗力的精兵，庾亮觉得应该够用了。

没有意外，石虎得知晋军进驻邾城，果然极为警觉和恼怒，当即便派兵五万，进犯荆州和扬州的北部边境，另派二万骑兵进攻邾城。一时间，北境遍燃烽火，尤其邾城更是承受着重压。邾城不是襄阳，此地无险可守，以至于一万兵都显得势单力薄。毛宝虽然智勇双全，是一员难得的能战之将，但他刚到邾城，也不像桓宣那样对襄阳经营了很长时间，面对敌重兵围城，一筹莫展，无计可施，只得派人向庾亮求救。庾亮一则因为后赵大兵压境，全线告急，客观上马上腾出机动兵力存在一定困难，二则他认为邾城城池坚固，应该可以再坚持一段时间，因此没有及时派兵增援。

庾亮在关键时候的失策，令邾城守军蒙受灭顶之灾。在孤立无援的情况下，邾城终被攻破，毛宝、樊峻等率六千将士突围出城，但城外旷野又恰是胡骑纵横驰骋的天下，而南逃必渡的长江，此时却从阻敌的险隘，变成了晋军逃亡路上难以跨越的障碍。

毛宝部有一个军人，他在武昌时，曾在集市买到一只白龟，有四五寸长，渐渐地养大后，他便将其放生于江中。邾城陷落后，此人自知必死无疑，但当他跳入江中时，却觉得自己好像是落在了一块石头上，定睛一看，居然是他养过的那只白龟，已经长成五六尺长，正是这只无比神奇懂得感恩的大龟，把军人送到了岸边，使其得以逃生。

可是如此奇迹，又能落在几个人的身上呢？而且故事本身只是传说。实际情况是，最后六千将士大多淹死在江中，毛宝亦在渡江时溺水而死，樊峻虽未明确记载阵亡，但从此就没有了关于他的记录，估计不是死于江中，就是被敌人杀死。此役损失如此惨重，也只有西晋末年的那些北方战事可比。

除了毛宝之师覆败于邾城，荆北各地几乎被胡骑扫荡了个遍，至少有六名晋军战将阵亡，一名将军和一名郡守被迫降敌，沙场折损士兵之多，自然就更不用说了。危急之中，幸得陶侃旧将李阳发兵反击，击败如入无人之境的胡骑，后赵军这才北退，但退却时又乘势在汉水以东地区大肆劫掠，民众七千多户在挟持下，被迫迁徙至后赵境内的幽州、冀州。

尽管朝廷在检讨此次失利时，还把责任推到毛宝等人身上，但庾亮之所以是庾亮，尚不至于低级到让部将为其背锅的程度，他主动向成帝上表谢罪，自求贬职三级，由安西将军降至征西将军。

成帝当然不敢跟庾亮较真，在稍作姿态后，很快就下诏让庾亮恢复原职。不仅如此，为了安慰庾亮，成帝接着还打算拜庾亮为司空，而庾亮则坚辞不受——如果说之前庾亮这么做，还是出于矫情或者觉得时机未至的话，现在的他是真的感到无地自容，没法心安理得地接受任何封赏了。

比之于战场失利，对庾亮造成打击最大的，恐怕还是蔡谟当初对其北伐之议的分析和预言，都已经通过此次惨败得到了充分验证。在现实面前，庾亮不得不承认，他的北伐计划不切实际，是一个重大的战略错误，若是完全付诸实施，后果将更加不堪设想，甚至在他移镇襄阳后，他本人以及拟定北调的那十万大军，还能不能活着回到南方，均未可知。

庾亮再也不谈北伐了，他所陆陆续续部署的军事行动，至此全部终止。也就从这个时候开始，庾亮变得整天郁郁不乐，终至忧闷成疾，并于次年2月病故。

陶公来了

按照南朝陶弘景所著《真诰》一书的记载，庾亮在生病之前，曾经在独处时见到陶侃乘车而来，并责备了他，庾亮因此得病而亡。

已经死去多年的陶侃，为何要来见庾亮，又因何事而要责备于他？这跟陶侃之子陶称有关。庾亮谋划起兵赶王导下台，陶称向王导告密，尽管当事人都尽量守口如瓶，但世上没有不透风的墙，此事还是被庾亮知道了。庾亮记在心里，于是便在为北伐做准备时，故意向朝廷推荐，提拔陶称任江夏等三郡军事、南中郎将、江夏相。

陶称不知其中藏有杀机，收到委任状后，从其原任地长沙出发，兴冲冲地赶往江夏赴任。赴任途中，陶称随身仅带两百人，按例转道武昌，拜会上司庾亮，正好被庾亮拿下。庾亮当着众多将佐的面，历数陶称的"罪状"（自然包括告密一事），之后就把他给杀了。

实际上，晋制规定，只有持节者，也就是直接代表皇帝行使地方军政权力的大吏，才有权在平时和战时斩杀官员，而且还只能斩杀二千石以下的官员。庾亮并非持节者，陶称则无论其原职南蛮校尉，还是现职南中郎将、江夏相，其级别都在二千石以上，即便犯了死罪，庾亮也无权擅杀。

庾亮明知故犯，事后又上疏替自己辩解，说陶称为人"像豺狼一样越来越凶恶"，在他这个上司面前居然言辞激烈，不知收敛，可谓是既不忠又不孝，为此他只能行临时专断之权，将其处决。

无独有偶，南朝学者颜之推在他写的《还冤志》中，也有一个与此有关的故事，说的是庾亮在冬至节和部属们一起聚会，席间，文武官员数十人突然全都站起来，向着台阶方向鞠躬作揖。庾亮惊讶地询问怎么了，他们都说"陶公来了"。

"陶公"也就是陶侃，庾亮在武昌的部属很多为陶侃旧部，故而对陶侃极为恭敬。庾亮知道陶侃已经死了，但对方既已现身，他也只好站起迎候，同时因为双方曾有旧怨，自己又杀了陶称，害怕陶侃报复，于是又暗地吩咐随从数十人拿起武器，以防万一。

陶侃并没有逼近庾亮，他站在台阶上，对庾亮说："老夫举荐你来代替我，却不料你恩将仇报，反而杀了我的儿子，因此我才来质问你，陶称究竟犯了什么罪，你一定要把他给杀死？我已经向天帝申诉过了！"

庾亮理屈词穷，无言以对。如同《真诰》中的结局一样，他之后便一病不起，直至撒手人寰。

《真诰》《还冤志》中的神怪情节当然不足为信，但其中的一些细节，比如陶侃既往不咎，临终前还举荐庾亮代镇荆、江，以及庾亮"恩将仇报"，在陶侃死后，蓄意诛杀其子，却并非虚构。从这些故事中，也不难窥见当时人们对于庾亮性格及其局限性的看法，认为庾亮心胸太小，始终都放不下他和陶侃之间的恩怨过节。

作为正宗史书，《晋书》对于庾亮之死有着更为深入细致的记述。据《晋书》所录，邾城之败后，庾亮曾招来术士戴洋占卜，戴洋预卜庾亮将会染病在身。庾亮问有什么办法可以免病消灾。戴洋给他开出的药方，是让他卸任荆、江二州刺史。庾亮问："如果这样做，我的病会好吗？"戴洋回答说："很遗憾，为时已晚，只有些微的希望。"

换一个角度，戴洋当时应该是看出了庾亮愁闷苦恼的心境。自古心病需要心药医，解铃还须系铃人，戴洋建议庾亮卸任荆、江二州刺史，就是想让他退后一步，暂时脱离政事，求得心灵的放松和解脱，如此自然就会减少病魔缠身的可能。

以庾亮之聪颖，又岂能不知其中的道理？但他从来都不是王羲之所说"唯丘壑独存"那样的世外之人，踌躇半天，还是一个州都舍不得放下。

庾亮其人，就好像是从《三国演义》里走出来的周瑜，最终还是死在了自己的格局之中。

仅仅半年之内，王导、庾亮、郗鉴三巨头都死了，他们的后人中虽再未能出现像他们那样，足以左右政局的人物，但是作为家族整体，琅邪王氏、颍川庾氏、高平郗氏仍在东晋政坛持续发挥作用，他们与其他门阀士族一起，共同支撑着"皇帝垂拱，士族当权，流民出力"的门阀政治模式，从而将东晋社会的和平发展局面维持了一个世纪之久。